제2판

고객가치기반
글로벌경영

김경민 · 박정은

Customer Value Based
Global Business Management

박영사

제2판 머리말

초판이 출판되고 벌써 2년이라는 시간이 지났다. 2년 동안 지정학적인 충돌(러시아와 우크라이나 전쟁, 이스라엘과 하마스 충돌 등)과 다양한 경제금융상황의 변동(코로나 리오프닝, 금리의 지속적 상승 등)이 발생하였고 이에 기업을 경영하는 경영자들은 이전에 비교해서 더욱 커진 불확실성의 증가로 인해 경영에 어려움을 갖게 되었다.

또한 2차 세계 대전이후 한국전쟁과 베트남 전쟁 그리고 중국의 개방에 의한 시장의 자유화와 글로벌화는 최근 세계패권의 개편 움직임에 맞이하여 새로운 양상으로 전개되고 있다. 산업적으로 반도체와 배터리 등으로 인한 보호주의 무역이 다시 시작될 뿐만 아니라 반도체 등은 글로벌 공급망 관리를 통한 글로벌 패권이 재편되어 가고 있다.

지금 지구촌을 살펴보면 동남아에서는 신흥국가들이 빠르게 성장하고 있으며 국제금융 중심이었던 홍콩의 쇠퇴와 싱가포르의 급격한 성장 등 아시아에서도 격변이 일어나고 있다. 남미에서는 새로운 우파정부가 출현하여 달러를 자국의 화폐로 편입하겠다고 하고 있으며 세계화로 난민이 많이 유입된 유럽은 난민문제로 사회적으로 매우 어수선하다. 뿐만 아니라 대러시아와의 대립으로 인한 위기를 느끼고 있다. 미국도 고립주의를 요구하는 목소리가 커지고 있으며 중국의 일대일로 정책이 다른 나라에 미치는 영향도 이전과는 다르게 전개되어 가고 있다. 한편 우리나라는 소프트 파워인 K문화가 글로벌하게 더욱 확산되고 있으며 군수산업, 반도체, 원자력 분야의 약진을 통해 국제적 영향력도 커지고 있다.

이러한 급격한 글로벌 환경변화에 의해 개정의 필요성이 발생하였고 뿐만 아니라 많은 독자들이 추가적인 내용보강을 요구하였다. 이러한 측면에서 제2판은 초판보다 몇 가지의 개정이 대폭적으로 이루어졌다. 먼저 4차산업에 있어서 AI와 메타버스의 등장으로 인한 글로벌경영에서의 경영환경변화와 국제경영과의 관련성을 좀 더 심도있게 보강하였다. 뿐만 아니라 초판에선 생략했던 국제경영의 이론적 기반인 국제무역이론부분을 보강하였다. 사실 초판은 글로벌경영을 저학년용으로 매우 가볍게 제작하려 하였으나 많은 독자들이 좀 더 이론의 심도있는 보강을 요청하였다. 또한 전체적으로 chapter를 다시 조정하여 보다 매끄럽게 글로벌경영을 이해할 수 있도록 하였다. 각 장에 제시한 사례도 최신의 사례로 교체하였고 각 장의 본문역시 이전에 비해 좀 더 많은 내용을 나름 알차게 보강을 하였다.

일반적으로 많은 대학에서 글로벌경영은 고학년을 위한 과목으로 개설되어 있다. 그러나 본서는 최대한 저학년과 교양과목의 개설시에도 수강생들이 보다 쉽게 이해할 수 있는 수업교재에 적합하도록 제작하였다. 이를 통해 본 서의 내용이 학생들에게 글로벌경영에 대한 마인드 제고와 함께 글로벌 경영자로서의 첫걸음으로 이끄는 마중물이 되기 바란다.

제2판 개정을 위해 많은 노력과 지원을 아끼지 않았던 박영사 안종만 회장님, 안상준 대표님, 박세기 부장님, 박부하 대리님, 탁종민 대리님에게 감사를 드린다. 아울러 개정판에 제작으로 가족들과 많은 시간을 할애를 못했는데 가족들에게 깊은 감사를 드리며 이 책을 바치고자 한다.

2024년 3월 2일
저자

초판 머리말

저자들이 경영학의 각론부분을 강의하면서 느낀 점은 의외로 국제적인 여러 현상들에 대해 학생들이 잘 모르고 있다는 점이다. 뿐만 아니라 다양한 국가들로부터 온 학·석박사 유학생 제자들과 수업을 할 때 그들이 한국을 생각하는 방식과 우리가 그들을 생각하는 방법이 차이 나는 점을 발견하였다. 이뿐만 아니라 외국에 진출한 한국기업, 반대로 한국에 진출한 외국기업 경영자들과 환담을 나누면 당연한 것이 당연하지 않은 경우를 종종 경험한다.

결국 이러한 다양한 차이에 의한 문화적 배경을 포함한 여러 환경이 우리의 판단과 의사결정에 영향을 미치는 것이다. 주지하시다시피 이제는 국내 비즈니스만으로 성공하기 힘든 시점에 이러한 문제를 해결해 줄 수 있는 책들이 필요하다고 생각되었다.

뿐만 아니라 기존의 글로벌 관련 책들은 주로 기업 중심적인 관점이 많아서 국제적인 소비자를 이해하기에는 한계가 매우 많았다. 그래서 우리는 주로 해외소비자를 이해하기 위한 관점에 중점을 두고 고객가치기반 글로벌경영이라는 제목으로 집필하게 되었다.

본 교재는 글로벌경영의 기초적 이해, 글로벌경영 환경의 이해, 글로벌 비즈니스의 경영활동의 3파트로 크게 이루어져 있다.

첫 번째 파트는 글로벌경영의 전반적인 이해를 위한 분야로 글로벌화, 경영 그리고 고객가치기반의 이해, 4차 산업시대의 기업의 글로벌경영의 변화에 대한 전반적인 내용을 다루어 비즈니스맨의 마인드 함양에 중점을 두었다. 두 번째 파트는 글로벌경영 환경의 이해이다. 많은 경영학 수업에서 단편적이거나 혹은 기업이론을 중심으로 수업을 오랫동안 해 본 결과 학생들이 실제로 기초적인 인문학적이고 환경적인 것에 대한 이해가 부족함을 느껴 이 부분을 좀 더 학습시키는 데 필요한 것에 많은 부분을 할애하였다. 마지막은 글로벌 비즈니스의 경영활동부분이다. 경영자가 글로벌 활동을 하기 위한 글로벌 마케팅과 초국적 기업경영을 정리하였다.

이렇듯 본 서적은 학부의 입문과목과 문화와 소비자가 상이한 국제시장의 이해를 위한 기존 심화 과목으로 사용해도 되도록 쉽고 재미있게 설명을 하도록 노력하였다. 이를 기초로 마케팅, 국제경영 등의 관심, 이해 그리고 실무에 응용력을 높이자는 의도를 위해 제작되었다고 할 수 있다.

책 제작을 위해 많은 노력과 지원을 아끼지 않았던 박영사 안상준 대표님과 박세기 부장님, 정성혁 대리님 그리고 편집부 임직원들에게 감사의 말을 전한다. 아울러 졸고에만 빠져 제대로 가족에게 시간을 할애를 못하였는데 가족에게 깊은 감사를 드리며 이 책을 바치고자 한다.

2022년 2월
저자

목차

03 글로벌경영의 전략과 관리

Part 01

글로벌경영의 기본 이해

Basic understanding of global management

1

글로벌화, 경영 그리고 고객가치기반

학습목표(Learning Objectives)

○ LO1 우리 일상생활 속에서 글로벌화 현황 및 중요성을 이해해 할 수 있다.
○ LO2 기업의 경영활동에 있어서 글로벌화와 고객가치에 대해 설명할 수 있다.
○ LO3 글로벌 시대의 경영인으로 가져야할 마인드를 함양할 수 있다.

드림어스컴퍼니, 글로벌 엔터기업 타이탄 콘텐츠 투자사로 참여

K팝 글로벌화 동참

드림어스컴퍼니가 글로벌 엔터테인먼트 기업 타이탄 콘텐츠(TITAN CONTENT)에 투자사로 참여하며, K팝의 글로벌화에 동참한다.

타이탄 콘텐츠는 SM엔터테인먼트 전 대표인 한세민 의장과 동방신기, 슈퍼주니어, 소녀시대, 샤이니, 엑소, 더보이즈 등 다수의 글로벌 K팝 아티스트들을 발굴, 기획한 강정아 최고의사결정권자(Chief Executive Officer·CEO), '원밀리언(1MILLION)'의 스타 퍼포먼스 디렉터 리아킴 최고안무책임자(Chief Performance Officer·CPO), 패션잡지 데이즈드 코리아(DAZED KOREA) 창립자이자 비주얼 디렉터 이겸 최고시각책임자(Chief Visual Officer·CVO)가 공동 창업자로서 미국 현지에 설립한 신생 글로벌 엔터테인먼트 기업이다.

미국 로스엔젤레스(LA)에 본사를 둔 글로벌 엔터테인먼트 기업이다.

글로벌 K팝 스타와 콘텐츠를 출시함은 물론, K팝에 AI(인공지능), Web3등 신기술을 접목시켜 K팝을 전 세계에 알리겠다는 계획이다.

지난 6월에는 서울 강남구에 국내 법인을 설립했다. 드림어스컴퍼니는 창립멤버들의 독보적인 커리어와 타이탄 콘텐츠의 잠재력에 대한 신뢰 및 K팝 기반의 글로벌 비즈니스 영역에서 양사가 만들어낼 수 있는 시너지를 높이 평가해 투자를 결정했다.

드림어스컴퍼니는 타이탄 콘텐츠와의 협력을 통해 IP(지식재산권) 비즈니스의 사업 구조를 더욱 강화한다는 포부다.

드림어스컴퍼니는 RW3벤처스(RW3 Ventures)와 랩터 그룹(Raptor Group)의 주도하에 공동 투자자로 참여했으며, 애니모카 벤처스(Animoca Ventures), 스페르미온(Sfermion), 벨 파트너스 AB(Bell Partners AB) 등 8개의 글로벌 투자사 ALC 전략적 파트너들도 함께 투자에 참여했다.

드림어스컴퍼니는 투자한 국내 기업으로는 유일하다. 드림어스컴퍼니는 타이탄 콘텐츠를 통해 선보이게 될 아티스트들의 음원, 음반 및 MD의 국내 독점 유통을 담당하게 된다.

IP 비즈니스의 글로벌 확장에도 협력할 예정이다. 드림어스컴퍼니 김동훈 대표는 "드림어스컴퍼니의 IP 비즈니스 글로벌 파트너십의 최적 파트너로 판단되어 투자를 결정했다"며 "앞으로도 적극적인 투자와 역량 강화를 통해 IP 비즈니스 밸류 체인의 확장을 지속할 것"이라고 밝혔다.

〈자료원〉 세계일보, 2023.11.29.

우리는 아침에 중국에서 조립된 미국 브랜드 아이폰의 알람소리에 눈을 뜬다. 미국산 아이보리 비누로 세수를 하고 인도네시아에서 제작한 미국 브랜드 나이키를 신고 출근을 한다. 점심시간에는 이태리에서 직수입한 재료로 만든 파스타 가게에서 파스타를 먹는다. 친구와 만남을 위해 기다리는 중 미국의 페이스 북을 통해 친구들 근황을 보고 미국의 넷플릭스를 통해 스페인에서 제작한 드라마인 종이의 집을 보며 에디오피아 원산지의 예르가체프 커피를 미국브랜드인 스타벅스에서 마신다. 가져온 텀블러는 베트남에서 만들어졌다. 같이 주문한 치즈케익은 치즈는 프랑스산이고 밀가루는 독일산이다.

친구랑 쇼핑몰에 같이 가서 계절의 변화로 옷을 사기 위해 들어선 스웨덴의 H&M 브랜드 샵에서의 옷은 이집트산 면으로 만든 태국에서 제작한 옷이 세일 중이다. 저녁에 퇴근길에 콜롬비아산 바나나와 이란산 석류를 구매해서 돌아간다.

이렇듯 개인의 세계화 사례와 같이 세계화와 우리생활은 불가분 관계에 있다. 즉, 우리는 지금 싫든 좋든 세계화 시대를 살아가고 있다. 위의 예를 보듯이 상품, 서비스, 인력, 지식, 기술 교류가 없는 생활을 상상하기는 불가능하며 전 세계의 경제생황에 대한 정보를 실시간으로 접하면서 이들 국가의 원자재 가격이나 환율 등을 모르고서는 국내 경제상황을 정확히 이해하기는 어렵고 재화의 축적뿐 아니라 기업의 성장 및 생존은 어렵다.

1. 글로벌화

일반적으로 세계화(globalization)는 불가피하며 불가역적이며 지속적인 성장의 지름길이라고 주장하며 긍정적인 면을 강조하는 반면 세계화가 환경과 노동조건을 악화시킴은 물론이고 국가별 혹은 국가내에서의 소득격차를 심화시키는 원인이라고 주장하고 있다. 이처럼 많은 논란을 불러일으키고 있는 세계화란 무엇인가? 넓은 의미로 세계화는 정치, 경제, 사회 문화의 모든 분야에서 국가간 상호 의존성이 심화되어 실질적인 지구촌 공동체가 형성되어가는 과정이라 할 수 있다. 한편 협의적 세계화란 다양한 국민경제가 하나의 경제로 통합이 되는 과정이라 할 수 있다. 즉, 상품 및 서비스의 무역, 자본의 이동, 기술의 도입과 해외수출, 노동력의 유입과 유출, 생산물과 생산요소간의 이동 그리고 금융의 이동을 통한 국가 간 가치사슬이 이루어지는 것을 의미한다고 할 수 있다. 이러한 가치사슬을 공급망 혹은 분업구도라고도 불리어진다.

세계화의 용어는 종종 국제화(internationalization)란 용어와 동일한 뜻으로 사용되기도 한다. 그러나 국제화라는 말은 국민경제를 기본적인 경제단위로 보는 반면 세계화는 국민경제를 뛰어 넘어 세계경제가 하나로 통합되는 것을 의미한다. 국제화는 다른 국가와의 경제교류를 촉진하기 위한 개방을 강조하였다면, 세계화는 개방뿐 아니라 적극적인 해외 토지 그리고 인적교류를 포함하는 개념이라 할 수 있다. 실제적으로 국민경제의 개방과 이에 따른 국제적 분업의 진전은 21세기에 갑자기 나타난 현상이라고는 할 수 없으며 적어도 제2차 세계대전 이후 꾸준히 확대되어 왔다.

세계화로 대변되는 자유무역과 자본이동을 시대별 변천과정을 살펴보면 제1차 세계대전 이전의 무역이나 금융 측면에서의 경제통합은 지금보다 지역적으로나 통합의 심도는 훨씬 제한적이었다. 그러나 20세기 말에 들어 무역이나 자본이동이 일부국가뿐 아니라 전 세계적으로 고르게 증가하는 추세를 보이고 있고, 또한 교역재 비중 및 서비스 교역의 증가, 다국적 기업의 역할 강화, 그리고 제조업 및 서비스 분야에 대한 직간접 투자의 증대 등 그 내용도 크게 바뀌었다.

특히 정보통신기술의 발전과 4차산업 혁명으로 지구촌은 더욱 가깝게 하나로 묶이고 심지어는 가상적인 세계까지도 새롭게 등장하는 등 세계 어디서나 생산하고 유통가능하고 소비가 능하도록 만들어지고 있다. 또한 공급자와 수요자간 복잡한 유통단계가 대폭 축소되고 일반소비자나 기업이 지불해야 하는 거래비용을 크게 절감시키고 있다. 거래비용감소는 소비자들이 지급해야 하는 가격을 파격적으로 낮추는 효과를 가져왔다. 또한 새로운 기업의 시장 진입이 용이해짐에 따라 기존 기업들의 범세계적 시장참여가 가능하게 되었다.

물리적 지역뿐 아니라 가상공간과의 통합이 진행되어 가는 현상은 경제적 현상뿐 아니라 사회적 규범·법·문화 활동 등 모든 분야에서 획기적인 변화를 가져오고 있다. 또한 국제적으로도 국경없는 경제가 실현됨에 따라 국민주권의 영역이나 권위에도 근본적인 변화가 불가피해지고 있다. 국가와 국가 간의 경제통합이 심화되면 어느 한 나라의 경제정책이 다른 국가의 경제에 영향을 미치는 외부효과가 증가하게 된다. 따라서 자국의 정책과 자국 경제에 미치는 영향 뿐만 아니라 다른 국민경제에 미치는 영향, 그리고 그러한 외부효과가 다시 자국에 미치는 효과까지 고려해야 한다. 국제경제 교류와 관련된 정책은 더더욱 민감한 문제가 아닐 수 없다. 특히 정보통신기술로 인한 4차 산업에는 통합이 매우 가속화되기도 하고 경우에 따라 기존의 법질서 등이 따라오지 못하기 때문에 매우 중요하게 된다. 그러므로 국가간 혹은 자국과 외국의 기업간의 갈등을 미연에 방지하기 위해서는 정책결정이 국제규범을 준수하여야 함은 물론 관련국과의 정책협조가 필수적인 상황이다.

이처럼 국가 간의 국경으로 나누어졌던 시장들이 전 세계적으로 하나의 단일 시장으로 통합되는 과정은 최근에 발생한 현상은 아니다. 글로벌화의 기본을 이루는 각국별 시장 통합과정은 인류역사에서 지속적으로 이루어져왔던 일반적인 추세였다. 맑스와 엥겔(Marx and

Engel)이 1984년에 주장한 공산당선언(communist manifesto)에서 "국가별로 존재했던 옛날의 모든 산업들이 날마다 붕괴되어 가고 있으며 과거의 내수 위주의 자급자족인 경제는 이제 모든 면에서 국가 간의 상호의존성이 높아지는 세계경제체제로 바뀌고 있다."라고 주장하였다. 이를 보면 자본주의가 이미 발전하던 당시 이전부터 국가 간의 시장경계가 무너지고 있으며 전 세계적인 시장으로 시장개편이 지속적으로 진행되어 왔음을 의미한다.

인류 역사를 보면 자급자족 경제단위는 씨족사회, 부족사회, 부족국가, 고대, 중세, 근대로 발전함에 이르기까지 지속적으로 확장되어 왔다. 씨족사회에서는 씨족가구가 농업과 어업을 위주로 자급자족적인 경제단위로 이루어져 왔다. 이후에 부족사회와 부족국가는 여러씨족들이 통합된 형태이다. 고대국가 역시 부족국가가 통합된 형태이다. 이와 같이 지금 국가 간의 시장구분이 없어지고 세계적으로 시장이 통합되는 현상은 현대에 와서 발생한 현상이 아니라 인류의 역사과정에서 지속적으로 행해져왔던 것이다.

역사적으로 이러한 시장통합을 가속화 하여 더 큰 시장으로 탄생하는 글로벌화의 가장 중요한 것은 기술혁신이다. 예컨대 석기를 사용하던 씨족사회에서 청동기와 철기가 보급되면서 유목에서 농경으로 사람들의 생활환경이 변화하고 잉여의 농산품 등의 재화 교역이 이루어 지게 되며 고대국가와 중세사회를 거치게 된다. 이후에 증기기관의 등장으로 산업화 사회가 이루어지면서 전 세계가 통합된 시장이 되기 시작하였고 최근에는 4차 산업을 통해서 국가 간의 시장통합뿐만 아니라 가상적으로도 통합이 되는 시기가 도래한 것이다.

이러한 시장이 통합되는 촉매제는 기술의 발전이지만 이를 통한 기술 혁신은 생산에 있어서 규모의 경제를 월등하게 증대시켰다. 즉 잉여의 제품을 충분하게 소비 등을 하기 위해서는 시장을 통합해야 할 필요성이 제기된 것이다. 이러한 측면에서 글로벌화를 촉진시키는 요인이 무엇인가를 알아보는 것은 매우 중요하다. 글로벌화를 촉진시키는 요인들로는 규모의 경제, 기술 발전, 동질화된 소비 니즈, 모바일성 증대이다.

1) 글로벌화를 촉진시키는 요인

(1) 규모의 경제

글로벌화를 촉진시키는 첫 번째 요인은 자본집약적인 생산방식과 규모의 경제가 점점 더 중요해진다는 사실이다. 전 세계적으로 거의 모든 산업은 노동집약적인 생산방식에서 자본집약적인 생산방식으로 전환한다. 그러므로 모든 산업에서 인간의 노동력이 자동화된 기계, 로봇 및 컴퓨터로 대체된다. 이렇게 되면 노동비용은 감소하는 반면에 자본비용이 차지하는 비중은 크게 증가하게 되고 따라서 규모의 경제(economies of scale)도 커지게 된다. 자본재에 대한 막대한 투자를 회수하기 위해서는 대규모 생산체제를 갖추지 않으면 안 된다. 따라서 이 같은 산업에 있어서 기업들은 단지 내수시장의 수요만으로는 자본재에 대한 막대한 투자를 감행하기가 어렵기 때문에 전 세계시장의 수요를 목표로 삼고 자본재에 대한 투자를 하게 된다. 예컨대, 소비내구재, 자동차, 철강, 화학산업은 모두 자본집약적인 산업이며 세계적으로 몇몇의 소수기업이 지배하고 있다. 대표적으로 화학분야의 화이자는 글로벌화 된 대표적인 기업이라 할 수 있다.

그림 1-1 대표적인 화학글로벌 기업인 화이자

(2) 기술발전

기술발전도 글로벌화를 촉진시킨다. 대표적인 것으로 기업들의 연구개발(Research and Development; R&D)을 들 수 있다. 첨단사업이라고 할 수 있는 전자, 통신, 컴퓨터, 정밀화학 등의 분야에서 총매출액에서 연구개발비용이 차지하는 비율이 적게는 7~8%에서 많게는 15~30%에 달한다. 이러하기 때문에 연구개발비용 투자의 비중이 큰 산업에서 내수시장의 수요만으로는 많은 연구개발비를 충당하기 어렵다. 첨단기업에서는 전 세계시장을 염두에 두고 신제품개발과 판매를 하여야 지속적으로 연구개발에 투자를 할 수 있다.

기초석유화학분야에서의 연구개발비는 전체 매출에서 2~3%인 반면 정밀화학분야는 연구개발비용이 9~10%이며 의약품산업에서의 연구개발투자비용은 전체 매출액의 20~30%까지 높다.

Global High Light

R&D 투자 많은 기업 2~4위, 화웨이·MS·삼성전자...1위는?

화웨이가 지난해 전 세계에서 가장 R&D(연구개발) 투자를 많이 한 기업 2위로 조사됐다. 1위는 구글 모기업 알파벳으로 3년 연속 1위를 기록했다.

화웨이는 유럽연합(EU) 집행위원회가 최근 발표한 '2021 EU 산업 R&D 투자 스코어보드(2021 EU Industrial R&D Investment Scoreboard)'에서 지난해 기준 R&D에 174억 6010만 유로(23조 원)를 투자해, R&D 투자 규모 세계 2위 기업이 됐다고 23일 밝혔다.

2021 EU 산업 R&D 투자 스코어보드는 EU 공동연구센터(Joint Research Center, JRC)가 전 세계 비즈니스 기반 R&D 총액의 90%를 차지하는 2500개 기업을 대상으로 R&D 투자 수준을 평가한 자료다.

화웨이의 R&D 투자는 전년 대비 6.7% 증가한 결과로, 순위도 지난해보다 한 계단 상승했다. 연간 매출액에서 R&D 투자가 차지하는 비중을 보여주는 R&D 집중도는 15.7%였다.

1위는 224억 7010만 유로(30조 2777억 원)를 투자한 알파벳, 3위는 마이크로소프트(168억 8210만 유로)였다. 삼성전자는 158억 9490만 유로(약 21조 3397억 원)로 4년 연속 4위에 올랐다.

토니 진(Tony Jin) 화웨이 EU 수석 대표는 "앞으로도 가장 혁신적인 제품과 서비스를 개발하기 위해 연구 및 과학 분야에서 국제 협력을 활발히 진행하겠다"고 말했다.

〈자료원〉 머니투데이, 2021.12.23.

(3) 동질화된 소비니즈

각국 소비자의 기호가 점차 동질화 되어 간다는 점이다. 예컨대 전 세계 10대 중에서 콜라를 싫어하는 소비자는 적은 편이다. 이러한 측면에서 젊은 세대를 중심으로 소비자의 수요나 구매형태가 동질화되고 있다.

그림 1-2 넷플릭스의 컨텐츠

이렇게 동질화된 소비니즈가 등장하는 이유는 커뮤니케이션 기술의 발전이다. 예컨대, 최근의 소비자들은 실시간으로 그들의 경험과 니즈를 공유하고 즐김으로써 동질화된 취향을 가질 수 있다. 대표적인 것이 Facebook, Instagram, Threads 등이다. 이를 통해서 한국에서 발표된 음악을 실시간으로 전 세계가 공유하고 동시에 누릴 수 있는 것이다. 뿐만 아니라 넷플릭스 등을 통해 오징어게임 등과 같은 최신의 컨텐츠도 실시간으로 전 세계가 같이 즐기고 경험할 수 있게 되었다. 즉, 전 세계의 모든 사람들이 동일한 것을 느끼고 경험할 수 있게 되었다.

이와 같은 커뮤니케이션 기술의 발달은 전 세계적으로 소비자의 니즈를 동질화를 촉진시키고 있으며 결국 기업들은 과거와는 달리 전 세계를 단일시장으로 보고 빠른 시간에 전 세계 소비자들의 수요에 부응할 수 있는 제품을 만들어야 성공할 수 있게 되었다.

소비자 니즈의 심화되는 또 하나의 이유는 전 세계적으로 구매력이 증가하고 있다는 것이다. 경제개발을 이룩한 신흥 공업국의 국민들은 그들의 향상된 소득수준으로 선진국에서 생산되는 제품을 소비하려는 경향이 있다. 이들은 높은 교육수준과 소득수준을 보유하게 되면서 글로벌 제품을 구매, 소비할 수 있는 능력을 갖추게 되었다. 이처럼 빠른 속도로 소비자의 니즈가 동질화되어 가고 있는 점은 결국 글로벌화를 촉진시키는 중요한 요인이 된다고 하겠다.

한편 이러한 동질화된 소비니즈는 단순히 소비재에만 국한되는 것이 아니라 산업재에서도 나타나는 현상이다. 예컨대, IT 기기, 반도체 등과 같은 산업재 제품은 고객이 어디에 있더라도 동일한 목적과 기능을 발휘할 수 있도록 표준화되는 제품이다. 이러한 수요의 동질성은 해당 제품의 글로벌화를 촉진시킨다.

(4) 모바일성 증대

18세기 증기기관의 발명으로 인해 산업혁명이 일어난 후 교통수단은 획기적으로 발전하여 세계화는 급격히 확산되기 시작한다. 1820~1850년대에 철도망이 급속도로 확충되고 1840~1870년에는 증기선이 원양수송에 까지 광범위하게 이용되기 시작한다. 또한 증기선 도입은 벌크제품의 수송까지도 가능하게 하였고 20세기에 들어와서 비행기의 발명으로 신선식품 등의 시간을 다투는 제품의 교역도 가능하게 되었다. 뿐만 아니라 최근에는 정보통신의 발전으로 정보의 실시간 공유 등은 실제와 가상의 교류가 더욱 촉진시키는 계기가 되고 있다.

1차 세계화는 교통수단의 발명에 따른 제품의 수송비용 절감에 의해 나타났다. 이후 2차 세계화 과정은 통신의 발달로 인한 정보나 아이디어의 무역비용이 감소를 나타낸다. 정보통신의 기술로 인한 고부가가치의 제품과 서비스의 등장은 수송비의 영향보다 더 제품의 원가를 줄여주기도 하였다. 반도체 칩 등의 극소화로 제품의 부피가 작아지고 이는 수송의 비용 역시 줄이는 계기가 되었다. 또한 인터넷으로 연결된 모바일폰으로 전자상거래가 보편화되면서 상품이동의 세계화는 더욱 촉진되었다. 이러한 현상으로 한 국가의 국민경제 내에서의 거래비용에 대한 국가 간 상대적 거래비용이 시간경과에 따라 저렴해지게 되었다.

2) 글로벌화를 제약하는 요인

기업의 글로벌화를 제약하는 것에는 다양한 요인이 있으나 크게 문화적 다양성, 현지국의 규제 그리고 반글로벌화 운동이 대표적이다.

(1) 문화적 다양성

다양한 국가와 지역에 존재하는 각각의 고유 문화는 글로벌화를 제약하는 요인이다. 국가 문화는 국민의 가치관, 태도, 관습, 신념 그리고 커뮤니케이션 등에 강력한 영향을 미친다. 그러므로 획일적인 글로벌화는 현지의 반발이 있을 수 있다. 현지문화를 고려하지 않는 글로벌화는 문화적 충돌이 발생할 수 있다.

(2) 현지국의 규제

국가 간의 무역과 투자장벽이 낮아짐에도 불구하고 현지국은 자국의 기업들을 보호하기 위해서 정치 및 법적 규제를 하고 있다. 개발도상국에서 이러한 현상이 많이 나타난다. 규제적 법률은 글로벌 기업의 활동에 많은 제약을 가한다. 예컨대, 투자국의 지분을 규제하는 법률, 현지인의 고용의무 관련 법률, 투자금 및 이익회수에 관련되는 법률은 글로벌 기업의 활동을 제약하는 요인이 된다.

(3) 반글로벌화

세계가 글로벌화를 반대하는 운동이 있다. 이는 글로벌화를 반대하는 노동조합, 시민단체, 학생 및 지식인 등으로 이루어져 있다. 이들은 글로벌화와 관련된 각종 행사를 반대하는 시위를 하거나 글로벌 기업 제품의 불매운동을 하기도 하며 극단적으로는 글로벌 기업에 물리적으로 손해를 끼치기도 한다.

2. 글로벌화 경영

글로벌화(globalization)경영은 다양하게 정의되고 있으나 일반적으로 기업이 개별국가시장에 대해 각기 다른 전략을 행하기보다는 전 세계 시장을 하나의 시장으로 보고 통합된 전략을 수립하는 것을 뜻한다. 이러한 글로벌화는 세계화 혹은 국제화(Internationalization)가 종전의 국가 단위로 시장이 구성되었던 상황에서 한 국가에 있던 기업이 다른 국가로 진출하는 것을 의미한다. 그렇기 때문에 글로벌화된 환경에서는 제품, 기술, 서비스가 각국으로 자유롭게 이동하며 인적자원과 자본흐름도 자유롭다.

글로벌시대에 기업이 생존하기 위해서는 기업의 경쟁력을 확보하고 경영활동이 전 세계를 대상으로 폭넓게 이루어지는 것이다. 세계적인 보석브랜드인 티파니가 대표적인 예 중 하나이다. 경영활동의 글로벌화는 제품개발, 생산, 부품조달, 영업 및 금융활동 등 전반적인 기업활동이 한나라에서 이루어지지 않고 다양한 나라에서 동시적으로 초월하여 전개되고 있다.

그림 1-3 세계적인 보석브랜드 티파니

이렇게 글로벌화된 기업은 생산, 판매, 연구개발 등 모든 기업의 활동을 세계적 차원에서 전개하는 기업이다. 이와 같이 기업 활동이 글로벌화 된다는 것은 여러 가지의 의미를 갖고 있다. 첫째, 기업 활동의 지리적 범위가 한 국가로부터 세계 여러 나라로 넓어진다는 것이고 둘째, 세계에서 여러 가지 사업을 동시에 수행할 수 있을 정도로 사업범위가 확대되는 사업다각화의 의미가 있으며, 셋째, 기업이 세계 어느 곳이든지 가장 효율적인 국가에서 경영활동을 수행할 수 있도록 하는 기능의 범위가 확대된다는 것이며, 넷째, 기업이 새로운 국가, 사업 및 기능 활동에 참여하는 방식이 다양해진다는 것을 의미한다.

따라서 세계화된 기업들은 각 지역의 생산과 물류거점을 연결하는 네트워크 형성을 통하여 경영환경변화에 신속히 대응하는 한편 경영전략에 따라 각 거점 간의 조달, 생산, 판매를 효율적으로 연계하여 효율성의 극대화를 도모하고 있다.

글로벌경영에서는 다양한 측면에서 글로벌화를 생각할 수 있다. 시장의 글로벌화, 생산의 글로벌화 그리고 기업의 글로벌화로 생각할 수 있다.

1) 시장의 글로벌화

시장의 글로벌화(Globalization of market)란 서로 분리되어 있는 국가별 시장이 큰 하나의 시장으로 통합되면서 상호 간에 의존이 증가되는 것을 말한다. 이전에는 국가별 소비자의 니즈 등이 서로 상이하거나 국경을 넘는 장벽이 존재하여 국가별 시장은 서로 분리되어 있었다. 그러나 글로벌화가 진전이 되면서 국가별로 소비자의 니즈가 유사하거나 동조화 하는 현상이 나타나고 있다. 예컨대, 아이폰, 갤럭시폰, 스타벅스, 코카콜라와 같은 글로벌 소비재 제품의 등장뿐 아니라 K-pop, 프리미어리거(English Premier League, EPL) 등의 문화예술 제품 역시 마찬가지이다. 즉, 소비자의 니즈의 글로벌 수렴이 일어나는데 이는 소비자의 국적이나 거주국가에 관계없이 제품 및 서비스의 수요가 차츰 동조화 되는 것을 말한다.

2) 생산의 글로벌화

생산의 글로벌화(Globalization of production)는 생산요소(factor of production; 노동력, 에너지, 토지 및 자본 등)의 품질 및 비용의 국가별 차이를 이용하여 세계각지에서 제품과 서비스를 생산하는 것을 의미한다. 이를 통하여 기업들은 전체 비용구조를 낮추거나 제품의 품질과 기능성을 향상시켜 더욱 효율적으로 경쟁한다. 항공기의 경우, 보잉은 항공기 제작을 위해 생산에 참여한다. 777의 경우 여덟 개의 일본업체와 이탈리아의 세 업체가 함께하며 787기종 역시도 다양한 국가가 제작에 참여하고 만여 종의 제품을 수백 개의 납품업체로부터 부품을 공급받는다.

3) 기업의 글로벌화

　기업은 일반적으로 국내시장을 대상으로 한 국내경영을 먼저 시작한다. 그러다가 외국으로부터 주문이 있거나 국내경영에서 생존에 문제(각종 애로 및 시장확장 등)가 발생했을 때 규모의 경제를 위해서 해외로 진출을 하게 된다. 기업이 해외로 진출할 때에는 일반적으로 첫단계는 수출활동이며 이 단계를 수출 기업단계라고 한다. 수출 유형에는 간접수출과 직접수출이 있다. 간접수출은 해외시장을 대상으로 한 수출 마케팅을 직접적인 수행을 기업에서 하지 않고 대리인 등을 이용한다. 간접수출이 어느 정도 안정화 단계에 이르면 기업에서는 직접수출을 하게 된다. 이때 기업은 해외시장의 노하우를 쌓게 되고 점차 수출대상국가 및 대상 기업수가 많아지게 되면 기업은 해외직접투자를 통한 기업성장에 관심을 갖게 된다. 이후 직접투자가 이루어진 후에 적극적으로 대상국가를 늘려가면서 기업은 글로벌화를 이루게 된다.

　기업의 글로벌화는 기업의 총체적인 측면에서의 진정한 글로벌화이다. 이는 기업의 글로벌화 혹은 기업의 국제화로 일컬어지며 기업의 생산, 마케팅, 연구개발, 구매 등 기업의 가치사슬상의 모든 부분에 글로벌화가 진행되게 된다.

3. 글로벌경영과 자국위주의 경영(국내경영)의 차이점

1) 경제적 환경의 차이

　각 국가가 처한 경제환경은 서로 상이하다. 비록 전 세계적으로 거시경제는 비슷할 수도 있지만 각 국가의 경제를 나누어서 살펴보면 국가마다 상이하다. 예컨대 국가별 소득 수준, 기술과 인프라 수준, 경제발전상황과 외환상황 등은 매우 상이하므로 이에 대한 면밀한 고려를 할 필요가 있다. 예컨대 우리나라에서는 무선통신인프라가 매우 발전하였지만 상대적으로 많은 나라에서는 아직까지 언제 어디서나 빠른 속도로 네트워크에 접근하는 것이 어려울 수 있다. 또한 경제에 관련한 규제와 정책이 매우 상이하다. 이처럼 각 국가에는 경제적으로 처한 환경이 매우 다르기 때문에 국내경영과는 다르게 수행되어야 할 것이다.

2) 문화적 차이

　문화는 사람들의 다양한 선택과 대상에 대한 판단에도 영향을 미치기 때문에 국내에서 활용한 전략과 실행은 타국에는 전혀 맞지 않는 경우가 허다하다. 이렇듯 문화는 국내와 국제 간 경영에 매우 많은 차이를 야기한다. 국가 간의 상이한 리더십 스타일, 인사관리, 마케팅상황(제품, 광고, 유통) 등이 차이나는 가장 큰 이유는 문화적 차이가 존재하기 때문이다. 이와 같이 기업의 글로벌경영활동에 영향을 미치는 문화적 환경은 가치관, 종교, 시간관념 그리고 미에 대한 기준 등이 상이할 수 있다.

이처럼 상이한 문화적 차이로 해외시장에서 기업들은 많은 실패를 하게 되는데 이러한 문화적 환경의 차이를 반영하지 못한 인사전략, 마케팅전략은 비록 국내시장에서는 성공한 전략이라 할지라도 실패를 안겨다 주게 된다.

3) 법적차이

국가별로 법률적 환경이 상이함에 따라 글로벌경영은 국내경영과는 상이하다. 즉 국가마다 법률적인 시스템이 상이하고 그 법을 집행하는 절차도 상이하기 때문에 차이가 난다. 제품의 안정성의 경우에도 국가 간에 상이하며 아울러 관습법, 성문법 혹은 회교법이냐에 따라서도 다르게 된다. 이처럼 법률적 환경의 차이를 잘 이해하고 이를 바탕으로 경영활동을 해야만 성공적인 성과를 창출할 수 있게 된다.

4) 위험의 차이

경영위험에 있어서 국내위험과는 상이한 위험이 있다. 첫째는 외환위험이다. 즉, 글로벌기업은 국내경영과는 달리 환율 변동에 따른 외환위험이 존재한다. 환율에 따라 기업은 이익을 얻을 수도 있고 손실이 발생하기도 한다. 그러므로 기업은 환율변동에 따른 외환위험을 이해하고 잘 관리해야 한다. 둘째는 정치체계의 상이함에서 오는 위험이다. 글로벌 기업이 특정국가에서 기업활동을 수행할 때 재산을 몰수, 수용, 대상국의 기업과 공정하지 않은 규제 혹은 부당한 차별대우 등이 발생할 수 있다. 이런 위험에 대한 추가적이고 면밀한 분석이 요구되기 때문에 국내경영과는 다소 차이가 존재한다.

4. 고객가치기반의 이해

일반적으로 가치는 세가지 차원으로 정의할 수 있다. 첫 번째, 가치는 경제적 가치(economic value)이다. 고객들은 자신이 가진 경제적 가치를 지불하고 기업으로부터 제품이나 서비스를 구매한다. 이 경제적 가치는 흔히 가격으로 표현되고 기업에서도 그것으로 인식하지만 꼭 가격만이 경제적 가치는 아니다. 가격에 부가적인 가치가 첨부된 것이 경제적 가치이다. 똑같은 반지를 동네 금은방에서는 200만 원에 팔고, 자사의 로고와 디자인을 가미한 티파니에서는 2000만 원에 판매를 한다. 경제적 가치는 단순히 20만 원, 2000만 원이 아닌 티파니가 지닌 이미지의 가치, 상징적인 가치, 디자인적인 가치 등에 부가된 경제적인 비용을 의미한다.

교환적인 의미에서 고객이 가진 경제적 자산이 가격으로 환산되어 제품이나 서비스에 대한 소유권 이전을 해주는 가치가 경제적 가치이다.

두 번째 가치는 자원적 가치(resource value)이다. 앞에서도 언급하였지만 고객은 제품이나 서비스를 구매하면서 제품이 가지고 있는 가치만 지불하지 않는다. 제품 이외에 기업이 주는 여러 가지 서비스에 의미를 두고 대가를 지불한다. 애플의 한국시장에서 스마트폰을 판매하면서 처음 고객들은 열광하였지만 차츰 애플의 부족한 사후 서비스(After-Sales Service)에 대해 많은 불편함을 느끼고 있다. 제품이 잘못되었을 때 수리 및 보상을 해주는 시스템이 부족하여 고객들은 제품 구매 후 느끼는 불편함으로 인해 재구매가 이루어지지 않는 것이다.

즉, 기업은 판매만 하면 그만이다라는 생각을 하고 있지만 고객들은 구매 후에도 지속적인 기업의 지원 및 도움을 기대하고 있는 것이다. 이처럼 자원적 가치란 고객들이 제품의 구매시의 도움뿐만 아니라 구매 후 사용에서도 끊임없는 기업의 자원 공유를 요구하는 것이다.

또 다른 예를 들면 자동차 회사의 경우 단순한 자동차 판매에만 진출해서는 실패를 하게 된다. 즉, 자동차 산업은 해외시장으로 성공적인 진출을 하기 위해서는 부품산업과, 사후 정비 서비스 등이 함께 진출해야 하며 진출국에 네트워크가 성공적으로 구축이 되어야 비로서 경쟁력을 얻게 된다. 우리나라의 현대자동차가 80년대에 미국 시장에 진출하여 성공적으로 살아남은 배경이 바로 이것이다. 또한 일본의 품질 좋은 수바루(subaru) 자동차의 경우에 우리나라에서 철수하는 가장 큰 이유가 바로 이러한 관련 자원적 가치를 함께 하지 못하였기 때문이다.

그림 1-4 수바루의 레거시

세 번째 가치는 최근 가장 이슈가 되고 있는 사회적 가치(social value)이다. 고객은 기업으로부터 단지 제품만을 구매하지 않는다. 제품이 가지고 있는 브랜드 이미지와 기업의 이미지뿐만 아니라 사회적 책임과 윤리적 문제까지도 고려하면서 그 제품이나 서비스를 구매한다. 많은 고객들이 자기의 이미지와 유사하고 또 익숙한 제품이나 서비스를 구매하는 경향이 있다. 소위 명품이라는 제품을 고객들은 왜 구매하려고 할까? 수백만 원을 호가하는 샤넬가방을 왜 구매하려는 것일까? 그것은 자신에 대한 보상측면도 있고 고객자신의 사회적 지위 혹은 가치를 표현하고자 하는 욕구도 있는 것이다. 유한킴벌리라는 기업은 오랫동안 우리강산 푸르게 푸르게라는 캠페인을 통해 많은 고객들에게 사회적 책임을 다하는 기업으로 인식되어 왔다. 고객들은 이 기업의 제품을 구매하면서 자신도 사회적으로 기여를 하고 있다는 인식을 갖게 된다. 사회적 가치는 매우 다양하게 기업의 환경에 존재한다. 최근에는 공정무역(fair trade), 기업의 사회적 책임(CSR), ESG(Environment, Social, Governance) 등이 대표적인 고객가치기반의 경영이라고 할 수 있다.

5. 고객가치기반의 글로벌경영 예

1) 공정무역(fair trade)

초콜릿의 주원료인 카카오는 코트디부아르, 가나, 나이지리아 등의 아프리카 지역에서 많이 생산된다. 이곳에서 카카오 열매를 수확하는 일은 주로 아이들이 하고 있다. 카카오 농장에서 일하는 아이들은 일주일에 100시간에 가까운 혹독한 노동을 하고도 매우 낮은 급여를 수령하고 있다. 이는 초콜릿을 만드는 기업과 농장 주인이 더 많은 이익을 남기기 위해서 아이들을 착취하고 있는 것이다. 카카오 농장에서 일하는 아이들의 66%는 학교에 다니지 못하고 있으며, 절반 이상이 14세 미만의 어린이로 파악되고 있다. 이 지역의 어린이들이 딴 카카오 열매 400개로 겨우 200g의 초콜릿을 만들 수 있는데 아이들 대부분은 평생 초콜릿을 먹어 볼 기회조차 없다. 희생되는 것은 아이들뿐이 아니다. 세계의 소수 기업이 지배하고 있는 세계 초콜릿 시장에서 카카오 농장 주인이 얻을 수 있는 이익은 10%도 되지 않는 실정이다. 결국 싼값에 카카오를 사들여 초콜릿을 만드는 기업만 큰 이득을 보는 것이다. 초콜릿뿐만 아니라 커피, 차, 목화 등도 비슷한 형태로 거래되는 대표적인 불공정 무역 상품이였다. 이러한 현상에 대해 아이들과 농장에게 공정하게 보상을 하고 이러한 제품을 무역을 통해 실현하자고 한 것이 공정무역의 한 동기라고 할 수 있다.

이러한 공정무역은 시작은 1946년 북미 메노나이트교회(Mennonite)가 푸에르토리코 노동자의 자수품을 거래하고, 제2차 세계대전 후 영국의 빈민구호단체 옥스팜(Oxfam)이 동유럽과 중국 난민들의 수공예품을 구매한 것이라 할 수 있다. 초기에는 대체로 종교적 성격이 짙었고, 거래 품목은 대부분 수공예품이었다. 1960년대에 시민운동의 일환으로 단체들이 조직되며 활동이 본격화되었고, 1980년대에는 각종 단체들의 연합체가 등장하고 특히 인증라벨이 생기면서 대중적으로 확산되는 계기가 되었다. 이후 미국과 유럽을 중심으로 영향력이 커졌다. 2000년대에는 자본주의 대안활동으로 여겨지며 급속도로 확산되었고, 일종의 무역 트렌드가 되면서 영리기업들도 공정무역 영역에 진출하는 공정무역 주류화 현상이 나타나기도 했다. 우리나라에서는 2003년 아름다운가게가 네팔·인도산 수공예품을 판매하면서부터 공정무역 운동이 시작되었다.

그림 1-5 우리나라의 아름다운 가게

공정무역은 협의적으로는 개발도상국 생산자의 경제적 자립과 지속가능한 발전을 위해 생산자에게 보다 유리한 조건을 제공하는 무역형태이다. 그러나 공정무역은 협의적인 관점보다는 보다 광범위하게 경제선진국과 개발도상국 간 불공정 무역구조로 인해 발생하는 부의 편중, 환경파괴, 노동력 착취, 인권침해 등의 문제를 해결하기 위해 대두된 무역형태이자 사회운동을 일컫는 말이다. 즉 다국적기업 등이 자유무역을 통해 이윤을 극대화 하는 과정에서 적정한 생산이윤을 보장받지 못한 채 빈곤에 시달리는 개발도상국의 생산자와 노동자를 보호하려는 목적에서 발생한 대안적 형태의 무역형태 및 사회운동이라 할 수 있다.

2001년 FLO(국제공정무역상표기구), IFAT(국제공정무역연합, 현재의 WFTO(국제공정무역기구)), NEWS(유럽세계상점네트워크), EFTA(유럽공정무역협회)로 구성된 비공식연합체 FINE은 "공정무역은 대화, 투명성, 존중에 바탕을 둔 파트너십으로, 보다 평등한 국제무역을 추구한다. 특히 남반구의 소외된 생산자와 노동자의 지속가능한 발전을 위해 그들에게 보다 나은 무역조건을 제공하고, 권리를 보호한다"고 그 취지를 설명한 바 있다. 즉, 공정무역의 목표는 개발도상국의 가난한 생산자를 원조·자선의 방식으로 돕는 것이 아니라 경제적 자립역량을 키워 지속가능한 발전을 이루도록 돕는 데 있다.

공정무역은 생산자의 노동에 정당하고 적절한 대가를 지불하면서도 이를 소비하는 소비자에게는 품질 좋고 신뢰할 수 있는 제품을 공급하기 위해 상호 간 협력한다. 그러므로 공정무역을 통해 판매되는 초콜릿은 아동의 착취적 노동 없이 재배된 카카오로 생산되어진다. 뿐만 아니라 생산자와 소비자 간의 직거래를 통해 정당한 가격을 지불하게 된다. 이러한 측면에서 공정 무역은 생산자와 소비자 모두 행복해질 수 있는 거래 형태라는 의미로 "착한 소비"라 불리기도 한다.

일반적으로 공정무역 거래의 기본원칙은 다음과 같다. 첫째, 구매자는 생산자에게 최저구매가격을 보장하고, 협의를 통해 합의된 공정한 가격을 지불하며, 원활한 생산자금 조달을 돕기 위해 수확 또는 생산 전에 선지불을 한다. 또 생산자단체와 직거래하여 유통경로를 줄임으로써 이윤을 더 취할 수 있게 하고, 단기계약보다는 장기계약을 지향하여 생산 환경을 보호한다. 그리고 기금을 조성하여 생산자와 노동자의 공동체가 사회적 이익 즉 공동체 발전을 실현하도록 돕는다. 둘째, 생산자는 인종·국적·종교·성별 등과 관련된 각종 차별적인 것을 철폐하고, 동일노동 동일임금 원칙을 준수한다. 뿐만 아니라 아동의 권리를 존중하고, 안전하고 건강한 노동환경을 제공하며, 환경보호를 위해 노력해야 한다.

위와 같은 원칙 하에 생산된 공정무역 제품들은 주로 직거래를 통해 수입되고, 소비자의 윤리적 소비(환경·인권·노동·빈곤 등 각종 사회문제를 고려해 도덕적 가치 판단과 신념에 따라 상품을 선택하는 소비행위)를 통해 구매된다.

공정무역의 대표적 품목은 커피, 코코아, 쌀, 과일, 차, 설탕 등의 식료품이며, 그 외에 의류, 수공예품, 침구류, 화훼류, 목재, 인형 등 다양한 물품이 교역된다. 공정무역 제품을 식별하기 위해 등장한 공정무역인증 시스템은 1988년 네덜란드의 회사 막스 하벨라르(Max Havelaar)가 멕시코산 커피에 처음으로 인증마크를 부착해 판매한 데에서 비롯되었다. 가장 널리 알려진 인증마크는 FLO(1997년 창설)가 2002년 등록한 'FAIRTRADE'와 WFTO(1989년 창설)의 'FTO'이다.

그림 1-6 공정무역 인증마크

2) 기업의 사회적 책임(CSR)

　기업의 사회적 책임(Corporate Social Responsibility; CSR)이란, 기업이 생산 및 영업활동을 하면서 환경경영, 윤리경영, 사회 공헌과 노동자를 비롯한 지역사회 등 사회 전체에 이익을 동시에 추구하며, 그에 따라 의사 결정 및 활동을 하는 것을 말한다.

　기업의 사회적 책임의 예는 다음과 같다. 취약계층에 일자리, 사회서비스 제공 등 사회적 목적 추구, 영업활동 수행 및 수익의 사회적 목적 재투자, 영업활동을 통해 창출되는 이익을 사업 자체나 지역공동체에 투자, 사회적 목적으로 사용하는 것이다.

　정리하면, 기업의 사회적 책임이란 기업이 경제적, 환경적, 윤리적 책임을 다함으로써 기업의 지속가능한 성장을 유도하는 것으로, 이해당사자들 간의 단기적 거래관계가 아닌 장기적 가치 중심의 관계를 추구하는 기업전략으로 정의할 수 있다. 더 나아가 기업의 사회적 책임 투자(Social Responsible Investment; SRI)는 기업의 성장 전략측면과 더불어 기업과 사회와의 상호이해, 신뢰 구축 측면에서 이해되고 있다.

　한편 세계화의 진전과 함께 '기업의 글로벌 사회적 책임(Global CSR)'의 중요성이 강조되고 있으며 개발협력분야에서도 공공, 민간기업의 글로벌 사회적 책임은 핵심개념으로 자리 잡고 있다. 특히 개도국 내 환경, 노동 조건, 근로의욕 고취, 그리고 인권 관련 기업의 사회적 책임은 더욱 강조되고 있는 추세이다. 이러한 맥락에서 기업의 개발협력 참여는 기업의 단기적 이윤추구 논리보다는 소위 기업의 사회적 책임(CSR)의 수행이라는 장기적이고도 신뢰 있는 프로그램 하에 수행되어져야 그 효과성이 나타날 수 있다고 주장된다. 또한 개발협력 과정에서 기업의 사회적 책임은 기업에게 '비용'이 아닌 '생산적 투자'로 기능해야 하며 이때 개발협력의 효과와 질도 높아질 수 있으며, 개도국 내 경제적, 사회적, 환경적 책임의 수행이 곧 기업의 글로벌 성장전략의 핵심 요소임을 인식해야 함을 강조하고 있다. 실제로 다우존스 지속가능경영지수(Dow Jones Sustainability Index; DJSI)는 대기업의 사회적 책임투자(SRI)의 규모가 점점 커지고 그 의미가 중요해지고 있음을 단적으로 보여주고 있다.

이는 기업의 글로벌화가 진전되면서 개도국 내 기업이 수행하고 있는 경영실무가 윤리적, 사회적 측면에서 평가받고 있음에서도 알 수 있다. 예를 들어 글로벌 기업들이 수원국의 노동력을 착취한다거나 현지 안전규정을 준수하지 않아 현지에서 사회문제를 야기시키는 사례가 보고되곤 한다. 이러한 문제들을 미연에 방지하는 차원에서도 개발협력 부문에서 기업의 사회적 책임은 간과되어서는 안되는 중요 요소이다.

기업의 사회적 책임(CSR)은 '사회의 목표나 가치적 관점에서 바람직하다고 동의되는 정책 추구와 그를 위한 의사결정을 하는 기업의 의무' 등으로 정의되며, 궁극적 목적은 기업의 지속가능한 성장과 사회적 가치 추구라는 두 가지 요구를 모두 충족시키는 데 있다. Kotler는 CSR을 공익캠페인, 공익연계마케팅, 사회마케팅, 사회공헌(자선)활동, 지역사회 자원봉사, 사회책임경영 실천 영역으로 구분하고 각 영역에 대한 정의와 주요 사례를 정리했다. 이를 정리하면 아래 〈표 1-1〉과 같다.

표 1-1 기업의 사회적 책임(CSR)의 구분과 정의

구분	정의	주요 사례
공익캠페인 (Cause Promotion)	특정 사회문제에 대한 인식제고 또는 개선을 위해 현금, 현물 또는 기업자산 제공	미국 베엔제리(아이스크림업체): 지구 온난화 방지 캠페인
공익연계마케팅 (Cause-Related Marketing)	특정상품 판매 또는 회사 매출의 일정금액/비율을 특정한 사회문제 개선을 위해 제공	코콤 전략 연구소: 서적 판매액 1% 사회복지재단 기부
기업의 사회마케팅 (Corporate Social Marketing)	• 공공의 건강, 안전, 환경 또는 사회복지 개선을 목표로 기업이 행동 변화 캠페인을 개발, 실천, 지원 • 구성원들의 행동변화를 목적으로 한다는 점에서 타 CSR 활동과 차이	• DELL 컴퓨터: 폐프린터 수거운동 • 맥도날드: 소아 조기 예방접종 사업 • P&G사: 아기 바로 뉘어 재우기 (Back to Sleep) 캠페인

사회공헌(자선)활동 (Corporate Philanthropy)	• 특정 사회단체나 사회문제에 기업이 현금, 현물, 특정기술, 전문지식 등을 직접 기부 • 특정 사회문제나 공익사업에 직접 기부 • 대부분 현금 기부, 물품이나 설비 등의 현물 기증, 특정 기술이나 노하우 제공	• 딜로이트 컨설팅: 사회적 기업 연계경영 노하우 및 자문제공 (전문가 재능기부 프로그램) • Google: 사회적 이슈 정보 실시간 제공 프로그램 • 월트디즈니: 희귀병 아동 대상 소원들어주기 프로그램
지역사회 자원봉사 (Community Volunteering)	• 지역사회의 상인들, 가맹업주, 기업 직원들이 지역사회의 이슈에 참여하고 자원 봉사를 하도록 기업 차원에서 지원하고 권장하는 방식 • 회사 차원에서는 자원봉사를 위한 유급휴가 제공. 다양한 매칭 프로그램 등을 마련	해비타트: 주택 건설 프로그램, 자연보호(해안 지역 쓰레기 수거 활동 등) 프로그램 참여
사회책임경영 실천 (SR Business Practice)	• 환경보호 및 사회복지 개선에 기여할 수 있는 경영 및 투자 활동 (사회적 투자) • 기업이 가지고 있는 힘(power)을 선의의 모적으로 이용	• 스타벅스: 친환경적 커피 재배 업체와만 거래 • 월마트: 카본절감 업체의 제품만 납품받기

〈자료원〉 Koter, Phillip(2004), Global CSR Conference, Global Compact Network Korea KMAC.

글로벌화(Globalization)를 바탕으로 기업 활동의 국경이 없어지고 그 활동과 영향이 주권 국가의 영역을 넘나들게 되었다. 이에 종래 국가 영역에서 발전되어 왔던 기업의 사회적 책임 (CSR)은 패러다임의 전환을 맞이하게 되었으며, 다국적 및 글로벌 기업의 진출국가 내에서의 사회적 책임 문제가 대두되었다. 이러한 맥락에서 전 지구적인 차원에서 기업의 글로벌 사회 적 책임(Global CSR)에 대한 관심이 높아지고 있으며, 세계경제환경에서 기업의 글로벌 사회 적 책임 추구는 국제기구와 공공, 민간 기업 모두에게 하나의 중요한 경향이 되고 있다.

그런데 글로벌 기업의 사회적 책임은 현지의 문화와 관습, 전통, 사회적 배경, 소비자의 인 식 등에 부합해야 되며 기업전략은 해당 국가의 시장과 친화적으로 설계되어야 함을 강조하고 있다. 기업의 해외 경영에서 전통적 전략 외 진출국 사회와의 상호작용, 즉 기업의 사회적 책 임에 대한 전략적 고려가 경영의 필수 사항으로 부각되고 있는 것이다. 왜냐하면 현지국 사회 와 소비자로부터 기업이 신뢰를 확보하는 것은 결코 용이한 일이 아니며, 특히 저개발 국가를 위한 비즈니스 창출가능성을 고려할 때는 더욱 그러하다. 예컨대, 개도국의 빈곤을 이용하는 비즈니스가 아닌 빈곤의 비즈니스를 창출하기 위해 기업의 사회적 책임 활동은 기본 요소이며, 이때 기업의 글로벌 사회적 책임 활동을 경영의 부가적인 활동이 아닌 경영활동 자체로 보는 관점의 전환이 요구된다.

한편 기업의 글로벌 사회적 책임(Global CSR)을 경영적인 관점이 아닌 개발협력 관점에서 바라볼 수 있다. 이를 위해 첫째, 개발협력과정에서 기업의 글로벌 사회적 책임이 중요한 이유는 무엇인지, 둘째, 개발협력에 참여하는 기업에게 요구되는 기업의 글로벌 사회적 책임의 범위는 어디까지인지에 대해 질문할 필요가 있다. 개발협력 과정에서 기업의 글로벌 사회적 책임은 경제적 책임, 사회적 책임, 환경적 책임 등 세 가지 요소를 가지며, 이것이 개발협력 과정에서 기업의 지속적 성장을 가능하게 하는 핵심요소라고 판단된다. 흔히 3P라고 일컬어지는데, 경제적 책임은 이윤(Profit)의 발생을 의미하며, 사회적 책임은 수원국 국민(People)에 대한 책임, 그리고 환경적 책임은 전 지구적(Planet) 차원에서의 환경 의식을 의미한다. 개발협력과정에서 기업의 사회적 책임이 중요한 이유는 이러한 가치 개발이 개발협력의 효율과 효과성에 긍정적인 영향을 미친다는 점이다.

기업의 글로벌 사회적 책임 범위는 통상적으로 경제적 책임, 법적 책임, 윤리적 책임, 자선적 책임 등 네 가지로 나눌 수 있다. 글로벌 경제적 책임은 기업의 가장 기본적인 존재 근거로, 기업이 불필요한 비용을 최소화하고 수익을 최대화하는 등의 방법을 통해 이익을 발생하게 하는 것, 즉 이익의 최적화를 이루어내는 것을 의미한다. 그런데 여기서 비용의 최소화가 곧 '생산적 투자'의 축소를 의미하지 않는다. 오히려 여기서 말하는 경제적 책임이란 높은 품질의 제품과 서비스 제공, 현지 소비자의 욕구 충족, 그리고 더 나아가 괜찮은 일자리(decent work) 창출을 위한 책임을 의미한다. 글로벌 법적 책임은 기업이 개발협력 과정에서 국제법을 준수하고 환경이나 소비자에 대한 규정을 지키는 것을 의미한다. 이는 준수하지 않으면 처벌을 받는 강제적 책임인데, 예컨대, 해외 진출 기업은 현지 시장을 교란시킬 수 있는 덤핑행위, 부당경쟁 행위, 현지 정부나 관료에게 뇌물을 공여하는 행위, 노동활동을 탄압하는 행위, 수원국 환경을 오염시키는 행위 등을 하지 말아야 할 법적 의무가 있다.

글로벌 윤리적 책임은 법적으로 정해진 최소한의 기준 이상으로 의무를 다하는 것이다. 여기에는 환경보호, 인권존중, 아동노동착취 금지, 상호신뢰, 투명한 거래 등이 포함된다. 글로벌 법적 책임과 윤리적 책임은 개발협력과정에서 기업이 최소한으로 지켜야 하는 책임이라고 규정될 수 있다. 마지막으로 글로벌 자선적 책임은 수원국 지역 및 사회에 대한 자발적 기부활동을 의미한다. 예컨대, 빈곤층 및 소외계층 지원, 장학재단설립 및 지원, 지역사회 공헌 프로그램, 의료지원 등 각종 지역 사회 봉사활동 등이 그것이다. 자선적 책임은 기업이 반드시 지켜야할 책임은 아니지만 기업이 적극적인 자세로 최대한 지켜야 하는 책임으로 분류할 수 있다.

3) ESG

최근 기업의 단순 재무성과를 뛰어 넘는 비재무성과에 많은 관심을 갖게 되었다. ESG란 Environment(환경), Social(사회), Governance(지배구조)의 영어 첫글자를 딴 단어로 기업 활동에 친환경, 사회적 책임 경영, 지배구조 개선 등 투명 경영을 고려해야 지속 가능한 발전을 할 수 있다는 철학을 담고 있다. ESG는 개별 기업을 넘어 자본시장과 한 국가의 성패를 가를 키워드로 부상하고 있다.

ESG는 비재무적 성과를 측정하는 것이고 이는 기업의 이익뿐만 아니라 사회에 지속적으로 미치는 영향까지 고려하여 투자를 해야 한다. 기업경영의 환경은 2006년 리먼사태를 겪으면서 조금씩 변화하기 시작하였다. 기업들이 여러 환경에 대한 위기를 감지하면서 기업들의 사회적 책임이슈가 강조되었고 여기에 소비자들 또한 사회적 공헌도가 높은 기업의 제품을 우선적으로 소비하면서 ESG에 대한 관심이 높아지게 되었다. 그리하여 많은 기업들이 주목하게 되었고 소비자의 소비성향과 투자자의 성향이 착한기업에 투자하는 것으로 돌아섰기 때문에 기업들도 이에 맞추어 비재무적 성과에 관심을 갖게 되었다.

ESG는 최근 기업의 생사가 걸린 문제이기도 하다. SNS의 발전과 MZ세대의 소비성향을 고려해서 최근 기업들은 ESG 경영활동에 초점을 맞추기 시작하였다. 예컨대, 뮬란의 경우 1억 달러 이상의 투자가 된 블록버스터 영화인데 수입은 겨우 6,600만 불 정도인 이유가 이것이다. 물론 전 세계를 휩쓸었던 코로나의 여파였기도 하지만, 주인공 유역비의 영화 개봉전부터 홍콩 경찰 시위 진압 지지발언으로 서양인들로부터 많은 비판을 받았기 때문이다. 뿐만 아니라 영화의 촬영지 역시 최근 핫이슈가 되고 있는 신장위구르 지역을 선택한 것도 논란을 야기하였다. 이곳은 소수 민족에 대한 탄압에 대한 논란이 심한 지역이다. 그런데 가장 심각한 것은 영화촬영에 협조를 준 공안국에 감사를 표한다는 엔딩크레딧에 표기하는 바람에 전 세계적으로 불매운동이 폭발하게 되었다. 이로 인해 기대작 이였음에도 불구하고 수익은 기대에 미치지 못하였다.

"ESG 리스크 관리, 아시아 기업들은 걸음마 수준": 마쉬 데이비드 제이콥 아시아 대표 인터뷰

"아시아 기업 대부분의 ESG(환경·사회·지배구조) 리스크 관리는 가장 초기 단계(the very beginning)입니다."

경영 리스크 분석 및 관리 분야 글로벌 선도 기업으로 꼽히는 마쉬(Marsh)에서 아시아 지역을 총괄 관리하는 데이비드 제이콥 마쉬 아시아 대표는 WEEKLY BIZ 화상 인터뷰에서 이렇게 말했다. 기후변화나 사회 환경 변화에 대응하는 ESG 경영 전략이 미국이나 유럽 같은 서구 지역 기업들과 비교하면 걸음마 단계에 불과하다는 지적이다. 제이콥 대표는 "서구에선 이미 1980년대 후반부터 ERM(Enterprise Risk Management·기업 위험 관리)을 통해 기업을 둘러싼 모든 위험을 평가하고 통제·활용하는 업무가 자리 잡았지만, 아시아 기업에선 여전히 리스크 관리를 전담하는 직원을 찾기 어렵다"고 했다.

경영 리스크 관리 전문 기업 마쉬의 데이비드 제이콥 아시아 대표는 본지 화상 인터뷰에서 "요즘 글로벌 기업들은 기후변화에 따른 부동산 자산 가치 하락에 대한 걱정이 부쩍 늘었다"고 말했다. 경영 리스크 관리 전문 기업 마쉬의 데이비드 제이콥 아시아 대표는 본지 화상 인터뷰에서 "요즘 글로벌 기업들은 기후변화에 따른 부동산 자산 가치 하락에 대한 걱정이 부쩍 늘었다"고 말했다. 제이콥 대표의 지적은 한국 기업에 그대로 적용된다. 함께 인터뷰를 한 마쉬 한국지사(마쉬 코리아) 이형구 사장은 "한국의 ESG 평가인 KCGS(한국기업지배구조원 주관)만 해도 (평가 등급을 매기기 위해) 170여 개의 질문을 하는데, 유감스럽게도 대부분의 국내 기업은 답변조차 못하고 있다"며 "작년 탄소 배출량이 얼마나 되는지 같은 기본적인 질문에도 아주 극소수의 회사만 답할 수 있는 상황"이라고 덧붙였다. 미국 뉴욕에 본사를 둔 마쉬는 한국 포함 전 세계 130국에 직원 4만 명을 둔 글로벌 기업으로 올해 창립 150주년을 맞았다. 기업의 위험 요소를 각종 데이터로 분석해 적합한 보험 상품을 중개해 주는 것이 주요 비즈니스 모델이다. 작년 글로벌 매출만 86억 2600만 달러(약 10조 3000억 원)에 달한다. 그만큼 유수의 글로벌 기업들이 안고 있는 리스크 요인과 내밀한 고민을 깊숙이 알고 있다. 기업 고객들에게 일종의 고민 상담사 같은 역할을 하는 셈이다.

개별 기업 사례에는 굳게 함구한 제이콥 대표는 "최근에는 기후변화에 따른 이상기후 현상이 급증하면서 ESG 리스크 관리에 주력하고 있다"고 귀띔했다. 그는 "요즘 기업들은 앞으로 30년 후 자사의 부동산 자산이 어떤 모습일지 걱정이 많다"며 "기록적인 폭염과 5등급(풍속 253.7㎞/h 이상) 수퍼 태풍의 등장, 해수면 상승으로 인한 홍수 우려 등 물리적 위험들이 커지고 있기 때문"이라고 했다.

전통적인 보험들은 손실 규모에 따라 보험금이 정해지는 만큼 기후변화나 팬데믹 같은 세계적 규모의 재난에는 제대로 된 보험을 제공할 수 없었다. 피해 규모 예측이 힘들뿐더러 막대하기 때문이다. 하지만 데이터 기술 발달로 손실 규모가 아닌 날씨 통계 같은 객관적 지표에 따라 보험 서비스를 제공하는 '지수형 보험(parametric insurance)'이 등장하면서 ESG 리스크 역시 보험으로 보호되는 영역에 편입되고 있다. 문제는 보험업계가 전례 없는 대규모 위험을 다루는 만큼 보험 계약 조건을 까다롭게 설정한다는 점이다. 제이콥 대표는 "기업이 구체적이고 명확한 에너지 전환 계획을 제시하지 않으면 보험사들은 보험을 제공하지 않을 것"이라며 기후변화가 진행되면서 보험의 보호를 받는 기업과 그렇지 못한 기업 간의 격차는 더욱 커질 것이라고 했다.

제이콥 대표는 "한국이 앞으로 기후변화 리스크를 최소화하기 위해선 에너지 전환에 대한 민관 협력 체계가 필요하다"고 조언했다. 정부와 은행, 에너지 기업과 보험업계가 손을 잡고 탈(脫)탄소 전환을 담보로 이상기후에 대한 보험 인수 능력을 끌어올려야 한다는 것이다. 이형구 사장은 "해상 풍력발전 같은 신기술 프로젝트는 생산 단가가 높고 건설 및 운영이 어려워 보험의 보호가 필요하지만 새로운 기술인 데다 태풍 같은 위험에 대한 노출도 커서 보험사들이 인수를 꺼린다"며 "민관 협력 없이는 이런 신사업이 제대로 보호받기 어렵다"고 했다.

〈자료원〉 조선일보, 2021.12.2. 위클리 비즈

더 생각해 볼 문제

○ **FD1** 기업에 있어서 글로벌화는 필요한가? 필요하다면 왜 필요하고 필요하지 않다면 왜 필요하지 않는가?

○ **FD2** 자기 주위에 일어나고 있는 글로벌화에 대해 살펴보고 이전에 비해 고도화 되고 있는 분야에 대해 살펴보자.

○ **FD3** 글로벌경영은 중소기업보다는 대기업에서 주로 다루는 영역이다라는 주장에 대해 논의해 보자.

○ **FD4** 국내기업의 해외진출 혹은 해외에서 공정무역, CSR, ESG의 성공사례에 대해 이야기해 보자.

2

4차산업시대의 글로벌경영 변화

학습목표(Learning Objectives)

○ LO1 변화하고 있는 기술적 경영환경과 글로벌 경영환경을 설명할 수 있다.

○ LO2 경영활동에 있어 국가간의 협력체제에 대해 이해하고 비판할 수 있다.

○ LO3 미래의 변화하는 글로벌 환경변화에 대한 감지능력을 학습할 수 있다.

한국, 대만 가세한 美 '반도체 동맹', 중국에 큰 타격

삼성전자가 결국 미국 텍사스주 테일러에 170억 달러를 투자해 반도체 파운드리(위탁생산) 공장을 짓기로 했다. 삼성으로선 메모리에 이은 비메모리 세계 1위를 향한 행보다. 그러나 백악관의 환영 성명은 반도체가 안보 사안으로 다뤄지는 현실을 보여준다. 제이크 설리번 국가안보보좌관은 성명에서 "공급망 보호는 바이든 대통령과 행정부의 최우선 과제"라며 "한미 정상회담을 포함한 양국의 지속적인 노력의 산물"이라고 했다. 바이든 정부의 반도체 공급망 재편에 한국이 가세한 성과란 의미다.

미국에 글로벌 안보는 군사에서 경제 문제로 전환돼 있다. 경제가 안보 프레임으로 해석되고 경제 효율과 무관한 안보 논리로 대응책이 마련된다. 시장논리에 따른 기술 전이가 국가 안보에 치명적 부메랑을 가져오는 사실을 중국에서 경험하고 있기 때문이다. 국방부부터 군사 문제에만 매달리지 않는다. 미중의 첨단 기술전쟁에서 미국이 가장 우려하는 부분은 반도체와 5세대(5G) 기술이다. 그런데 뉴트 깅리치 전 하원의장은 '전체주의 중국의 도전과 미국'에서 미중 5G 전쟁은 국방부가 주도했다고 소개했다. 의회조사국(CRS) 보고서에 따르면 미국의 반도체 문제를 이슈화시킨 주인공 역시 국방부였다.

기술전쟁에서 미국의 다급함은 대응하는 모습에서 역력하다. 기존 통신보다 10배 이상 빠른 5G는 산업 경쟁력의 결정적 변수다. 5G 서비스가 시작된 2019년 당혹해 하던 미국의 처지는 해리 해리스 당시 주한대사 발언에 고스란히 담겨 있다. 그는 "5G가 국가안보 문제이고 사이버 보안은 동맹국 통신을 보호하기 위한 핵심요소"라며 한국에 화웨이와의 거래중단을 요구했다. 당시 중국 화웨이는 독보적 기술을 확보한 상태였다. 미국은 이후 3년 동안 전방위로 압력과 제재로 이른바 화웨이 냉전, 화웨이 참수를 단행했다. 이를 통해 시간을 번 미국은 지금 6G 개발로 치고 나가고 있다. 더는 미국이 한국에 무리한 요구를 하지 않는 것도 5G 경쟁의 틀이 바뀌었음을 보여준다.

반도체는 산업과 국방의 필수 원자재로, 4차 기술혁명에서 상대방 목을 조르는 '초크 포인트'로 불린다. 2018년 미중 반도체 전쟁 당시 트럼프 정부는 반도체 기술이 10% 넘게 들어간 물품의 금수조치부터 시작했다. 바이든 정부에선 공급망 재편으로 양상이 바뀌었다. 6월 발표한 바이든 정부의 반도체 공급망 재편보고서는 미국 내 일관생산 체제의 구축을 목표로 제시했다.

반도체 경쟁에서 미국의 급박한 모습은 올해 삼성전자가 네 차례 백악관 회의에 참석한 데서 알 수 있다. 한미 관계보다 삼성과 백악관의 관계가 더 좋아 보일 정도다. 지난 4월 바이든 대통령은 백악관에서 처음 반도체 업계 관계자들을 초청한 회의에서 삼성전자와 TSMC, 인텔 등 세계 3대 반도체 기업들에 미국 내 공장 신설을 촉구했다. 자국 중심의 글로벌공급사슬(GVC) 구축을 위해 반도체 생산시설을 유치하고, 결과적으로 대중국 반도체 연합전선도 만들려 한 것이다. 이에 인텔은 애리조나에 200억 달러를 투자하는 차세대 파운드리 공장 2곳을 착공했다. 대만의 세계 1위 파운드리 업체 TSMC도 120억 달러를 들여 애리조나에 생산라인을 설치하기로 했다.

안정적 공급망이란 점에서 상징성이 큰 이번 삼성전자의 170억 달러 투자에 대해 미국 정부의 압박을 거론한 곳은 뉴욕타임스다. 한국과 미국을 놓고 고민하다 텍사스로 결정했다는 것이다. 시계를 6개월 전으로 되돌리면 상황은 보다 확연하다. 5월 한미 정상회담을 앞두고 국내에선 미국이 반도체 투자를 압박할 것이란 예상이 위기론으로 증폭됐다. 미국 압박 속에 한국산 반도체를 가장 많이 수입하는 중국과 거래가 끊길 경우 벌어질 사태에 대한 공포였다. 중국은 삼성전자와 SK하이닉스 반도체 40~50%를 수입해 가는 최대 반도체 시장이다. 백악관이 기업들에 아쉬운 소리를 하는 이유는 미국의 세계 반도체 시장 점유율이 12%에 불과한 현실이 큰 이유다. 2020년 4,500억 달러 규모의 반도체 시장은 대부분 대만과 한국, 중국의 차지였다. 미국은 1990년대 반도체 시장의 37%까지 담당했지만 정책 실패까지 겹쳐 기업과 기술이 해외로 빠져나갔다.

미국 주도의 반도체 공급망 재편에는 한국·대만·일본·인도가 가세해 있다. 이른바 글로벌 반도체 안보 블럭인 '바이든 쿼드'다. 미중 기술패권 전쟁에서 기업 차원이긴 하나 미국과 동맹을 맺게 된 것이다. 기업들로선 원천기술을 다수 확보한 미국의 구심력에 휩쓸릴 수밖에 없는 현실도 있다. 기업들의 기능적 참여에 중국이 반발하기 어려운 측면도 있다.

미국 견제가 강해지면서 중국은 반도체 기술 확보에서 아직은 고전하고 있다. 중국은 마이크론, 샌디스의 인수의 무산으로 기술도입을 통한 반도체 육성이 좌절되자 자력 개발로 방향을 틀었다. 하지만 반도체 굴기의 상징이던 칭화유니그룹의 파산신청에서 보듯 성과는 썩 좋지 않은 단계다. 반도체 자급률도 2010년 10.2%이던 것이 작년 15.9%로 소폭 늘어났으나 이마저 삼성전자·SK하이닉스·인텔 등을 뺀 자국기업 비중은 5.9%에 불과했다. 중국제조 2025의 목표치(40%)가 절반 이하로 수정될 수밖에 없는 현실이다.

흥미로운 사실은 반도체 공급망 조정이 화웨이 사태와 유사한 양상인 점이다. 미국의 화웨이 제재 뒤 삼성전자 등의 세계 5G 장비시장 점유율은 상승했다. 화웨이 냉전의 수혜자였던 셈이다. 반도체 전쟁에서도 삼성전자와 SK하이닉스는 미국이 핵심장비의 중국 수출을 막으면서 메모리 분야에서 한동안 중국 추격을 따돌릴 수 있게 됐다. 반도체 슈퍼 사이클 국면에서 삼성전자·인텔·TSMC의 대규모 투자가 이뤄지는 것도 중국을 어렵게 할 요인이다.

당장은 미국이 반도체 패권을 위해 삼성전자 힘을 빌리고 있지만 장기적으로 반도체 자립 전략에 삼성을 포함할지는 알 수 없다. 인텔 등 자국기업 중심으로 반도체 독립이 추진될 가능성이 높기 때문산업혁명(industrial revolution)은 기술의 혁신과 이로 인해 일어난 사회, 경제 등의 큰 변화를 의미한다. 한 국가의 산업과 경제 및 사회 변화를 바꾸는 것이 아니라 세계 전반의 큰 변화를 야기하는 것을 의미한다. 산업혁명이란 용어는 1844년 과학적 공산주의 이론, 변증법적 및 사적 유물론의 창시자인 프리드리히 엥겔스가 『The Condition of the Working Class in England』라는 저서에서 처음 사용하였고, 이후 역사학자이자 역사의 진화 및 순환을 주장한 미래학자인 아널드 토인비가 1884년 『Lectures on the Industrial Revolution of the Eighteenth Century in England』에서 이를 보다 구체화하였다.

처음 영국에서 시작된 1차 산업혁명과 독일 및 미국에서 시작된 2차 산업혁명은 기계화와 대량 생산으로 수요를 공급이 초과하기 시작하였고, 소규모 기업들이 대형화되기 시작했다. 이는 경제적인 변화를 가져왔고 귀족층의 몰락, 농민 계급의 빈곤화, 그리고 도시화 등의 사회 변화를 야기하였고, 정치적인 파급 효과 또한 가져왔다. 3차 산업혁명인 정보화를 통해 정부와 기관 등이 독점하던 정보를 개인들이 공유하게 되면서 소비자의 파워가 점점 더 커지고 있고, 이로 인해 소비자들의 요구가 점점 더 많아지고 있다.

지난 세 번에 걸친 산업혁명은 시대에 따라서 모든 산업에 영향을 미쳤고, 공급과 수요에 혁신적인 변화를 가져왔다. 현재 진행 중인 4차 산업혁명 또한 모든 산업에서 큰 변화를 야기하고 있고 산업 간의 영역을 파괴하며 그 파급력은 상상의 범위를 넘어서고 있다. 인류가 상상만 하던 새로운 시대가 열리고 있는 것이다. 새로운 경제 시스템으로 인한 수요와 공급의 혁신적인 변화는 사회 경제 시스템 전반에 거친 새로운 변화를 만들어가고 있다.

4차 산업의 발전으로 글로벌화가 더욱 촉진되는 것을 뛰어 넘어 가상세계까지 결합되는 더욱 고난도의 입체적인 경영환경 변화가 이루어지고 있다. 4차 산업혁명이라는 용어는 2016년 1월 스위스의 다보스에서 열린 세계경제포럼(World Econmic Forum, WEF)에서 이 포럼을 만든 창시자인 클라우스 슈밥(Klaus Schwab)이 공식적으로 언급을 하였다. 2012년 초반부터 독일정부에서 Industry 4.0과 같은 용어가 사용되었지만 공식적으로 제4차 산업혁명이라는 말이 제기된 것은 스위스의 한 작은 마을에서 언급이 되었다. 짧은 기간 동안 학계, 산업계, 정부 등 전 세계의 모든 분야에서 4차 산업혁명을 언급하고 이제는 심지어 5차 산업혁명까지로 논의하자는 등 4차산업은 일상적인 용어로써 모든 사람들의 마음속에 자리를 잡고 있다.

4차 산업의 핵심은 융합과 연결이다. 1차와 2차 산업혁명은 동력원의 개발을 통해 기계화와 대량 생산을 가능하게 만들었고, 원가 절감 및 비용 절감을 통한 원가 우위가 기업의 경쟁 우위 요소의 핵심이었다. 컴퓨터의 발명과 컴퓨터 간의 연결을 완성시킨 인터넷의 등장으로 야기된 3차 산업혁명은 급격한 정보화를 야기시켰고 이 정보화로 인해 수많은 정보가 가공되고 이를 활용하여 기업은 다양한 지식을 창출하고 시스템을 개발하여 보다 차별적인 가치를 소비자들에게 제공하기 위해 노력해왔다. 즉 3차 산업혁명에서는 정보화를 통한 차별화가 주된 경쟁의 우위 요인이 되었다. 또한 소비자 간의 정보 공유를 통해 소비자의 파워가 공급을 주도하는 기업들의 파워보다 커지게 되었다. 이러한 변화 속에서 급격한 기술의 발달, 특히 프로그래밍이라는 소프트파워의 발전은 4차 산업혁명을 촉발시켰고, 이러한 소프트파워를 기반으로 제4차 산업혁명은 모든 기능과 서비스 등을 연결하고 기술과 기술을 융합하여 새로운 맞춤형 가치(customized value)를 만들어내고 있다.

다양한 기업들이 새로운 성장 동력을 중심으로 기존 산업으로 진입하고 있어서 다양한 새 분야가 파생되고 있고, 새로운 기술과 인력 및 기업들의 연결과 융합 속에서 기존 산업의 진화와 변화는 더욱 가속화될 전망이다. 제4차 산업의 핵심인 소프트파워를 통한 연결과 융합은 기업의 전략과 글로벌 비즈니스 활동에도 큰 영향을 미칠 것이고, 이에 기업은 혁신과 변화를 준비해야 할 것이다.

이처럼 산업혁명은 공급 방식 및 수요 방식 모두에 영향을 미쳐서 기존 경쟁의 원칙(rule of game)이 무너지고, 새로운 방식의 시장 법칙이 생겨나고 사회 전반적인 변화를 가져오는 것을 의미한다. 이에 4차 산업에 대한 이해와 글로벌경영에 시사하는 바를 살펴보자.

1. 산업혁명의 변화과정과 본질

1) 산업혁명의 변화과정

(1) 1차 산업혁명

최초의 1차 산업혁명은 유럽과 미국에서 18세기에서 19세기에 걸쳐 일어났다. 중세시대 농경 사회에서 농촌사회로의 전환이 근대에 들어서면서 산업과 도시로 바뀌는 변화가 일어난 것이다. 철강 산업은 증기 엔진의 개발과 함께 산업혁명에서 핵심적인 역할을 수행했다. 1784

년 과학자인 제임스 와트(James Watt)와 사업가인 매튜볼튼(Mathew Boulton)이 합작하여 만든 새로운 증기기관을 활용하여 철도, 면사 방적기와 같은 기계적 혁명을 불러일으켰다. 이 증기기관으로 촉발된 것이 1차 산업혁명이고 이는 인력을 중심으로 하는 생산 시스템을 기계로 대체하는 혁신을 가져왔다.

그림 2-1 산업혁명의 변화과정

1차 산업혁명 (기계화)	2차 산업혁명 (대량생산)	3차 산업혁명 (정보화)	4차 산업혁명 (소프트파워)
· 증기 엔진 · 산업화 · 기업의 거대화	· 전기 · 기업의 국제화 · 공급의 초과	· 반도체 발명 · 전자화/자동화 · 컴퓨터와 인터넷을 통한 무한 정보창출	· 프로그래밍 · 융합과 결합 · AI, IOT, 빅데이터 · 창의력 중요

(2) 2차 산업혁명

2차 산업혁명은 제1차 세계대전 직전인 1870년에서 1914년 사이에 일어났다. 1870년대부터 시작된 2차 산업혁명은 1차 산업혁명의 연장선이다. 전기와 석유 엔진으로 인해 이전의 증기기관을 전력을 바탕으로 하는 대량생산이 가능해진 것이 2차 산업혁명이다. 공장에 전력이 공급되고 컨베이어 벨트를 이용한 대량 생산이 가능해졌다. 자동차 회사 포드의 T형 포드와 같이 조립 설비와 전기를 통한 대량 생산 체계를 구축하였다. 기존 산업의 성장기였고 철강, 석유 및 전기 분야와 같은 신규 산업의 확장과 대량 생산을 위해 전력을 사용했다. 이 기간 동안 주요 기술의 진보는 모터, 전화, 전구, 축음기, 내연기관을 포함한다.

(3) 3차 산업혁명

컴퓨터를 이용한 생산 자동화를 통해 대량 생산이 진화하였다. 업무용 메인프레임 컴퓨터, 개인용 컴퓨터, 인터넷 등을 통한 정보기술 시대가 개막되었다. 실상 정보화라 불리는 2차 산업혁명은 컴퓨터의 발명이기보다는 컴퓨터와 컴퓨터를 연결하는 인터넷의 등장이다. 제3차 산업혁명 또는 디지털 혁명은 아날로그 전자 및 기계장치에서 현재 이용 가능한 디지털 기술에 이르는 기술의 발전을 가리킨다. 1980년대에 시작된 이 산업혁명의 시대는 지금도 계속되고 있다. 제3차 산업혁명의 발전에는 개인용 컴퓨터, 인터넷 및 정보통신기술(ICT)은 정보량을 폭증시켰고 이전에는 기업이나 기관이 독점하던 정보를 개인이 접근할 수 있게 되었고, 정보 자체 또한 개인이 만들어내고 공유하고 있는 것이다. 이처럼 정보화란 모든 정보를 모든 사람들이 공유하게 된 인터넷의 등장과 발전으로 시작된 것이다.

(4) 4차 산업혁명

제4차 산업혁명은 스위스 다보스에서 열린 세계 경제 포럼 연례회의(World Economic Forum Annual Meeting, 2016)의 주제였다. 3차 산업혁명의 주춧돌인 정보통신기술의 발달은 4차 산업혁명의 필요조건이다. 4차 산업혁명의 핵심 키워드는 소프트파워를 중심으로 하는 융합과 연결이다. 정보통신기술의 발달로 전 세계적인 소통이 가능해지고 개별적으로 발달한 각종 기술의 원활한 융합을 가능케 한다. 정보통신기술과 제조업, 바이오산업 등 다양한 산업 분야에서 이뤄지는 연결과 융합은 새로운 부가가치를 창출한다. 4차 산업혁명은 기술이 사회와 심지어 인간의 신체에도 내장되는 새로운 방식을 대표하는 디지털 혁명 위에 구축되었다. 4차 산업혁명은 프로그래밍에 의해서 연결 및 융합되는 새로운 기술들의 발전에 의해 수십억 명의 사람들을 계속해서 웹에 연결하고 비즈니스 및 조직의 효율성을 획기적으로 향상시키며 더 나은 자산 관리를 통해 자연 환경을 재생산할 수 있는 커다란 잠재력을 가지고 있다.

2) 4차 산업혁명의 본질

사전적인 의미에서 4차 산업혁명은 인공지능, 사물 인터넷, 빅데이터, 모바일 등 첨단 정보통신기술이 경제·사회 전반에 융합되어 혁신적인 변화가 나타나는 차세대 산업혁명으로 정의된다. 인공지능(AI), 사물 인터넷(IoT), 클라우드 컴퓨팅, 빅데이터, 모바일 등 지능 정보기술이 기존 산업과 서비스에 융합되거나 3D 프린팅, 로봇공학, 생명공학, 나노 기술 등 여러 분야의 신기술과 결합되어 실세계 모든 제품·서비스를 네트워크로 연결하고 사물을 지능화한다.

다음 〈그림 2-2〉에서 보듯이 제4차 산업혁명의 본질은 크게 세 가지로 구분된다. 사람과 사람, 사람과 사물, 그리고 사물과 사물 등 모든 것을 연결하는 초연결성(hyperconnectivity)과 초연결성을 바탕으로 막대한 데이터를 분석하여 사람의 행동 패턴을 파악하는 초지능성(superintelligence), 그리고 분석 결과를 바탕으로 인간의 행동을 예측하는 예측 가능성(predictability)을 바탕으로 기존 산업혁명에 비해 더 넓은 범위에 더 빠른 속도(velocity)로 크게 영향을 끼친다.

이러한 4차 산업혁명의 특성을 통해 미래 사회가 어떻게 변화할 것인지에 대해 살펴볼 필요가 있다. 미래 사회 변화의 방향에 대한 분석을 통해 기업이 글로벌 환경에 대응할 수 있는 전략을 모색할 수 있을 것이다.

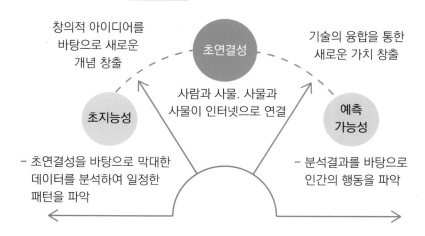

그림 2-2 4차 산업혁명의 본질

창의적 아이디어를
바탕으로 새로운
개념 창출

초연결성

기술의 융합을 통한
새로운 가치 창출

사람과 사물. 사물과
사물이 인터넷으로 연결

초지능성

예측
가능성

- 초연결성을 바탕으로 막대한
데이터를 분석하여 일정한
패턴을 파악

- 분석결과를 바탕으로
인간의 행동을 파악

많은 미래학자들과 전망 보고서들은 제4차 산업혁명에 따른 미래 사회 변화가 크게 기술·산업 구조, 고용 구조 그리고 직무 역량 등 세 가지 측면에서 나타날 것으로 예측하고 있다. 앞서 언급하였듯이 미래 사회 변화는 기술의 발전에 따른 생산성 향상 등 긍정적인 변화도 존재하는 반면, 일자리 감소 등과 같은 부정적인 변화도 존재한다. 따라서 미래 사회의 다양한 변화를 면밀하게 살펴봄으로써 우리는 보다 현실적이고 타당한 대응 방안을 모색할 수 있을 것이다.

우선 기술·산업적 측면에서 제4차 산업혁명은 기술·산업 간 융합을 통해 '산업구조를 변화'시키고 '새로운 스마트 비즈니스 모델을 창출'시킬 것으로 판단된다. 제4차 산업혁명의 특성인 '초연결성'과 '초지능화'는 사이버 물리 시스템(CPS)기반의 스마트 팩토리(smart factory) 등과 같은 새로운 구조의 산업 생태계를 만들고 있다. 예를 들어 사이버 물리 시스템은 생산과정의 주체를 바꾸게 되는데, 기존에는 부품·제품을 만드는 기계 설비가 생산 과정의 주체였다면 이제는 부품·제품이 주체가 되어 기계 설비의 서비스를 받아가며 스스로 생산 과정을 거치는 형태의 산업구조로 변화한다는 것이다. 이로 인해 이미 제조업 분야에서 인간의 노동력 필요성이 점차 낮아지고 있어 '리쇼어링(reshoring)' 현상이 나타나는 등 산업 생태계가 변화하기 시작했다.

4차 산업혁명은 글로벌 경제 및 산업, 노동 시장에도 영향을 미칠 것으로 전망되며, 특히 우주 항공, 생명공학, 반도체, 소프트웨어, 기술적 하드웨어 등의 주요 기술과 연관성이 높아 해당 산업의 구조 변화도 예상된다. 특히 속도, 범위, 영향력 등의 측면에서 3차 산업혁명과 차별화되고, 인류가 한 번도 경험하지 못한 새로운 시대를 접하게 될 것이다. 획기적인 기술 진보, 파괴적 기술에 의한 산업 재편, 전반적인 시스템의 변화 등이 4차 산업혁명의 주요 특징이다.

이러한 큰 변화를 가지고 오는 4차 산업혁명에도 긍정적인 변화와 부정적인 변화를 예측할 수 있다. 우선 기술 융합으로 생산성을 높이고 생산 및 유통 비용을 낮춰 우리의 소득 증가와 삶의 질 향상이라는 긍정적 효과를 기대할 수 있다. 그러나 사회적 불평등, 빈부 격차뿐만 아니라 기계가 사람을 대체하면서 우려되는 노동 시장의 붕괴와 같은 부정적인 요소들도 예상된다. 특히, 향후 노동 시장은 '고기술/고임금'과 '저기술/저임금' 간의 격차가 커질 뿐만 아니라 일자리 양분으로 중산층의 지위가 축소될 가능성이 매우 크다.

4차 산업혁명에 따른 산업의 주요 키워드는 총 4가지이다.

첫 번째 키워드는 스마트한 연결을 통한 새로운 가치 창출이다. 이전 산업은 자원을 확보하는 것이 가장 중요하였고 자원관리란 단순한 자원의 확보와 효율적 사용에 관한 것이다. 하지만 지금은 소프트파워를 활용하여 각종 기기 및 시설들과 사람을 연결하여 효율적인 관리를 하는 것이 중요한 시대이다. 이미 기업은 스마트 앱 개발을 통해 소비자들의 일상생활에 깊숙하게 관여를 하고 있다. 향후 이러한 앱과 시스템은 더욱 진보할 것이다.

두 번째 키워드는 최근 사회 전반적으로 강화되고 있는 안전과 신뢰에 대한 관심의 증가이다. 얼마 전 중국의 맥주 관련 사건은 전 세계 소비자의 맥주선택에 영향을 주었고, 식품 안전에 대한 관심을 집중시켰다. 이처럼 몇 가지 소비재에서 나타난 안전의 문제는 이제 모든 산업에서 매우 중요한 키워드가 되고 있다. 이전과 달리 4차 산업혁명이 초래한 초연결 시대에는 산업전반에 걸쳐 안전이라는 키워드가 중요해질 것이다.

세 번째 키워드는 3차 산업혁명 시대에 이어 4차 산업혁명 시대에도 자연환경의 중요성이 더욱 커질 것이고 이에 대한 기업들의 친환경 마케팅 활동이 더욱 증가될 것이라는 점이다. 오늘날 지구온난화로 인해 사계절의 구분은 모호해지고, 매우 더운 여름과 매우 추운 겨울이라는 두 계절만이 일 년을 지배한다. 이러한 시기에 세계 각국의 정부들과 기업들이 초관심을 보이는 것이 환경 보호와 오염 방지이다. 지금도 미세먼지에 대한 불안감이 증가하고 있다. 이런 점에서 정부의 자연환경 관리에 대한 관심은 더욱 커질 것이고, 기업도 환경보호와 그린마케팅의 중요성은 더욱 커질 것이다.

마지막 키워드는 소비자의 변화를 의미하는 프로슈머의 등장이다. 많은 산업에서 소비자는 더 이상 소비만 하는 수요적인 측면이 아니라 생산에 참여하는 개인 공급자의 역할을 하고 있다. 개인 소비자들은 더 이상 제품을 공급받는 대로 소비만 하는 주체가 아니라 각자가 제품의 양과 질을 결정하고 알아서 소비하는 즉, 소비와 생산을 주도하는 프로슈머의 역할을 수행할 것이다.

이상의 주요 키워드들은 개별적인 것이 아니라 유기적으로 같이 움직이는 요인들이다. 즉 환경 보호와 안전이라는 키워드도 같이 생각을 해야 하고 프로슈머와 연결이라는 관점도 같이 진행되어야 하는 키워드들이다.

이러한 4차 산업혁명은 국제경영에 있어 초연결화의 주요 주제인 메타버스, 언어의 장벽을 더욱 뛰어 넘을 초거대 AI 그리고 더욱 공고화 되는 글로벌 공급사슬망으로 기존의 글로벌 경영과 상당히 다른 상황으로 전환되리라 예상된다.

2. 글로벌화를 뛰어넘은 가상과 현실의 세계 메타버스

1) 정의

최근 화두가 되고 있는 4차 산업의 핵심개념 중 하나가 메타버스(metaverse)일 것이다. 이 메타버스는 가상과 초월 등을 의미하는 영어의 메타(Meta)와 우주를 뜻하는 유니버스(Universe)의 합성어이며, 현실세계와 같은 사회·경제·문화 등의 다양한 활동이 가능하도록 이뤄지는 가상세계를 의미한다.

메타버스는 단순한 가상현실(VR: 컴퓨터로 만들어 놓은 가상의 세계에서 사람이 실제와 같은 체험을 할 수 있도록 하는 최첨단 기술)보다 더 심오한 개념으로, 아바타를 활용해 단지 게임이나 가상현실을 즐기는 데만 있지 않고 실제 현실과 같은 사회·문화적 활동을 동시에 할 수 있다는 특징이 있다.

메타버스란 용어는 1992년 미국 SF작가 닐 스티븐슨(Neal Stephenson)이 소설 『Snow Crash』에 사용되면서 처음으로 등장하였다. 이 소설에서 메타버스는 아바타를 통해서만 들어갈 수 있는 가상 세계를 가리킨다.

아바타의 뜻도 땅(terr)으로 내려온다(AVa)라는 의미이며 산스크리트어의 합성어이며 새로운 땅과 공간에 발을 디딘 존재라는 의미로 해석이 된다. 그러므로 아바타는 가상공간에서 사용자를 대신하여 타인과 상호작용을 하는 또 다른 자아를 의미하는 것이다.

그림 2-3 SECOND LIFE 게임화면

메타버스가 알려진 계기는 003년 린든 랩(Linden Lab)이 출시한 3차원 가상현실 기반의 '세컨드 라이프(Second Life)' 게임이 인기를 끌면서 부터이다.

이 게임에는 참여자가 직접 3D 물체를 제작하여 거래가 가능하게 하였으며 내부 부동산도 거래가 되도록 하였으며 린든 달러라는 내부통화로 거래가 가능하도록 설계하였다.

특히 메타버스는 5G 상용화와 2020년 전 세계를 강타한 코로나19 팬데믹 상황에서 확산되기 시작했다. 즉, 5G 상용화와 함께 가상현실(VR)·증강현실(AR)·혼합현실(MR) 등을 구현할 수 있는 기술이 발전했고, 코로나19 사태로 비대면·온라인 추세가 확산되면서 메타버스가 주목받았다.

2) 발전 시나리오

초기의 메타버스는 게임 등 가상세계 유형의 단순한 유희적 서비스의 형태에서 출발하였다. 2D형태의 전자게임은 3D 그래픽 기술과 관련 IT의 기술로 가상세계로 더 많은 사용자를 불러 모았으며 이후 텔레커뮤니케이션기술의 발전으로 싸이월드. 세컨라이프. 페이스북 등 다양한 방법으로 진화해오고 있다. 최근 메타버스의 발전은 〈표 2-1〉과 같이 크게 4가지의 유형으로 진행되고 있다.

표 2-1 메타버스의 발전유형

증강(Augmentation)

증강현실(Augmented Reality)	라이프로깅(Life Logging)
– 현실세계에 있는 아날로그적 물리적 대상에 디지털 데이터를 겹쳐 보여주는 기술 – 현실세계에 투영함으로써 실제감이 높고 몰입 유도가능 ex. 포켓몬고, 구글글라스	– 일상정보를 데이터화 하여 수집하고 저장 묘사 ex. 인스타그램, 페이스북 등의 소셜 미디어
거울세계(Mirror World)	가상현실(Virtual Reality)
– 현실세계를 디지털 세상으로 투영 – 지리적 또는 정보적으로 정확한 방식으로 메핑 ex. 구글 어스	– 실제처럼 느끼게 한 컴퓨터로 시뮬레이션한 온라인 디지털 가상세상 ex. 대부분의 게임

관찰(external) 개입(intimate)

가상(Virtulization)

라이프로깅은 사람들이 텍스트, 이미지, 영상 등을 통해서 자신의 일상을 기록하는 것으로 현재 대부분의 소셜 미디어들이 있으며 자기 자신과 사이버 공간 속 자신이 같음을 증명하기 위해 프로필(profile)을 사용한다. 가상현실은 콘솔용 게임 또는 스마트폰으로 일부 구현되기도 한다.

3) 결합 및 확장 방향

메타버스가 성장하면서 게임부터 일상, 산업까지 적용범위가 확대되고 있다. 실제 로블록스 이용자의 하루 평균 접속 및 사용시간이 유튜브나 틱톡보다 더 오래되는 것으로 알려져 있다. 이는 아마도 앞으로 사람들은 메타버스에서 보내는 시간이 늘어나고 현실의 더욱 많은 경제적 사회적 활동들이 가상세계와 연결되고 융합되는 등 메타버스화가 가속화될 것으로 예상된다. 그렇다면 소비자와 글로벌기업에게 어떠한 변화와 기회가 있을 수 있을까는 매우 흥미로운 부분이다.

기업의 경우에 생산성 향상이 폭발적으로 일어날 수 있을 뿐 아니라 매출의 향상이 있을 것이다. 유형 혹은 무형의 IP를 보유한 기업은 가상과 현실(글로벌까지)을 융합하는 메타버스에서 새로운 컨텐츠를 개발하여 신규 고객 발굴, 매출 확대의 기회를 맞을 수 있다. 메타버스 기업은 무료서비스에서 각종 유료서비스를 더 추가할 수 있게 하면서 수익가능성을 더 늘릴 것으로 보고 있다.

메타버스의 초기 기업들은 수익성에 집중하기 보다는 F2P(free to play)모델로 유저기반을 확보한 뒤 장기적으로 게임 내 매출을 확대하는 전략을 사용하고 있으며 향후 메타버스기업은 유료 아이템 판매 외에도 광고·마케팅·이커머스·IP(지적재산권)기업 등으로 수익모델을 다변화할 것으로 예견된다. 이를 로블록스 내 개발자 입장으로 해석하면 가상공간으로 말미암아 글로벌 소비자에게 더욱 다가가서 수익이 더욱 커진다는 의미다.

메타버스의 훌륭한 구축이 예상되는 예가 바로 암호화폐 거래사이트인 코빗(www.korbit.co.kr)이다. 코빗은 아바타로 화폐거래가 가능한 가상공간인 코빗타운을 구축하고 코빗타운에 가상자산 리워드 프로그램을 도입했다. 런칭 당시 코빗타운이 채팅, 투자 포트폴리오 공개 등을 지원해 소셜 커뮤니티 성격이 강했다면, 사용자가 플레이하면서 리워드를 얻을 수 있는 플레이 투 언(Play to Earn, P2E) 모델을 도입한 것이 특징이다. 이러한 코빗의 P2E 모델은 마케팅 프로그램의 일환으로 사용자가 어떠한 대가없이 메타버스에 참여해 리워드를 받을 수 있도록 설계되어 있다.

또한 사용자들은 코빗타운 내 마을에서 파티장으로 이동해 '럭키백 클럽파티'에 참여할 수 있다. 일정 시간 파티장을 돌아다니거나 다른 사용자를 공격하면 포인트를 얻을 수 있다. 여기서 모은 포인트로 파티장 내 럭키백을 채굴해 코빗 샵(럭키백 교환소)에서 가상자산 리워드로 교환 가능하다. 코빗은 다양한 사용자들이 메타버스를 체험하고 재미와 보상을 동시에 얻을 수 있도록 코빗타운을 구현했다. 이외에도 코빗타운의 접속 시간을 단축하고 페이지를 리뉴얼해 접근성을 높였으며 간편 접속, 대체불가능토큰(NFT) 마켓에서 구매한 작품 전시, 유튜브 스트리머를 코빗타운에 참여시키는 등 메타버스 생태계를 활성화시키고 있다.

메타버스의 발달은 한편 글로벌한 전 세계 소비자들에게 새로운 일자리가 창출되고 뿐만 아니라 경력개발의 장이 될 수도 있다. 예컨대 아바타가 착용하는 의상이나 아이템제작, 아바타 활동공간구축, 관련 게임, 기타 수익모델실현 등을 사용자와 함께 공간을 만들어가는 기회를 늘려가고 있다. 로브록스와 제페토가 성공적인 사례로 볼 수 있을 것이다. 로블록스의 경우 약 800만 명 이상의 개발자들이 참여하고 있고 미국 CNBC에 의하면 2020년 1200명의 개발자가 로블록스 게임으로 벌어들인 수입은 평균 1만 달러(약 1200만 원)라고 한다. 이 중에서도 상위 300명은 연간 평균 10만 달러(약 1억 2000만 원)를 벌어들였다고 한다.

제페토의 경우, 누적창작자도 10만 명을 넘어서 유튜브에서 인프루언서(influencer) 등의 새로운 직업군이 나온 것처럼 메타버스에서도 새로운 변화가 있을 것으로 예견된다. 특히 이러한 메타버스는 기존의 글로벌경영을 보다 가속화시키는 현상으로 매주 중요한 현상으로 경영자들은 많은 관심을 기울여야 할 것이다.

한편 애플은 메타버스를 더욱 현실과 결합하는 많은 비즈니스를 선보이고 있다. 애플은 신제품으로 비전 프로(apple vision pro)를 출시하였는데 이 기기를 혼합현실 헤드셋이란 용어 대신 '착용형 공간 컴퓨터'라고 명명을 하였다. 이 제품은 스키 고글 모양으로 헤드셋을 눈에 맞춰 쓰면 앱 화면과 영상 등이 현실 공간에 떠 있는 모습으로 구현된다. 사용자의 눈동자 움직임과 목소리 등을 통해 앱을 실행하거나 멈출 수 있다. 손가락을 움직여 가상 화면을 키우거나 줄이는 기술로 영상을 최대 30m까지 키울 수 있어 어디서나 영화관 같은 분위기를 낼 수 있다고 한다.

한편 이 같은 메타버스의 영역에 맞는 기기의 발전 추세에 발맞춰 삼성도 퀄컴, 구글과 협력해 개발 중인 메타버스 확장현실(XR) 헤드셋을 출시할 예정이다. 이처럼 글로벌 기업들은 모두 공간 컴퓨팅 분야에 개발역량을 집중하고 있으며 이는 국제 간 경영의 환경에 새로운 기회와 위협을 가져다 줄 것으로 예상된다.

그림 2-4　네이버 사의 제페토

그림 2-5　로블록스(roblox)

그림 2-6　애플의 비젼프로

3. 인공지능

1) 인공지능 개념

　　정보기술의 발전이 우리의 삶을 혁신적으로 변화시키고 이들을 먼저 발빠르게 적용한 사업자가 글로벌 산업을 주도하고 글로벌 비즈니스 승자가 되는 현실에서 AI의 특성을 얼마나 잘 파악하고 이러한 장점을 해당영역에 적용을 잘하는지가 글로벌을 주도하는 핵심역량이 되고 있다.

AI(Artificial Intelligence; 인공지능)는 기계나 컴퓨터 등을 통해 인공적으로 제작되어진 지능을 말한다. 즉, 인공지능이란 인간의 시각 인지, 음성 인식, 의사 결정 그리고 언어 구사의 능력 등과 같은 인간 지능이 필요한 분야를 실행할 수 있는 컴퓨터 시스템이며 상대방이 사람인 것처럼 믿을 때 비로소 인공지능이라 일컫는다. 여기서 지능이란 기계 혹은 컴퓨터가 마치 인간이 학습하고 지식을 확장해 나가는 것과 같이 학습이라는 과정을 거쳐 스스로 지식을 얻고 습득해 가면서 인간이 설정한 문제와 상황에 대해 스스로 판단 및 결정을 내리고 문제를 해결한다는 것을 말한다.

잘 구현된 AI 즉, AI가 작동을 잘하기 위해서는 몇 가지의 기본조건이 필요하다. 충분한 데이터, 잘 만들어진 알고리즘, 고효율의 하드웨어구축의 기본조건이 필요하다. 이러한 기본조건은 독립적이기보다는 서로 보완적이며 강한 연관성을 지닌다. 예컨대, 데이터가 부족하더라도 알고리즘과 하드웨어가 좋은 성능을 가지고 있다면 어느 정도의 데이터의 분석이 가능하다. 뿐만 아니라 다양하고 풍부한 양의 데이터를 처리할 수 있는 하드웨어로 작업을 수행한다면 알고리즘이 다소 미흡하더라도 어느 정도 가능하다.

종종 인공지능은 머신러닝(Machine Learning)이나 딥러닝(Deep Learning)과 같은 개념으로 사용하기도 한다. 그렇지만 인공지능은 머신러닝과 딥러닝의 상위 개념이며 딥러닝은 머신러닝 기법 중의 하나이다.

2) 생성형 AI와 서비스형 AI

기술적인 측면에서 화두가 되는 AI는 생성형(generative) AI이며 이러한 AI가 본격적으로 활용되는 분야가 서비스형 AI이다.

생성형 AI란 AI 기술 중에서 텍스트, 오디오, 이미지 등 기존 콘텐츠를 활용해 유사한 콘텐츠를 새롭게 만들어 내는 기술이다. 기존에 존재하고 있는 콘텐츠들의 패턴을 AI에게 학습시켜 이 새로운 콘텐츠를 제작하는 인공지능 기술이다. 이전에 AI가 데이터와 패턴을 학습해 대상을 이해했다면 생성형 AI는 기존 데이터와 비교 학습을 통해 새로운 창작물을 만들어 낸다는 점이 핵심이다. 이미지 분야에서는 특정 작가의 화풍을 모사한 그림으로 사진을 재생성하기도 하며 존재하지 않는 인간 얼굴 등의 모습을 무제한 생성할 수 있다. 음성 분야의 경우에는 특정 장르의 음악을 만들기도 하고 특정 노래를 원하는 가수들의 음색으로 재생성할 수 있다. 텍스트 분야에서는 특정 소재로 시를 짓거나 소설을 창작할 수 있다. 뿐만 아니라 문자를 이미지나 비디오로 변환시키는 생성형 AI가 사용되고 있다. 메타의 경우, 문장을 입력하면 비디오로 만들어 주는 '메이크 어 비디오' 서비스를 선보였다. 구글도 텍스트를 동영상화하고 영상 콘텐츠를 생성할 수 있는 AI 비디오 생성기를 공개했다.

한편 최근 서비스형 AI로 글로벌경영활동에 뛰어드는 기업들이 많아지고 있다. 서비스형 AI란 클라우드를 통해 구독형으로 AI 기술을 제공하는 서비스를 일컫는다. 대표적인 예로는 오픈AI의 유료 구독 서비스인 '챗GPT 플러스'이다. 이전에는 패키지 형태로 제공되던 컴퓨터 소프트웨어가 최근 클라우드를 활용한 구독형으로 전환되는 추세다. 이러한 것을 SaaS(서비스형 소프트웨어)라 한다. 월 구독 형태로 사용AI가 본격적으로 등장하지 않았던 예전에는 SaaS는 단순하게 기업 활동을 보조하는 역할이였다. 그러나 생성형 AI가 등장하면서 기업들은 SaaS를 신산업 개발 및 글로벌 시장장악을 위해 활용하고 있다. 이와 같이 SaaS의 형태로 제공되는 구독형 AI 서비스를 AIaaS(Artificial Intelligence as a Service)라 한다. 개별 기업이 AI를 자체 개발해 도입하기엔 진입 장벽이 크다. 일반적으로 기업은 많은 개발 비용 때문에 AI를 자체 개발하지 않고 AIaaS를 이용한다. ChatGPT를 비롯한 생성형 AI는 개발을 위해 고도의 기술력과 막대한 투자를 필요로 하는 기술집약적 산업이다. 미국에서는 기업이 AIaaS를 활용해 다양한 서비스를 런칭하고 있다. 글로벌 사회관계망서비스(SNS) 플랫폼인 스냅챗은 기업용 챗GPT를 통해 사람처럼 대화하는 '마이AI서비스'를 유료 구독자를 대상으로 서비스한다. AIaaS를 기반으로 영상 편집, 디자인, 데이터 분석 등 전문 서비스를 제공하는 스타트업도 늘어나는 추세다.

그림 2-7 OPENAI의 ChatGPT

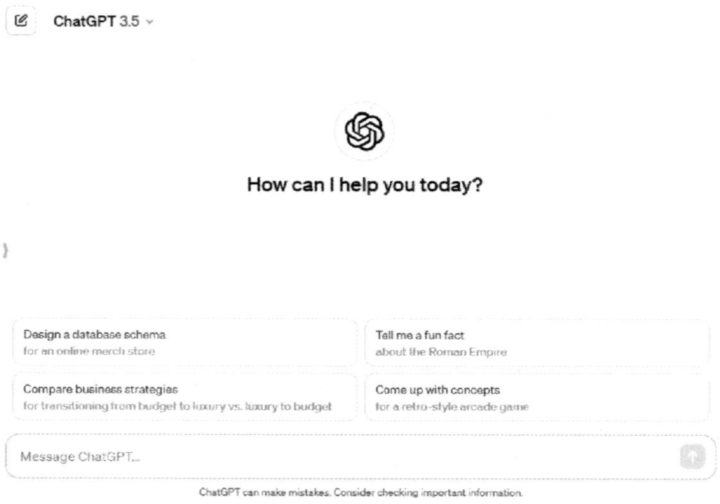

ChatGPT 3.5 ∨

How can I help you today?

Design a database schema
for an online merch store

Tell me a fun fact
about the Roman Empire

Compare business strategies
for transitioning from budget to luxury vs. luxury to budget

Come up with concepts
for a retro-style arcade game

Message ChatGPT...

ChatGPT can make mistakes. Consider checking important information.

3) AI와 국제경영

그림 2-8 | 1억명 월간 활성 사용자 수(MAU) 달성 시간

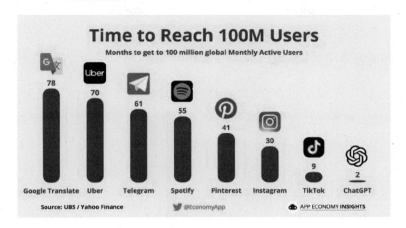

AI의 발전은 기업의 활동에 많은 영향을 미칠 것으로 생각된다. 뿐만 아니라 기업의 국제경영활동에도 다양한 활용의 기회를 줄 것으로 생각된다. 먼저 선택과 소비에 관여할 수 있다. 선택과 소비에 있어 AI기반 추천 기능으로 인한 경쟁우위가 될 수 있다. AI 기반 추천시스템은 알고리즘 로직을 활용하여 이용자 개개인의 니즈와 원츠를 발견하고 이를 통해 소비자의 선호를 예측하여 도움을 주는 것을 말한다. 최근 컨텐츠를 다루는 거의 모든 플랫폼에서는 추천시스템은 이용자의 구매이력, 과거 이용이력, 이용자의 프로파일, 선호경향 등을 AI 알고리즘을 따라 유사도를 측정하고 그 유사도가 높은 제품과 서비스를 추천하는 방식으로 이루어진다. 여기에 해당제품과 서비스 내용 및 특성, 속성 및 속성 수준, 소비자의 성향을 파악하여 적절한 제품과 서비스를 추천할 때 텍스트상에서의 특정 검색어를 중심으로 가중치를 부여하여 이를 중심으로 결과를 도출하는 텍스트마이닝 기법 등이 AI기반 추천의 예라 할 수 있다.

더욱이 기업의 국제화에 있어서 특히 문화적으로 상이한 글로벌 시장에 진출하는 단순한 제품의 추천이 아니라 개발 및 생산에 있어 초기의 많은 실수를 줄여줄 수가 있다. 문화적 측면의 여러 데이터를 바탕으로 국가별로 상이하게 추천을 하는 시스템 등이 국가별 성공을 위한 글로벌 마케팅의 예가 된다. 예컨대 넷플릭스는 국가별 시청순위를 국가별로 발표하기도 한다.

AI 기반 가격차별화 전략도 가능하다. 국가별 및 시장별로 최적의 가격전략을 수시로 수립할 수 있으며, AI 기반의 업무자동화를 통해 국가별 기업구성원의 특색에 맞는 교육을 실시할 수 있을 뿐 아니라 각종 업무를 자동화 할 수 있다. 즉, 직원 교육에 있어 메타버스와 함께

수준에 맞는 교육을 할 수 있고 아울러 단순 반복 업무(예: 단순한 수출입서류 작업)를 넘어서 인간이 상황변화에 따라 내렸던 의사결정을 AI가 가능하게 하여 적극적 도입이 가능하다. 이로 인한 운영의 효율화를 가져 올 것이다.

4. 전자상거래의 진화와 융합

2021년의 경우, 전 세계 전자상거래 매출은 전 세계적으로 총 4조 9,210억 달러에 달하였으며 지속적으로 증가하고 있다. 향후 온라인 판매는 계속 증가하고 소매에 더욱 큰 시장이 생길 것으로 예상된다. 이는 단순히 국내시장에서만 이루어지지 않으며 우리나라의 경우도 점점 직구를 하는 소비자들의 비중이 높아지며 이는 국제경영에 시사하는 바가 매우 크다.

일반적으로 온라인 시장은 2027년까지 세계 소매 전자 상거래 매출이 8조 달러를 초과할 것으로 예상되며 소매 매출의 전체 전자 상거래 점유율은 24.5%에 이를 것으로 예상된다. 이러한 전자상거래의 폭발적인 성장은 코로나19 팬데믹을 겪으며 한층 가속화되었는데, 특히 디지털 기기 및 온라인 서비스에 익숙한 Z세대(1996~2010년 사이에 태어난 세대)가 이러한 추세를 주도하고 있다.

그림 2-9 글로벌 전자상거래 시장 추이

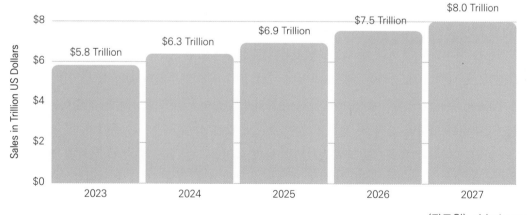

Global Ecommerce Sales(2023 to 2027)

〈자료원〉 eMarketer

한편 글로벌 마켓을 보면 중국의 경우, 2021년 2조 8천억 달러 정도의 온라인 총 매출을 기록하며 세계 최고의 전자상거래 시장을 갖고 있다. 미국과 함께 이들 양국의 전자상거래 매출은 전 세계적으로 창출된 전체 세계 소매 전자상거래 매출의 73% 이상인 3조 6천억 달러 이상으로 높은 비중을 갖고 있다.

온라인과 오프라인 매장 내의 격차는 COVID-19로 2020년의 경우에는 크게 확대되었다. 이는 바이러스 확산을 억제하기 위해 오프라인 매장이 문을 닫자 소비자들은 구매를 수행하기 위해 온라인으로 몰려들었기 때문이기도 하다. 사실, 전문가들은 전염병이 온라인 쇼핑으로의 전환을 5년 만큼 가속화되었다고 한다. 그러나 이러한 이유도 전자상거래가 증가한 것은 아니다. 사물인터넷, 메타버스, NFT의 기술적 발전은 글로벌 소비자 삶에 영향을 끼쳤다. 2021년 전 세계 10개 소비자 중 거의 7명이 쇼핑 앱을 사용하고 있다는 해외의 보고서도 있다. 글로벌 시장 전체적으로 보면 온라인 소비자의 절반 이상(55.4%)이 휴대폰으로 제품을 구매하였다. 즉, 소비자가 모바일 장치에서 쇼핑의 용이성에 점점 더 편안하게 느끼는 대로 온라인 판매가 계속 성장할 것으로 예상된다.

이러한 온라인에 있어 세계적인 기업인 아마존의 경우도 우리나라의 11번가와 협력하여 비즈니스를 하고 있으며 쿠팡의 경우에도 미국 자본시장에 상장하여 자본조달 하는 등 온라인 비즈니스와 글로벌화는 국가간 경계가 없다고 할 수 있다.

한편 최근 글로벌 유통업체들은 온라인과 오프라인을 융합한 이른바 O2O(Online to Offline) 서비스를 강화하고 있다. 온라인에서 제품을 검색하고 주문한 뒤 오프라인 매장에서 제품을 받아보는 클릭 앤 컬렉트(click and collect) 서비스, 반대로 오프라인에서 제품을 체험한 뒤 온라인으로 주문하는 시크릿 쇼핑(secret shopping) 서비스가 대표적인 형태이다.

5. 글로벌화되는 공급사슬

전 세계의 유통강자 중 하나인 월마트는 1963년 아칸사(Arkansas)주에 1호점을 개설한 이후 미국의 유통업계는 물론이고 미국 전체기업 중에서도 최상위권 기업이다. 공급사슬관리를 통해 성장을 이룰 수 있었다. 월마트는 1990년부터 공급사슬경영에 관심을 가지고 최저가격전략(Every Day Low Price; EDLP), 공급자와의 파트너십 전략, 정보기술전략, 물류센터로 입고되는 상품을 수령하는 즉시 중간단계가 거의 없거나, 전혀없이 재고 분류만 한 후 배송지점으로 배송하는 크로스도킹(cross docking) 전략 등의 주요 공급사슬 전략을 추진함으로써 지금의 지위를 갖출 수 있었다.

공급사슬(supply chain)이란, 기업이 원재료를 획득하고 이 원재료를 중간재나 최종재로 변환하고, 최종제품을 고객에게 유통시키기 위한 조직 및 비즈니스 프로세스의 네트워크다. 특히 이러한 공급사슬이 한 나라에서 이루어지지 않고 글로벌화 되고 있는 현재는 공급사슬이 국내에서만 이루어지지 않는다.

일반적으로 공급사슬은 제품 및 서비스를 원천에서 소비에 이르도록 공급하기 위해 공급업체, 제조공장, 유통센터, 소매할인점, 고객을 연결한다. 공급사슬상에서 물질, 정보, 지불은 양방향으로 흐른다. 공급사슬의 업스트림(upstream)지역에는 공급업체와 그 공급업체의 공급업체가 있으며, 업체간의 관계를 관리하기 위한 프로세스가 포함된다. 다운스트림(downstream)지역은 최종 고객에게 제품을 유통하고 전달하기 위해 조직과 프로세스로 구성된다.

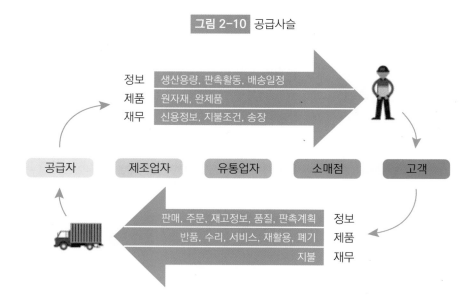

그림 2-10 공급사슬

포스코인터, 음극재 흑연 장기공급 계약…배터리 가치사슬 완성

탄자니아 천연흑연 75만 톤 안정적 확보

포스코퓨처엠 등과 그룹 내 시너지 강화

동박·폐배터리 사업도 강화…"脫중국 기여"

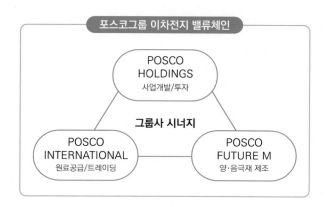

포스코그룹이 이차전지 배터리 음극재 생산에 사용되는 핵심 소재인 흑연을 장기간 확보하게 됐다. 원료 수급부터 가공, 생산, 재활용으로 이어지는 이차전지 소재사업의 가치사슬(밸류체인)을 완성하는 데 성공한 것이다.

포스코인터내셔널은 호주계 광업회사 블랙록마이닝의 자회사 탄자니아 파루 그라파이트(FARU Graphite)와 이차전지 배터리용 천연흑연 장기 공급계약을 체결했다고 29일 밝혔다. 파루 그라파이트는 탄자니아에 마헨지(Mahenge) 흑연광산을 보유하고 있으며, 광산수명은 25년으로 매장량 기준 세계 2위다. 포스코인터내셔널은 이번 계약을 통해 1000만 달러(약 133억 원)를 투자하고, 광산 운영 기간 총 75만 톤의 천연흑연을 공급받게 된다. 마헨지 광산에서 나온 흑연은 포스코그룹 내 이차전지 사업회사인 포스코퓨처엠으로 보내진다.

포스코그룹은 이번 계약을 통해 이차전지 밸류체인을 완성했다. 지난 2021년 포스코홀딩스가 호주 블랙록 마이닝 지분 15%를 확보했으며, 포스코인터내셔널은 이차전지 소재 원료 확보에 성공했다. 국내 유일 흑연 베이스 음극재 기업인 포스코퓨처엠도 배터리 소재 생산에서 계열사 간 시너지를 기대할 수 있게 됐다.

포스코인터내셔널은 이번 천연흑연 초도 공급을 시작으로 친환경차 산업 확장에 대응해 이차전지 원료 부문의 사업을 확장해 나간다는 전략이다. 또한 흑연 외에도 동박 원료 공급사업, 폐배터리 재활용

사업 등에 공을 들이고 있다. 동박은 이차전지 음극집전체에 사용되는 소재로 포스코인터내셔널이 국내 최대 공급사다. 포스코인터내셔널은 동박 원료 관련 중동, 동남아, 미국 등 전 세계 80여 개 파트너사를 보유하고 있으며 향후 사업의 고도화를 위해 북미와 유럽 등에 생산기지를 건설하는 것도 적극 검토하고 있다.

포스코인터내셔널은 올해 2월부터 폐배터리 리사이클링 업체인 포스코HY 클린메탈에 블랙파우더를 공급하며 폐배터리 리사이클링 사업에도 도전하고 있다. 폐배터리 리사이클링사업은 폐배터리를 안정적으로 확보하는 것이 중요한데, 포스코인터내셔널은 글로벌 80여 개 네트워크를 활용해 안정적으로 확보할 계획이다. 뿐만 아니라 해외에 적극적인 설비투자를 통해 2028년까지 현재 거래 규모의 6배가량 성장시킬 계획이다.

포스코인터내셔널의 이차전지 공급사업 확장은 특히 글로벌 트레이딩 역량을 바탕으로 중국에 높은 의존도를 가지고 있는 이차전지 소재 원료를 비(非) 중국산으로 전환할 기회다. 미국 IRA(인플레이션 감축법)에 따라 우리 기업들이 앞으로 중국산 원료 사용을 줄여야 하는 상황에서 이를 기반을 둔 국가적 공급망 안정화 기대도 크다.

포스코인터내셔널 관계자는 "전 세계 주요국이 '탈 중국 공급망' 구축에 나서고 있는 상황에서 핵심 광물 확보에 사력을 다하고 있다"며 이차전지 소재용 원료의 안정적인 조달을 위한 투자를 이어가 그룹의 이차전지 사업 확대에 기여하겠다고 밝혔다.

〈자료원〉 뉴시스, 2023.5.29.

1) 공급사슬경영의 필요성

과거 대부분의 기업들은 오로지 자사의 생산운영과 직접적인 공급자에게만 집중하였다. 그리고 공급사슬에 있는 기업들의 계획, 마케팅 생산운영 및 재고관리의 기능들은 각각 독립적으로 수행되었다. 그 결과 공급사슬은 개별조직의 통제범위를 넘어서는 여러 문제들에 봉착하였다. 재고가 큰 폭으로 변동한다는 점, 재고의 결품, 배달지연 및 품질문제 등을 예로 들 수 있다. 뿐만 아니라 다른 문제점들로 인해 공급사슬관리가 기업의 성공에 필수적인 것이 되었다.

특히 글로벌화가 가속되면서 공급사슬의 물리적 길이가 연장되고 있다. 넓게 퍼진 소비자와 공급자의 존재로 인해 리드타임이 이전보다 길어지고 있다. 뿐만 아니라 이러한 글로벌화는 언어와 문화의 차이뿐만 아니라 통화와 환율이 문제가 될 수 있고 국경보안이 강화되어 제품의 선적 등도 지연될 수 있어 이러한 위험을 관리하기 위해 글로벌 공급사슬경영이 필요하게 되었다.

2) 공급망의 참여자와 구성요소

전형적인 공급망은 다음과 같은 다양한 단계의 참여자로 구성될 수 있다.

• 고객 및 구매업체: 유통 및 물류관리의 대상이다. 주문관리, 수요관리, 고객서비스를 관리, 고객관계관리, 상품개발 및 판매관리, 물류센터 및 창고를 관리한다.

• 생산업체: 제품 개발 및 상품관리를 주로 하며 생산방법, 생산일정계획, 리드타임관리, 제조흐름관리, 재료 및 재고품 관리를 한다.

• 부품/원자재 공급업체: 원재료 및 부품공급관리 전략적 조달관리, 공급자 협업관리, 공급자 관리를 한다.

이들 간의 정보공유를 하며 공급업체에서 → 생산업체 → 고객 및 구매업체로 제품 및 서비스 흐름이 이루어진다. 그런데 이러한 공급사슬이 한 국가안에서만 이루어지는 것이 아니라 글로벌화가 진척이 되면서 국가 간의 분업화와 국가 간의 역할분담 등이 이루어져 이전보다는 매우 복잡한 양상을 보이게 되었다.

3) 국가간 반도체의 공급사슬 예

공급망은 각 국가간에 유기적으로 연결되어 있기 때문에 글로벌경영관리자들은 매우 주의 깊게 경영관리를 해야 할 것이다. 대표적인 국가간의 공급사슬의 예가 반도체 산업이다. 4차 산업혁명의 쌀로 지칭되는 반도체는 데이터를 저장, 처리하는 수백개의 부품으로 구성된 작은 전자기기이다. 인공지능, 자율주행, 5G 네트워크, 양자기술 등으로 대변되는 4차 산업혁명 시대로 산업구조가 빠르게 개편됨에 따라 반도체의 수요는 이전에 비해 폭발적으로 증가하며 그 중요성은 더욱더 부각되고 있다. 예컨대, 일반 자동차에 탑재되는 반도체수는 300개 내외지만, 레벨 3 자율주행자동체에는 2000개 이상의 반도체가 필요하다. 이처럼 반도체 확보는 현대산업과 국가안보에 지대한 영향을 미치는 요인으로 작용하고 있는 것이다.

이러한 현상에 있어 세계 각국은 반도체 확보를 위해 자국의 반도체 생산능력 제고를 위해 노력하고 있다. 글로벌 반도체 산업은 준비 공정 및 전·후 공정 단계 등에서 공급사슬이 전 세계에 복잡하게 얽혀 있는 것이 특징이다. 현재 반도체 GVC(Global Value Chain)는 설계는 유럽 등의 선진국이, 공급은 한국과 대만 등과 같은 나라에서 담당하는 분업체계의 형태를 갖고 있으나, 세계 경제의 불확실성 대두와 함께 중국의 자국중심 가치사슬개편으로 인해 기존 형태의 GVC는 변화의 변곡점에 위치해 있다고 할 수 있다.

반도체는 특정국가 혼자서만 가치를 창출하는 것이 아니라 가치 사슬이 국가 간에 연결되었다. 반도체는 준비공정과 전공정 그리고 후공정으로 나뉜다. 준비 공정은 원재료를 준비하는 단계로 핵심 내용은 실리콘 웨이퍼 생산이라 할 수 있다. 전(前) 공정은 웨이퍼에서 회로를 인쇄하는 공정으로, 반도체 성능을 결정하는 단계로써 높은 기술수준이 요구되며, 수많은 소재(소재산업의 약 60%)와 장비(반도체 장비산업의 전 공정 장비 비중이 전체의 70%)가 필요하다. 한편 후(後) 공정은 웨이퍼에서 개발 칩을 분리하여 조립, 검사하는 공정이다.

국내 반도체 산업은 일본, 미국, 네덜란드 등에서 소재 및 장비를 조달해 국내 생산 후 전 세계 기업을 대상으로 공급 및 판매하기 때문에 글로벌 공급망이 매우 유기적이다.

그림 2-11 글로벌 반도체 공급망

우리나라는 전자 및 화학제품 수출이 증가함에 따라 일본으로부터 해당 제품을 생산하는 데 필요한 소재·부품을 더 많이 수입하는 공급사슬 구조를 갖고 있다고 볼 수 있다. 예컨대, 우리나라 화학 분야 역시 관련 제품 등의 수출이 증가하면 일본으로부터 관련 소재/부품 등의 수입이 더욱 증가하는 공급사슬 구조를 갖고 있다.

특히 글로벌경영에서 반도체 글로벌 가치사슬(Global Value Chain; GVC)을 주목해야 하는 이유는 패권경쟁의 중심이기 때문이다. 코로나 팬데믹 사태로 촉발된 자국중심 경제블록화 현상은 GVC의 취약점을 노출시켰다. 세계 각국은 자국 경제를 보호하기 위해 국경봉쇄, 관세 부여 등 보호무역을 강화하였고 이는 자동차, 산업, 통신장비 등에 사용되는 반도체 칩 부족사태(shortage)의 직접적 원인으로 작용하였다. 전 세계적 반도체 공급 여파로 미국 자동차기업 GM은 한때 생산을 중단하였으며 이는 미국 경제안보의 취약점(vulnerabilities)을 그대로 노출시키는 사건이 되기도 하였다.

　이러한 취약점 개선과 미국 내 차량용반도체 수급부족 해결방안을 모색하기 위해 세계 글로벌기업 19개사와 협의를 하기도 하였다. 중국이 반도체 산업육성을 위해 추진 중인 반도체 굴기를 미국은 자국의 경제안보에 가장 큰 위협으로 지목하며, 이에 대응하기 위해 미국의 반도체 경쟁력 확보를 강조하고 있다.

　중국은 자국의 반도체 산업 육성을 위해 현재 전 세계 단위로 분업화 되어 있는 반도체 산업 GVC를 자국중심의 공급망으로 변화를 도모하고 있다고 지적하며 이러한 중국의 행태에 미국이 적극적으로 대응할 것을 주문하고 있다.

　중국은 2001년 12월 11일 세계무역기구(World Trade Organization; WTO)에 가입한 뒤로 세계의 공장으로 입지를 다졌으며 그 결과 현재 GVC 교역에서 가장 중요한 국가로 성장하였다. 중국의 GVC 참여는 매년 10% 이상의 폭발적인 경제성장의 견인차가 되었다. 2011년 이후 경제성장세가 둔화되고, 산업의 구조가 4차산업혁명으로 전환됨에 따라 중국은 『중국제조 2025』라는 새로운 경제발전모델을 추진하게 된다. 이 정책의 주요핵심 골자는 과거 중간재를 수입하여 최종재를 수출하는 수출투자 경제모델에서 자국의 첨단산업기술 육성을 통해 제조업 기반의 산업체계를 구축하고 이를 바탕으로 내수소비중심 경제모델 전환을 도모하는 것이다. 이를 달성하기 위해 가장 중요한 선결조건으로 반도체 수급 자립을 강조하고 있다.

글로벌 공급망 시대…'아무도 흔들 수 없는 나라'는 없다

중국이 한국과 이미 계약을 맺은 요소 1만 8700t에 대한 수출 절차를 진행하겠다는 뜻을 밝힌 것으로 전해지며, 지난 몇주 동안 대한민국을 떠들썩하게 한 '요소수 사태'가 진정 국면에 접어들 것으로 전망된다. 이번 소동은 '글로벌 공급망'(global supply chain)에 깊숙이 편입된 한국 경제의 취약성을 다시 드러낸 중대한 사태지만, 관계국들과 우호적 관계를 유지하는 것 외에 똑 부러지는 해법 마련이 쉽지 않다.

이번 사태는 중국 해관총서(한국의 관세청)가 지난달 11일 발표한 짤막한 공고를 통해 시작됐다. 이 공고에 따라 나흘 뒤인 15일부터 요소 등 29개 물질이 이전엔 없던 수출 검역을 받게 됐다. 이를 사실상의 '수출 금지' 조처로 받아들인 한국에선 요소수 품귀라는 패닉 현상이 일어났다. 특히, 요소수를 지속 공급해야 하는 배출가스 저감장치를 장착한 화물차량이 운행을 멈추면, '물류 모세혈관'이 막힌다는 공포가 확산되며 경제 전체에 비상이 걸렸다. 중국의 석탄·전기 수급 불균형이 한국 경제를 위협하는 나비효과가 발생한 것이다.

'글로벌 공급망' 위기 어떻게 처리됐나

	중-일 희토류 사태	한-일 반도체 소재 사태	한-중 요소수 사태
연도	2010~2011년	2019년	2021년
원인	센카쿠열도 둘러싼 영토 분쟁(정치적 보복)	강제동원 피해자 배상 등 과거사 갈등(정치적 보복)	중국의 석탄·전력 부족 (경제적 이유)
경과	대일 희토류 수출이 일시 중단	마찰은 있었지만 수출 이뤄짐	"중국 수출 절차 진행하기로" (이교부 10일 발표)
결론	일본, 수입선 다변화 노력 중	한국, '소부장 독립' 나섰지만 한계	?

돌이켜보면 지난 10여년 동안 동아시아에서 이와 흡사한 사태가 거듭돼왔다. 2009년까지 전 세계 희토류 공급의 97%(일본 전체 수입의 92%)를 차지하던 중국은 2010년 9월 센카쿠열도(중국명 댜오위다오)를 둘러싼 중-일 영토 분쟁이 시작되자 수출을 중단하는 보복 조처를 감행했다. 이후 일본은 희토류의 '전략적 중요성'을 인식하고 아시아·아프리카 등으로 수입선 다변화를 시도했다.

2년 전인 2019년 7월엔 일본이 가해자가 됐다. 강제동원 피해자들에게 배상을 명한 한국 대법원 판결에 대한 보복으로 반도체 생산에 꼭 필요한 불화수소 등 3개 물질에 대한 수출 규제를 강화한 것이다.

정부는 '아무도 흔들 수 없는 나라'를 만든다는 구호 아래 적극 대응에 나섰지만, '절반의 성공'에 머물고 있다. 김양희 국립외교원 외교안보연구소 경제통상개발연구부장은 지난 7월 내놓은 보고서에서 "수출 규제로 3품목뿐 아니라 한국 소부장 전체의 대일 수입이 감소했지만, 2020년에는 다시 증가해 대일 수입의 강한 경로의존성을 보여준다"고 지적했다. 정부가 정한 100대 소부장 핵심 품목의 올해 1~5월 대일 수입 의존도는 2년 전 31.4%에서 24.9%로 떨어졌지만, 포토레지스트의 대일 의존도는 여전히 90%가 넘는다. 오랜 시간에 걸쳐 자연스레 형성된 글로벌 공급망을 인위적으로 조정하는 게 쉽지 않음을 보여주는 예다. 중요 전략 물자의 수입선 다변화는 중요하지만, 특정국에 의존도가 높은 품목(80% 이상 3941개) 모두에 대응하는 것은 애초 불가능하다.

반대로 한 나라가 정치적 이유로 글로벌 공급망에 타격을 주면 심각한 부메랑이 되어 돌아올 수 있다. 이를 깨달은 중국은 2018년 미-중 무역전쟁이 시작됐을 때 2010년처럼 희토류 카드를 내비치면서도 실제 사용하진 않았다. 일본도 말만 무성했을 뿐 반도체 공급망에 손을 댄다는 부담 때문에 3개 물질의 대한 수출을 금하진 않았다.

이번 사태의 장기적 해법은 지난 7월 대한민국 소재·부품·장비 산업 성과 간담회에서 문재인 대통령이 스스로 밝힌 바 있다. 문 대통령은 이 자리에서 "뭐든 자립해야 한다고 생각하는 것이 아니다. 국제적인 분업체계와 공급망을 유지하는 것은 여전히 중요하다"고 말했다. 한국의 번영을 가능하게 한 공급망 유지를 위해 노력하며, 문제가 발생할 때마다 신속히 대응하는 것 외에 해법은 없다. '아무도 흔들 수 없는 나라'는 누군가 흔들어도 견뎌내는 유연성과 체력을 갖춘 나라다.

〈자료원〉 한겨레 신문, 2011.11.11.

더 생각해 볼 문제

○ **FD1** 메타버스 환경의 등장으로 기업과 소비자의 글로벌화가 어떠한 의미를 갖는지 살펴보자.

○ **FD2** 메타버스로 인해 기업의 업무환경에도 접목이 될 수 있는데 글로벌 기업에서 어떠한 업무 혁신을 통한 생산성 향상 혁신을 가질 수 있는지 조사해 보자.

○ **FD3** 오프라인과 온라인 공급망으로 개편의 현황과 국제적 분업화 현상에 대해 탐색해 보자.

○ **FD4** 전기자동차의 핵심부품인 배터리 산업에 있어서의 글로벌 공급망을 구체적으로 파악해 보자.

3 국제무역이론의 이해

학습목표(Learning Objectives)

○ **LO1** 국가 간 무역을 설명하는 서로 다른 이론들을 충분히 말할 수 있다.
○ **LO2** 제약없는 자유 무역은 자유 무역 체제 국가들의 경제적 복지를 증대시킨다고 믿는 이유에 대해 잘 알 수 있다.
○ **LO3** 현재 일어나는 국제 간의 정세에 대해 무역이론으로 빗대어 설명할 수 있다.

아이오닉5, 480만원 더 싸진다…내수촉진 · 기업지원 '양수겸장'

글로벌 전기차 시장은 그야말로 폭풍 전야다. 미국의 인플레이션감축법(IRA)에 이어 프랑스판 IRA 까지 나왔다. 탄소 배출량이 적은 전기차에만 보조금을 지급한다는 내용이지만 사실상 전기차 생산 시설을 자국에 유치하기 위한 성격이 강하다. 이를 통해 시장을 무차별 확대하고 있는 중국 전기차 업체를 견제하고 일자리 창출은 물론 자국 업체를 키우려는 의도가 녹아 있다. 우리 정부가 25일 내 놓은 전기승용차 구매 국비보조금 확대 방안도 큰 틀에서 국내 전기차 지원에 방점이 찍혔다. 지원 대상에는 국산 차와 해외 차가 모두 포함돼 있지만 해외 차가 지원받을 수 있는 국비보조금 규모가 국산 차가 받을 수 있는 규모보다 현저히 작게 형성될 것으로 보이기 때문이다.

일단 환경부 대책을 보면 자동차 제작사의 차량 할인 금액에 비례해 국비지원금을 차등적으로 제공 하는 내용이 담겼다. 좀체 경기가 살아나지 않는 상황에서 차량 할인과 보조금 지급 규모를 연동시 켜 차량 구매를 유인하는 고육책으로 볼 수 있다.

구체적으로 전기승용차 국비보조금은 '성능보조금(최대 500만 원)'에 인센티브를 더해 산정된다. 인 센티브는 '보급목표이행금액(최대 140만 원)+충전인프라보조금(20만 원)+혁신기술보조금(20만 원)'에 '1+할인 금액(만 원)/900(만 원)'을 곱한 금액으로 결정된다. 차 값을 500만 원 할인하는 경 우 100만 원의 보조금을 더 받을 수 있다. 이 시나리오에 따르면 국비보조금의 규모는 제작사의 할 인 금액 규모에 따라 결정되기 때문에 제작사가 할인을 더 많이 해줄수록 국비보조금이 늘어난다. 추가되는 보조금이 100만 원으로 보조금 총액은 기존 최대 680만 원에서 780만 원이 된다.

주목해야 할 포인트는 최대 금액의 국비보조금을 받을 수 있는 전기승용차가 국내산 차에 국한된다 는 점이다. 현대자동차의 '아이오닉5'와 '아이오닉6', '코나 일렉트릭', 기아 'EV6' 등인데 보조금을 더 주는 혁신기술보조금이 현재로서는 현대차 · 기아 전기승용차에만 탑재된 '비히클 투 로드(V2L)' 로 규정돼 있기 때문이다.

환경부가 가정한 시나리오에 따르면 서울시 기준으로 기존 차량 가격이 5600만 원이고 680만 원 의 국비보조금을 받고 있는 전기승용차의 가격을 제작사가 500만 원 할인할 경우 국비보조금이 100만 원 추가돼 총 780만 원의 국비보조금을 지원하게 된다. 차량 가격이 4600만 원이고 국비보 조금이 660만 원인 전기승용차는 제작사가 200만 원을 할인할 경우 35만 원의 국비보조금이 추가 돼 총 695만 원을 지원받을 수 있다.

기업들도 정책에 맞춰 연말까지 전기차 특별 할인에 나섰다. 현대차의 아이오닉5를 구매하는 경우 400만 원의 구매 혜택(제조사 할인 320만 원, 전기차 충전 크레디트 80만 원)에 더해 정부 추가 보조금 80만 원을 추가로 공제받아 총 480만 원의 할인 혜택이 적용된다.

기아도 EV6 320만 원, 니로EV와 니로 플러스 120만 원의 할인 혜택을 제공한다. EV6의 경우 추가 보조금 64만 원을 더해 총 384만 원, 니로 EV와 니로 플러스는 추가 보조금 24만 원을 더해 총 144만 원의 할인을 받을 수 있다.

하지만 해외산 전기차의 경우는 다르다. 가령 테슬라의 '모델 Y'는 5699만 원에 출시돼 이번 지원 대상인 기본 가격 5700만 원 미만에 속해 보조금 추가 지원을 받을 수 있는 요건을 충족한다. 문제는 테슬라 차량이 '보급목표이행보조금'과 '혁신기술보조금'을 받을 수 없다는 데 있다. 따라서 '1+할인 금액(만 원)/900(만 원)'에 곱해지는 금액이 180만 원에서 20만 원으로 줄어들기 때문에 실제로 받을 수 있는 보조금의 규모가 대폭 줄어들게 된다. 현재 테슬라의 '모델 Y'는 서울시 기준으로 260만 원의 국비 보조금을 받고 있다. 환경부 관계자는 "지원 금액 산정 방식에 따라 해외 차가 더 적은 지원금을 받게 될 수밖에 없을 것으로 보인다"고 설명했다.

대책에는 법인과 개인사업자가 구매 지원을 받을 수 있는 차량 대수를 '2년 내 1대'에서 '2년 내 여러 대'로 확대한 내용도 담겼다. 아울러 보조금 지급 대상에 시험·연구 목적의 전기차가 포함된 것도 눈에 띈다.

한 통상 전문가는 "전기차 보조금이 자국 기업 육성의 수단으로 기능하고 있는 게 현실"이라며 "우리의 경우 세계시장을 상대로 차를 판매해야 하는 데다 대부분의 국가와 자유무역협정(FTA)도 체결해 통상 분쟁으로 비화될 소지도 차단해야 되는 만큼 정책 마련에 어려움이 클 수밖에 없다"고 지적했다.

〈자료원〉 서울경제신문, 2023.9.25. www.sedaily.com/NewsView/29UTLJCR4T

국제무역에 있어 기반이 되는 이론이 무엇인가를 아는 것은 각 국가의 경제정책과 국제 비즈니스 경쟁 환경에 미치는 영향이 어떠한 것인지 알 수 있게 해줄 수 있을 뿐만 아니라 이러한 원인에 대해 극복 혹은 활용을 가능하도록 할 수 있도록 해준다. 이번 장에서는 자유 무역의 혜택과 손실에 관한 핵심적인 논의와 연관된 국가간의 이익과 세계 경제에서 관측할 수 있는 다양한 국제무역의 패턴과 이론에 대해 살펴볼 것이다.

1. 중상주의

16세기와 17세기에는 수출을 장려하고 수입을 억제해야 한다는 주장이 매우 우세하였던 시기이다. 이러한 수출중심의 개념은 아직도 많은 국가들의 경제 정책과 현대 정치 논쟁에 지대한 영향을 미치고 있다.

중상주의(mercantilism)는 16세기 중반에 영국을 중심으로 발생하였다. 이 중상주의의 핵심은 금과 은이 국부(国富)의 중심이 되고 이를 위해 상업이 촉진된다는 것이다. 그 당시에는 국가간의 교역에 있어서 통화는 금과 은이었다. 이러한 상황에서 수입은 국가의 부를 유출할 수 있는 반면 수출은 국가의 부를 쌓을 수 있는 수단이었던 것이다. 이러한 개념에서 무역수지에서 흑자를 지속적으로 달성하는 것이 국가의 최대 경제와 지배정책이 되므로 국가가 강력하게 관할해야 한다는 것이다. 이에 수입은 최소화하고 수출을 최대화하는 정책이 요구되고 이를 실현하기 위해서는 관세나 할당제로 수입을 제한하고 수출 품목에 정부 지원금을 제공하도록 하였다.

그러나 이러한 중상주의는 모순이 존재하였다. 예컨대, A국과 B국의 교역을 하는데 만약 A국가가 B국가의 무역에서 수입액보다 더 많은 수출액을 달성하여 B국과의 무역에서 흑자를 달성한다면 금과 은의 유입은 A국의 통화공급량을 팽창시키게 되고 이는 A국의 인플레이션을 야기시킬수 있다. 이와는 반대로 B국은 금과 은의 유출이 B국의 통화가치에 정반대로 영향을 미치게 된다. 즉, B의 통화 공급량은 축소되고 통화가치는 하락하게 된다. A국과 B국의 상대적인 통화가치의 변동은 A국에서 생산되어 B국으로 수입되는 재화의 가격을 상승시키게 되고 결국 B국가 국민들의 구매량이 줄어들게 된다. 이와 동시에 A국가의 국민들은 B국가에서 수입되는 저렴한 재화에 매력을 느껴 구매량을 더 늘이게 된다. 이러한 결과는 A국가의 무역흑자가 완전히 사라질 때까지 A국의 무역수지를 악화시키고 B국의 무역수지를 개선시키게 된다. 결국 일방적인 교역은 장기적으로 제로섬게임(zero sum game)이 된다. 이렇듯 중상주의는 명백한 한계를 갖고 있었다. 그러므로 교역은 서로가 도움이 되는 무역이 자유롭게 이루어져야 한다. 그러나 최근 신중상주의(neo-mercantilism)의 등장으로 특정국가에서 상대국의 화폐에 대한 자국의 화폐가치를 의도적으로 낮게 유지함으로써 더 많은 제품을 상대국가에게 판매하고 있다. 그 결과 무역흑자와 외환보유액을 축적하게 된다. 이는 단기적으로는 성공할 수 있지 몰라도 장기적으로 오래 가지 못할 것으로 예측된다.

2. 절대우위

1776년 아담스미스(Adam Smith)는 『국부론(The Wealth of Nations)』을 발간하였다. 그는 중상주의는 적절하지 않다고 하였다. 아담 스미스는 제품을 효율적으로 생산할 수 있는 능력은 국가별로 상이하다고 하였다. 아담스미스가 살던 시기에는 영국은 직물을 세계에서 가장 효율적으로 생산할 수 있는 국가였다. 반면 프랑스는 기름진 토양과 적합한 기후와 선진화된 기술로 와인생산을 세계에서 가장 효율적으로 생산할 수 있었다. 즉, 직물생산에 있어서는 영국이 와인생산에서는 프랑스가 절대우위에 있었다. 이와 같이 어떠한 국가가 다른 국가와 비교하여 더욱 효율적으로 생산할 수 있는 제품을 생산할 때 절대우위(absolute advantage)를 갖는다고 한다.

아담스미스는 각 국가들은 자국이 절대 우위를 갖고 있는 제품의 생산에 특화해야 하며 이렇게 생산한 제품을 다른 국가의 제품과 교역을 해야 한다고 하였다. 아담스미스가 살던 시기를 적용해 보면 영국은 직물을 생산에 주력하여 프랑스에 수출하며 프랑스는 와인생산에 주력하여 영국에 수출하여 각 국가가 필요한 와인과 직물을 수입하는 것이 자국에서 절대우위를 갖고 있지 않는 제품을 생산하는 것보다 더욱 효용을 갖는다고 설명을 하였다.

베트남과 한국 간의 무역을 통해 일어날 수 있는 효과로 다시 생각해 보자. 우선 이에 몇 가지의 가정이 필요하다. 양 국가 간에 토지, 노동력, 자본력과 같은 자원이 필요한데 두 국가가 갖고 있는 자원의 양은 동일하며 200단위의 자원이 각 국가의 가용자원이라고 가정하자. 자원들은 커피와 사과를 생산하는데 사용될 수 있다. 또한 커피 1톤과 사과 1톤의 가격은 동일하며 동일한 비율로 교환한다.

베트남은 1톤의 커피를 생산하기 위해서는 10단위, 사과 1톤을 생산하기 위해서는 20단위의 자원이 필요하다. 이때는 극단적으로 베트남은 20톤의 커피만을 생산하거나 10톤만의 사과를 생산할 수 있을 것이다. 만약 둘 다 생산한다면 이들간에 존재하는 사이값을 가지는 양의 조합으로 커피와 사과를 생산할 수 있다. 이와 같이 베트남이 커피와 사과를 생산할 수 있는 조합을 다음 〈그림 3-1〉의 베트남의 직선으로 표시할 수 있다. 이 선은 베트남의 생산가능 곡선(production possibility frontier; PPF)이다.

이와 동일하게 한국에서는 1톤의 커피를 생산하기 위해서는 자원이 40단위가 필요하고 사과 1톤을 생산하기 위해서는 10단위의 자원이 필요하다. 이때 한국은 극단적으로 커피를 5톤만을 생산하거나 사과만 20톤을 생산할 수 있을 것이다. 둘 다 생산할 수 있는 값들을 연결하면 한국의 직선으로 표시할 수 있다. 한국에서 커피를 생산하는 것이 베트남에서 생산하는 것에 비해 훨씬 더 많은 자원이 요구되므로 베트남이 커피 생산에 있어 절대우위를 가지며 베트남은 사과를 생산하는 것이 한국에서 생산하는 것에 비해 훨씬 더 많은 자원이 필요하므로 한국은 사과생산에 절대우위를 갖게 된다.

만약 무역이 이루어지지 않고 자국에서 모든 것을 생산한다면 베트남은 커피10톤과 사과 5톤을 생산하게 되며(그림 3-1의 A점) 한국은 사과 10톤과 커피 2.5톤을 생산하게 된다(그림 3-1의 B점). 이때 두 국가의 재화의 총생산량은 커피 12.5톤과 사과 15톤의 된다. 만일 무역을 통해 각 국가가 절대우위를 갖고 있는 재화만을 생산 및 수출을 하고 나머지는 수입을 하여 보충한다면 어떻게 될까? 베트남의 경우는 절대우위를 갖는 커피를 20톤을 생산하고(사과 생산 0), 한국의 경우는 절대 우위를 갖는 사과를 20톤을 생산하고(커피 생산 0)하여 서로 교역을 한다면 두 국가의 총생산량은 커피와 사과 각각 20톤이 된다.

만일 베트남이 7톤의 커피를 한국에 수출하고 7톤의 사과를 수입한다면 무역 이후 베트남은 13톤의 커피와 7톤의 사과를 최종적으로 소비할 수 있을 것이다. 한국 역시 무역 이후 커피는 7톤 사과는 13톤이 될 것이다. 이를 무역 전과 비교하면 베트남은 3톤의 커피, 2톤의 사과 한국은 4.5톤의 커피와 3톤의 사과의 효용을 얻을 수 있을 것이다.

표 3-1 절대우위와 무역을 통한 효용증대

국가	재화	1톤 생산 시 필요자원	무역 전 생산소비	경쟁우위 특화(무역)생산	7톤 교역 소비	증가된 효용
베트남	커피	10	10	20	13	3
	사과	20	5	0	7	2
한국	커피	40	2.5	0	7	4.5
	사과	10	10	20	13	3
총생산량	커피		12.5	20		
	사과		15	20		

이처럼 비교우위를 통한 생산과 무역으로 커피와 사과의 총생산량이 증대될 뿐 아니라 양국의 소비자 모두 무역이전보다 더 풍족한 소비를 할 수 있게 되므로 무역은 모든 참여자에게 이익을 준다.

그림 3-1 절대우위 이론

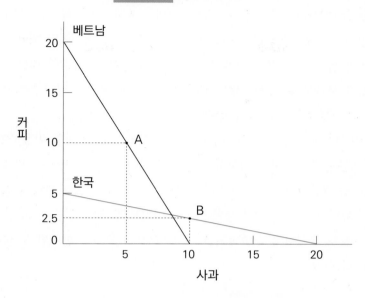

3. 비교우위

　　절대우위에 대한 문제점은 만일 한 국가가 상대국가에 비해서 모든 제품의 생산에 있어 절대우위를 갖는다면 무역에서 얻을 수 있는 이점이 없을 수도 있다. 그러나 이러한 현상에 대해 데이비드 리카르도(David Ricardo)는 『정책경제의 원리(The Principles of Political Economy)』라는 저서에서 한 국가는 그들이 가장 효율적으로 생산할 수 있는 제품의 생산에 특화해야 하고 생산효율이 떨어지는 제품은 다른 국가로부터 구매해야 한다고 주장하였다.

　　다시 베트남과 한국의 관계로 예를 들어 설명해 보자. 베트남이 커피와 사과의 생산에서 모두 더 효율적이라고 가정하자. 즉, 베트남은 두 재화의 생산에 절대적 우위를 갖고 있다. 베트남은 1톤의 커피를 생산하는데 자원이 10만큼 필요하고 사과를 1톤 생산하는데는 자원이 13.3 필요하다. 그러므로 200개의 자원을 보유한 베트남은 20톤의 커피를 생산(사과는 0톤)하거나 15톤의 사과를 생산하거나(커피는 0톤) 둘 다 생산을 할 경우를 나타내면 베트남의 직선을 만들 수 있을 것이다. 한국이 만약 1톤의 커피를 생산하는데 40단위의 자원이 필요하고 1톤의 사과를 생산할 때 20단위의 자원이 필요하다면 한국도 생산가능한 직선을 만들 수 있을 것이다.

그런데 이때 앞의 경우와 달리 베트남이 모두 두 재화에 대해 절대적인 우위를 갖고 있다. 이때도 무역을 할 필요성이 있을까? 베트남은 커피와 사과의 생산에 있어 모두 절대적인 우위를 갖고 있지만 비교 커피와 쌀만을 비교했을 때 비교우위는 커피에만 해당된다. 베트남의 커피생산은 한국과 비교해보았을 때 4배인 반면 사과의 생산은 1.5밖에 해당되지 않는다. 베트남은 상대적으로 사과보다는 커피 생산에 더 효율적이다. 무역이 일어나지 않을 경우 생산과 소비는 〈그림 3-2〉를 참조하면 알 수 있다(그림 3-2, A, B).

베트남이 비교우위(comparative advantage)를 갖고 있는 커피를 이용하여 생산량을 5톤을 증산하여 15톤이 되었다고 가정하자. 이때 베트남은 150단위 만큼의 자원을 사용하며 잉여로 50의 단위를 활용하여 사과를 3.75톤을 생산된다(그림 3-2, C). 한국의 경우는 10톤의 사과를 생산하게 된다. 이러한 무역을 통한 생산은 이전보다 훨씬 더 증대되었다. 만일 베트남과 한국이 동일 비율로 교환하여 수출 4톤을 수입 4톤으로 교역을 한다면 두 국가 모두 효용이 증대되는 것을 알 수 있다.

표 3-2 비교우위와 무역을 통한 효용증대

국가	재화	1톤 생산 시 필요 자원	무역 전 생산소비	비교우위 특화(무역)생산*	4톤 교역 소비	증가된 효용
베트남	커피	10	10	15	11	1
	사과	13.3	7.5	3.75	7.75	0.25
한국	커피	40	2.5	0	4	1.5
	사과	20	5	10	6	1
총생산량	커피		12.5	15		
	사과		12.5	13.75		

* 베트남이 비교우위를 이용해 커피를 10톤에서 15톤을 증산했을때 가정

위와 같은 리카르도의 비교우위이론은 무역에 제약이 없다면 모든 국가에서 소비자들의 효용은 더욱 더 많이 늘어난다는 것을 말해준다.

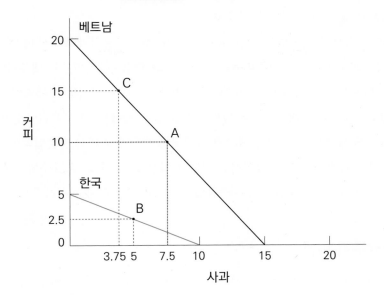

그림 3-2　비교우위 이론

4. 헥스오린(Heckscher-Ohlin) 모델

리카르도의 비교우위이론은 생산성의 차이에서 오는 비교우위를 강조하였다. 그러므로 베트남이 한국보다 커피의 생산에서 효율적인가의 여부는 자원을 얼마만큼 활용하는가의 문제다. 즉, 리카르도는 노동생산성을 중요한 요소라고 하였다.

헥스와 오린(Heckscher and Ohlin) 비교우위에 대한 다른 의견으로 그들의 모형(Heckscher-Ohlin Model/Factor endowment theory/Factor Proportion Theory)을 제시하였다. 이들은 비교우위는 국가요소부존의 차이에서 온다고 하였다. 요소부존(factor endowments)은 한 국가가 가진 토지, 노동, 자본 등의 자원 수준을 의미한다. 국가들은 서로 다른 요소 부존들을 가지고 있고 이 때문에 요소 비용에서도 차이를 보인다. 즉, 요소가 풍부할수록 그 비용은 낮아진다. 헥스오린 이론은 국가들이 현지에 풍부하고 집중적으로 사용되는 요소들을 수출하고 현지에 부족하나 집중적으로 사용되는 제품들은 수입할 것이라고 예측하였다. 즉, 헥스오린 이론에 의하면 미국이 오랫동안 농산물의 주요 수출국인 이유는 부분적으로 미국이 경작 가능한 토지를 엄청나게 많이 소유하고 있기 때문이다. 반면 베트남은 섬유 제조와 운동화 제조 등 노동집약적인 제조업에서 생산되는 제품들의 수출이 뛰어난데 이는 풍부한 저임금 노동력을 반영하였기 때문이다. 풍부한 저임금 노동력이 부족한 미국은 이런 제품들의 주요 수입국이 되어 왔다. 여기서 중요한 것은 절대적이 아닌 상대적 요소라는 점이다.

어떤 국가는 다른 국가에 비해 절대적인 양에서 많은 토지와 노동력을 보유하고 있을지는 몰라도 상대적으로 둘 중에서 하나는 더 풍족하다.

그런데 현실적으로 미국의 경우 수입이 오히려 더욱 자본집약적 산업에서 이루어지는 것을 발견할 수 있는데 이것을 레온티에프(Leontief)의 역설이라고 한다. 레온티에프의 역설이 왜 나타나는지는 누구도 명쾌히 설명하지 못하였다. 다만 한 가지의 설득력이 있는 설명으로 미국이 혁신적인 기술을 바탕으로 한 신제품 개발 및 생산에는 뛰어나다는 것이다. 이런 제품들은 기술이 성숙해짐에 따라 대량 생산에 적합해진 제품에 비해서 자본집약이 덜 할 수 있다. 그러므로 미국은 숙련 노동력과 혁신적인 기업가 정신을 집중적으로 요구하는 IT 등의 제품을 수출하면서 대규모의 자본을 요구하는 중공업 제품들을 수입하는 것이다.

5. 제품수명주기 이론

버논(vernon)은 제품수명주기 이론에 기초하여 국제무역의 흐름과 기업의 해외직접투자에 대한 제품수명주기의 영향을 설명하였다. 이 이론에 의하면 신제품(new product), 성숙제품(maturing product) 그리고 표준화된 제품(standardization product)의 단계를 거치면서 무역과 해외직접투자가 이루어진다.

〈그림 3-3〉을 보자. 신제품의 단계에선 특정국가(이 그래프에서는 미국)에서 최초로 신제품이 개발되었으며 이 제품은 일정기간이 지난후에 다른 선진국으로 수출되기 시작된다. 이 단계에선 기업의 제품 혁신능력이 국제무역에 있어 중요한 역할을 한다. 다음 단계인 성숙제품의 단계를 보자. 이때는 비슷한 선진국이 유사한 제품을 생산하고 수요가 발생한다. 이때는 최초의 신제품 개발한 국가(미국)에서는 수출이 최고조에 달한다. 표준화된 제품단계에서는 개발도상국이 이 제품을 대량생산하기 시작하고 최초 개발국(미국)과 기타 다른 선진국으로 수출을 하기 시작하며 일정시간이 지나면 선진국들은 이 제품의 생산이 급속히 감소하게 된다. 이 단계에서는 국제무역의 경쟁력 유지를 위해서는 원가절감 및 대량생산이 중요하게 된다. 즉 표준화단계에서는 저임금에 기반한 저렴한 생산원가가 무역에 영향을 미치는 변수로 작용을 한다. 이러한 제품 수명주기상의 국제무역은 선진국과 개발도상국가간의 기술과 생산격차 등으로 설명이 될 수 있다.

국제무역에 있어서 제품수명주기의 문제점으로는 현재는 제품이 국제적으로 분업화되어 있는 경우가 많으며 또한 수요 역시 동시 발생하는 경우가 많기 때문에 반드시 이러한 제품수명주기가 적용되는 것은 아니다. 뿐만 아니라 제품마다 상이하게 나타날 수도 있다. 그리고 이러한 제품수명주기는 사후적 분석이기 때문에 현재의 상태를 알려주지는 못한다.

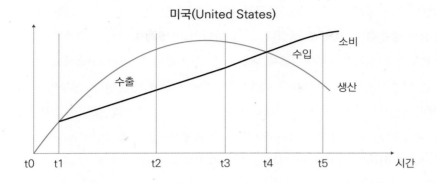

그림 3-3 국제 무역에 있어서 제품수명주기 이론

미국(United States)

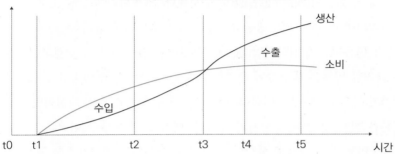

기타 선진국(Other Advanced Countries)

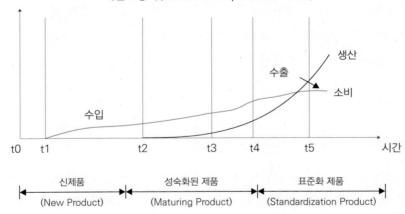

개발도상국(Less Developed Countries)

신제품	성숙화된 제품	표준화 제품
(New Product)	(Maturing Product)	(Standardization Product)

6. 신무역 이론

1980년대부터 세계무역은 규모가 급성장하고 있지만 기존의 이론으로는 급격히 증가하는 무역현상을 충분히 설명할 수 없었다. 뿐만 아니라 미국의 대규모 무역적자와 여기에서 비롯된 신보호무역주의는 자유무역이론에 대한 많은 회의감이 생겼다. 이에 새로운 이론으로 이를 설명하는 방법이 나오기 시작했다. 대표적인 것이 신무역 이론이다. 신무역이론은 국제무역의 근간이 되는 국가 간 상대적 생산비 차이의 원천을 각 국가의 생산 요소부존 등 주어진 것 이외에 기타 다른 요인에 의해서도 설명하고자 하였다. 폴 크루그만(Paul Krugmann)은 각 국이 생산비용의 차이를 가져올 수 있는 중요한 요인으로 규모의 경제(economies of scale)을 제시하였다. 규모의 경제는 특정 제품의 생산비용이 하락하는 현상이다. 제품의 생산비용은 고정비(fixed cost)와 변동비(variable cost)로 구성된다. 고정비는 생산량이 증가하더라도 변화가 없는 비용을 의미하며 변동비란 생산량이 증가하면 동일하게 증가하는 비용이다. 생산량이 증가하면 단위당 변동비는 일정하지만 단위당 고정비는 감소하게 되고 결국 변동비와 고정비를 합친 제품 단위당 비용은 생산량이 증가할수록 하락하게 된다. 이러한 규모의 경제를 창출할 수 있는 국가가 국제무역에서 상당한 경쟁력을 갖출 수 있다는 것이 핵심적인 내용이다.

신무역이론은 헥서-오린 모델과 차이가 있다. 헥서-오린 모델은 어떤 국가가 특정 제품의 수출을 주도하는 이유를 그 제품의 생산에 있어 주로 사용되는 생산요소를 풍부하게 보유하고 있기 때문이라고 하고 있다. 반면 신무역이론은 미국이 상업용 민간항공기의 주요 수출국이 된 것은 항공기 제조에 필요한 생산요소들을 더 풍부하게 보유하고 있기 때문이 아니라 국내 시장의 풍부한 수요에 바탕으로 한 고정비 감소로 인해 규모의 경제가 달성되었기 때문이다. 이러한 신무역이론은 비교우위를 발생시키는 원천 중의 하나로 규모의 경제를 발견했다는 공헌점도 있다.

7. Poter의 국가경쟁우위 다이아몬드 모델

Poter는 10개 국가의 100개 산업에 대해 연구를 하였다. 특정국가가 특정 산업에서 세계적으로 성공을 이루는 핵심적인 요인을 찾아내는 것이 그의 목표였다. 일본의 자동차 산업, 스위스의 정밀기계와 의약품, 독일의 화학산업 등에서 두각을 나타내는 것을 밝혀내고자 하였다. 이러한 질문에 있어서는 헥스오린의 이론과 비교우위 이론으로도 충분히 설명을 못한다. 예컨대 스위스가 정밀기계가 발달한 이유는 이 산업에 자원활용을 매우 효율적으로 하기 때문이기는 하지만 왜 타국보다 더 뛰어나는가는 설명하지 못한다.

포터는 한 국가의 4가지의 특성인 요소조건, 수요조건, 관련된 지원산업, 기업전략, 구조, 경쟁의 4가지 특성들이 경쟁우위 창출을 촉진할 수도 방해할 수도 있다고 하였다.

그림 3-4 포터의 다이아몬드 모델

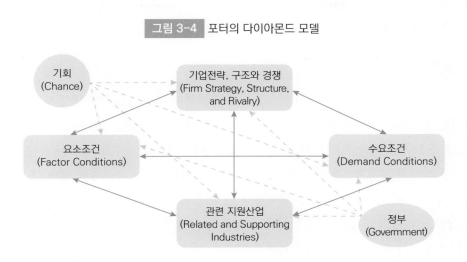

〈그림 3-4〉는 포터의 다이아몬드 모델을 구체적으로 나타낸 것이다. 포터는 기회 (Chance)와 정부(Government)라는 추가적인 두 변수가 국가 다이아몬드에 중요한 영향을 미친다고 주장하였다. 대규모 혁신과 같은 우연한 사건의 발생은 산업구조를 재편성해 어떤 국가의 기업이 다른 국가 기업을 대신할 수 있는 기회를 만들기도 한다.

정부는 정책에 따라 국가적인 정책을 수립하는데 규제는 자국 내 수요조건에 영향을 미치며 독과점 정책은 산업내의 경쟁강도에 영향을 주며 교육에 대한 정책들은 요소조건에 영향을 미친다.

4가지 조건에 대해 구체적으로 살펴보자.

1) 요소조건

요소조건이란(factor conditions) 특정 산업에서 경쟁하는데 필요한 인프라, 숙련된 노동력 등의 생산 요건에서 한국가가 차지하는 위치라 할 수 있다. 이는 헥스-오린 이론의 핵심이기도 하다. 포터는 요소 간에 계층을 나누어 기본요소(basic factor)와 심화요소(advanced factors)로 구분하였다.

예컨대 기본요소는 천연자원, 기후, 지역 인구 등의 요소를 의미하며 심화요소들은 경쟁우위에 중요한 요소들로 숙련된 고급노동력, 연구개발, 통신인프라와 기술적 노하우 등이다. 여기서 기본요소는 자연적으로 주어지는 것에 비해 심화요소들은 정부의 정책 등의 결과이다.

기본요소와 심화요소 간의 관계는 복잡한데 기본요소는 심화요소에 대한 투자를 통해 강화되고 확장되는 초기이점을 줄 수 있다. 반면 기본요소의 약점은 심화요소에 투자하라는 압력이 있을 수 있다. 일반적으로 한국의 경우 교육수요 및 투자가 활성화된 것이 이러한 결과 제조업에서 성공할 수 있었다.

2) 수요조건

수요조건(demand conditions)이란 그 산업의 제품이나 서비스에 대한 현지 수요의 성격을 일컫는다. 포터는 경쟁우위를 높이는 데는 현지의 수요의 역할을 강조하였다. 기업들이 일반적으로 근처에 위치한 곳의 소비자에 대해 민감하다. 그러므로 수요 성격은 국내에서 만들어진 상품의 특성을 결정하는 것과 혁신과 품질을 추구하는 것이 중요하게 된다. 포터는 어떠한 기업의 까다롭고 복잡한 국내 소비자들이 그 기업에 경쟁우위를 가져다 준다고 주장하였다. 이러한 소비자의 존재는 현지 기업의 제품에 높은 수준을 요구하고 끊임없이 혁신하도록 압박을 하게 된다. 한국의 경우 IT발전의 발전으로 스마트폰 등의 디지털 기기들에 대한 까다로운 소비자의 존재가 좋은 예라고 할 수 있다.

3) 관련 지원산업

관련 지원산업(related and supporting industries)이란 국제적으로 경쟁력 있는 공급, 산업 등의 관련 산업존재의 유무를 의미한다. 관련 산업들이 생산 심화요소들에 투자하면서 발생하게 되는 이점은 바로 산업에 파급될 수 있다. 그러므로 국제적으로 경쟁력이 있는 지위를 획득하는데 크게 도움을 줄 수 있게 된다. 한국의 반도체 산업에서의 기술적 우위는 스마트폰과 기타 디지털 기기 산업들의 성공의 토대가 되었다.

이러한 과정은 한 국가 내에서 성공적인 산업들이 모여서 하나의 관련 산업 클러스터를 형성하는 것으로 이어지게 된다. 이러한 클러스터들은 그 지역적 클러스터 내에서 기업 간에 가치있는 정보가 공유되면서 모두에게 이익이 된다.

4) 기업전략, 구조와 경쟁

기업전략, 구조와 경쟁(firm strategy, structure, and rivalry)이란 기업이 설립되고 조직되고 관리되는 방식을 뜻한다. 여기에서는 두 가지의 중요한 점이 있다. 먼저 다른 국가들은 다른 경영철학으로 특징지어지며 이는 국가적인 경쟁우위를 창출하는데 꼭 도움이 된다고는 할 수없다. 일본자동차의 품질경영, 미국자동차의 재무 관련 성향으로 경우에 따라 국가의 경쟁력을 약화시킬 수도 있다. 나머지 중요한 점은 국내 경쟁강도와 산업 내 경쟁우위의 지속성 간에 강한 상관관계가 있다는 것이다. 극심한 국내시장의 경쟁은 기업으로 하여금 높은 효율성을 창출하게 되고 결국 국제적 경쟁력을 갖추도록 해주는 기반이 된다는 것이다. 한국의 전자제품 시장에서의 삼성과 LG 그리고 자동차 시장에서의 현대와 기아가 좋은 예가 될 것이다.

Global High Light
수출 품목 · 지역 다변화로 경쟁력 ↑ … 반도체 · 배터리 · 바이오 집중 지원

정부, 비상경제장관회의서 하반기 수출 활성화 지원방안 발표
무역 흑자 유지 총력, 한국형 넷플릭스 · 스마트팜 · 원전 등 육성

정부가 특정 품목의 수출 의존도를 낮추기 위해 다변화와 신(新)유망분야 수출동력 확충을 추진한다. 하반기 수출 확대는 물론, 안정적인 무역수지 흑자 체계 마련을 위한 복안으로 풀이된다.

정부는 4일 추경호 부총리 겸 기획재정부 장관 주재로 열린 '비상경제장관회의 겸 수출투자대책회의'에서 이같은 내용의 수출 활성화 지원방안을 발표했다.

지난 1~8월 우리나라 수출액은 4093억 달러로 전년 동기보다 12.4% 감소했다. 11개월 연속 수출이 감소했는데, 반도체 · 디스플레이 등 IT 부품과 석유제품, 유화(油化)가 가장 큰 폭으로 줄어든 것으로 집계됐다.

반도체는 전년보다 34.9%, 디스플레이는 22%, 무선통신 15.6%, 컴퓨터 58.4%, 석유제품 25.4%, 석유화학 22.1%, 바이오 25.5%의 감소세를 각각 나타냈다.

특히 대(對)중국, 아세안 수출이 20% 수준으로 줄었다.

다만 자동차(39.5%), 이차전지(20.4%), 선박(5.2%) 등의 수출이 증가하고, 국제 에너지 가격 하락으로 인한 수입이 감소하며 지난 6~8월 무역수지 흑자를 기록했다.

정부는 흑자 기조가 하반기 내내 이어질 것으로 보고 있다. 이번 지원방안을 통해 우리 수출이 보다 빠르게 반등해 경제회복을 뒷받침할 수 있도록 범부처 정책역량을 집중해 총력을 쏟을 방침이다.

◇ 유턴기업 투자 지원 최대 50% 늘리고, 반도체 · 이차전지 집중 지원

정부가 투자지원, 인력양성, 국제협력 등을 통해 주력산업의 글로벌 경쟁력 확보를 통한 수출품목 다변화에 나선다. 산업통상자원부는 올해 새롭게 지정된 용인 · 평택, 구미, 포항, 청주 등 국가첨단전략산업 특화단지 7개소에 대해 금융, 보조금 등 지원을 강화한다. 국가첨단전략산업 분야 연구개발(R&D) 자금지원을 위해 중소 · 중견기업 대상 기술혁신 융자 지원사업을 기업당 50억 원 한도, 금리 1~2% 내외로 신설한다.

해외에 진출했다가 국내로 복귀한 국가첨단전략산업 분야 유턴기업에 대해서는 투자 보조금 지원 비율을 투자금액의 최대 50%까지 확대한다. 또 첨단산업 인프라 구축을 지원하고 R&D 생태계를 강화하기 위해 LH가 조성하는 용인 반도체 국가 산단의 '공공기관 예타' 면제를 추진한다. 이번에 예타 면제가 되면 해당 특별법에 따른 공공기관 예타 면제의 첫 사례가 된다.

정부는 이차전지 수출품목·품목 다변화를 위해 2000억 원 규모의 차세대 전지 R&D의 예타도 오는 11월까지 마무리한다. 소부장 기업과 배터리 기업의 협력형 R&D 과제를 확대하고, 소부장 기업들이 즉시 실증 가능한 배터리 파크 구축에 2026년 2월까지 341억 원을 투입한다. 바이오 기업의 맞춤형 해외진출 강화를 위한 글로벌 바이오 액셀러레이터 플랫폼을 구축하고, 연 10~15개 기업의 해외 진출을 지원한다.

메디스타, 이니셔티브 등 유망기업 30개사를 대상으로 거래선 발굴, 바이오 초청 수출상담회 등을 통한 해외진출 지원을 마련한다. 특히 정부는 수출 효자로 거듭난 자동차 산업의 신흥국 진출, 수출물류 애로 해소를 중점적으로 추진한다. 이달 중으로 인도네시아와 e-모빌리티 협력 MOU를 맺고, 급성장하는 신흥국 전기차 시장에 선제적인 진출을 도모한다.

지난 7월 자동차 소부장 특화단지를 지정한 정부는 인허가 신속처리·인력양성·R&D 등 기업집적화를 지원할 계획이다. 정부는 원활한 수출운반선 확보를 위해 해운협회-자동차산업협회 간 협조체계를 가동해 자동차 수출물량 증가를 대응할 방침이다. 자동차 수출 시 전용 운반선이 아닌 컨테이너선을 이용하는 경우, 부담하는 위험물 검사수수료 35% 할인 요건을 같은 날 같은 장소에 한정되던 것을 일주일로 완화한다.

◇한국형 넷플릭스 마련·농수산식품·원전 등 수출 확대

정부는 글로벌 시장을 공략할 'K-콘텐츠·미디어' 육성을 위해 1조 원 규모 K-콘텐츠 전략 펀드를 2028년까지 조성한다. 대형 프로젝트, 대기업 추진 프로젝트 등 수익성 있는 프로젝트에 자유롭게 투자할 수 있도록 제한을 완화해 대형 콘텐츠, 국내 OTT 글로벌 경쟁력을 제고할 방침이다.

또 정부는 차세대 상업용 디스플레이 LED, 시각 특수효과 활용 촬영 등 대형 콘텐츠 제작지원용 신기술 인프라 구축에 2024~2025년 250억 원을 투입한다.

K팝 음원의 해외유통 절차간소화를 위해 현재 각각의 코드 발급절차가 필요한 국내·국제표준코드 동시에 발급하는 방안도 추진할 계획이다.

농업부문 신산업으로 꼽히는 스마트팜 기술은 사우디아라비아 시장을 개척한다. 이달 내로 제3차 한-사우디 셔틀경제협력단을 스마트팜, 식품, 건설·플랜트 기업을 중심으로 파견한다.

농식품 수출 확대를 위해 농식품 수출바우처를 올해 44억 원 규모에서 내년 328억 원으로 늘린다. 수출 전 단계에 걸친 농수산 식품 수출 특화 물류체계를 구축해 신선도를 제고하는 동시에 물류비를 절감한다. 딸기, 포도, 배 등 수출량이 많은 국내 신선품목은 연말까지 물류비 지원률을 15%에서 25%로 한시적으로 확대한다.

원전은 국가별 맞춤형 접근, 수출역량 제고를 통해 성과를 창출한다는 계획이다. 정부는 체코, 폴란드 등 신규원전 도입이 유력한 국가 대상으로 금융지원, 산업 협력 등 맞춤형 세일즈 활동을 전개한다. 특히 원전 중소기업에 시장조사, 금융, 마케팅 등을 집중적으로 지원해 독자적인 수출도 가능하도록 기반을 조성한다는 방침이다.

〈자료원〉 뉴스원, 2023.9.4. https://www.news1.kr/articles/5159708

더 생각해 볼 문제

○ **FD1** 현대에 와서 중상주의가 적용되고 있는 예가 있다면 설명해 보고 이유에 대해서 설명해 보자. 만약 없다면 적용될 수 없는 이유는 무엇인가 설명해 보자.

○ **FD2** 자유무역은 항상 최선이며 공정한가?

○ **FD3** 만약 특정국가가 중상주의의 경제정책을 펼친다면 다른 국가들은 어떠한 조치를 취해야 하는가?

○ **FD4** 포터의 국가경쟁우위를 기반으로 특정산업을 선택하여 국가경쟁우위를 확보할 수 있는 방안을 수립해 보자.

○ **FD5** 교과서에 제시되어 있지 않은 기타 다양한 국제무역 관련 최신 이론을 찾아보고 정리해 보자.

Part 02

글로벌경영 환경의 이해

Understanding the global business environment

CHAPTER

4

지리적 환경의 이해

학습목표(Learning Objectives)

○ **LO1** 각 지역의 지리적 환경을 탐색하여 장단점을 이해할 수 있다.

○ **LO2** 각 지역의 유사점과 차이점을 잘 설명할 수 있다.

○ **LO3** 각 지역의 특성을 글로벌경영 분석에 활용할 수 있다.

K푸드 열풍에 ⋯ 매운맛 소스 '불티'

김치·떡볶이·치킨 인기에 고추장 등 한국소스 수출
올해 첫 4천억 원 넘어서
CJ·대상 미래먹거리 육성

라면, 치킨 등 한식 인기에 힘입어 매운맛을 담은 한국식 소스가 전 세계 시장을 공략하고 있다.
4일 식품기업 대상에 따르면 올해 3분기 누적 글로벌 소스 전체 수출액은 약 440억 원으로 전년 동기 대비 약 7% 증가했다. 올해 말까지 글로벌 소스 전체 수출액은 전년 동기 대비 약 15% 이상 증가할 것으로 예상된다.

대상은 글로벌 식품 브랜드 오푸드(O'Food)를 필두로 소스 200여 종을 20여 개국에 수출하고 있다. 김치, 고추장 등 한국 대표 매운맛 제품을 활용한 오 트러플 핫소스, 시즈닝뿐 아니라 불고기맛을 기반으로 한 서구권 타깃의 BBQ 소스를 출시하며 글로벌 소스 시장을 선도하고 있다.

대상의 글로벌 소스 수출액은 최근 5년간 연평균 약 13%씩 지속 성장하고 있다. 대상 관계자는 "한국 소스가 해외 교민, 아시아계를 중심으로 소비되는 것을 넘어서 현지인 소비량도 증가하고 있다"며 "걸쭉한 고추장과 쌈장을 서구식 식문화와 맞게 묽게 변형시키거나 용기를 튜브형으로 변경해 현지화했다"고 설명했다. 특히 오푸드는 K소스에 비건과 할랄 인증을 더해 동남아시아 시장, 서구권 비건 시장까지 노리고 있다. 오푸드의 할랄 장류 전체 수출액은 2018년 대비 2022년 약 550% 급증했다.

CJ제일제당의 소스 수출과 현지 생산·판매 규모도 최근 3년간 연평균 약 20%씩 커지고 있다. 고추장, 된장, 쌈장 등 한국 전통 장류뿐 아니라 불고기·떡볶이·치킨 소스 등 편의형 쿠킹 소스도 주력 판매 제품으로 자리 잡았다. 해외 인기에 힘입어 음식을 양념에 찍어 먹는 '디핑(Dipping)' 형태의 고추장 핫소스를 내놓는 등 현지화에도 발 빠르게 나서고 있다.

해외 아시안 음식점을 대상으로 하는 기업 간 거래(B2B) 소스 납품도 늘었다. 영국 퀵서비스 레스토랑 체인 잇슈(Itsu) 80여 개 매장에선 CJ제일제당의 쌈장을 도입해 요리에 활용하고, 영국 일식 체인인 와가마마의 160여 개 매장에서도 햄버거 패티용 돼지고기 양념장을 납품받고 있다. CJ제일제당 관계자는 "5년 전 100개 미만이던 영국 내 한식 레스토랑이 최근 3배가량 늘어나는 등 B2B 수요 증가에 따라 소스 수출과 납품 사업을 확대하고 있다"고 밝혔다.

또 지난 3월에는 국내외에 판매 중인 고추장 제품 18종에 유럽 '브이라벨(V-Label)' 비건 인증을 획득했다. 글로벌 시장에서 꾸준히 증가하는 비건 식품 수요와 건강·환경 중시 트렌드에도 적극 대응하고 있다.

한식 유행이 전 세계로 번지면서 집에서 한식 조리에 사용할 수 있는 소스류에 대한 관심도 늘어났다. 4일 관세청 수출입무역통계에 따르면 소스와 소스용 조제품 등 수출액은 2019년 2억 5850만 달러에서 올해 10월까지 3억 1705만 달러(약 4137억 원)로 22.7% 증가했다.

월마트 온라인에서도 한국식 BBQ 소스, 불고기 소스, 고추장, 스파이시 소스 등을 쉽게 찾아볼 수 있다. 최근 전 세계적인 고물가 속에 집밥족이 늘어나면서 소스로 음식에 간단히 맛을 더할 수 있는 점도 매력으로 꼽힌다.

교촌에프앤비도 치킨뿐 아니라 소스 사업을 글로벌 전략 식품 비즈니스로 육성하고 있다. 교촌의 소스 수출액은 2018년부터 2022년까지 약 3.1배 늘어났다. 수출에는 레드 소스가 약 33% 비중으로 가장 많은 수출량을 차지하고 있으며 다음으로 허니, 간장이 각각 24%, 21%를 차지했다.

교촌 관계자는 "교촌 시그니처 메뉴의 공통된 특징은 좋은 원료를 사용한 소스로 맛을 낸다는 것"이라며 "글로벌 미래 먹거리로 소스 사업을 육성해 나갈 계획"이라고 말했다.

〈자료원〉 매일경제, 2023.12.4.

일반적으로 지역경제학에서는 주로 기업의 입지, 시장지역, 지역경제순환, 지역의 경제성장에 관심을 둔다. 그러나 경영학에선 이러한 지역적 특성을 분석하는 노력이 그동안 부족했다. 특히 최근 글로벌화가 가속화되면서 문화뿐 아니라 국가의 특성에 대한 기초 지식이 매우 중요한데 이러한 노력들이 부족한 편이다. 이에 글로벌화가 진행되면서 세계의 각 지역과 국가의 전반적인 지리적 환경을 이해를 한다면 글로벌 전략 수립에 훨씬 용이할 것으로 생각한다. 전 세계 국가를 모두 살펴볼 수 없지만 글로벌경영에서 주요한 나라와 우리나라의 관계가 밀접한 나라들 몇몇을 추려서 주요한 내용을 알아보자.

1. 아시아

1) 동북아시아

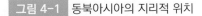

그림 4-1 동북아시아의 지리적 위치

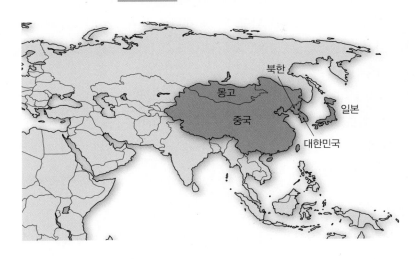

원래 동아시아(East Asia)는 동남아시아(Southeast Asia)를 포함하지 않는 용어다. 그러나 종종 동아시아에 동남아시아를 포함하여 사용하는 일도 꽤 있어서, 확실히 구분하려고 동북아시아(동북아)라는 용어도 많이 사용한다. 애초에 동아시아와 동남아시아는 인종, 문화, 지리 등에서 매우 이질감이 큰 다른 지역이다. 극동, 동북아시아 및 이를 줄인 동북아라는 표현도 사용된다. 사실 아시아 대륙의 실제 동북부는 현재 러시아 극동에 포함되지만, 러시아 자체를 아시아 국가로 포함하지 않는 경우가 대부분이고, 거주 인구 측면에서도 동아시아에 비하면 없는 것이나 마찬가지 수준이라 동북아라는 표현이 동아시아와 같이 혼용되고 있다.

한편 중국에서 동양은 중국의 동쪽 바다, 특히 일본을 가리키는 속어로 쓰이며 소동양(小東洋)은 일본을 비하하는 단어다. 동아시아에는 아시아 경제의 핵심이라고 할 수 있는 중국, 일본, 한국, 대만 그리고 몽고가 위치해 있다.

일본은 유럽의 주요 경제대국들인 독일, 프랑스, 영국을 모두 웃도는 경제 규모를 가진 세계 3위 경제대국이며 우리나라도 제국주의 열강 출신의 경제대국인 스페인의 경제규모를 이미 넘어섰으며 남유럽권 선진국이자 강대국의 최소라 일컬어지는 이탈리아와 거의 대등한 세계 10위의 경제 규모를 가지고 있다.

현재 동아시아 경제권은 북미 경제권, 유럽 경제권과 더불어 거대한 경제대국들과 세계적인 경제 도시들이 집중된 세계 3대 주요 경제권 중 하나다. 2020년 기준 세계 GDP 2위, 3위,

10위, 21위의 국가가 바로 동아시아에 있다. 2021년 IMF 기준 세계 3대 경제권의 규모를 디테일하게 비교하면 동아시아(약 24조 6,700억 달러), 북미(약 24조 8,800억 달러), 유럽(약 23조 500억 달러)으로 나온다. 북미, 유럽, 동아시아 3대 경제권을 하나로 합치면 전 세계 GDP의 약 80% 이상을 차지하는데, 이는 곧 북미, 유럽, 동아시아를 제외한 나머지 지역은 경제적으로 낙후된 지역이 대다수라는 것을 의미한다. 이 세 지역을 제외하면 인도(2.9조 달러)가 가장 높은 비중을 차지하고, 브라질(1.3조 달러), 호주(1.3조 달러), 인도네시아(1.1조 달러) 등도 큰 경제 규모를 가진 국가들이다.

북미, 유럽과의 차이점 중 하나라면 내수 소비시장 위주로 성장한 이 지역과 달리 수출 산업 비중이 크다는 점도 있다. 물론 중국이나 일본은 내수 시장도 크긴 하다. 북미, 유럽이 세계 경제의 소비자라면 동아시아는 세계 경제의 생산자라는 표현도 있다. 이미 익숙하지만 동북아시아 나라를 간단히 살펴보자.

(1) 중국

중국도 청나라 시기인 19세기 초만 해도 세계 강대국 중 하나로 대접을 받았지만, 아편전쟁 이후 위상이 급격히 추락하여 20세기 들어선 국제연맹에서도 주목을 받지 못했다. 이후 군벌의 난립 속에서 20세기 초반을 보내다 중일전쟁 및 제2차 세계 대전 승전 후 유엔의 유일한 아시아 UN 상임이사국 국가로 떠오르며 정치·외교적 위상은 상당부분 회복하지만, 대약진 운동의 실패 등을 겪으며 경제 성장이 침체하여 계획경제체제 회의론이 떠오르게 된다. 이후 1980년대 들어 사회주의 경제에 부분적인 시장경제를 도입한다는 이른바 개방개혁 정책을 펴며 경제 성장을 시작했고 2010년에는 세계 2위의 경제 대국이 되었다.

그림 4-2 세계적인 드론 회사 중국의 dji

중국은 비록 질적으로는 여전히 개발도상국이지만 약 15억 명에 달하는 엄청난 인구로 인하여 경제 규모로만 따지면 초강대국인 미국 다음으로 세계 2위의 규모를 자랑하며 단독으로 유럽 연합 전체와 비등한 수준의 경제 규모를 보유하고 있다. 최근 세계적인 기업들도 많아 지고 있고 해외기업의 인수합병도 활발히 이루어지고 있다.

다만 중국 역시 점차 성장률은 떨어지고 있고, 2020년 1인당 GDP는 약 1만 불에 여전히 권위주의 체제를 유지하는 등 질적인 측면에서 극복해야 할 과제가 산적해 있다. 글로벌 기업으로는 알리바바, 텐센트, DJI, 화웨이, 샤오미 등 세계적인 기업 등이 있다.

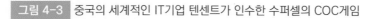
그림 4-3 중국의 세계적인 IT기업 텐센트가 인수한 수퍼셀의 COC게임

(2) 일본

일본은 미국과 벌인 태평양 전쟁에서 패배해 전 국토와 국가산업기반시설이 초토화 되었지만, 아시아에서 가장 먼저 근대화를 이룬 만큼 기존의 기술력과 냉전시대가 도래하면서 특히 6·25 전쟁으로 미국의 병참기지화되어 경제 지원의 혜택으로 빨리 세계적인 경제대국으로 진입할 수 있었다. 특히 그 절정시기인 1980년대에는 미국을 추월할 것이라는 전망이 있었고 심지어 1인당 GDP에서는 우세하던 시절도 있었지만, 플라자 합의와 이에 이은 버블경제 이후 1990년대부터는 성장이 기울기 시작해 21세기 들어서는 결국 GDP 순위도 중국에게 2위를 내주고 3위로 밀려나게 된다. 다만 지금도 3위를 유지할 정도로 강한 경제력을 가진 나라이기는 하다. 2020년 기준 1인당 명목 소득은 40,146로, 지속된 저성장 국면에도 불구하고 환율 등의 영향으로 여전히 동아시아에선 가장 좋은 1인당 명목 GDP 수치를 보여 주고 있다. 세계적인 글로벌 기업으로 소니, 마쓰시다, 닛산, 토요타, 혼다 등 많은 글로벌 기업들이 있다.

(3) 대만

대만은 제2차 세계 대전 직후 동아시아에서 일본, 영국령 홍콩에 이어 3번째로 1인당 GDP가 높았는데, 물론 국부천대 등 몇몇 시련이 있었지만 이후에도 경제는 성장해 2020년대에도 GDP 20위권의 순위를 유지하고 있다. 경제규모를 보면 2020년 1인당 GDP는 $28,305이다. 특히 대만은 1인당 GDP와 달리 1인당 PPP에서는 무려 일본($41,637)과 한국($44,292)보다도 높은 $54,020를 기록하고 있다.

HTC, TSMC 등 IT기업을 필두로 세계적인 기업이 경영활동 중이다. TSMC의 경우, 고객 기업들의 반도체 설계도를 가지고 반도체를 만들어주는 대만의 경제를 지탱하는 글로벌 기업이다. 세계 파운드리 반도체의 점유율 55%가 넘으며, 세계에서 가장 정밀한 제조 공정으로, 제조 기술에 있어서 가장 다양하고 품질이 높은 반도체를 생산한다

그림 4-4 세계적 파운드리 반도체 1위 기업 TSMC

(4) 홍콩과 마카오

홍콩, 마카오는 독립된 국가는 아니나 중국의 자치구로서 중국 본토와는 다른 경제적 체계를 갖고 있다. 홍콩과 마카오는 GDP, 국가신용등급도 따로 매겨진다.

홍콩은 금융과 쇼핑, 부동산을 중심으로 한 서비스업을 주력 사업으로 하고 있으며 국제무역항구로서의 역할도 하고 있다. 인구, 면적 규모는 작지만 지리적 위치나 경제 규모로 보면 결코 무시할 수 없는 지역이다. 영국령이었던 19세기~20세기 초반에도 홍콩은 영국의 주요 무역항이었다. 2020년 1인당 GDP는 $50,460. 또한 마카오도 도박 산업 등으로 강한 경제력을 가지고 있고, 홍콩과 유사하게 금융업도 육성하고 있다.

(5) 몽골

몽골은 많은 유목국이라는 이미지를 떠올리기 때문에 주요 산업이 축산업일 것이라 생각하지만 실제로는 광업이 경제의 중심으로 주요 수출품의 82% 이상이 석탄, 구리 등의 광물이다. 몽골은 10대 광물자원 부국으로 세계 4위의 석탄 매장량(1,750억 톤)과 구리(5,500만 톤) 세계 12위의 매장량을 가지고 있으며, 몽골의 원자재 수출 항목 중 가장 높은 비율을 차지한다. 다음으로 형석(1,400만 톤: 세계 3위), 인(24억 톤: 세계 3위), 텅스텐(7만 톤: 세계 5위) 등이 풍부하다. 이렇게 광물이 풍부하기에 광업의 비중을 크게 늘리면서 경제의 중심이 되고 있다. 캐시미어 등도 6%의 비중을 차지하는 주요 수출품 중 하나다. 주로 석유제품(21%), 중장비-부품(17%), 자동차(13%) 등을 수입한다. 식량이 수입에서 차지하는 비중은 5%다. 정리하면 현재의 몽골 경제는 3C(Coal, Copper, China)와 외국인 직접투자(FDI)에 크게 의존하는 경제구조를 갖고 있다.

그림 4-5 │ 아시아지역 현황

"한국 따라할래요" … '빼빼로 데이' 즐기러 외국인 몰려가는 이곳

CU 몽골·말레이 점포 500개 돌파
연간 방문객수도 1억 명 훌쩍 넘겨
떡볶이 등 K푸드 앞세워 현지 공략

편의점 CU가 국내 업계 최초로 해외 점포 수 500개를 돌파했다고 23일 밝혔다.

CU는 지난 10일 몽골 울란바토르에서 500번째 해외점포인 'CU바앙몽골2점'을 개점했다. 2018년 첫 해외진출지로 몽골에 발을 디딘 지 5년 만의 성과다.

이날 기준으로 CU의 해외 점포는 510개에 달한다. 몽골에서 500호점 이후에도 7개 점포를 추가 출점했고, 말레이시아에서 3개를 더 열었다. 몽골에 370개, 말레이시아에 140개 점포를 운영하고 있다.

CU의 해외 점포 확장세는 가파르다. 2018년 몽골에 21개의 점포를 낸 뒤 2020년에 100호점을 돌파했다. 몽골과 말레이시아를 합쳐 △2021년 209개 △2022년 413개 점포를 넘긴 뒤 올해에는 500개 고지를 밟은 것이다. CU는 내년 상반기에는 전 세계 편의점 업계 최초로 카자흐스탄에 1호점을 연다는 계획이다.

한국 편의점인 CU가 동남아시아와 중앙아시아 지역을 파고든 데에는 한류가 톡톡한 공을 했다. CU의 해외 점포 전체 매출 중 CU 자체브랜드(PB) 상품을 포함한 한국 상품의 비중은 50% 안팎을 차지한다.

말레이시아에서는 매출 상위 10위권 중 7개가 한국 관련 상품이다. 'K-핫닭강정', '로제 떡볶이', 'K-치즈 콘도그' 등이다. 몽골에서는 CU의 가성비 커피인 'get 커피' 시리즈 중 하나인 'get 바닐라라떼'가 매출 1위를 기록하고 있다. 몽골 사람들이 즐겨 먹는 음식을 상품화한 보쯔(찐만두)·피로슈키(튀김빵)·호쇼르(튀김만두) 등도 인기다.

최근 한국의 빼빼로데이가 몽골과 말레이시아에 전파된 것도 대표적인 사례다. 이달 초 빼빼로데이 이벤트 기간에 양국에서 판매된 빼빼로는 약 9만 개로, 전년 대비 매출은 몽골 94%, 말레이시아 178% 크게 올랐다. 매출 상승은 물리적인 점포 수 증가에 힘입은 탓이 크지만, 기념일을 통해 빼빼로 제품군이 현지에 안정적으로 안착했다는 평가도 나온다.

식당·카페·편의시설 등이 결합된 기능을 한 곳에서 해결할 수 있다는 점도 주효했다. 젊은층을 중심으로 새로운 쇼핑 경험을 즐기는 충성고객층이 확보됐다는 분석이다.

점포 확대와 함께 CU는 연간 방문객 수 1억 명도 돌파했다. 몽골과 말레이시아 양국 CU 점포의 하루 평균 객수는 약 750명이다. 한 달에 약 1000만 명, 1년에 1억 명을 넘어서는 셈이다. CU 측은 "일라

500호점 달성 이후 내년 방문객은 연간 1억5000만 명을 넘길 것으로 전망된다"고 말했다.

CU는 몽골 울란바토르 외에도 다르항올, 오르홍, 셀렝그, 투브 등 다른 도시로 출점 범위를 확대하고 있다. 말레이시아에서도 쿠알라룸푸르를 중심으로 조호바루, 말라카, 페낭 등으로 개점에 속도를 낼 계획이다.

민승배 BGF리테일 대표는 "글로벌 500호점과 연간 1억 명 방문이라는 기록은 CU의 전문적인 사업 역량, 파트너사와의 유기적 협력, K문화의 전폭적 지원이 만들어 낸 성과"라며 "CU는 앞으로도 글로벌 시장에서 대한민국 편의점의 위상을 더욱 높일 수 있도록 그 입지를 더욱 확장해 나갈 것"이라고 말했다.

〈자료원〉 매일경제, 2023.11.23.

2) 서아시아(페르시아와 중동)

(1) 이란과 이라크

이란은 중동의 핵심 지역에 위치한 국가이지만, 아랍 국가는 아니다. 아랍이란 아랍어를 사용하며 이슬람교를 믿는다라는 두 개의 정체성을 공유해야 하는데 이란의 경우에는 이슬람교를 믿고 있지만 아랍어 대신 페르시아어를 사용하고 있다. 게다가 페르시아인(현대의 이란인)은 민족적 갈래도 다르다. 다른 아랍 국가들과는 달리 스키타이족, 메디아족 등과 함께 아리아인에서 발생하였다. 이처럼 이란은 인종(민족)적으로도 여타의 중동 국가와 차이가 있을 뿐만 아니라, 언어와 종교 면에서도 차이를 갖고 있다. 이란에서 사용하는 언어는 고대 페르시아어에 근간한 현대 페르시아어이며 현재 페르시아어를 사용하는 인구는 약 1억 1천만 명 수준이다. 페르시아어는 이란뿐만 아니라 아프가니스탄이나 타지키스탄 지역에서도 사용되고 있다. 현재 종교는 이슬람교이며 그중에서도 시아파 이슬람이 주된 종교이다. 현재 이란 국민의 약 99%가 무슬림이지만, 이란의 전통 종교는 바로 조로아스터교이다. 조로아스터교는 불을 숭배한다고 해서 배화교라고도 불리는데, 이란은 7세기 이전까지는 조로아스터교를 믿었지만 7세기 중반부터 이슬람교를 받아들이게 되었고 16세기의 사파비 왕조는 시아파 이슬람을 국교로 정하게 되었다.

이란의 경제는 큰 공공부문을 가진 혼합적이고 과도기적인 경제이다. 이는 2021년의 경우 구매력 평가 기준 세계 23위이다. 이란 경제의 약 60%는 중앙에 집중되어 있다. 전 세계 검증된 석유 매장량의 10퍼센트와 가스 매장량의 15퍼센트를 가진 이란은 에너지 초강대국으로 여겨진다.

한편 이라크의 경우, 주요 수출은 광물제품류로 이 상품군은 전체 수출의 88.7%를 차지하고 있다. 특히 원유(Crude Petroleum), 정제유(Refined Petroleum)가 각각 88.9%, 6.75%를 차지하여 석유 부문에 극심히 의존하고 있다. 가장 많이 수입한 것은 기계류, 광물제품류, 식품류, 수송수단이며 이 상품군들은 전체 수입의 50.3%를 차지했다. 주요 무역 상대국은 중국, 인도, UAE, 한국, 튀르키예, 그리스이다.

(2) 사우디아라비아와 아랍에미레이트

사우디아라비아는 중동에서 가장 거대한 경제 규모이며 세계에서는 18번째 정도의 큰 경제 규모를 가지고 있다. 사우디아라비아는 세계 2위의 석유 매장량을 보유하고 있으며, 세계에서 제일가는 석유 수출국이기도 하다. 게다가 세계에서 5번째로 많은 천연가스 매장량을 보유하고 있으며 전체적으로 세계에서 3번째로 거대한 천연 자원을 보유하고 있는 것으로 평가받는다. 주로 정부 주도로 석유 중심의 계획 경제를 실행하고 있으며 대략 세입의 63%를 석유에서 얻으며 수출에서 벌어들이는 수입의 68%가 석유 수출에서 발생한다.

석유 산업은 사우디아라비아의 명목 GDP의 45%가 넘는 비율을 차지한다. 2억 6천만 배럴(4.1×1010 m³)에 달하는 석유를 보유한 사우디아라비아는 자체적으로 세계 석유의 5분의 1을 갖고 있다.

사우디아라비아는 석유뿐만 아니라 황금과 희귀 광물 광산도 다량 보유하고 있다. 그외에도 남서부 지역에 채소, 과일, 대추야자 등을 키우는 농업을 정부 차원에서 육성하고 있기도 하다. 한편 이슬람 최대 성지인 메카가 자국에 위치하고 있다는 점을 이용하여, 순례 기간에 비정기적인 일자리 200만여 개를 국가에서 만들어내기도 한다.

사우디아라비아의 대표적 기업은 국영 기업인 사우디 아람코(영어: Saudi Aramco, 공식명칭 Saudi Arabian Oil Company, 아랍어: أرامكو السعودية 'Arāmkō s-Su'ūdiyyah)이다. 이 기업은 석유·천연가스 회사이다. 공식 명칭은 사우디아라비아 석유회사인데 이를 줄여서 아람코(Aramco, 옛 아라비아-아메리카 석유회사 - Arabian-AmericaCompany의 줄임말)라고 한다. 우리나라 정유회사 S-OIL의 모기업이다.

북서부 홍해 인근 사막에 건설되는 미래형 신도시 프로젝트인 네옴시티(Neom City)는 많은 시장개발 기회를 제공하므로 관심을 가져야 할 지역 중 하나이다. 네옴시티는 석유 생산에만 의존했던 사우디의 경제 구조를 첨단 제조업 중심으로 바꾼다는 목표로 진행된다. 네옴시티의 '네옴'은 새로움을 뜻하는 그리스 단어 '네오(NEO)'와 미래라는 의미인 아랍어 '무스타크발(Mustaqbal)'에서 따온 것으로, '새로운 미래'라는 뜻이다.

한편 아랍에미리트(United Arab Emirates: UAE)의 경제는 중동(터키, 사우디아라비아, 이란)

에서 4번째로 크며, 2020년 국내총생산GDP은 4,210억 달러(AED 1.5조 원)이다.

아랍에미리트(UAE)는 경제를 성공적으로 다각화하고 있으며, 특히 두바이에서 여전히 석유와 천연가스 수입에 크게 의존하고 있으며, 이는 아랍에미리트 연합의 경제, 특히 아부다비에서 중추적인 역할을 계속하고 있다. 관광업은 UAE에서 석유가 아닌 더 큰 수입원 중 하나이며, 세계에서 가장 고급스러운 호텔 중 일부는 UAE에 기반을 두고 있다. 대규모 건설 붐, 제조업 기반 확대, 그리고 번창하는 서비스 부문으로 UAE는 경제 다변화에 노력하고 있다. 현재 페르시아와 중동지역에서 사우디아라비아 다음인 큰 소비시장으로 성장하였다.

추억의 '대우전자'가 유럽에?…"해외선 알아주는 브랜드"

튀르키예 업체 베스텔, 상표권 확보

지난 1일(현지시간)부터 독일 베를린에서 열리고 있는 유럽 최대 가전·IT(정보기술) 전시회 'IFA 2023'에 국내에선 추억의 브랜드가 된 '대우전자'가 부스를 차리고 제품들을 선보였다.

영문명 'DAEWOO'와 익숙한 파란색 부채꼴 대우 로고가 눈길을 끈다. 한때 삼성전자·LG전자와 함께 국내 가전 업계의 일익을 차지했던 기업이었지만 행사장에서 대우전자는 '튀르키예(터키) 기업'으로 소개됐다.

튀르키예 가전업체 베스텔이 2021년 대우전자 상표권을 확보해 가전 사업을 시작했기 때문이다. 베스텔은 대우 상표권에 대한 권리를 가진 포스코인터내셔널과 10년간 대우 상표를 사용하는 계약을 체결해 지난해부터 IFA에 대우 로고를 붙인 가전제품들을 전시하고 있다.

이처럼 해외 업체가 대우 브랜드를 가져간 것은 중남미·중동·동남아 등에서 '한국 가전 명가'로 대우의 인지도가 아직 높은 편이라서다. 포스코인터에 따르면 대우 상표권은 160개국 이상에서 3500여 건이 등록돼 있는데 이를 통해 연간 100억 원 가까운 수입을 벌어들이고 있다.

대우그룹이 1990년대 후반 국제통화기금(IMF) 외환위기를 거치며 해체된 탓에 역사가 다소 복잡하다. 대우 상표권 관련 권리를 이어받은 대우인터내셔널은 2010년 포스코가 인수해 '포스코대우'가 됐고 2019년 사명을 다시 포스코인터로 바꿨다.

실질적인 대우전자의 후신인 위니아전자는 정작 대우 상표를 쓰지 못하는 상황이다. 2013년 동부그룹의 대우전자 인수로 '동부대우전자'가 됐으나 이후 동부그룹이 워크아웃을 신청하면서 매물로 나왔다. 2018년 당시 대유위니아그룹이 인수해 '위니아대우'가 됐다가 2020년 위니아전자로 또 한 번 사명을 변경했다.

〈자료원〉 한국경제, 2023.9.3.

(3) 튀르키예

튀르키예는 UN의 창립 회원국이고, NATO의 일원이자 IMF, 세계은행의 멤버이자 OECD, OSCE, BSEC, OIC, G20의 가입국이다. 또한 튀르키예는 1950년에 유럽 평의회에 참여하였고, 1963년에는 EEC에도 일부 참여하였으며 1995년에는 EU 관세동맹에도 참가하였다. 2005년부터는 유럽연합에 가입을 추진 중이다.

튀르키예는 지하자원, 에너지와 부품소재, 기계류는 수입에 의존하고 저렴한 노동력으로 이를 가공해 완제품을 생산, 수출하는 구조이다. 따라서 수출이 늘어나면 늘어날수록 에너지 수입이 늘어나 구조적으로 무역적자가 클 수 밖에 없는 상황이다.

튀르키예의 주요기업으로는 튀르키예판 삼성그룹인 코치(Koç)그룹이 유명하다. 에너지, 자동차, 내구재, 금융뿐 아니라 관광, 식료품, 소매, IT 등 사실상 튀르키예의 전 산업에 걸쳐 있으며 튀르키예 국내총생산GDP의 9%, 수출의 11%를 차지한다. 개인소득세 납부 상위 10명의 절반 가까이가 코치그룹 관계자이다. 가전, 자동차 등 주력 산업분야의 대부분을 차지하고 있는 것도 이 회사의 계열사들이다. 예컨대, 튀르키예에서 전자제품 광고로 대대적으로 하는 아르첼릭(Arçelik)이 이 기업의 계열회사이다. 이 회사의 지주회사 역할을 하는 코치 홀딩스(Koç Holding)는 2016년 포춘지 선정 글로벌 500대 기업에서 423위로 튀르키예 기업 중으로는 유일하게 선정되었다.

최근에는 베스텔이라는 튀르키예의 업체가 우리나라의 대우 브랜드의 상표권을 확보하여 전 세계에 마케팅을 하고 있다.

3) 서남아시아

(1) 인도

인도는 국토 면적이 남한의 30배를 넘고, 인구는 세계 2위이며, 2020년 GDP가 2조 6,000억 달러로 세계 6위인 대국이다. 중국과 인도는 인구수로 세계 1, 2위를 다투는 대국이다. 그러나 인구 구성으로 봤을 때 인도가 중국보다 훨씬 젊은 인구구조를 갖고 있다.

인도의 인구 증가율은 1% 수준으로 중국의 0.26%를 크게 앞서고 있다. 국제통화기금(IMF)의 통계에 따르면, 2023년에는 인도가 중국을 넘어서 세계 1위 인구 국가가 될 전망이다. 또한 중국의 평균연령이 38세인데 비해 인도는 26세로 매우 젊다. 인도의 인구측면 장점에 적절한 자본과 정책 노력이 맞물린다면 장기적으로 중국보다 인도의 성장 잠재력이 더 크다고 할 수 있다. 많은 경제예측기관에 의하면, 양국 간의 잠재성장률이 조만간 역전될 것으로 예측하고 있다. 인도는 국토 면적이 넓고, 다양한 언어와 종교가 공존하는 분권화된 정치체계를 유지해왔다. 이러한 점은 오랫동안 경제 발전을 저해하는 요인으로 작용했다.

열악한 인프라 기반과 취약한 금융 중개 기능 역시 경제성장의 걸림돌이 되었지만 이같이 취약한 인프라와 금융 환경이 역으로 디지털 혁신은 동기부여가 되고 있다. 맥켄지는 인도의 디지털 혁신이 지속된다면 2025년까지 최대 1조 달러(약 1,170조 원)의 경제 효과를 거둘 것으로 예측하기도 하였다.

인도는 저임금과 영어를 공용어로 사용한다는 장점을 무기로 이미 IT 서비스와 비즈니스 아웃소싱 분야에서 강점을 보이고 있다. 일부 서비스업에 국한된 인도의 허브 역량을 제조업과 첨단 IT 및 디지털 산업으로 확장하면 인도 경제의 성장가능성은 높다. 지정학적 흐름 역시 인도에 유리하게 작용하고 있다. 최근 중국에 대한 미국의 견제가 강화되면서, 글로벌 기업이 아시아 지역의 직접투자 기지로 중국 대신 인도를 선택할 가능성이 높아졌기 때문이다. 국제연합무역개발협의회(UNCTAD)가 내놓은 국제 투자 보고서에 의하면, 2020년 전 세계 직접투자는 코로나19 영향으로 35%나 감소했지만, 인도는 구글 등 글로벌 ITC 기업 투자 유입에 힘입어 직접투자 유입액이 25%나 증가했다고 한다. 직접투자 유입 국가별 순위도 지속적으로 상승하고 있는 중이다.

〈그림 4-6〉에 나온 것처럼 인도의 수출 구조를 살펴보면 다이아몬드, 보석류와 금속류 등의 광산업이 제일 발달되어 있고 다음으로 의류업, 농업 순으로 수출을 하고 있다.

그림 4-6 인도의 수출경제구조

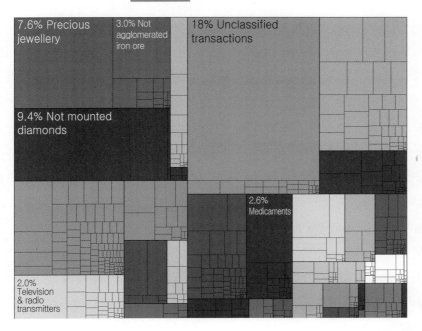

〈자료원〉 위키피디아

인도에서도 가장 규모가 큰 거대 기업은 타타그룹(TATA Group)이다. 비유하자면 인도의 삼성으로 대한민국의 재벌처럼 온갖 업종에 진출해 있다. 자동차, 소금, 생수, 커피, 화공약품, 철강 등을 생산하며, 서비스업으로는 전자제품 상점, 아웃 소싱, 위성방송(타타 스카이), 통신사 (타타 도코모), 보험 회사 등을 소유하고 있다. 우리나라에서도 타타대우상용차라는 이름으로 대우차의 상용차(트럭) 부문을 인수하여 비즈니스를 하고 있다.

그림 4-7 TATA DAEWOO 홈페이지

(2) 스리랑카

스리랑카는 우리에게 실론티로 많이 알려진 나라이다. 일부 학자들이 중진국, 신흥국이라고 할 정도로 몇년 동안은 경제성장률이 높았었다. 2010년에는 8%의 경제성장률을 기록했으며, 2011년에는 8.3%, 2012년에는 9.1%의 경제성장률을 보였다. 2009년 내전 종식 이후 경제가 빠르게 성장하고 있으며 1인당 GDP가 2014년 기준, 3625달러로, 인도네시아를 추월했다.

1인당 GDP는 남아시아에서 몰디브에 이어 두 번째로 높다. 하지만 남아시아에서는 잘사는 나라임에도 전체적인 국민소득 수준이 높지 않아 외국으로 가서 일하는 노동자들이 많기 때문에 남아시아에서 두 번째로 잘사는 나라라는 이미지를 찾기 힘들다. 거기다가 2017년부터 경기 침체에 빠져 최근 3년간 2~3%대의 성장률만을 보이고 있다.

농업과 차의 수출이 유명할 뿐 아니라 의류산업이 강세이며, 티셔츠 등 노동집약적 산업이 급성장했다. 이는 1970년대 이후 사회주의 경제체제를 버리고 자본주의 경제로 전환하면서 벌어진 일이다. 공업도 인도 등 성장률이 높은 개도국에 비해서는 미약하지만 오토바이 등이 생산되고 있다.

섬나라이다 보니 수산업도 활발한 편이다. 종교적 이유 때문에 동물성 단백질의 절반 이상을 수산물로부터 섭취할 정도이며, 유럽, 일본 등으로 참치, 새우 등을 수출하고 있다. 또한 바다에서 나는 소금을 생산하는 염업(鹽業)이 활발한 편이다.

〈그림 4-8〉을 보면 스리랑카의 수출은 주로 의류와 농산품으로 이루어지는 것을 알 수 있다.

그림 4-8 스리랑카의 수출경제 구조

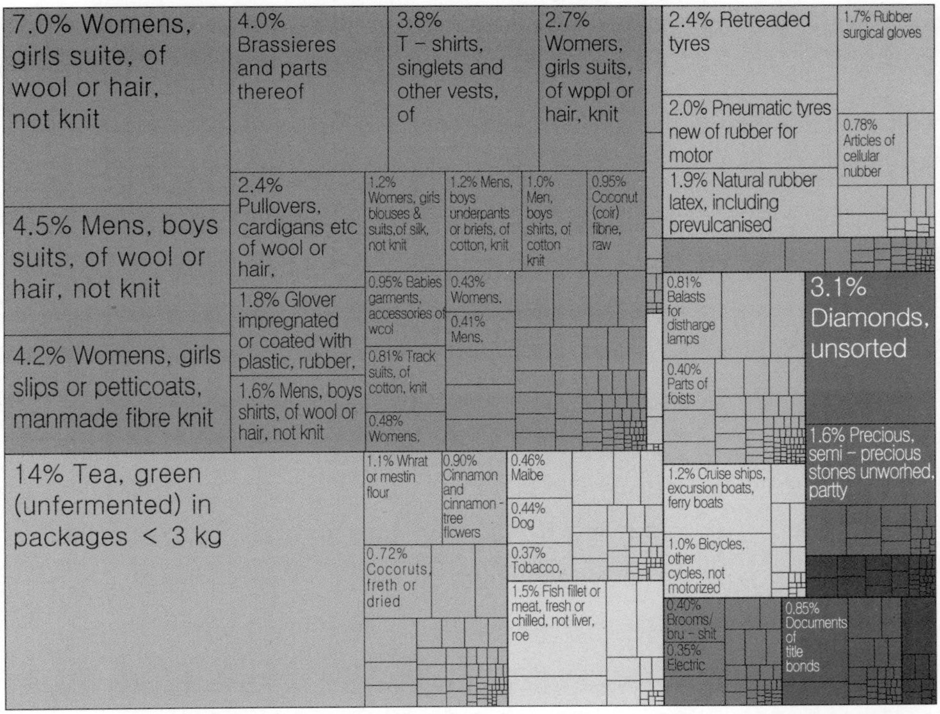

〈자료원〉 위키피디아

(3) 파키스탄과 방글라데시

영국의 식민지가 끝날 시점 원래 인도와 파키스탄과 방글라데시는 한 나라였다. 그러나 종교적 문제 등으로 인해 힌두교 중심의 인도와 이슬람 중심의 파키스탄으로 나누어지고 내전과 지리적 요건 등으로 인해 다시 동파키스탄은 방글라데시로 서파키스탄은 파키스탄으로 나누어지게 되었다. 이러한 분리 내전과정에서 인도와 파키스탄은 핵보유국이 된다.

방글라데시의 기적

세계 200여 개국 중 소득이나 인적 자원, 경제 취약성 등으로 유엔이 최빈국(LDC)으로 지정한 나라는 46개국이다. 유엔은 1971년 총회에서 LDC 기준을 정했는데 대부분 아프리카 국가들이고 아시아에는 네팔과 동티모르, 라오스, 미얀마, 방글라데시, 아프가니스탄, 예멘, 캄보디아, 부탄 등 9개국이 있다. 지난 50년간 세계적인 경제성장에도 불구하고 LDC 그룹엔 변화가 없었는데, 지난 11월 24일 유엔은 총회에서 방글라데시와 네팔, 라오스를 2026 LDC에서 '졸업' 시킨다는 놀라운 결의안을 채택했다. 아시아의 LDC 3개국이 자력으로 빈곤에서 벗어나는 기적을 이뤄낸 것이다.

세 나라 중 가장 극적인 나라는 인구가 1억 6000만 명인 방글라데시다. 파키스탄으로부터 독립전쟁에서 300만 명이 희생되고 홍수에 콜레라까지 돌아 1971년 독립 때 '사지가 절단된 폐인과 같다'는 의미의 '바스켓 케이스(basket case)'로 불릴 정도였다. 비틀스 멤버인 조지 해리슨이 방글라데시를 돕기 위해 노래를 만들어 모금 캠페인을 주도하기도 했다. 그런 절망적 국가가 반세기 만에 경제 규모를 덴마크나 싱가포르 수준으로 키우며 LDC에서 벗어나게 된 것은 놀라운 일이다. 미 공영라디오 npr에 따르면, 방글라데시는 국제 비정부기구(NGO)의 도움으로 어린이 및 여성들에 대한 교육 및 직업 훈련을 강화하면서 의류산업을 집중적으로 육성했다. 이 결과 방글라데시 의류업은 수출의 80%를 차지하며 경제를 키우는 동력이 됐다.

동파키스탄으로 불리던 방글라데시는 독립 후 미래 세대 교육에 집중하며 경제성장에 매진해 국부를 키웠다. 지난 10년간 경제성장률은 평균 6.7%다. 반면 서파키스탄으로 불리던 파키스탄은 전쟁 후 핵 개발에 몰두하며 이슬람 원리주의에 따라 여성에 대한 교육도 방기했다. 개발도상국 범주에 들지만 국가별 국내총생산(GDP) 순위는 방글라데시에 뒤진다. 최빈국 낙오 가능성까지 거론된다.

국제사회에서는 6·25전쟁 후 70년 만에 세계 10위 경제 대국이 된 한국과 핵 개발로 경제 파탄 상태에 빠진 북한이 종종 비교된다. 남북한의 서로 다른 전략이 국가의 운명을 바꾼 것인데, 동·서 파키스탄으로 불렸던 두 나라도 남북한에 이어 새로운 비교 모델이 될 듯하다.

〈자료원〉 문화일보, 2021.12.31.

4) 동남아시아

동남아시아는 동북아시아에서 자본재를 수입해 유럽과 미국에 수출하는 경제 구조를 보유하고 있다. 이로 말미암아 보통 유럽과 미국에서는 흑자를, 동아시아 국가에는 적자를 내는 경향을 보인다. 세계 안보 및 경제에서 중요성이 부각되면서 미국, 러시아, 중국, 일본이 지속적으로 관심을 갖고 진출하는데 이어 인도 역시 인도-미얀마-태국 3개국 고속도로를 연결하고 남아시아와 동남아시아간 육상 교통로로 활용한다는 계획을 발표하면서 인도의 영향력도 점점 커지고 있다.

동남아시아 국가들의 총 명목 GDP는 2조 8,000~9,000억 달러 정도이며 동남아시아 전체 지역의 1인당 GDP는 대략 4,000달러 정도이다. 2016년 기준 세계 평균 1인당 GDP가 10,300달러, 아시아 평균이 5,635달러임을 생각하면 낮은 수치다.

다만 평균 $2,000에 미달하는 사하라 이남 아프리카나 남아시아 등의 지역보다는 높은 편이다. 또한 국가별 편차가 크기는 하지만 전반적으로 20세기 중반부터 아시아 금융위기 국면을 제외하면 큰 경제둔화 없이 안정적인 경제성장을 보여 온 지역이기도 하다. 동북아시아 국가들이 굉장한 수준의 고도성장을 이루었지만 사실 동남아시아 지역 역시 세계적으로 보면 상당히 고도성장을 이룬 지역에 속한다.

태국은 1인당 국민소득이 아직 명목 1만 불에 많이 못미치는 정도인 개발도상국으로 어느 정도 현대화가 이루어져 있다. 수도 방콕은 글로벌한 도시이지만 생활 인프라가 방콕 수도권에 지나칠 정도로 집중되어 있고, 부정부패, 빈부격차, 저출산 문제 역시 심각한 편이라고 한다.

캄보디아, 미얀마는 빈곤국으로 인력 송출, 관광업, 농업, 자원 수출 등을 주된 업으로 하는 나라이고 아직 공업화나 시설 등 산업 현대화는 초기 단계에 머물러 있다.

필리핀, 베트남은 최근 앞의 두 국가와 산업이 비슷하나 동남아에서 비교적 높은 성장률을 보이고 있으며, 산업화도 꽤 빠르게 진행되고 있기는 하지만, 동남아시아 선도 국가인 태국과 말레이시아와의 격차가 있다. 두 나라 중에서 베트남은 우리나라의 삼성 등의 진출로 성장하고 있으며 최근 빈그룹을 중심으로 급격히 산업이 발전되고 있는 나라이다. 2012년 기준 베트남의 수출 품목 구조를 살펴보면 축산업, 노랑색은 커피 등의 농업, 식품업 중심으로 수출이 되고 있다.

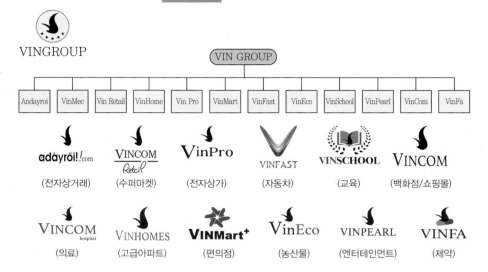

그림 4-9 베트남의 빈그룹 현황

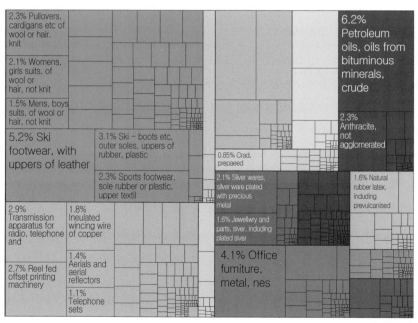

그림 4-10 베트남의 수출경제 구조

〈자료원〉위키피디아

　　라오스는 1인당 GDP 수준은 필리핀과 유사하고 최근 농업, 수력 산업, 관광 등에 집중하
여 높은 성장률을 보이고 있기는 하나, 중국과 태국 등 인근 국가에 과도하게 의존적인 경제

구조를 가지고 있으며 공공부채가 상당해서 경제가 부담을 주고 있다.

　인도네시아는 경제규모가 세계 15위 정도로 동남아시아에서 가장 큰 경제대국이나, 1인 당 국민소득이 낮은 수준의 개발도상국이다. 1996년~1997년 아시아 경제위기로 -10% 대의 경제하락을 겪으며 크게 흔들린 이후, 21세기 초부터 꾸준히 안정적인 성장세를 보이고 있다.

　산유국인 군소국가 브루나이는 부유국이지만 석유에만 모든 산업을 의존하며 그 외의 별다른 산업이 존재하지 않는다.

　말레이시아는 동남아에서 싱가포르 다음으로 부유하며 국제적으로도 상위권 개발도상국 (Top-middle) 정도의 경제적 지위를 갖고 있다 하지만, 다소 미성숙한 민주주의로 인한 권위주의적 정치의식과 자원에 편향적인 경제구조, 그리고 말레이계와 중국/인도계 간의 빈부격차로 인한 갈등 등 아직 사회 곳곳에 다양한 불안감이 존재한다.

　싱가포르, 즉 싱가포르공화국(Republic of Singapore)은 영연방의 하나이다. 국가로서의 균형을 위하여 종교에 따라 서로 다른 사회관습을 유지하고 있다. 중국계 76%, 말레이계 14%, 인도계 8% 등으로 인구가 구성되어 있다. 언어는 헌법상 말레이어가 국어이지만, 중국어, 영어, 타밀어 등도 사용되고 있다. 종교는 불교 53.3%, 이슬람교 15.3%, 기독교 12.7%, 힌두교 3.7% 등이다.

　싱가포르는 경제적으로는 시장의 자율성을 추구하는 도시이지만, 역설적이게도 국영기업들의 비율이 높은 도시이기도 하다. 국영 투자회사인 GIC Private Limited와 테마섹 홀딩스 (Temasek Holdings)은 싱가포르항공이나 STATS칩팩 같은 대기업을 지배하고 있는 대표적인 기업이다. 동남아 무역허브로서의 지리적 이점과 중화 문화권에 영어가 통하는 지역이라는 이점으로 홍콩과 함께 동아시아 금융 허브로서의 특혜도 누렸으나, 2010년대 들어 홍콩의 민주주의 문제로 인한 중국과 서방세계의 마찰로 서구권 자본이 홍콩에서 빠져나오기도 하고 있다. 이에 국민소득이 8만 불이 넘는 등 이미 선진국이다. 주요 산업은 관광, 도박 등 소비산업 위주의 산업 구조를 갖고 있었으나 금융권의 아시아 허브로 급격히 성장하고 있다. 또한, 우리나라의 현대자동차도 HMGICS(Hyndai Motor Group Innovation Center Singapore)의 형태로 진출하여 혁신의 교두보를 구축하고 있다.

2. 북아메리카와 남아메리카

1) 북미와 중미

　북미의 주요한 국가는 캐나다, 미국 그리고 주요 언어로는 영어, 프랑스, 스페인어를 사용한다. 이들이 세계에서 차지하는 경제력은 매우 크다. 지역경제권인 북미자유무역협정

(NAFTA)을 통해 활발한 교역이 이루어졌고 최근 이를 대체하는 새로운 협정으로, USMCA으로 탈바꿈하였다. 우리가 알고 있는 수많은 대표적 기업들이 북미에 있다.

중미 혹은 중앙아메리카는 북아메리카 남부에 접하는 좁은 지역으로, 멕시코부터 파나마까지를 일컬으며, 중앙아메리카(Central America)는 아메리카 대륙의 중앙부에 있는 지역으로, 북아메리카와 남아메리카를 연결한다. 이 지역은 지리적으로 북아메리카의 일부분이지만, 문화적으로는 라틴아메리카로 보기도 한다. 파나마 지협과 카리브 제도는 중앙아메리카에 속한다. 전반적으로 공업은 크게 발달하지 못했으며, 대부분 농업과 관광 산업이 주력 산업을 이룬다. 멕시코와 트리니다드 토바고의 경우에는 산유국이기도 하며, 파나마는 파나마 운하 통과 운임이 경제의 큰 역할을 한다.

우리나라와의 관계를 보면 한-중미 FTA가 코스타리카, 엘살바도르, 온두라스, 니카라과, 파나마를 중심으로 체결하고 절차를 마무리 하고 있다. 이들 나라와 우리나라의 무역에서 우리나라의 주요 수출품은 자동차 및 자동차 부품, 알로에 음료, 타이어, 직물 등이며 이들은 관세인하효과로 유망한 편이다.

엘살바도르의 경우, 축전지의 관세가 없어지고 자동차와 직물 등은 관세가 철폐된다. 온두라스는 화물용 타이어와 일부부품이 즉시 철폐되는 등 많은 규제가 없어질 것이다. 니카라과 역시 코스타리카와 동일하게 많은 관세가 철폐될 것이다. 이들 국가들 간에 우리나라가 90% 이상 품목에 대한 관세를 철폐하여 높은 수준의 무역자유화를 이루고 있는 중이다.

2) 남미

남아메리카(스페인어: América del Sur, 포르투갈어: América do Sul, 영어: South America) 또는 남미(南美)로 불리운다. 모든 남아메리카 국가들이 역사적으로 높은 인플레이션에 시달린 바 있기 때문에, 이 지역의 금리는 높고 투자는 저조한 편이다.

남아메리카의 산업은 전 노동인구의 절반이 농업인구로서 농업국의 단계라고 볼 수 있으나, 생산액은 전후 공업생산이 농업을 상회한다. 특히 제2차 세계대전 이후 급속한 공업화로 그 상대적인 중요성은 감소 경향을 보이지만 아직도 농업이 국민 소득의 중요한 원천이다.

농업 유형은 특정산물에 의존하는 단일경작으로 국제시장의 수요에 민감하다. 각국은 생산자 보호를 위해 가격유지정책을 펴는 한편 다각화의 방향으로 유도하고 있다. 커피는 세계 생산의 40% 이상을 차지하며 국민경제에 미치는 영향이 매우 크다. 그 외 카카오·사탕수수·면화 등도 주요한 농업생산품이다. 이러한 농산물은 커피의 단일경작에서 오는 경제적 불안정을 해소하기 위하여 장려되고 있다. 또한 국내 소비에 필요한 식량생산을 장려, 소맥 생산에 힘을 기울이고 있다. 그외 브라질·콜롬비아 등지에서는 쌀을 생산하여 수출하고 있다.

남미는 이러한 농업으로 성장의 한계를 느껴 제조공업의 육성에 중점을 두고 있다. 각국은 선진국 제품의 무제한 유입을 방지하기 위하여 보호관세제도하에 수입을 규제하며 국산품의 시장확보에 힘쓰고 있다. 제2차 세계대전 전에는 식품가공업과 섬유공업이 주종이었으나, 세계대전 전후 공업화로 인하여 중공업 부문이 크게 발전하고 있다. 철광공업을 위해 외자를 도입하여 대규모의 제철소가 건립되고, 자원 개발과 공업화의 기초로써 시멘트 공업은 활기를 띄어 생산량은 급속한 증가 추세에 있다. 그외 자동차 공업과 트랙터 등의 농기구 제조업이 발달하고 있다. 이들 중 주요 몇 나라들의 경제 및 산업구조를 살펴보자.

그림 4-11 아메리카대륙의 국가분포

(1) 브라질

브라질은 자원도 풍부하고 인구 수도 세계 5위권으로 상당히 많은 인구를 갖고 있다. 국내 총생산GDP으로 따지면 세계 13위 규모의 경제대국이다. 1930년대 세계대공황 당시 비슷한 입장의 남미의 아르헨티나와 유사하게 경제위기를 겪었으나, 아르헨티나와는 달리 산업화를 제대로 해냈고 경제회복에 성공하였다.

그림 4-12 브라질 Embraer 항공사 홈페이지

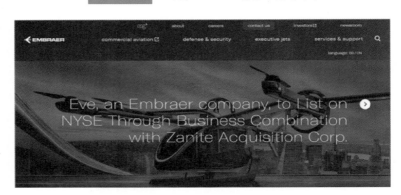

그림 4-13 브라질의 수출 경제 구조

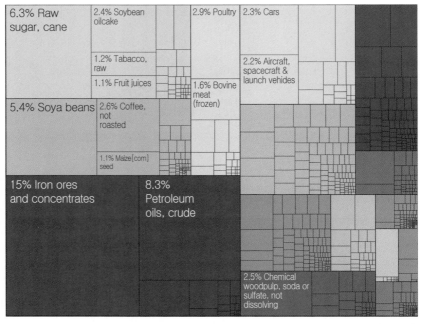

〈자료원〉 위키피디아

잠재력은 상당하지만 정치 및 사회구조가 불안하고 경기 변동에 취약한 원자재 수출 위주 산업구조가 안정적 경제성장을 방해해 경제위기가 잦은 편이다. 브라질의 엠브라에르(Embraer)사는 전 세계 중소형 여객기 시장을 캐나다의 봄바르디어와 함께 양분하고 있다. 두 나라 모두 땅은 넓은데 도로 사정이 좋지 않은 곳이 많은 지역이다 보니 지역항공이 발전할 수밖에 없었고, 그래서 확보된 내수시장을 바탕으로 중소형 여객기 제작사가 크게 성장할 수 있었다. 그 외에는 풍부한 천연자원과 노동력이라는 이점으로 유치한 다국적 기업들이 자동차, 철강, 조선 등의 중공업을 발전시키고 있다. 앞의 〈그림 4-13〉은 2012년 브라질의 수출 구조이다. 의류업, 제조업, 농업과 석유-천연가스 관련 산업 위주의 수출 구조를 갖고 있다.

(2) 베네수엘라

베네수엘라는 1918년부터 석유개발에 성공하여 대규모 석유수출을 해온 국가이다. 베네수엘라는 1918년 대규모 석유개발이 이루어진 후 줄곧 세계 석유시장의 중요 공급자였다.

혼합 경제 체제의 베네수엘라에서 석유 부문은 GDP의 거의 1/3을 차지하며, 수출의 80%이고, 정부 수입의 절반 이상이다. 베네수엘라는 금, 다이아몬드, 철광석도 생산하지만, 전체 경제에서 그렇게 중요하지는 않다. 베네수엘라는 세계적으로 거대한 원유와 천연가스 매장량을 보유하고 있어서 항상 세계 원유 생산국 10위권에 있다.

베네수엘라는 상대적으로 비옥한 농토를 가지고 있음에도 석유 수출에 대한 의존이 늘어나면서 전통적인 농축산업이 바로 쇠퇴하기 시작했고 석유가격의 등락에 따라서 인플레이션과 경제혼란이 가중되는 취약한 구조를 이미 훨씬 오래전부터 갖고 있었다. 결국 석유에 의존하는 경제가 매우 취약한 경제구조를 만들었다. 그에 반해 사우디아라비아나 UAE는 다른 산업에 투자 하고 있다.

차베스가 사회주의 개혁을 시행해 외국자본이 독점하던 석유산업의 이익을 국민들에게 되돌려준다는 명목으로 글로벌 석유 기업들을 전부 몰아내었다. 이때 전 세계적으로 석유가격의 호조와 맞물리며 베네수엘라 경제는 눈부시게 성장하고 빈곤율도 극적으로 떨어졌다. 그러나 차베스 사망 이후 마두로 정권 들어서는 세계적인 유가가 하락하게 되고 이전의 이러한 정책이 오히려 경제를 해치는 원인이 되어버렸다. 베네수엘라는 자체적으로는 유전을 개발할 기술력도 부족했고, 미국의 계속되는 경제봉쇄로 다른 외국의 자본마저 대거 이탈했다. 이는 석유 생산량이 고점인 1998년 일 345만 배럴에서 2014년 일 240만 배럴 가량으로, 2018년 2월에는 168만 배럴까지 줄어드는 결과를 초래하였다.

IMF에서 제공하는 자료에 의하면 경제성장률이 2018년 -19.6%, 2019년 -35%, 2020년 -25%이며 같은 기간 인플레이션은 65,374.1%, 19,906%, 6,500%이며 사실상 2020년 이후의 경제 관련 통계집계는 불가능한 경제상황이다.

(3) 아르헨티나

아르헨티나는 세계 8위 규모의 국토면적(2,792천 km²)을 기반으로 막대한 천연자원을 보유한 국가이다. 세계 6위 광물자원 보유국임에도 아직 국토의 75% 가량이 자원 미개발 지대로 남아 있어, 향후 자원개발 잠재력이 큰 것으로 평가된다. 셰일가스 매장량 세계 2위, 셰일오일 매장량 세계 4위, 리튬 매장량 세계 3위 국가로 투자기회가 많다.

특히 리튬은 전 세계적으로 모바일기기, 전기자동차, 모빌리티 디바이스 등 산업기술이 급속히 발전함에 따라 신성장동력의 핵심으로 주목받고 있는 2차전지의 주원료이다. 미 지질조사국(USGS)의 2021 광물자원 개요 보고서에 따르면, 아르헨티나의 리튬 매장량(부존이 확인된 시점에 상업적으로 회수가능한 양)은 190만 톤으로 칠레, 호주에 이어 3위를 기록했으며, 리튬 자원양은 1,930만 톤으로 볼리비아에 이어 2위를 기록하고 있다.

그러나 정부는 국가경제 운영의 초점을 물가·환율 관리 및 빈곤 해소에 역점을 두면서 국가가 시장에 적극개입하면서 많은 기업들이 철수를 하고 있다. 2020년 최대 백화점 체인인 칠레 팔라벨라(Falabella)를 비롯, 중남미 최대 항공사인 칠레 라탐 항공(LATAM Air), 미 자동차 부품 제조업체 엑솔타(Axalta), 독일 화학업체 바스프(BASF), 프랑스 제약회사 피에르 파브르(Pierre Fabre), 미국 글로벌 무선통신사업 서비스 회사인 브라이트스타(Brightstar) 등이 아르헨티나로부터 철수 의사를 발표하기도 했다. 2021년 현재 아르헨티나는 남미공동시장(Mercosur)의장국이다. 브라질·우루과이·파라과이와 함께 레바논, 이스라엘, 도미니카공화국 등과 무역협상을 적극 진행할 것으로 보이나, 2019년 합의한 메르코수르와 유럽연합(EU) 간의 자유무역협정(FTA)의 경우 아마존 열대우림 파괴 문제로 인한 브라질과 유럽 국가들 간의 마찰, 행정부의 반대 등이 복합적으로 작용하여 협상이 어려울 것으로 보인다.

(4) 칠레

칠레는 광업, 농업, 서비스업이 발달했으나 제조업이 취약하다. 특히 경제가 구리 수출에 상당 부분 의존하고 있다. 칠레의 구리 생산량은 세계 1위를 차지한다. 구리 외에도 초석, 철광석, 석탄이 많이 매장되어 있으며 지금도 많은 양을 생산한다.

칠레의 경제가 구리에 너무 의존하다보니 구리값에 따라 국가경제상황이 달라지는 불안정성을 보이고 있으며 심각한 빈부격차와 낙후된 복지수준, 높은 청년실업, 가계부채 등의 경제적 문제점들이 있다. 남미국가 최초로 OECD에 가입했다. 중남미국가들 중에서 경제적으로 발전하는 나라로 언론이 자주 보도하며 실제로도 남미대륙의 최부국으로 평균 경제성장률 역시 대체로 남미대륙 지역 평균의 두 배이다.

그림 4-14 칠레의 수출 경제구조

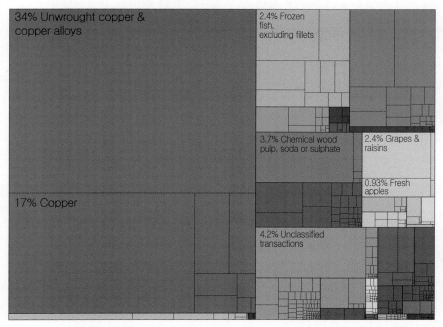

농업이 광업만큼 국가 경제에서 중요한 역할을 하는 농산물의 수출이 국가 전체 수출에서 19%를 차지한다. 포도주도 굉장히 유명하다. 수산업이 역시 발달하여 많은 어류가 잡히며 어류를 가공하는 통조림 산업이 발달했다. 양식업도 발달했는데 그중에서 연어를 많이 양식하여 생산량이 37%에 달하여 세계 2위의 연어 생산량을 자랑한다. 삼림자원이 광물자원만큼 많아서 나무를 많이 생산하며 나무를 가공한 펄프 산업이 발달했다.

최저임금수준은 남미에서 우루과이와 함께 가장 높은 축에 들기 때문에 최저임금수준이 낮은 페루, 콜롬비아, 베네수엘라, 볼리비아 등지에서 상당수 노동자들이 와서 일하고 있으며, TV나 냉장고, 컴퓨터 등 공산품들의 가격은 중남미에서 그나마 싸기 때문에 아르헨티나에서도 쇼핑객들이 많은 편이다. 위의 〈그림 4-14〉는 2009년의 칠레 수출 구조이다. 이러한 수출 구조는 아직까지 구조적으로 큰 변화를 보이지는 않고 있다.

3. 유럽

유럽은 동서남북으로도 나눌 수 있고 EU 가입국과 미가입국으로도 나눌 수 있다. 우선 EU로 보면, 명목 GDP로 환산했을 때 유럽연합은 세계 2위의 경제 대국이다(물론 EU는 국가가 아니라 국가연합이다). IMF에 따르면 유럽 연합의 2016년 GDP 예상치는 16조 5억 달러로, 이는 세계 GDP의 22.8%에 해당한다. 무역 부분에서도 유럽 연합은 세계 제1의 수출, 제2의 수입국이다. 유럽연합의 인구 1인당 GDP는 미국에 비해서 낮으나 중국보다 높으며, 대신 지니 계수가 세 국가들 중 가장 낮아 재산 분배가 가장 고른 경제 대국이다. 외국 투자 부분에 있어 유럽연합은 가장 많은 해외 자본을 유치하고 있을 뿐만 아니라, 외국에 가장 많이 투자하는 경제권이기도 하다.

그림 4-15 유럽과 EU가입국들

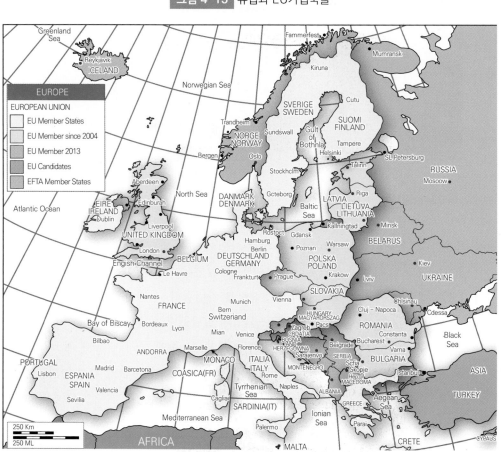

〈자료원〉 worldmapblank.com

유럽경제는 전통적으로 시장에 기초를 둔 교환경제 또는 상업적 경제라고 할 수 있다. 이러한 경제형태는 자원의 재편성과 이를 기초로 한 산업활동의 지역적 차이 때문에 형성되었고 교통로와 교통수단의 발달은 이를 더욱 촉진하였다. 유럽은 각종 산업이 지역에 따라 다양하게 발달하여, 그 생산면에 있어서 러시아 연방을 제외하고도 세계 밀 생산량의 1/5, 보리·오트밀의 1/3, 호밀의 1/2, 어획량의 1/6, 석탄의 1/4, 철광석의 1/7, 철강의 1/3, 그리고 교역량의 1/3을 차지하고 있다. 그러나 무엇보다 각종 공업제품의 생산에서는 더욱 중요한 위치에 있고 교통·통신·금융·보험 등의 서비스업에서도 중요한 위치를 차지하고 있다.

이러한 이유로 유럽연합은 북미(미국·캐나다), 동아시아(한중일)와 함께 세계 경제의 중심지로 여겨지며, WTO, G7, G20에서는 유럽 연합을 독립적인 기관으로 인정해서 집행위원장과 이사회 의장을 초대한다.

2009년을 시작으로 유로존 국가들(아일랜드, 스페인, 포르투갈, 이탈리아, 그리스)이 재정 위기에 빠지면서 유로존 전체가 하락세에 빠졌고, 주로 유럽 연합 내에서 교역하던 회원국 모두가 경제적 피해를 겪었다. 이 사건으로 현재 회원국 사이에 경제적 불균형이 찾아와 마찰음이 커지고 있는 중이다. 남유럽 국가들은 여전히 낮은 GDP 성장률과 높은 실업률로 피해를 보고 있다.

지리적으로 유럽에 위치하면서도 유럽연합(EU)에 가입하지 않은 국가가 의외로 많다. 서유럽쪽에서는 아이슬란드, 노르웨이, 스위스, 모나코, 리히텐슈타인, 산마리노, 안도라, 바티칸 등이 있고, 동유럽 쪽에서는 세르비아, 몬테네그로, 크로아티아, 보스니아-헤르체고비나, 마케도니아, 벨라루스, 몰도바, 우크라이나 등이 있다.

노르웨이와 스위스는 EU에 가입하지 않고도 독자적으로 성공적인 대표적 국가들이다. 역사적으로나 정치적으로나 유럽 중앙집권체제에 뿌리 깊은 반감을 가진 국가들인 만큼, EU 회원국이 될 가능성은 낮다. 노르웨이의 경우 덴마크, 스웨덴, 독일 등 주변 강국의 침략을 받아온 경험 때문에 주권의식이 강한 데다 자국 경제에서 막대한 비중을 차지하는 어업과 유전업 분야의 자율권이 침해될 것을 우려해 EU 가입을 꺼리고 있다. 오랜 중립주의 전통을 가진 스위스도 사정은 비슷하다. 노르웨이, 아이슬란드, 리히텐슈타인은 비EU 회원국이지만 유럽경제지역EEA에는 가입해 있어서, 경제적으로 사실상 준EU 국가라고 할 수 있다. 1994년 1월 1일 결성된 EEA의 회원국은 EU 27개 회원국을 포함해 총 30개국이며, 농업, 어업과 관련된 법을 제외하고 유럽 단일시장과 관련된 거의 모든 EU 규약을 따른다. 노르웨이 입장에서는 EU의 정식 회원국이 되면 스발바르 제도 어장에 대한 어획량 쿼터를 적용받을 수밖에 없다. 따라서 EEA에만 가입함으로써, 까다로운 의무는 피하고 유럽 단일시장에는 손쉽게 접근할 수 있는 길을 찾은 셈이다.

기타 동유럽에는 러시아를 포함한 루마니아, 몰도바, 우크라이나, 조지아, 불가리아 등의 국가가 있다. 대표적으로 러시아를 살펴보면 우주항공산업과 로켓을 비롯한 일부 군수산업은 세계 최고의 기술력을 보유하고 있고, 중화학공업 역시 한때 미국과 경쟁하던 수준이라 기반 자체가 탄탄하며 IT 산업도 탄탄하다. 또한, 풍부한 천연자원을 보유하고 있고, 광대한 영토의 곡창 지대가 식량 기반을 받쳐준다. 이러한 식량 자원의 기반이 있었기 때문에 경공업이 취약하고 경제적으로 비효율적이었던 소련 체제가 수십년 간 유지될 수 있었다.

러시아의 경우, 〈그림 4-16〉인 2012년 러시아의 수출구조에서 보면 24% 이상의 석유-천연가스 관련 산업으로 수출 구조를 갖고 있다. 26%는 군수품 관련 등으로 예상이 된다.

그림 4-16 러시아 수출구조

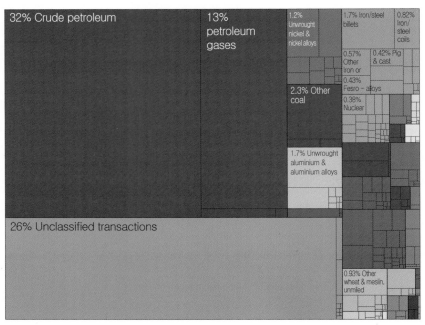

〈자료원〉 위키피디아

4. 아프리카

아프리카는 12억 규모의 인구를 갖는 대륙이다. 그러나 일반적으로 우리 기업들이 아프리카 시장을 바라보는 시각은 크게 두 가지다. 하나는 가난한 나라에 과연 팔게 있을까 하는 것이고 다른 하나는 위험한데 시간 등의 노력을 낭비할 필요가 있느냐는 시각이 존재한다. 간단한 소비현황을 보자. 평균적인 소득으로 비교하면 1인당 GDP가 1천 달러에도 미치지 못하는 콩고나 모잠비크, 에티오피아 같은 나라들도 있는 반면, 남아프리카공화국은 GDP가 6천 달러를 넘고 나이지리아나 수단의 경우에는 2천 달러를 상회한다.

산술적인 평균에서 벗어나 구매력을 갖춘 계층을 보면 상당한 시장이 존재한다. 나이지리아처럼 도로사정이 좋지 않은 곳에도 페라리나 마세라티 같은 최고급의 차량이 즐비하고, 한 병에 엄청난 금액의 와인들과 같은 주류도 엄청나게 소비된다. 뿐만 아니라 개인 전용기 때문에 공항이 혼잡하니 빨리 이동하라는 항공 당국의 경고문도 빈번히 볼 수 있다.

정치적 위험의 경우, 각국의 민주주의가 확산되고 군부독재가 종식되어 지금은 정치적 위험이 많이 낮아졌다고는 하나 여전히 많은 나라들이 정정불안, 무장세력의 등장 등 정치적 위험이 타지역에 비해 높은 편이다. 그러나 위험요인을 사전에 대비하고 통제하면 엄청난 기회가 될 수 있을 것이다. 역설적으로 아프리카 시장에서의 위험이 다른 지역보다 크기 때문에 투자 대비 수익률(ROI)은 그 어느 곳보다 높다.

같은 아프리카 지역이라고 하더라도 국가별로 상당히 상황이 다르다. 남아프리카 공화국은 각종 제도와 시스템이 거의 유럽에 유사하고 신규 시장진입 경쟁이 매우 치열하다. 그러나 나이지리아나 콩고, 케냐, 탄자니아 등은 아직도 경쟁이 치열하지 않다.

일반적으로 아프리카의 시장잠재력으로 석유나 가스, 백금, 다이아몬드 등 엄청난 자원을 들지만, 이에 못지않게 빠르게 성장하는 인구도 커다란 기회요인이다. 현재 12억 명에 달하는 아프리카 인구는 2025년이면 전 세계 인구의 20%를 차지할 전망이다. 더군다나 전 세계에서 가장 젊은 대륙이다 보니 젊은 층을 중심으로 소비트렌드가 빠르게 변하고 있다. 첨단제품을 선호하고 상류층 소비를 모방하는 소비심리가 확산되고 있다.

아프리카 시장을 특징짓는 요소는 다음과 같다.

첫째, 신흥 중산층의 등장과 함께 소비시장이 크게 확대되었다. 시장조사기관 BMI에 따르면 2016년 3,505억 달러였던 사하라 이남 아프리카 소비재시장 규모는 연평균 10% 이상 성장해 2021년에는 5,259억 달러에 이른다고 한다. 남아프리카 공화국이나 나이지리아, 수단 등이 주요 시장이지만 민간소비 증가율로 보면 탄자니아, 케냐, 에티오피아, 가나 등에서 비즈니스 기회가 많아질 것이다. 소위 블랙다이아몬드라고 하는 소비여력이 있는 신흥 중산층의 확대는 눈여겨봐야 한다.

둘째, 아프리카 고유의 다양성이다. 아프리카 대륙에는 54개 국가가 존재하고, 수천 개의 종족이 다양한 문화와 생활방식을 보유하고 있다. 종교와 인종, 언어는 물론 문화와 비즈니스, 소비행태에 이르기까지 모자이크처럼 각양각색의 화려한 특징을 도외시한 채 획일적으로 접근한다면 큰 어려움을 맞게 될 것이다.

셋째, 빠른 선진기술의 도입이다. 아프리카의 인터넷 사용률은 2017년 말 기준 35.2%에 달하고, 스마트폰 사용자도 2억 2,600만 명에 이르는 등 온라인 전자상거래시장의 성장은 괄목할 만하다. 엠페사(M-Pesa)로 대표되는 케냐의 모바일뱅킹, 드론을 활용한 우간다의 의료서비스 등은 세계의 주목을 끌고 있다. 이와 함께 현대적인 시스템과 편리함을 갖춘 복합쇼핑몰도 빠르게 확산되는 등 유통시장이 성장하고 있다.

그림 4-17 세계적인 몬델레스 인터네셔널 기업 홈페이지

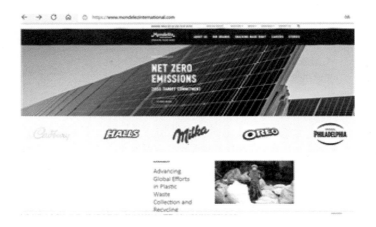

그림 4-18 아프리카에서 사업하는 팬밀크인터네셔널 사

한편 다농그룹의 한 회사인 팬밀크(Fan Milk International)사는 자전거를 활용한 아이스크림 판매방식 도입으로 비용절감 및 경쟁력 있는 유통시스템을 구축해 2017~2022년 기간 중 매출액이 가나에서 34억 달러, 나이지리아에서는 14억 달러에 달할 것으로 전망된다.

5. 오세아니아 지역

오세아니아 지역은 크게 호주와 뉴질랜드, 폴리네이시아, 멜라네이시아 그리고 마이크로네시아로 구분할 수 있다.

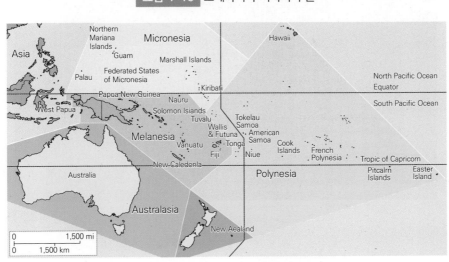

그림 4-19 오세아니아 지역의 구분

1) 호주 및 뉴질랜드

세계 6위의 국토면적과 이를 바탕으로 쏟아져 나오는 막대한 천연자원과 농축산물 등의 1차 산업으로 수출성과가 경제의 축이 되는 나라다.

호주는 광산업에 집중되어 있던 지원 정책을 유망 산업에 분포하고 효과적인 재정 및 통화 정책, 외부충격에 완충 역할을 할 수 있는 유연한 환율, 아시아 신흥국으로의 교역 증가, 자유로운 투자 환경 등 타개책을 마련하고 있다. 또한 CPTPP(Comprehensive and Progressive Agreement for Trans-Pacific Partnership, 포괄적·점진적 환태평양경제동반자협정) 등 활발한 자유무역 협정 체결을 통해 정부의 무역 부문 지원은 지속될 것으로 전망된다. CPTPP는 일본 주도로 캐나다, 호주, 브루나이, 싱가포르, 멕시코, 베트남, 뉴질랜드, 칠레, 페루, 말레이시아 등 현재 11개국이 참여하고 있다.

뉴질랜드의 경제는 대부분 농업과 목축에 의존하고 있다. 목양(牧羊)은 이 나라 제1의 산업으로서 양은 북도에 60%, 남도에 40%의 비율로 분포한다. 농산물을 중심으로 하는 1차 산품이 수출의 55%를 차지한다. 주요 수출품은 낙농품·육류·양모·목재·과실·약재 등이고, 수입품은 공산품·기계류·자동차·철강·원유·비료·금속제품 등이다.

그림 4-20 호주의 수출 경제구조

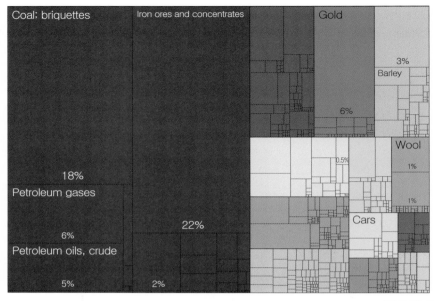

〈자료원〉 위키피디아

그림 4-21 뉴질랜드의 수출 경제구조

〈자료원〉 위키피디아

앞의 〈그림 4-21〉은 2009년 기준으로 한 뉴질랜드의 수출 구조를 나타낸 것이다. 농축가공업 위주의 수출구조를 갖고 있는 것으로 알 수 있다.

2) 기타 지역

기타 하와이를 제외하고 멜라네시아와 미크로네시아 그리고 폴리네시아로 구분할 수 있으나 경제의 규모면에서는 아주 작은 편이다.

멜라네시아는 검은 섬이란 뜻으로 적도 이남, 날짜 변경선 서쪽의 섬들을 말한다. 영연방 국가인 바누아투, 솔로몬제도, 피지, 파푸아뉴기와 소뉴기니, 프랑스령의 누벨칼레도니가 있다. 미크로네시아는 작은 섬이라는 뜻으로 적도 이북 날짜 변경선 서쪽의 섬들이다. 미국의 보호와 영연방 국가들이 많다. 나우루, 마셜제도, 미크로네시아 연방, 키리바시, 팔라우, 괌, 북마리아나제도 오가사와라제도 등이 있다. 폴리네시아는 많은 섬들이란 의미로 화와이, 뉴질랜드, 이스터 섬의 삼각형나의 섬들로 날짜 변경선 동부의 섬들을 말한다. 사모아, 통가, 투발루, 니우에 등이 있다.

더 생각해 볼 문제

○ **FD1** 흥미로운 지역의 산업 및 기업의 강·약점을 분석해서 시장기회
를 찾아보자.

○ **FD2** 같은 지리적 위치임에도 사이가 좋은 국가가 있고 나쁜 국가가
있다. 이때 어떤 면을 고려해서 조심스럽게 비즈니스를 해야 할
것인가?

○ **FD3** 규모가 큰 나라와 작은 나라에 진입할 때의 글로벌 기업의 점검해
야 할 사항은 같은가 다른가, 같다면 왜 같고 다르면 왜 다른가?

○ **FD4** 각 국가의 글로벌기업을 찾아보고 그 기업의 강·약점을 분석해
보자.

5 지역경제체제 환경의 이해

학습목표(Learning Objectives)

○ LO1 국제무역환경에 있어 국제기구의 역할 및 현황에 대해 알 수 있다.

○ LO2 각 지역의 지역경제 통합에 대해 차이점을 이해할 수 있다.

○ LO3 지역통합으로 인한 글로벌경영의 기회를 찾을 수 있다.

EU 수장, 브렉시트 "바로 잡아야" 발언에 英 즉각 거부

유럽연합(EU) 수장이 브렉시트(영국의 EU 탈퇴)와 관련해 영국의 재가입 가능성을 띄워보려는 듯한 발언을 했으나 영국은 이를 즉각 거부했다.

29일(현지시간) 영국 일간 가디언에 따르면 우르줄라 폰데어라이엔 EU 집행위원장은 전날 벨기에에서 열린 한 행사에서 영국이 EU에 다시 가입할 수 있냐는 질문을 받았다.

폰데어라이엔 위원장은 과거 유럽 지도층이 브렉시트와 관련한 '실수'를 저질렀다면서 젊은 세대가 이를 '바로잡을 수 있다'고 답했다.

그는 "난 내 아이들에게 우리가 실수를 저질렀고 너희가 이를 바로잡아야 한다고 말해준다"면서 "이 문제(브렉시트)에서도 내 생각은 확실하다"고 말했다.

앞서 영국은 2016년 브렉시트 찬성 여부를 묻는 국민투표를 진행한 뒤 2020년 1월 31일 기준 EU를 공식 탈퇴했다.

폰데어라이엔 위원장의 발언에 대해 영국은 EU 재가입이 없을 것이라고 일축했다.

리시 수낵 영국 총리 대변인은 기자회견에서 "우리에게는 (정치) 경력에 이득이 되기 전부터 브렉시트를 지지해온 총리가 있다"면서 "우리는 이를(브렉시트) 성공시키는 데 매우 집중하고 있다"고 밝혔다.

이어 "우리는 '브렉시트 자유'를 통해 이주 시스템을 강화하고 환자의 의약품 접근을 용이하게 하며 동물 복지가 개선되도록 하고 있다"고 설명했다.

다만 최근 영국에서는 EU 재가입에 찬성하는 여론이 높아지는 추세다.

영국 여론조사기관 유고브가 24~26일 성인 2천 138명을 대상으로 실시한 설문에 따르면 응답자 52%는 EU 탈퇴가 잘못된 선택이었다고 답했다고 AFP 통신은 전했다.

지난 7월 2천여 명을 상대로 진행한 여론조사에서도 EU 재가입에 찬성하는 비율이 51%로 집계된 바 있다. 반대 여론은 32%에 그쳤다.

앞서 2016년 국민투표에서는 51.9%가 브렉시트에 찬성하고 48.1%가 반대했다.

이는 브렉시트 이후 외국인 노동자 유입이 제한되고 물가 상승으로 생활비 부담이 가중되는 등 경제 문제가 이어진 데 대한 반응이라는 분석이 나온다.

〈자료원〉 연합뉴스, 2023.11.30.

기업의 글로벌 비즈니스 경영활동에 영향을 미치는 무역환경, 지역경제 환경 그리고 경제 환경은 국가 간의 문제, 지역 경제환경 그리고 개별국가 내의 문제로 구분하여 생각해 볼 수 있다. 국제 무역환경, 지역경제환경은 전반적인 경영환경의 글로벌화, 다자간 협상과 같은 국가 간의 협약, 기구와 규범 등을 의미하며 개별 국가의 경제 환경이란 특정 국가에서 활동해야 할 때 고려해야 할 그 국가의 제반 경제적 환경을 말한다. 그러나 실제적으로 특정 국가의 경제정책이나 제도 등은 국제협약 등에 영향을 받기 때문에 관련성이 매우 높다. 그러므로 국가 간의 무역환경, 지역경제에 대해 우선 살펴보고 국가의 경제환경 분석 시 필요한 기초적인 점검내용을 살펴보자.

1. 국제무역환경

1) GATT

근대부터 무역에 대한 각국의 정책은 대단한 보호무역적인 성향을 보여 왔다. 제1차 세계대전이 일어난 직후, 각국의 정부는 자국 산업을 보호하기 위해 경쟁적으로 수입품에 대해 보호무역 장벽을 높였다. 모든 국가들이 자국산업을 위해 보호무역장벽을 높인 결과 국가 간의 교역이 감소하여 1930년대의 전 세계 공항을 야기시켰다.

이와 같은 배경에 의해 제2차 세계대전 이후에는 보다 자유로운 무역환경을 만들기 위해 국제적인 협정에 대한 논의가 시작되었다. 특히 제2차 세계대전에서 유일하게 전쟁 피해를 받지 않은 미국은 자국제품의 자유로운 해외수출을 위하여 국제무역 질서 확립의 필요성을 더욱 절실하게 느끼고 있었다. 그리하여 미국의 주도하에서 관세 및 무역에 관한 일반협정인 GATT(General Agreement on Tariffs and Trade)체제가 1947년에 체결되었다.

GATT는 관세, 보조금, 수입할당제나 이와 유사한 보호무역장벽을 철폐함으로써 무역을 자유화하기 위한 다자간 협정으로 초기에 19개국으로 해서 1994년에는 128개국이 가입할 정도로 큰 규모를 갖게 되었다.

GATT의 근본정신은 최혜국원칙(Most Favored Nation; MFN)이다. 이 원칙은 GATT에 참여한 모든 회원국가에서 무역은 동등한 지위를 보장한다는 것으로 국가별로 차별을 갖지 않는다는 것이다. 또한 수입할당제와 다른 비관세장벽보다 관세를 선호한다는 것이다. GATT는 장기적으로 폐해가 적은 관세를 이용하도록 가맹국들에게 요구하고 있다. 그러나 GATT는 긴급제한조치(safeguards)를 두어 자국산업을 보호하기 위해 잠정적인 수입규제권한을 부여해 왔다.

1980년에 들어 GATT가 가진 한계가 나타났다. 미국을 비롯한 강대국이 GATT의 규율을 벗어나 슈퍼 301조 등을 통한 반덤핑규제나 시장개방압력을 독자적으로 시행해 나감에 따라 세계는 새로운 국제무역시스템의 필요성이 제기되었다.

2) 세계 무역기구(WTO)

관세 및 무역에 관한 일반협정인 GATT 체제는 회원국 간에 위반국에 별다른 제재를 가하지 못한 것에 대하여 제재조치가 필요함을 느끼게 되었다. 이에 국제 무역질서를 공정하게 하고자 하는 우루과이라운드(UR: Uruguay Round of Multinational Trade Negotiation) 합의가 나왔고 이 협정의 이행을 감시하기 위해 세계무역기구(WorldTrade Organization; WTO)가 탄생하였다. 1994년 모로코의 마라케시에서 125개 국가의 통상대표에 의해 7년 반 동안 진행되어 온 우루과이 라운드UR 협상의 종말과 마라케시선언이 공동 발표되면서, WTO는 1995년 정식으로 출범하였다. 본부는 스위스 제네바에 있다.

출범 당시 우리나라를 비롯한 76개 회원국이 가입하였고, 그해 말까지 36개국이 더 가입하면서 112개 회원국으로 구성되었다. 이후 1996년 카타르를 시작으로 16개국이 추가로 가입 승인을 마쳤으며, 중국이 2001년, 대만이 2002년 가입하였다. 2011년 러시아의 WTO 가입 승인이 이루어졌다.

세계무역기구(WTO)의 역할은 다양한데, 우선 우루과이 라운드UR 협정에서는 사법부의 역할을 맡아 국가 사이에서 발생하는 경제분쟁에 대한 판결권을 가지고, 판결의 강제 집행권을 통해 국가 간 발생하는 마찰과 분쟁을 조정한다. 또 GATT에 없었던 세계무역 분쟁 조정·관세 인하 요구·반덤핑 규제 등 준사법적 권한과 구속력을 행사하며, 서비스·지적재산권 등 새로운 교역 과제도 포괄하여 세계교역을 증진시키는 역할도 하고 있다. 특히 다자주의를 지향하여 미국의 슈퍼 301조와 같은 일방적 조치나 지역주의 등을 배제한다.

WTO는 총회, 각료회의, 무역위원회, 사무국 등의 조직으로 구성되어 있으며 이 밖에 분쟁해결기구와 무역정책검토기구도 있다. WTO는 합의제를 원칙으로 하며, 합의 도출이 어려울 경우 다수결 원칙(1국 1표 원칙 과반수 표결)에 의해 의사를 결정한다.

2. 지역경제 통합

지역통합(regional integration)이란 통상 지리적으로 인접한 국가 간에 관세 등의 상호 경제적인 장벽을 제거하고 경제통합을 도모하고자 하는 것 또는 정치적으로 하나의 국가를 구축하고자 하는 정치통합 그리고 기본적인 가치가 사회적으로 공유하는 가치의 통합(공동체) 하는 것이다. 일반적으로 지역경제통합은 복수의 인접 국가 간에 자유무역협정, 관세동맹, 공동시장, 통화동맹, 경제동맹 등 상호 경제적인 장벽을 제거하고, 더 나아가 경제정책, 제도를 일원화하고자 하는 것으로 어느 정도의 통합을 요구하는가는 경우에 따라 상이하게 된다.

지역경제통합은 일반적으로 통합내의 국가 간은 자유화하고 통합하지 않은 국가는 차별한다. 그러나 반드시 그렇지는 않다. 예컨대, 최근 아시아태평양경제협력회의(APEC)와 같이 역내의 자유화를 도모하면서 그 성과를 역외의 국가에 무차별로 균점(均霑)하고자 하는 것도 존재한다. 또한 자유무역협정 등의 제도에 의한 경제통합은 인접하는 국가뿐만 아니라 미국과 이스라엘 간의 자유무역 협정에서 볼 수 있듯이 근접하지 않은 지역에 구속되지 않고 형성되는 경우도 있다.

지역경제통합은 최근 어떤 하나의 국가가 복수의 자유무역협정에 속하거나 다른 관세동맹 간에 자유무역협정이 체결되는 등 그 양상이 매우 복잡해지고 있다. 정치통합은 복수의 국가 간에 하나의 정부·국가를 구축하고자 하는 것이지만 그 형태, 깊이는 다양하다. 형태로서는 국가나 연방국가 등 군사, 외교라는 주권국가의 기본적 요건을 만족하는 정치통합을 목표로 하는 것도 있고, 독립적인 국가의 집합이라는 형태를 취하면서 정부 기능의 대부분을 통합하여 지역의 통치를 도모하는 것도 있다. 지역경제통합과 정치통합은 밀접한 관계가 있으며 지역의 경제통합을 심화시켜 궁극적으로는 군사, 외교를 포함한 통합에 이른다는 견해도 존재한다. 그러나 지역의 경제통합을 진행하는데 있어서 단지 경제통합만을 고려하고 정치적인 통합을 전혀 고려하지 않는 것도 있다.

통합을 달성하거나 유지하는 일은 다음의 두 가지 이유로 어려움을 겪어왔다. 첫째, 경체적 통합이 대개의 경우 유용하다 하더라도 그 나름의 비용이 발생한다는 점이다. 국가 전체적으로는 지역적 자유 무역 협정을 통해 막대한 이익을 본다 하더라도 국가 내 특정 집단들은 손해를 볼 수 있다. 따라서 자유 무역 체제로 이행하기 위해서는 고통스러운 적응 과정을 겪게된다. 예컨대, 1994년 북미자유무역협정이 수립되면서 저비용, 미숙련 노동자를 고용하는 제조업에 종사하던 캐나다와 미국 노동자들은 캐나다와 미국의 기업들이 생산 설비를 멕시코로 옮기면서 일자리를 잃었다. 북미자유 무역협정이 캐나다와 미국 경제에 막대한 이익은 약속한다 하더라도 이로 인해 일자리를 잃은 사람들에게는 큰 위안이 되지 못한다.

두 번째 장애물은 국가 주권에 대한 우려 때문에 생긴다. 해당 국가의 통화 정책이나 국가 재정정책 혹은 무역정책과 같은 핵심 이슈에 대한 통제권을 어느 정도 포기해야 한다는 점에서 국가 주권에 관한 우려가 있다. 실제로 이것은 오랫동안 EU의 주요 과제였다. 지지와 반대의 각각의 이유에 대해 알아보자.

1) 지역적 통합 지지 이유

지역적 통합을 지지하는 이유로는 경제적이거나 정치적인 것이다. 실제 경제통합은 한 국가 안에서 받아들이는 집단은 많지 않다. 이러한 점이 지역적 경제통합을 이루려는 대부분의 시도가 실제로는 더디게 진행되는 이유라 할 수 있다.

(1) 경제적 이유

통합 지지하는 경제적 이유는 자유로운 무역(교역)을 통해 각 국가가 가장 효율적으로 생산할 수 있는 재화와 서비스의 생산에 특화할 수 있다는 점이다(제3장 참조). 이와 같이 세계 생산 규모는 무역 규제하에서 가능한 것보다 더 커진다. 뿐만 아니라 무역으로부터 발생하는 동적인 이익은 국가의 경제 성장을 자극할 수 있으며 해외직접투자(FDI)자들 통해 기술과 마케팅 그리고 경영 노하우를 해당 국가에 이전할 수 있기 때문에 지역적 통합을 지지한다.

무역과 투자에 모든 국가가 자유롭게 되면 이론적으로는 국가 간 재화와 서비스 및 생산요소가 자유롭게 이동할 수 있도록 장벽이 없어진 상태이다

또한 지역적 경제통합은 WTO와 같은 국제협정에서 얻을 수 있는 이익을 넘어 국가 간 자유 무역과 투자의 자유로운 흐름을 통해 추가적인 이익을 얻고자 한다. 전 세계적인 공동체를 만드는 것보다는 제한된 수의 인접 국가 간 자유로운 무역, 투자 체제를 만드는 것이 상대적으로 쉽다. 그러므로, 협력과 정치적 조화의 문제는 공동체에 참여하기를 원하는 국가 수에 의해 결정된다. 그런데 많은 수의 국가들이 공동체에 참여할수록, 더욱 많은 관점이 조화를 이루어야 하므로 이러한 점은 공동체에 관한 협정을 만드는 것은 매우 어려워질 것이다. 이처럼 지역적 경제통합에 대한 시도는 자유 무역과 투자로부터 발생하는 이익을 활용하기 위한 각 국가의 욕구에 의해 촉진된다.

(2) 정치적 이유

근접한 경제권을 연결하고 이들 경제권을 상호의존적으로 만들 경우, 근접한 국가들은 정치적으로 협력할 유인이 생기며 이들 국가 간에 심각하고 다양한 충돌이 발생할 가능성이 낮아지게 된다. 뿐만 아니라 공동체의 경제권을 결집하여 이들 국가들은 세계 사회에서 자신들의 정치적 비중을 높일 수 있다.

이러한 정치적 이유의 예로 1957년대 유럽공동체 설립이 있었고 이것은 결국 유럽연합의 기반이 되었다. 유럽은 20세기 두 번의 세계전쟁으로 고통을 겪었는데, 이 두 번의 전쟁 모두 국가연합을 이루고자 하는 야망 때문이라 할 수 있다. 통일된 유럽을 원하는 측면에서는 더 이상 유럽에서 전쟁이 재발하는 것을 원하지 않았을 뿐만 아니라 많은 유럽인들 역시 제2차 세

계대전 이후 독립된 국가들이 공존하는 유럽은 더 이상 세계에서 경제적으로, 정치적으로 생존이 불가능하다고 생각했다. 이에 유럽공동체 설립자들은 미국과 소련(유럽과 정치적으로 이질적인)을 상대하기 위해서는 통일된 유럽이 필요하다는 점을 인식했다.

2) 지역적 통합에 반대하는 논리

지역적 자유 무역을 선호하는 경향이 강해졌음에도 불구하고 몇몇 경제학자들은 지역적 통합의 이익이 과대포장된 반면 그 비용은 종종 무시되어 왔다고 지적하고 있다.

이들 학자들에 의하면 지역적 통합의 이익이 무역전환의 반대인, 무역창출의 확대에 의해 결정된다고 지적한다. 무역창출(trade creation)은 자유 무역 지역 내의 저비용 생산자가 고비용의 국내생산자를 대체할 때 나타난다. 이것은 또한 자유 무역 지역 내의 더 낮은 비용의 외부 공급자가 고비용의 외부 생산자를 대체하는 경우에도 나타난다. 무역전환(trade diversion)은 자유 무역 지역 내에서 고비용의 공급자가 저비용의 외부 공급자를 대체할 때 나타난다.

지역적 자유 무역 협정은 창출하는 무역의 양이 전환하는 양을 능가하는 경우에만 이익을 가져올 것이다.

한국과 중국이 자유 무역 지역을 설치해 양국 간 모든 무역장벽을 철폐한 뒤 세계 전역에서 수입되는 물품에는 관세를 부과한다고 가정해보자. 만약 한국이 중국으로부터 섬유를 수입하기 시작한다면, 이러한 변화가 더 바람직할 것인가? 만약 기존에 한국이 중국보다 높은 비용으로 모든 자체 섬유제품을 생산했다면, 자유 무역 협정은 생산을 더 저렴한 쪽으로 이동시켰을 것이다. 비교우위 이론에 의하면, 무역은 지역적 집단화 가운데 발생하며, 세계의 그밖의 지역에서는 무역이 전혀 감소하지 않아야 한다.

그러나 만약 한국이 이전에 중국이나 한국보다 더 저렴하게 생산했던 베트남으로부터 섬유제품을 수입했다면, 무역은 저비용 국가로부터 전환될 것이고, 이는 상황이 나쁜쪽으로 변한 경우이다.

WTO 규정은 자유 무역 협정으로 인해 무역전환이 유발되지 않도록 해야 한다. WTO 규정은 회원국이 외부 국가에 대해 기존보다 더 높지 않거나 재한적인 관세를 실정할 경우에만 자유 무역 지역이 형성되도록 한다. WTO는 일부 비관세장벽을 다루지 않는다. 이러한 결과는, 높은 비관세장 밖으로 외부경쟁으로부터 보호되는 시장에서 지역적 블록이 나타날 수도 있고 이러한 경우, 무역전환 효과가 무역상출 효과보다 더 크다. 이에 대항하기 위한 유일한 길은 WTO의 영역을 확대해 비관세 무역장벽까지 포함하도록 하는 것이다.

3) 지역통합의 유형

다양한 성격의 지역경제를 이해하기 위해서는 먼저 경제통합의 유형을 살펴보아야 한다. 〈그림 5-1〉은 지역통합의 정도가 자유무역지역에서 관세동맹, 공동시장, 경제연합 그리고 정치연합 순으로 그 범위가 넓어지는 것이다.

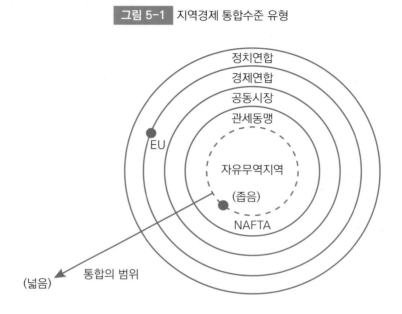

그림 5-1 지역경제 통합수준 유형

(1) 자유무역지역(Free Trade Area)

자유무역지역이란 해당 지역 내에 있는 모든 국가 간에 각종 무역 장벽을 없애고 비회원국에 대해서는 각 국가마다 독자적인 무역규제를 하는 것을 의미한다. 자유무역지대에 참여하는 각 국가는 국가 간에 모든 유형의 차별관세나 수입할당, 보조금 및 행정규제도 없어진다. 그러나 자유무역지역의 구성원이 아닌 다른 국가에 대해서는 각국이 개별적으로 무역정책을 실시하도록 허용한다. 따라서 이 자유무역지대에 참가하지 않는 국가에 대해서는 실시하는 차별(관세 등)은 회원국마다 차이가 존재한다. 이러한 자유무역지역의 대표적인 예는 유럽연합에 가입하지 않은 노르웨이, 아이슬랜드, 스위스, 리히텐슈타인이 참여하고 있는 유럽자유무역연합(European Free-Trade Association)이 있다.

(2) 관세동맹(Customs Union)

관세동맹은 자유무역지역에서 한걸음 더 나아가서 참여하는 회원국 간에 무역장벽을 없애고 비회원국에 대해서도 회원국들이 공통의 관세정책을 갖는다. 유럽연합도 초기에는 관세동맹으로 출발하여 지금과 같은 형태로 발전해 왔다 현재 관세동맹의 대표적인 예는 ANDEAN조약으로 남아메리카의 볼리비아, 콜롬비아, 에콰도르 그리고 페루가 참여국 간에 자유무역을 보장함과 동시에 관세동맹 외부에서는 5~20%의 공통적인 수입관세를 부과하고 있다.

(3) 공동시장(common Market)

공동시장이란 관세동맹보다 좀 더 발전된 형태로 재화 뿐만 아니라 생산요소까지도 자유로운 이동이 가능하다. 따라서 노동자와 자본이 자유롭게 이동할 수 있으므로 이민, 국외취업 그리고 자본의 해외이전 등은 참여국가 간에는 완전히 자유롭게 되어 있다. 유럽연합(European Union)은 현재 공동시장의 단계를 벗어나 완전한 경제연합으로 발전하는 과정에 있지만 유럽연합을 제외하고는 공동시장의 단계에 이른 지역 경제통합은 이루어지지 않고 있다.

(4) 경제연합(Economic Union)

경제연합은 공동 시장에서 한걸음 더 나아간 형태로 공동의 통화를 운용하고 구성국가 간의 세율도 동일하게 적용하며 공통의 재정정책을 펼치는 것을 의미한다. 이와 같은 경제연합을 이루기 위해서는 경제연합 전체를 총괄할 수 있는 행정부서가 필요하며 참여국이 자신의 주권을 어느 정도 포기해야 한다. 현재 유럽연합에서 유럽통화동맹(Economic and Monetary Union)을 실현하려는 것은 유럽의 공동통화 발행, 동일한 조세제도의 시행, 그리고 공동의 재정과 금융정책을 실시하기 위한 것이다. 유럽연합의 경우 완전한 경제연합을 이루고자 하나 그리스와 영국같이 각 국가가 처한 상황이 매우 다르므로 쉽지 않은 실정이다.

경제연합의 다음 단계는 단순히 경제측면에서만의 통합이 아니라 더 나아가 정치적인 측면도 통합하는 것이다. 유럽연합은 현재 유럽단위의 행정부를 갖고 있으며 유럽전체의 의회와 사법부 역시 갖고 있다. 이들이 단일한 행정부, 의회, 군사적인 조직체를 갖게 되면 유럽은 하나의 국가로 탄생하게 된다.

이와 같은 지역 경제통합이 일어나는 것은 지리적으로 가까운 국가들이 먼저 그들 간에 존재하는 각종 무역장벽을 제거함으로써 자유무역의 효과를 실현하는 것이다. 물론 GATT와 WTO 체제 내에서 국가 간의 무역장벽이 빠른 속도로 철폐되고 있으나 GATT와 WTO는 160여 개국이 참여하는 경제시스템이며 이들 간의 합의에 도달하는데 상당한 시일이 걸린다는 것은 그동안 GATT가 수차례의 라운드를 걸쳐서 무역장벽을 철폐해 온 역사를 보면 알 수 있다. 즉, 이들 지역경제통합은 GATT나 WTO 체제보다 더 빠른 속도로 무역장벽을 철폐하여 재화와 서비스 및 생산요소의 자유로운 이동을 통해서 자유무역의 경제적 효과를 극대화하는데 목적이 있다.

또한 이들 지역경제의 통합은 위와 같은 경제적인 효과 이외에 정치적인 효과 역시 존재한다. 지역 내의 국가 간의 경제를 통합함으로써 정치적인 유대관계도 높아 국가 간의 정치적인 갈등이나 분쟁 등을 미연에 방지하는 역할을 하고 있다. 유럽연합도 유럽 내에서는 다시는 세계대전과 같은 전쟁이 발생하게 해서는 안 된다는 공감대에서 출발하였다. 다른 지역에서의 경제 통합 역시 자유로운 무역을 통한 경제적인 효과를 증가시킴과 아울러 해당 지역의 정치적 안정을 갖게 되는 정치적 효과가 크다.

그러나 위와 같은 정치경제적 효과가 크다고 해서 지역통합으로 가는 것이 쉽다고 할 수 없다. 지역통합에는 비용을 수반하게 되기 때문이다. 먼저 지역경제통합을 하면 빠른 속도로 자유무역이 실현되기 때문에 각국에 있는 일부 산업과 그 산업에 종사하고 있는 사람들은 지역경제통합으로 인해 도산하거나 실직을 할 수도 있다. 이러한 점은 지역경제통합의 큰 장애요소가 된다. 뿐만 아니라 지역경제 통합이 된다는 것은 그만큼 각 국가의 주권이 줄어드는 것을 의미한다. 유럽통합이 진행됨에 따라 유럽의 각 국가들은 과거 수령했던 보조금정책과 조세정책이 공동의 재정정책이 운영되기 때문에 주권이 많이 상실하게 되었다. 뿐만 아니라 유럽행정부와 유럽군대까지 창설됨으로써 점차 주권을 상실해 가고 있다. 지역통합으로 얻을 수 있는 정치 경제적 이득이 주권의 상실과 비교해 보았을 때 과연 더 큰 가치가 있는 것인가는 각 국가의 국민들이 판단해야 할 것이다.

3. 지역경제통합의 현황

1) 아시아 및 태평양 지역경제 통합

(1) TPP와 CPTPP

환태평양 경제 동반자 협정(Trans-Pacific Strategic Economic Partnership; TPP)은 아시아-태평양 지역 경제의 통합을 목표로 공산품, 농업 제품을 포함 모든 품목의 관세를 철폐하고, 정부 조달, 지적 재산권, 노동 규제, 금융, 의료 서비스 등의 모든 비관세 장벽을 철폐하고 자유화하는 협정으로 2005년에 뉴질랜드, 싱가포르, 칠레, 브루나이 4개국 체제로 출범하였다. TPP는 투자자 국가 분쟁 해결 방법을 만들고, 관세 같은 무역 장벽을 낮추는 역할도 한다.

2015년 미국, 일본, 오스트레일리아, 캐나다, 페루, 베트남, 말레이시아, 뉴질랜드, 브루나이, 싱가포르, 멕시코, 칠레가 TPP 협정을 타결시켰다. TPP는 창설 초기 그다지 영향력이 크지 않은 다자간 자유무역협정이었으나 미국이 적극적으로 참여를 선언하면서 주목받기 시작하였다. 미국의 오바마 대통령은 TPP가 아시아·태평양 지역 경제 통합에 있어 가장 강력한 수단이며, 세계에서 가장 빠르게 성장하는 지역과 미국을 연결해 주는 고리라고 평가한 바 있다. 미국이 적극적으로 협정 가입을 추진하고, 아시아 국가들의 동참을 유도하고 있는 것은 눈부신 성장을 이루고 있는 중국을 견제하려는 의도가 크게 작용한 때문이라고 알려져 있다. 하지만 미국은 2017년 탈퇴하였다.

이후 TPP는 CPTPP(Comprehensive and Progressive Agreement for Trans-Pacific Partnership)로 바뀌게 되었다. 즉, 미국과 일본이 주도하던 환태평양경제동반자협정(TPP)에서 미국이 빠지면서 일본 등 아시아·태평양 11개국이 새롭게 추진한 경제동맹체인 포괄적·점진적 환태평양경제동반자협정(CPTPP)으로 바뀌었고 2018년 12월 30일 발효되었다.

참여국으로는 일본, 캐나다, 호주, 브루나이, 싱가포르, 멕시코, 베트남, 뉴질랜드, 칠레, 페루, 말레이시아의 총 11개국이다. 협정 주요 내용으로는 농수산물과 공산품 역내 관세 철폐, 데이터 거래 활성화, 금융·외국인 투자 규제 완화, 이동 자유화, 국유기업에 대한 보조금 등 지원 금지의 내용을 담고 있다.

이 협정이 발효되면서 총 인구 6억 9,000만 명, 전 세계 국내총생산(GDP)의 12.9%·교역량의 14.9%에 해당하는 거대 규모의 경제동맹체가 출범하게 되었다.

이 경제협력체는 트럼프 행정부의 보호무역주의 장기화에 맞서 자유무역 기조를 유지하며, 미국의 양자 협정에 대항하기 위한 기구로서의 역할을 수행하게 될 예정이다.

(2) RCEP

역내포괄적경제동반자협정, 즉 RCEP(Regional Comprehensive Economic Partnership, 域內 包括的 經濟同伴者 協定)는 동남아시아국가연합ASEAN 10개국과 한·중·일 3개국, 호주·뉴질랜드 등 15개국이 관세장벽 철폐를 목표로 진행하고 있는 일종의 자유무역협정(FTA)이다. 2022년 RCEP이 공식 발효되었다.

RCEP가 체결되면서 인구(22억 6,000만 명, 세계 인구의 약 30%), 무역규모(5조 4,000억 달러 세계의 약 29.%), 명목 국내총생산(26조 3,000억 달러, 전 세계 약 30%) 등 전 세계 약 30%를 차지하는 세계 최대 규모의 경제블록이 출범하게 되었다. 특히 이는 명목 GDP 기준으로 북미자유무역협정(NAFTA, 18조 달러)과 유럽연합(EU, 17조 6000억 달러)을 능가하는 규모이다. 우리나라의 경우, 아세안 시장에서 자동차, 철강 등 주요 수출품이 활기를 찾을 것이다. 2021년까지 최대 40%의 관세를 부여받는 화물차와 30% 이상의 관세가 붙는 승용차는 단계적으로 관세가 철폐되며 자동차용 엔진, 안전벨트, 에어백 등 10~30%의 관세를 부과받는 자동차 부품들도 관세가 사라지게 된다. 강관은 현행 20%의 관세가 사라지며 도금강판, 봉강·형강 제품들의 관세도 철폐되어 아세안과 일본 시장 진출이 수월해진다.

이 밖에도 RCEP로 15개국이 통일된 원산지 규범을 마련했고 증명과 신고 절차도 간소화한다. 또 저작권·특허·상표·디자인 등 지식재산권에 대한 보호 규범 침해 시 구제 수단도 마련된다.

한국은 RCEP 참여국과 대부분 FTA를 맺고 있는데, 일본의 경우 RCEP를 통해 처음 FTA를 맺게 되었다. 한일 양측은 RCEP를 통해 모두 83% 품목의 관세를 철폐하기로 했다. 한국은 국내 산업 피해 최소화를 위해 개방 품목에 대해 10~20년 동안 장기적으로 관세를 내리는 비선형 철폐 방식을 적용했고 자동차와 기계 등 주요 민감 품목은 개방하지 않았다. 일본산 수산물도 민감성을 고려해 돔, 가리비, 방어 등 주요 민감 품목은 현행 관세를 유지하기로 했다. 그러나 향후 일본산 농수산물의 경우 많은 논란이 예상된다.

(3) IPEF(Indo-Pacific Economic Framework)

인도·태평양 지역에서 중국의 경제적 영향력 확대를 억제하기 위해 미국이 동맹·파트너인 한국, 일본 등을 포함 호주, 인도, 브루나이, 인도네시아, 말레이시아, 뉴질랜드, 필리핀, 싱가포르, 태국, 베트남, 피지 등 14개국이 참여한 다자 경제협력체이다.

IPEF는 전통적인 자유무역협정(FTA)과는 다르게 디지털 경제 및 기술표준, 공급망 회복, 탈탄소·청정에너지, 사회간접자본, 노동 기준 등 신(新)통상의제에 공동 대응이라는 목표를 갖고 출범을 하였다. 협상 분야는 무역, 공급망, 청정경제, 공정경제 등 4개 부문이며 IPEF는 일괄 타결이 아닌 항목별 협상이 가능하며, 조약이 아닌 행정협정이기 때문에 국회 비준을 받지 않아도 된다.

IPEF에는 전 세계 인구의 약 32%, GDP의 약 41%를 차지한다. 역내포괄적경제동반자협정(RCEP)이나 포괄적·점진적환태평양동반자협정(CPTPP)보다 규모가 크다. IPEF는 조약이 아닌 행정협정으로 법적 구속력이 없어 국회 비준을 필요로 하지 않는다.

전 세계 GDP의 40% IPEF 완성 단계···공급망 위기대응 협의체 15일 내 가동

IPEF 출범 1년 반 만에 공급망·청정경제·공정경제 협정 타결

대(對)중 관계는 위험 요인···"신통상규범 정립 기회로 타개"

우리나라가 인도·태평양 경제 프레임워크(IPEF) 출범 1년 만에 3개 필라(공급망, 청정경제, 공정경제) 협상을 타결했다. 내년까지는 나머지 1개 필라(무역)에 대한 협상도 완료할 예정인 가운데 신(新) 경제안보동맹 성격의 IPEF 참여로 우리나라 경제성장의 새로운 전환점을 맞을 것으로 기대된다.

산업통상자원부는 지난 13~14일(현지시간) 한국을 비롯해 미국, 일본, 호주, 태국, 인도 등 14개 IPEF 참여국들이 미국 샌프란시스코에서 열린 장관회의에 참석해 1년 반에 걸쳐 논의를 이어온 협정 성과를 발표했다고 밝혔다.

미 바이든 행정부가 주도한 IPEF는 무역뿐만 아니라 디지털 경제, 에너지·기후변화 대응, 높은 노동·환경 기준의 무역체제, 공급망 안보 구축, 친환경에너지 공동 투자, 공정한 자유무역환경 조성 등을 망라하는 보다 포괄적인 경제 협력체제다. GDP와 인구 기준 규모면으로 봤을 때 RCEP(역내포괄적경제동반자협정), CPTPP(포괄적·점진적 환태평양 경제동반자 협정)보다 큰 경제블록으로 우리나라 세계 교역의 40%를 차지한다.

'가치 동맹' 성격의 클럽형 협의체인 IPEF에는 한국, 미국, 호주, 일본, 필리핀, 태국, 인도, 인도네시아, 브루나이, 말레이시아, 뉴질랜드, 싱가포르, 베트남, 피지 등 인도·태평양에 위치한 14개국이 참여했다.

이번 회의에서 참여국들은 지난 5월 타결한 필라(Pillar)2 '공급망' 협정에 서명하고, 필라3 '청정경제' 협정과 필라4 '공정경제' 협정을 타결했다. 필라1 '무역' 협정의 경우 협상 진전을 확인하고, 내년에도 협상을 지속해 가기로 했다.

세부 내용을 보면 공급망 협정(필라2)으로 향후 공급망 교란 발생 시 신속한 위기 대응이 가능해지고 호주, 인도네시아 등 자원부국과 미국, 일본 등 기술 선진국 간 협력으로 역내 공급망의 회복력·안정성을 높일 수 있을 것으로 기대된다. 협정의 본격 발효는 내년 상반기로 예상된다.

산업부는 "기존에는 특정 국가 의존도가 높은 품목에 공급 차질이 생기는 위기가 발생하였을 때 대체 공급선 확보를 위해 여러 나라의 담당자를 파악하고 접촉하는 데까지 상당한 시간이 소요되었으나, 공급망 협정이 발효되면 공급망 위기 발생국 요청 후 15일 내에 IPEF의 위기대응 네트워크가 가동된다"며 "다양한 공급망 강점을 가진 14개국에 대체 공급처 관련 정보 등을 요청하고 필요 시 품목의 원활한 이동을 위한 협조도 받을 수 있어, 보다 효율적인 위기 대응이 가능할 것"이라고 기대했다.

청정경제 협정(필라3)은 에너지 전환, 산업 및 운송 분야에서의 배출가스 감축, 탄소시장 등 청정경제로의 전환에 있어서 참여국들 간 협력 강화를 위한 제도적 기반이 될 전망이다. 특히 원자력과 수소, 청정에너지 등 모든 청정에너지원을 포함한 에너지 생산과정에서부터 탄소 저감기술, 탄소 거래시장까지 에너지 전 단계에서 기술·규범·표준에 대한 협력을 강화하는 내용을 담고 있다.

산업부는 청정에너지 협정 타결에 대해 "비즈니스 활동이 국경을 넘어 활동할 수 있도록 해 사업 규모를 확대하는 것에서 나아가 청정에너지 산업의 시장도 확대할 것으로 기대된다"라며 "청정경제 기술 관련 연구개발, 정책교류, 시범사업 추진, 인증 관련 협력 등도 확대해 나가기로 했다"고 밝혔다. 이어 "탄소시장, 청정전기, 수소, 바이오 항공유, 에너지 저장, 메탄 감축 등 13개 협력 프로그램이 추진될 예정이며 향후에도 새로운 협력 프로그램도 발굴해 나갈 것"이라고 덧붙였다.

공정경제 협정(필라4)에서 합의한 내용은 부패 신고자에 대한 보호 강화, 부패 공무원 징계 절차와 정부 조달 과정에서 불법 행위에 대한 처벌 규정 정비 등이다. 여기에 조세 당국 간 활발한 조세 정보교환과 OECD(경제협력개발기구) 등 국제기구의 조세 이니셔티브 활용을 통해 조세 행정의 투명성과 효율성을 제고하기로 했다.

산업부는 "인태 지역의 공직자 청렴도와 사회 전 분야의 투명성이 제고될 것으로 기대된다"라며 "이는 우리 기업의 해외 신규 진출 시 장벽을 낮추고 보다 안정적이고 예측가능한 사업 환경을 제공할 것"이라고 평가했다.

마지막 무역 협정(필라1)은 이번 장관회의 중 최종 합의안 마련에는 실패했다. 미국 민주당 일각에서 근로자 보호 조항 등을 문제삼은 점이 걸림돌이 된 것으로 전해졌다.

참여국들은 내년 필라1 추가 협상을 진행하고, 이번에 서명된 공급망 협정과 타결이 이뤄진 청정경제 협정과 공정경제 협정의 구체적 협력 체계를 우선 확립하는데 뜻을 모았다. 향후 IPEF 전체를 총괄하는 'IPEF 장관급 협의체'를 구성·운영하며 타결된 3개 협정과 무역 협정 협의를 이어갈 예정이다.

무역 협정은 차후로 밀렸지만, 1년 반 만에 3개 필라 협정을 타결하면서 수출 경제 중심의 우리나라 경제도 새로운 전환점을 맞을 것이란 평가가 나온다.

정부는 전 세계 GDP의 40%, 상품·서비스 교역의 28%를 차지하는 거대 경제권을 구축했다는데 의의를 부여했다. 다만 중국과의 관계는 '불안' 요인이다.

미·중 갈등 속 미 주도로 구성된 IPEF는 중국을 둘러싼 인도·태평양 국가들의 경제 협력체제라는 데 중국을 견제하기 위한 일종의 '견제 동맹' 성격으로 규정하는 시각도 짙다. 대(對)중 의존도가 높은 우리나라로서는 치명적일 수도 있다는 얘기다.

이에 대해 산업연구원은 'IPEF의 주요 내용과 우리의 역할'이라는 보고서에서 우리나라의 IPEF 참여를 미·중 갈등의 단일한 측면으로 해석하기보다 새롭게 부각되는 통상 현안들에 대해 새로운 방식으로 접근하는 지역 내 규범 수립 과정으로 봐야한다고 조언하기도 했다.

연구원은 "IPEF는 미·중 대결 구도를 넘어 최근 새로이 부각되고 있는 신통상 현안들, 특히 디지털 경제 및 탈탄소화, 공급망 재편 등 이슈들에 대해 기존 무역 체제와는 다른 틀의 새로운 규범을 정립하려는 시도로 이해할 수 있다"고 평가했다.

연구원에 따르면 IPEF는 대서양 지역의 미국-유럽연합 무역기술이사회(TTC)와 유사한 형태로, 인도-태평양 지역에서 부상하는 새로운 통상 현안들에 대해 논의하기 위한 클럽형 협의체의 성격을 갖는다.

CPTPP나 RCEP와 같은 전통의 다자간 무역협정과 달리 IPEF는 넓은 범위의 신(新)통상 의제들에 대해 무역 장벽 철폐 이외의 다양한 방안들을 폭넓게 논의한다는 점, 개별 후보국들의 상황에 따라 선별적으로 일부 필라에만 참여 가능하다는 점에 있어 차별화된다.

이 때문에 연구원은 IPEF 참여에 따른 우리의 역할로 여러 통상 현안들에 대해 선제적으로 의견을 개진하면서 입지를 넓힐 필요가 있다고 조언했다.

IPEF 참여에 있어 전략적 차원에서 '득과 실'을 고려해야 한다는 주장도 했는데 IPEF의 일부 필라들 중 청정에너지 개발 및 인프라 격차 해소를 위한 투자 참여는 우리 기업들에 새로운 경제적 기회가 될 수 있지만, 일부 아젠다는 중국과의 협력에 부정적 영향을 미칠 수 있다는 점도 고려해 전략적 대응방안을 모색해야 한다고 주장했다.

IPEF 내에서 이뤄질 것으로 예상되는 역내 공급망 재편과정에서도 우리나라의 신중한 접근을 주문했다. 반도체·배터리 등 산업의 생산기지 이전, 중간재 수급처 선택 등의 문제에 있어 중국 의존도를 기존보다 낮추는 경우 발생할 수 있는 생산비용 상승 및 추가적 거래비용 발생 등에 대한 대응방안은 마련해야 한다고 했다.

산업연구원은 "IPEF가 지역 내 선진국들의 사교클럽이 되는 것을 우려하는 (동)남아시아 지역 국가들의 우려를 불식시키고, 이를 통해 해당 지역에 대한 입지를 강화하는 노력이 필요하다"고 제언했다.

〈자료원〉 뉴스1, 2023.11.16.

(4) ASEAN

동남아시아 국가 연합(Association of Southeast Asian Nations; ASEAN)은 1967년에 설립된 동남아시아의 정치, 경제, 문화 공동체이다. 매년 11월에 정상회의를 개최한다. 아세안은 1967년 태국 방콕에서 창설되었고, 이후, 브루나이, 캄보디아, 라오스, 미얀마 및 베트남이 회원국으로 가입하였다. 본래 설립되었을 때까지만 해도 반공국가들만의 모임에 가까웠지만 1990년대 냉전붕괴 이후로 의미가 없어진데다가 공산국가인 베트남과 라오스가 개혁개방의 길로 접어든 탓에 굳이 반공국가들만의 모임으로 남아있을 필요성이 없어졌다. 현재는 전체 동남아 지역을 포괄하는 협의체가 되었다. 본 연합체는 내전 등 어떠한 일이 터지더라도 회원국 간 내정간섭을 하지 않는 걸 원칙으로 삼고 있다.

아세안은 유럽 연합과 맞먹는 정치·경제 통합체를 지향하고 있다. 또, 사회 문화적으로 전체 회원국이 평화적으로 차이를 해결하기 위해 지역의 평화와 안정의 보호 및 기회를 제공하고 있다. 아세안은 440만 평방 킬로미터, 지구 전 영역의 3%를 차지하고 있다. 아세안의 영해는 영토의 3배 정도의 크기이다. 인구는 약 6억 2천 5백만 명으로 세계 인구의 8.8%를 차지한다. 아세안을 독립체로 볼 경우에는 미국, 중국, 일본, 독일, 프랑스, 영국에 이어 세계에서 일곱 번째로 큰 경제로 평가될 수 있다

그림 5-2 아세안 국가들

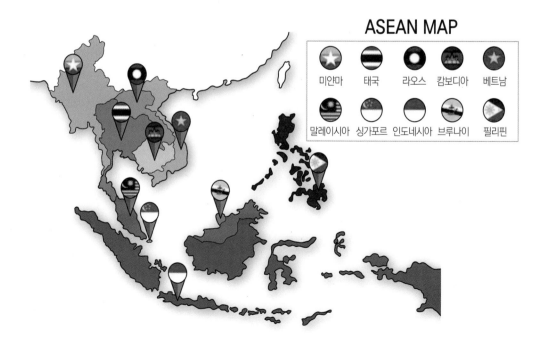

아세안은 동남아시아의 거대한 공동체로 성장하고 있다. 2015년에 ASEAN 공동체(ASEAN Community)를 출범하였는데 정치안보(ASEAN Political-Security Community: APSC), 경제(ASEAN Economic Community: AEC), 사회문화(ASEAN Socio-Cultural Community: ASCC) 등 3대 분야의 공동체로 구성되어 있다.

동남아시아 국가들은 이러한 공동체를 통하여 국민들의 삶의 질을 높임과 동시에 동남아시아의 위상을 드높여 ASEAN+3 중심으로 논의되고 있는 동아시아 공동체(EAC: East Asia Community) 형성에 주도적 역할을 계속해 나간다는 내부적 공감대를 형성하고 있다.

(5) APEC

아시아 태평양 경제협력체(Asia-Pacific Economic Cooperation: APEC)는 환태평양 국가들의 경제적·정치적 결합을 돈독하게 하고자 만든 국제 기구이다. 1989년 오스트레일리아의 캔버라에서 12개국이 모여 결성하였으며, 현재는 21개국이 참여하고 있다. 1993년부터는 매년 각 나라의 정상들이 모여 회담을 열고 있다.

(6)걸프 협력 회의

걸프협력회의는 (아랍어: مجلس التعاون لدول الخليج العربية, Gulf Cooperation Council: GCC)는 걸프 아랍 국가의 국제 경제 협력체이다.

정식 명칭은 걸프 아랍국 협력 회의(Cooperation Council for the Arab States of the Persian Gulf: CCASG)이다. 1981년 설립되었으며 바레인, 쿠웨이트, 오만, 카타르, 아랍에미리트, 사우디아라비아가 회원국이다. 단일 국가별 경제협력에 대해서는 1981년 리야드에서 조인됐다. 공식 명칭 외에 걸프 협력 국가들(Gulf Cooperative Countries)로 불리기도 한다.

이란과 이라크는 현재 해당국에서 제외되어 있다. 공동시장이 2008년 출범한 가운데 모든 회원국에 이에 대한 조치를 취하도록 요청했다. 국가별 무역 장벽을 없애는 한편 3차 산업의 교역 또한 급속도로 발전할 것으로 예측된다. 기구 자체적으로 FTA를 추진 중이다. 천연가스와 석유로 엄청난 재원을 모은데다 수십 년간 이를 토대로 투자처를 찾고 개발한 결과 두바이의 경제 성과는 크게 빛을 발하고 있다. 아부다비 투자처의 투자와 더불어 전 세계적으로 엄청나게 많은 자금을 확보하고 있다. 카타르와 아랍에미리트가 주도적인 역할을 하고 있다.

2) NAFTA와 USMCA

북미자유무역협정(NAFTA) 역시 자유무역연합지역의 한 형태라 할 수 있다. 북미의 3나라 캐나다, 미국 그리고 멕시코간의 자유무역을 협정한 것이다. 이러한 북미자유협정이 다른 경제블록과 다른 점은 미국, 캐나다와 멕시코의 경제 수준의 차이를 들 수 있다. 미국, 캐나다는 선진국이고, 멕시코는 개발도상국으로 국가 성격에 큰 차이가 있기 때문인데, 결과적으로 이 협정 이후 지역 내 자유무역의 증대로 선진국인 미국과 캐나다는 멕시코를 거쳐 생산된 식품, 의류, 자동차, 전자제품 등을 보다 저렴한 가격에 구매할 수 있게 된 반면, 다수의 미국 기업들이 멕시코로 공장을 이전함으로써 일자리가 감소하는 부작용을 가져오기도 했다. 이러한 현상에 대해 일부 미국 정치권에서의 협정에 대한 부정적 입장이 계속해서 야기되어 왔다.

멕시코의 경우도, 무역량이 늘고 일자리가 증가한 긍정적인 면이 있었으나, 저가의 미국산 농산물 유입으로 농업에 큰 피해를 보기도 하였으며, 공업 위주의 북부지대와 농업주의 남부 지역 간의 소득 격차 및 환경문제 등의 문제가 발생하였다.

이에 북미자유무역협정은 2016년 대선 당시 트럼프 대통령은 NAFTA를 두고 미국의 일자리를 없애는 최악의 협정이라며 취임 직후부터 재협상을 요구하였다. 2018년 9월 30일, 3국은 새로운 무역협정에 합의하면서 NAFTA라는 이름은 24년 만에 역사 속으로 사라지게 됐다. 이후 USMCA(United States Mexico Canada Agreement)의 약칭으로 미국·멕시코·캐나다 간에 맺은 자유무역협정이 체결되었다. 이는 1994년 발효된 북미자유무역협정(NAFTA)을 대체하는 새로운 협정으로, USMCA에는 미국의 요구안이 폭넓게 반영되었다. 협정 후 사후 불만이 있을 때나 자국 환경이 변할 때 일방의 요구에 따라 개정을 추진할 수 있도록 하는 절차도 합의에 포함됐다. 개정된 협정은 6년마다 재검토되는데 향후 10년간 문제가 해결되지 않으면 협정은 폐기된다.

3) 중남미 지역경제 통합

남미지역 국가들은 1960년대부터 느슨한 형태나마 자유무역 실현을 목표로 쌍무 간 특혜관세협정을 체결했다. 멕시코, 볼리비아, 콜롬비아, 에콰도르, 페루, 베네수엘라, 아르헨티나, 브라질, 파라과이, 우루과이, 칠레 등 중남미 11개국들은 1960년 자유무역지대 창설을 목표로 중남미자유무역연합(LAFTA: LatinAmerica Free Trade Association, 스페인어 명名 ALALC)을 설립했으나 자유무역지대 추진이 지지부진하자 이를 쇄신하기 위해 1980년 몬테비데오 협정을 통해 명칭을 중남미통합연합(LAIA: Latin America Integration Association, 스페인어명 ALADI)으로 개칭했다. LAIA 또한 중남미지역 공동시장 결성이라는 당초의 야심찬 목표와는 달리 회원국들의 참여 의지 부족으로 자유무역지대의 초기단계에 머무르고 있다. 또 다른 중남미 경제통합의 대표적인 예는 도미니카-중앙아메리카 자유무역협정(DR-CAFTA), ANDEAN 그리고 MERCOSUR가 있다.

(1) DR-CAFTA

도미니카 공화국-중미 FTA(DR-CAFTA)는 미국과 중미인 코스타리카, 엘살바도르, 과테말라, 온두라스, 니카라과 및 도미니카 공화국들의 경제협력체이다. DR-CAFTA는 미국지역 전체와 남부 국경을 따라 강력한 무역 및 투자 관계, 번영 및 안정을 촉진하기 위해 만들어졌다.

(2) ANDEAN

ANDEAN(안데스공동시장)은 남미 안데스 지역 국가들로 형성된 경제 공동시장으로 1969년 설립이 되었다. 설립 목적은 역내 관세 철폐와 대외 공동 관세 설정, 가입 국가의 경제 발전이며 대외 공동 관세율 적용, 역내 자유 무역 실시, 외자 등에 관한 공동 정책 실행이다.

즉, 안데스공동시장은 라틴아메리카의 안데스 지역 국가들로 구성된 경제 공동체이다. 역내 무역 장벽을 철폐하고 대외 국가에 공동 관세를 적용하는 것을 목적으로 한다. 안데스공동시장이 처음 세워진 것은 1969년이다. 1958년 프랑스를 중심으로 유럽경제공동체(EEC)가 결성된 것을 시작으로 1960년 중미공동시장(Central American Common Market)이 형성되는 등 이 시기에는 각 지역별 경제 블록이 활발하게 구성되고 있었다. 특히 1960년 아르헨티나, 브라질, 칠레, 파라과이, 페루, 우루과이, 멕시코 등 남미 7개국이 주도해 결성된 라틴아메리카 자유무역연합(LAFTA)은 중앙아메리카 지역 국가에 큰 영향을 미쳤다. LAFTA가 중남미를 대표하는 경제 공동시장으로 떠오르자 이에 위기를 느낀 콜롬비아, 페루, 에콰도르, 볼리비아, 칠레 등 이른바 안데스 제국의 5개 나라는 1969년 경제 협력을 위해 안데스공동시장을 형성했다.

Global High Light

"브라질, 아르헨 밀레이 취임 전 EU-메르코수르 무역협정 타결할 것"

유럽연합(EU)과 메르코수르(남미공동시장) 간 자유무역협정(FTA)이 다음달 초 타결될 것이라는 전망이 나왔다. 아르헨티나 대선에서 깜짝 당선된 급진적 자유주의자 하비에르 밀레이가 앞서 메르코수르 탈퇴 의사를 밝힌 만큼 그가 취임하기 전 협상을 마무리짓겠다는 의도다.

20일(현지시간) 로이터는 브라질 무역 소식통을 인용해 이들이 다음달 7일 브라질 리우데자네이루에서 열리는 메르코수르 정상회의에서 협상 타결 소식을 발표할 계획을 세우고 있다고 전했다. 밀레이 당선인의 대통령 취임 3일 전이다.

메르코수르는 아르헨티나와 브라질, 우르과이, 파라과이 등 4개국으로 구성된 남미 경제공동체다. EU-메르코수르 무역협정은 20년간의 협상 끝에 2019년 합의됐다. 그러나 이후 EU가 브라질의 개발정책에 우려를 표하며 협상에 환경보호 의무를 포함할 것을 요구했다. 직후 취임한 좌파 성향 알베르토 페르난데스 아르헨티나 대통령마저 "FTA가 아르헨티나 산업에 미칠 영향이 제대로 고려되지 않았다"며 부정적인 입장을 내놓으며 협상이 장기화됐다.

후보 시절 메르코수르가 없어져야 한다고 말했던 밀레이가 당선되자 협상에 속도가 붙기 시작했다는 분석이다. 로이터는 소식통을 인용해 EU와 메르코수르가 FTA를 타결하기 위해 매주 화상회의를 갖기로 했다며 "룰라 브라질 대통령이 지금이라도 더 노력할 것"이라고 보도했다. 브라질 측은 협상할 세부 사항이 거의 남아있지 않다고 전했다.

다만 밀레이 당선인이 메르코수르에서 실제 탈퇴할 가능성이 낮다는 관측도 있다. 시장 개방은 '무정부주의적 자본주의자'로 스스로를 칭하는 밀레이의 기조에 들어맞는다는 이유다. 브라질과의 무역 관계를 포기할 경우 손해도 크다. 아르헨티나는 브라질의 자동차 수출 1위국이다.

밀레이 정부의 외무장관 유력 후보인 다이애나 몬디노는 대선 전 로이터와 인터뷰에서 "메르코수르는 수정돼야 하지만 제거돼서는 안 된다"며 "아르헨티나는 브라질과의 무역을 늘리기 위해 노력할 것"이라고 말했다.

〈자료원〉 한경글로벌마켓, 2023.11.21.

1973년 베네수엘라가 추가로 공동시장에 합류했다가 2006년 탈퇴하였다. 창립멤버였던 칠레는 1976년 정회원에서 탈퇴하고 참관국 지위를 유지하다가 2006년 준회원 자격으로 다시 기구에 가입했다. 2005년 아르헨티나, 브라질, 파라과이, 우루과이 등 남미 국가들도 준회원으로 가입했다. 옵서버회원국으로는 스페인과 모로코가 있다. 안데스공동시장의 기본 내용은 역내 무역 장벽을 철폐하는 것과 역외 국가에 대한 공동 관세율을 적용하는 것이다. 이외에 가입 국가 사이에 경쟁이 가열되지 않도록 산업을 계획적으로 분배하는 것과 외자를 도입할 때 공통된 정책을 취하는 것 등이 공동시장 내용에 포함된다.

(3) MERCOSUR

메르코수르(Mercosur; Mercado Común del Sur)는 남아메리카 공동 시장으로 남아메리카 국가들의 경제 공동체이다. 남아메리카 국가들의 물류와 인력 그리고 자본의 자유로운 교환 및 움직임을 촉진하며 회원국과 준회원국 사이의 정치·경제 통합을 증진시키는 것을 목적으로 하고 있다. 현재는 아르헨티나, 브라질, 파라과이, 우루과이, 베네수엘라(베네수엘라는 2016.12.1. 자로 회원자격 정지) 5개국이 정회원국으로 참여하고 있다.

그림 5-3 중남미 지역의 경제통합현황

NAFTA
멕시코
도미니카 공화국
온두라스
과테말라
코스타리카
엘살바도르
캐나다
DR_CAFTA
베네수엘라
콜롬비아
에콰도르
ANDEAN
COMMUNITY
페루
브라질
볼리비아
MERCOSUR
파라과이
아르헨티나 우루과이

    1991년 파라과이의 아순시온에서 체결된 아순시온 협약을 통해 설립되어 운영에 들어갔다. 메르코수르는 외부 시장에 대한 동일한 관세 체제를 만들었고, 1999년부터는 회원국 사이의 무역에서 90% 품목에 대해 무관세 무역을 시행하고 있다. 역내관세 및 비관세장벽을 철폐하여 재화, 서비스, 생산요소를 자유롭게 유통 대외 공동관세를 창설, 공통의 무역정책을 채택, 거시경제 정책의 협조 및 대외무역, 농업, 재정·금융, 외환·자본, 서비스, 세관, 교통·통신 등 분야에서 경제정책 협조를 하고 있다. 준회원국(7개국)은 칠레, 페루, 에콰도르, 콜롬비아, 수리남, 가이아나, 볼리비아 등 7개국이며 옵서버로서 2개국은 멕시코, 뉴질랜드가 있다.

4) 유럽연합

    유럽연합은 유럽 27개국의 정치·경제 통합기구로, 영어로 줄여서 EU(European Union)로 통칭한다. 1957년 로마조약 체결로 출범한 유럽경제공동체(EEC)로부터 시작되었다. 1965

년 유럽경제공동체는 유럽석탄철강공동체와 유럽경제공동체, 유럽원자력공동체 합병조약 (Merger Treaty)을 체결하여 3개의 공동체를 통칭한 유럽공동체를 형성하였고, 1993년에 발효된 마스트리흐트 조약에 따라 유럽연합(EU)으로 개칭하였다. 이후 추가 회원국의 가입과 수차례의 조약 수정이 이루어졌으며 2021년 영국의 탈퇴 선언인 브렉시트가 발효되어 현재 27개 회원국으로 가입되어 있다.

유럽연합의 언어는 총 24개로, 주요 문서는 모든 회원국의 언어로 번역되어 제공되지만, 일반적인 문서작성과 행정 용어는 주로 영어·독일어·프랑스어를 사용한다. 2019년 기준, 유럽연합 27개 회원국의 명목 GDP 규모는 약 16조로, 전 세계 총 GDP의 약 1/6을 점유하고 있다. 유럽연합은 스위스를 제외한 유럽자유무역연합(EFTA)과 유럽경제공동체(EEC)를 결성하여 유럽의 상품·서비스·노동·자본의 시장경제를 통합하고 있다.

2020년 2월 기준, 가입국은 27개국이다. 27개국을 모두 합치면 인구는 약 5억, 경제 규모는 미국과 맞먹는 거대한 집단이라서 세계 주요 정치, 외교, 안보, 경제, 사회, 환경 현안에서도 EU 집행위원장은 강대국의 국가원수와 버금가는 대우를 받는다. 현재 지구상에서 가장 구속력 있게 단결되어 있는 국가연합이라고 할 수 있다. 유로화는 특별인출권에서 미국 달러 다음으로 2위의 비율을 차지하고 있다.

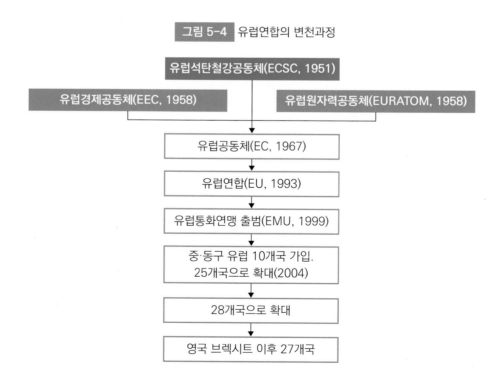

그림 5-4 유럽연합의 변천과정

유럽석탄철강공동체(ECSC, 1951)

유럽경제공동체(EEC, 1958)　　　유럽원자력공동체(EURATOM, 1958)

유럽공동체(EC, 1967)

유럽연합(EU, 1993)

유럽통화연맹 출범(EMU, 1999)

중·동구 유럽 10개국 가입.
25개국으로 확대(2004)

28개국으로 확대

영국 브렉시트 이후 27개국

현재 유럽연합이 세계에서 총 GDP 측면에서 가장 큰 경제권은 아닌데, 브렉시트 이전인 2015년 시점에서 유럽연합 GDP는 이미 미국 GDP에 추월당했다. 창립 이후부터 2010년대 초반까지는 전체 경제규모에서 미국을 능가하며 절대 무시 못할 영향력을 지녔었지만, 2008년 리먼 브라더스 사태와 이후 유로존 위기로 이어지는 만성적인 경제 불황으로 인해 미국에 추월당했다. 2020년 영국의 탈퇴로 EU의 경제 규모는 더 줄어들었다. 이 전체가 중국과 일본을 합한 GDP보다 낮고 중국과 비슷하기도 하다. 2020년 현재, GDP 규모는 동북아, 북미, 유럽 순으로 크다.

한편 EFTA(European Free Trade Association), 유럽자유무역연합이 있는데 회원국으로는 노르웨이, 리히텐슈타인, 스위스, 아이슬란드를 말한다. 이 4개 국가는 유럽연합 회원국과 거의 동등한 대우를 받으며, 시민들도 교육, 취업 등 대부분의 분야에서 EU시민권자와 거의 동등한 대우를 받는다.

EEA(European Economic Area), 유럽 경제 지역은 2020년 유럽연합의 27개 회원국 중 크로아티아를 제외한 26개 회원국과 EFTA의 4개 회원국 중 스위스를 제외한 3개 회원국을 합쳐 29개 회원국으로 구성되어 있다. 크로아티아는 서명과 비준을 완료한 상태이나 아직 발효는 되지 않았으며, 영국은 2020년 유럽연합에서 탈퇴함에 따라 EEA도 자동으로 떠나게 되었다.

4. 해외시장의 경제적 환경

1) 경제체제

경제체제는 한 국가의 경제가 움직이는 기본체제를 의미한다. 그러므로 이를 이해하는 것은 글로벌경영자의 당연한 것이다. 흔히 자본주의, 사회주의, 시장경제, 계획경제 등을 경제체제의 유형으로 보고 자본주의와 시장경제 사회주의와 계획경제를 동일시하기도 하지만 이는 바람직하지 않다. 자본주의와 시장경제가 매우 조화로운 것은 맞지만 동일하지는 않다. 일반적으로 경제체제를 나누는 주요한 기준으로는 자원의 배분방식과 자원의 소유형태이다. 이를 기준으로 했을 때 자본주의 경제체제, 사회주의 경제체제 및 혼합 경제체제로 구분할 수 있다.

(1) 자본주의 경제체제

일반적으로 자본주의 경제체제에서는 무엇을 생산할 것인가, 생산된 생산물을 어떻게 분배할 것인가 하는 것이 시장에 의해 결정되는 시스템이다. 여기서 시장이란 수요와 공급에 의해 가격이 결정되는 시스템이다. 즉, 시장가격에 의해 생산이 결정되고 수요가 일어나서 분배가 이루어지는 구조이다. 가격이 올라가면 기업이 제품 생산을 증대하고 가격이 내려가면 기업이 제품생산을 감소하는 것이 바로 시장경제의 주요한 원리 중 하나이다.

뿐만 아니라 생산물에 대해서 사적인 소유가 인정이 된다. 이러한 점은 결국 이윤을 인정하는 것과 동일한 의미이므로 자본주의 경제시스템은 각 개인의 능력에 따라 경쟁자보다 더 나은 제품과 서비스로 경제활동을 수행함으로써 더 많은 이익을 갖게 되는 시스템이다. 자본주의 경제시스템이 사적 소유나 개인 이윤을 인정하지 않는 사회주의 경제시스템보다 더 역동적이고 고도의 효율성을 나타내며 생산량을 극대화하는 이유가 바로 이러한 것 때문이다.

(2) 사회주의 경제체제

사회주의 경제체제는 시장의 가격기구에 의해 생산물이나 분배가 결정되는 것이 아니라 정부 혹은 국가의 계획에 의해 재화나 서비스가 생산되고 분배가 결정되는 경제시스템이다. 즉, 시장의 가격기구가 있지 않으며 생산물의 사적소유와 개인의 이윤이 인정되지 않는 경제시스템이다.

사회주의 경제시스템은 자본주의경제 체제에서의 대표적인 문제점인 공황, 실업, 거대기업의 시장독점 등의 문제를 회피하기 위해 생겨난 것으로 생산 및 분배에 관한 주요의사결정을 시장에 의존하지 않고 정부와 국가가 관리해야 한다는 것이다. 예전에 소비에트와 중국을 비롯한 사회주의 국가들이 이와 같은 사회주의 경제체제로 국가를 운영해 왔지만 기대했던 성과를 야기하지 못하였다. 이에 이러한 사회주의 경제체제를 선택한 국가들이 자본주의로 변화해가고 있는 추세이고 이러한 경제를 이전경제라고 한다.

(3) 혼합 경제체제

혼합경제(mixed economy) 체제는 자본주의 시장경제와 정부의 계획경제체제가 혼합되어 있는 시스템으로 자원배분과 생산에 관한 주요의사결정을 순수하게 시장에만 맡겨놓지 않고 그렇다고 전적으로 생산과 자원분배를 정부의 계획에만 의존하지 않는 시스템이다. 예컨대, 사적 소유가 허락되는 자본주의 경제 체제하에서 정부의 계획적인 자원 배분방식이 적용되는 계획경제의 비중이 높거나, 계획경제체제하에서 시장에 의해서 결정되는 부분이 클 때 이를 혼합경제체제라고 한다.

이렇듯 혼합 경제에서는 경제의 특정 영역에서는 민간 소유와 자유 시장 메커니즘이 남아있는 반면, 다른영역에서는 국유화와 정부 계획 사업이 행해진다. 혼합 경제 체계는 한때 세계 많은 곳에서 있었으나 지금은 많이 줄어들었다. 영국, 프랑스, 스웨덴의 경우, 1980년대까지 혼합 경제 체제였으나 모두 광범위한 민영화로 국영 기업들이 감소했다. 기타 대규모의 국유 부문이 존재했던 나라들 사이에서도 유사한 경향이 발견되고 있다. 그러나 민주주의 방식으로 정권을 잡은 후 체제를 전환시켜 정권 유지를 하는 러시아와 베네수엘라 같은 나라에서는 권위주의적인 정권이 정치조직을 장악하고 있으며 정부의 경제 활동 개입이 더욱 심화되고 있다. 한편 중국의 경우 혼합경제체제를 시행하고 있는데 이를 소위 사회주의 시장경제체제라고 한다. 이는 정부가 대부분의 자원을 소유하고 있다. 대신 자원배분은 시장에 의해서 이루어지기 때문이다. 즉, 중국정부는 기업과 개인들에게 상당한 자유를 주어 시장기구가 작동하고 있지만 전체경제에서 차지하는 국영기업의 비중이 상당히 높고 자원의 많은 부분이 국가소유이다.

2) 시장잠재력

글로벌경영자가 일차적 관심을 갖게 되는 진출예상국의 경제적 환경은 시장규모와 관련된 시장특성이다. 이러한 시장 특성은 시장 규모 혹은 시장잠재력(market potential)으로 알아볼 수 있다. 이는 일반적으로 1인당 국민소득이나 총인구 등으로 파악한다. 제품이나 서비스의 특성에 따라 소득수준이 더 바람직한 지표일 수도 있고 인구수가 더 바람직한 지표일 수도 있다. 또한 인구분포도 중요한 변수이다. 인구가 연령별로 어떠한 분포를 갖고 있는지 노년층 인구는 어떠한지 경제활동층인 20~50대까지의 비중은 총인구에서 어느 정도 차지하는지 등을 살펴보아야 한다.

3) 물가수준 및 상승률

각국의 서로 상이한 물가수준은 글로벌경영자가 비즈니스를 더욱 복잡하게 만드는 요소이다. 따라서 각 국의 서로 다른 물가수준도 글로벌 비즈니스 관리자가 주의 깊게 살펴보아야 할 경제적 변수이다.

일반적으로 물가수준과 그 상승률은 현지소비자들의 구매에 영향을 미칠 뿐만 아니라 글로벌 전략수립에 있어 불확실성 요인으로 작용할 수 있다. 뿐만 아니라 상승률은 환율의 움직임에도 영향을 미친다. 물가상승률이 높은 나라에서는 보다 경제적인 제품을 생산하고 비용절감하여 고객의 니즈를 충족시키는 고객가치기반 경영활동을 할 수 있다. 또한 이러한 국가에서는 급속하게 상승하는 가격수준을 통제하기 위해서 정부가 종종 가격 통제력을 내세우는 경우가 있다. 정부가 가격통제로 이익이 발생하지 않으며 기업은 투자를 중단하거나 공급을 중단하기도 한다.

4) 국제 수지 및 무역패턴

국제수지(Balance of Payment; BOP)는 한 국가의 무역수지, 외채상황 등을 보여 주고 있기 때문에 주의 깊게 관찰해야 한다. 국제수지는 크게 경상수지와 자본수지로 구분된다. 경상수지는 수출입의 수지를 의미하는 무역수지와 관광, 운임, 보험료 등의 수지를 의미하는 무역외 수지, 이민의 모국송금, 무상 경제협력 등의 수지를 나타내는 이전수지로 구성된다.

자본수지는 상품이나 서비스의 거래를 통하지 않고 우리나라의 기업, 금융기관 등과 외국의 기업, 금융기관 등의 자본거래를 통해서 생기는 수입과 지출의 차액을 의미한다.

많은 개발 도상국들은 고질적인 국제수지 적자로 인해 많은 대외부채를 갖고 있다. 한나라가 대외 채무지급불능상태(default)에 빠지면 다른 국가들도 간접적인 영향을 받는다. 왜냐하면 외환위기가 발생하면 해당지역의 구매력이 급격히 떨어지고 해당 국가는 이자를 갚기 위해 수출을 늘이기 위해 보조금 등을 지원하는 등의 무역장벽이 생겨날 수도 있기 때문이다.

무역장벽은 다양하게 존재한다. 일반적으로 관세장벽(tariffs)과 비관세장벽(non tariff)으로 구분이 가능하다. 겉으로 드러난 관세장벽보다 명확히 드러나지 않게 시행되는 비관세장벽이 기업을 더욱 힘들게 한다. 관세는 수입을 억제하기 위해 부과되기도 하지만 정부의 조세수입을 위해 부과되기도 한다. 비관세장벽은 수입을 억제 혹은 지연시키기 위해 시행되는 관세이외의 모든 조치를 포함한다. 가장 강력한 형태의 비관세 장벽은 수입물량할당(quota)이나 수입면허(import license) 등이지만 이들은 흔히 사용되는 조치들은 아니다. 오히려 수입통관절차를 까다롭게 한다거나 엄격한 표준이나 규칙을 적용한다거나 반덤핑제소를 남발한다거나 수출국의 수출자유규제의 명목으로 수입을 억제하는 등이 있을 수 있다.

더 생각해 볼 문제

○ **FD1** 지역경제통합을 서로 비교하여 특징을 정리해 보자.

○ **FD2** 각 경제통합체제와 한국과의 관계를 살펴보자.

○ **FD3** 국가별 시장의 잠재력을 나타낼 수 있는 지표는 어떠한 것이 있
는가를 조사해 보자.

6 국제경제와 국제금융환경의 이해

학습목표(Learning Objectives)

○ **LO1** 환율의 메커니즘을 이해하고 시장환경에 미치는 영향을 이해할 수 있다.

○ **LO2** 통화와 이자 등 거시경제환경에 대한 구조적 관계에 대해 이해하고 국제경영활동에 미치는 영향을 말할 수 있다.

○ **LO3** 4차 산업에 의해 새롭게 등장한 암호화폐의 글로벌경영에 적용되는 분야에 대해 이해할 수 있다.

CASE

한풀 꺾인 고유가 · 고환율…항공업계 경영 정상화 앞당겨지나

항공유, 배럴당 123달러에서 104달러로 하락…영업이익 높여
원 · 달러 지난달 1350원에서 이달 1200원대로 떨어져 환차손↓

최근 고유가 · 고환율 흐름이 꺾이면서 항공업계가 코로나19 이전 수준으로 완전 정상화되는 속도가 빨라질 것이라는 전망이 나오고 있다.

29일 업계에 따르면 항공유의 세계 평균 가격은 지난달 말 배럴당 123달러로 올해 최고점을 기록한 이후 이달 중순 배럴당 104달러까지 떨어졌다. 국제유가가 하락하면 항공사들은 연료비를 절감할 수 있어 영업이익을 높일 수 있다.

뿐만 아니라 항공사들은 유가 상승분에 따라 항공권에 유류할증료를 부과하기 때문에 유가가 낮아질수록 항공권을 저렴하게 공급할 수 있다. 실제 다음달부터 대한항공과 아시아나항공의 유류할증료는 지난 8월 이후 5개월 만에 떨어진다. 대한항공은 다음달 국제선 유류할증료를 2만 5200원~19만 400원으로 책정했다. 이달은 3만 800원~22만 6800원 수준이었는데, 이달보다 최대 3만 6000원 정도 낮아진 것이다. 아시아나항공도 다음달 국제선 유류할증료를 2만 6700원~15만 1000원으로 하향 조정했다.

원 · 달러 하락세도 항공업계의 실적 개선을 앞당길 전망이다. 원 · 달러 환율은 지난달 평균 1350.69원이었지만 현재 미국의 금리 인상 종료 기대감에 1200원대까지 하락한 상황이다. 항공사들은 유류비와 항공기 리스비용 등을 달러로 지급한다. 이에 원 · 달러 환율이 하락하면 환차손을 줄일 수 있다.

항공업계는 여객 수요가 상승세를 그리고 있는 가운데 유가와 환율이 안정되면 경영 정상화가 앞당겨 질 수 있다는 기대를 내비치고 있다. 실제 인천공항공사에 따르면 올해 3분기 인천공항 여객 실적(국제선 기준)은 1541만 9010명으로 코로나19 전인 2019년 3분기(1792만 4471명) 대비 86.0%의 회복률을 기록했다. 전년 동기(549만 1286명) 대비 180.8% 늘어난 수준이다.

업계는 내년 상반기 내 100% 정상화를 이룰 것이라 예상, 신기재 도입과 노선 증편 및 확대에 적극적인 모습이다. 또 여객 사업 회복에 힘입어 인력 수급에 열을 올리고 있다. 대한항공은 올해 350여명의 인원을 충원했으며 제주항공과 티웨이항공, 진에어, 이스타항공 등 저비용항공사(LCC)들도 대규모 채용에 나서고 있다.

업계 관계자는 "올해 항공업계는 엔데믹으로 실적 개선을 이뤘지만 고환율 · 고유가 리스크로 영업이익에 아쉬운 점이 있었다"며 "유류할증료 하락, 유류비 하락으로 영업이익이 개선되는 기조가 이어진다면 내년 상반기 내 완전 정상화 수준에 이를 것으로 본다"고 말했다.

〈자료원〉 에너지경제, 2023. 11. 29

글로벌 시장 진출을 위한 글로벌 지역의 경제 환경을 분석할 때 각 국가들의 경제 환경 현황 혹은 지역적인 특이점도 살펴보아야하지만 세계적으로 연결되어 있는 다양한 금융환경 시스템에 대한 분석과 이해가 필요하다.

이렇게 체계적인 글로벌 금융환경 분석을 하기 위해서는 반드시 알아야 하는 기초적인 경제적 분석이 필요하다. 대표적인 것이 환율을 포함한 외환의 작동원리 그리고 금리 결정이 국제 간에 미치는 영향들의 심도 깊은 분석이 필요하다. 또한 전자화폐의 발전이 글로벌 비즈니스 경영에 미치는 파급효과에 대해서 글로벌경영자는 잘 이해해야 할 것이다.

1. 국제 거시경제환경의 변화과정

1) 금본위제도

금본위제도는 교역의 매개, 계산의 단위, 가치의 저장 수단으로 금으로 된 주화를 사용한 것에서 유래하는데, 금위 제도의 기원은 고대까지 거슬러 올라간다. 국제 무역이 일정 규모로 한정되어있던 시기에, 금과 은은 다른 나라에서 구입한 물건에 대해 지불하는 수단으로써 사용되었다. 그러나 산업혁명으로 국제 무역 규모가 커짐에 따라 더욱 편리한 금융 수단이 필요하게 되었다. 국제 무역을 위한 자금을 대기 위해 대량의 금과 은이 전 세계를 도는 것은 실용적이지 못했기 때문이다. 이에 대한 해결책으로 종이 화폐를 쓰는 것으로 지불 방법을 조정하도록 했고 정부가 종이 화폐를 일정한 비율로 금이나 은으로 바꾸도록 동의하게 한 것이다.

(1) 금본위제도의 메커니즘

금본위제도(gold standard)란 화폐 가치를 금에 고정시키고 그 태환성(convertibility)을 보장하는 것이다. 1880년의 영국, 독일, 일본 그리고 미국 등을 포함한 세계 주요 무역국 대부분이 금본위제도를 채택하고 있었다. 금을 통한 공통된 기준이 주어짐으로써 환율을 결정하기가 쉬웠다.

예컨대 금본위제도에서 1 US $(미국1달러)는 23.22 grain의 순도 높은 금과 같은 가치로 정해졌다. 1온스는 480 grain이기 때문에 1온스에 대한 금의 가격은 20.67 (480/23.22)달러였다. 1온스의 금을 구매하기 위해 필요한 화폐의 양은 금 액면가(gold par value)로 일컬어졌다.

(2) 강점

국제수지 균형을 달성하는 강력한 메커니즘을 갖고 있다는 것은 금본위제도의 가장 중요한 장점이였다. 국제수지 균형(balance-of-trade equilibrium)은 국내 거주자들이 수출을 통해 얻는 이익과 그들이 수입을 위해 타국에 지불해야 할 금액이 일치할 때 일어난다(경상수지가 균형을 이룰 때). 예컨대 한국과 미국, 두 개의 국가만이 존재한다고 가정해 보자. 한국의 대미 수출이 수입을 초과해 무역수지가 흑자라고 하자. 한국의 수출업자는 달러로 금액을 지불받을 것이다. 이 달러는 한국 은행에서 원화로 환전된다. 한국 은행은 미국에 이 달러를 주면서 그 대가로 금을 요구한다.

금본위제도에서 한국이 무역 흑자를 낼 경우, 금이 미국에서 한국으로 이전한다. 금의 이전은 자동적으로 미국의 통화 공급량을 줄이고 아울러 한국의 통화 공급량을 늘릴 것이다. 일반적으로 통화 공급 증가와 물가 상승은 밀접한 관련이 있다. 통화 공급의 증가로 한국의 물가는 상승될 것이고, 미국은 통화 공급량이 줄어들어 물가는 낮아질 것이다. 한국의 제품 가격은 상승하여 수요가 감소할 것이고 미국 제품 가격은 하락하여 수요가 증가할 것이다. 그러므로 국제수지가 균형을 이룰 때까지, 한국은 미국에게 수입을 더 많이 할 것이며 미국은 더 적게 수입할 것이다.

이러한 조정 메커니즘은 금본위제도의 최종 붕괴로부터 오늘날까지도 단순하고 설득력 있는 것처럼 보인다. 이 때문에 일부에서는 금본위제도로 다시 돌아가야 한다고 주장하고 있다.

(3) 금본위 제도의 퇴보

금본위제도는 1870년대부터 1914년 제1차 세계대전 발발을 계기로 폐지될 때까지 상당히 원활히 운용되었다. 세계대전 동안 몇몇 국가의 정부는 대량의 군수 비용으로 돈을 찍어내면서 조달하였다. 이 결과 인플레이션을 초래하였고, 1918년 전쟁이 끝난 후 전 세계 어느 곳에서나 물가가 큰폭으로 상승하였다. 이에 많은 나라들이 금본위 제도로 회귀하였다.

영국의 경우, 1925년까지의 엄청난 인플레이션에도 불구하고, 파운드를 전쟁 전 수준으로, 즉 금 1온스를 4.25파운드에 연계시키면서 금본위제도로 회귀하였다. 이 결과, 영국제품들은 해외 시장에서 가격경쟁력을 상실하여 영국 경제는 심각한 침체에 빠지게 되었다. 이에 파운드를 소유한 외국인들은 영국 정부가 자국 통화 가치를 유지할 수 있을지에 대해 확신하지 못했기 때문에 파운드에서 금으로 전환하기 시작하였다. 이후 영국 정부는 자국 금 보유를 고갈시키지 않고서는 금에 대한 수요를 만족시킬 수 없을 것이라 판단하여 다시 1931년에 파운드와 금의 전환을 중지시켰다.

미국의 경우, 1933년 금본위제도를 중단했으나, 1934년에 다시 금에 대한 달러 가치를 올리면서 금본위제도를 사용하였다. 이는 금 1온스를 사기 위해 예전보다 많은 달러가 필요하게 되었음을 의미하고 이에 달러의 가치가 낮아졌다. 이로 인해 다른 통화에 비해 달러의 가치가 상대적으로 절하되었다. 미국 정부는 수출 가격을 내리고 수입 가격을 올리는 방식으로 생산량을 늘려 고용을 창출하려고 하였다. 그러나 다른 많은 국가들이 이와 유사한 방식을 채택하였고 경쟁적으로 자국의 통화 가치를 절하함에 따라 어느 국가도 이길 수 없는 상황에 이르게 되었다.

이러한 결과 전 세계 각 국가가 마음대로 자국 통화 가치를 절하하면서 아무도 그 통화로 얼마만큼의 금을 구매할 수 있을지 확신할 수 없었다. 많은 사람들은 국가가 중간에 통화 가치를 하락시킬 것을 우려해 다른 나라의 통화를 보유하는 대신 금을 보유하게 되었다. 이것은 많은 국가의 금 보유량에 영향을 끼쳐 금의 전환 가능성을 멈추도록 만들고 특히 제2차 세계대전이 시작되면서 금본위제도는 사라졌다.

2) 브래튼우즈 시스템과 IMF 체제

IMF체제는 제2차 세계대전이 끝난 후 기업들에게 안정적인 국제금융환경을 제공하기 위해 설립되었다. 앞에서 설명한 바와 같이 제2차 세계대전 이전에는 금본위제도(gold standard)가 기본적인 국제통화시스템이었다. 이러한 금본위제도는 제1차 세계대전이 발발하여 각국 정부들이 전쟁비용을 충당하기 위해서 통화량을 남발한 결과 붕괴가 되었다. 결국 제1차 세계대전 이후에는 각국에 인플레이션이 만연했고 환율이 급등하는 등 전 세계적으로 국제통화시스템의 불안정이 계속되었다.

이에 제2차 세계대전이 마무리되어가던 1944년 전 세계 44개국 대표들은 브래튼 우드(Bratton Woods)에 모여 전쟁이 끝난 후 다시 안정적인 국제통화시스템으로 복귀하기 위한 회담이 열렸다. 그 결과 브레튼 우즈 시스템 혹은 IMF(International Monetary Fund)체제라는 고정환율제도(fixed exchange rate system)가 탄생하게 되었다.

브레튼 우즈 시스템은 금본위제도와 유사하게 미국의 달러를 기축통화로 삼아 각국의 환율을 미국의 달러에 대한 환율로써 고정시켜 놓았다. 또한 미국의 달러는 금 1온스에 35불로 언제든지 교환할 수 있도록 금과의 태환성을 보장하였다. 브레튼 우즈 시스템은 고정환율제를 유지하기 위해서 각 국가가 자의적으로 환율을 인하하거나 통화량을 남발하지 못하게 엄격히 규정해놓았기 때문에 각국의 통화정책은 제한적이었다.

만약 특정 국가가 통화량을 남발하여 인플레이션 압력이 증가하면 브레튼 우즈 시스템에서 정한 고정환율을 유지할 수 없기 때문이었다. 이와 같이 고정환율시스템은 인플레이션을 통제하고 통화정책의 운영을 조심스럽게 수행하도록 회원국 정부에 압력을 주는 역할을 하였다.

IMF는 브레튼 우즈 시스템을 유지하기 위해 회원국에게 단기적으로 운영자금 조달을 목적으로 설립이 되었다. 즉, 고정환율체제하에서 국제무역수지 적자가 발생되었을 때 이를 보전해 주는 단기적 자금공여가 IMF의 설립취지이다. IMF는 회원국에게 단기적으로 외환을 대여해 주고 그 나라가 구조조정을 통해 경제위기를 극복할 수 있도록 해주고 있다. IMF는 어떤 나라에서 국제무역수지 적자가 단기간에 크게 나타나거나 기업과 은행의 연쇄도산으로 국가의 경제시스템이 붕괴 직전이 있을 때 이러한 국가에 달러를 일시적으로 공급하여 그 위기를 벗어나게 해준다. 1995년 멕시코, 1997년 태국, 인도네시아, 한국, 1998년 러시아, 2002년 브라질, 2008년에는 아이슬란드가 지원을 받았다.

브레튼 우즈 시스템의 또 한 가지 주요한 기관은 세계은행이라고 불리어지는 IBRD (International Bank for Reconstruction and Development)이다. IBRD는 개발도상국에게 장기적인 투자자금을 제공하기 위해 설립되었다. 고정환율제도의 대표인 브레튼 우즈 시스템은 1960년대까지 원활하게 운영되었으나 미국이 베트남전쟁에 개입하면서 전쟁자금을 조달하기 위해 달러를 지나치게 발행한 결과 1970년대 초반에 이르러 점차 붕괴의 조짐을 보이기 시작하였다. 이후 달러의 가치가 폭락하게 되었고 이렇게 폭락한 달러의 가치를 유지하기 위해 브레튼 우즈 시스템의 다른 회원국들은 환율을 상대적으로 고평가되는 결과를 야기하였다. 결국 1971년 미국의 닉슨 대통령은 달러화의 금과의 태환성을 포기하고 달러를 평가절하한다고 하였다. 이후 지속된 달러의 평가절하는 결국 브레튼 우즈 시스템의 고정환율제를 붕괴시키는 역할을 하게 되었다.

3) 변동환율제

변동환율제(Floationg exchange rate system)는 환율이 그날 그 시간 수요와 공급에 의해 자유롭게 변동하는 제도이다. 우리나라의 원화 역시 변동환율제에 따라 변화하고 있으며 매일 순간의 국제시세에 따라 변동한다.

변동환율제는 IMF체제의 고정환율제에 비해 각국의 통화정책이 자국의 사정에 따라 독자적으로 운영될 수 있다는 장점과 국제무역수지의 흑자나 적자에 따라 이의 해소를 위해 환율이 자유롭게 변동할 수 있다는 장점을 갖고 있다. 그러나 변동환율제는 시시각각 변화하는 환율을 정확히 예측하기 힘들기 때문에 환율변동에 따른 불확실성이 높다. 특히 환율예측의 불확실성은 여러 국가 간에 부품, 제품 및 인적 자원 등을 이동시키는 다국적 기업들에게는 큰 위험을 작용한다. 예컨대, 예기치 못했던 원화의 평가절상은 완제품을 만들어 수출하는 우리 기업에게는 수출품의 가격이 상승하는 효과가 있어 가격 경쟁력을 상실하게 만든다. 기계류와 같은 시설재를 외국에서 수입하는 경우에는 갑작스런 평가절하는 원화로 표시한 기계의 수입가격을 상승시킴으로 해당기업에 큰 부담을 주게 된다.

이와 같이 변동환율제하에서의 환율변동은 글로벌 시장에 있는 기업의 큰 위험요소가 된다. 예컨대, 정유기업의 경우에는 이러한 환율변동에 따라 기업의 수익의 변동이 매우 달라지기 때문에 환율에 민감해질 수밖에 없다. 이러한 환율의 변동을 이용한 환투기(exchange speculation) 현상이 일어나기 때문에 환율의 불안정성은 더욱 가중될 가능성도 높다. 또한 과거의 브레튼 우즈 시스템에서는 각국 정부들이 통화량을 조심스럽게 늘렸던 것에 반해 변동환율제하에서는 통화정책이 무분별하게 이루어질 가능성이 매우 높다. 이와 같이 변동환율제하에서 지나친 환율의 변동을 막기 위해 일부국가들은 환율변동폭을 제한하는 관리변동환율제(managed floating rate system)를 실시하고 있다. 이러한 제도에서는 환율이 일정부분 이상 변동하게 되면 국가의 중앙은행이 개입하여 환율을 안정시키려고 한다.

4) 국제금융 위기의 확산과 세계경제

2000년대 중반 지속된 세계적인 저금리 기조로 인한 국제 유동성 증가는 훗날 글로벌 금융위기의 중요한 원인으로 작용한 부동산 가격 급등 등 자산 버블의 매개 역할을 했다. 특히 감독 및 평가 체계의 미흡으로 자기 통제력을 상실한 주요국들의 금융시스템과 리스크 고려가 미흡한 다양한 파생상품들의 양산은 자산버블의 촉매제로 작용했다. 이처럼 내실에 기반하지 않은 자산의 버블은 결국 붕괴로 이어졌고 이와 연관된 많은 금융기관들이 부실화되거나 파산하면서 글로벌 금융위기가 초래되었다.

2000년 초에 발생한 금융위기를 보면, 미국 서브프라임 모기지 사태에서 시작된 금융불안이 2008년 리만 브라더스 파산보호 신청을 계기로 극에 달했고 이로 이한 금융에 대한 불안은 불확실성을 증대시켜 소비위축 등 실물부분으로 급속히 진전되어 글로벌 금융경제 위기를 초래하였다.

서브프라임 모기지란 비우량 주택담보대출을 말한다. 신용도가 낮은 사람이 빌리는 대출이다. 프라임 모기지보다 금리가 2~3%포인트 가량 비싸다. 주택경기가 좋을 때는 신용도가 낮은 사람들이 주택을 구매하는 데 많은 도움이 되었다. 그러나 주택경기가 급강하하면서 문제가 생기게 되었다. 비싼 이자를 감당하지 못하는 사람들이 늘어나면서 서브프라임 연체가 많아지게 되었다. 이에 금융회사들은 부실이 점차 커지게 되었고 이는 증시 및 외환시장에 심각한 영향을 미치게 되었는데 이것이 서브프라임 사태이다.

서브프라임 사태는 어떻게 보면 미국 국내의 문제이다. 그런데 왜 글로벌경영자는 관심을 가져야 하나? 미국의 경제충격에 글로벌 금융시장이 엄청난 영향을 받았기 때문이다. 그것도 거의 동시적으로 영향을 받았다. 이런 점에서 이전의 아시아시장에서의 금융위기와는 분명 다르다. 아시아 외환위기를 거치면서 형성된 글로벌 금융체제가 가져다 준 새로운 현상 때문이라지만, 앞으로의 글로벌 금융시장은 혼자서 움직이지 않는다는 의미이기도 하다. 특히 아시아 외환위기 이후 글로벌 금융시장은 통신수단의 발달과 파생금융상품의 발전으로 급속히 통합되었다. 풍부한 유동성은 돈이 되는 지역이면 언제 어느 때나 넘나든다. 그러다 보니 한 지역의 유동성 고갈은 다른 지역에도 즉각 영향을 미치게 된다.

2. 해외시장의 경제 환경의 이론적 이해

글로벌 시장을 대상으로 경영활동을 벌이고 있는 다국적 기업은 국가별로 상이한 통화의 변동하는 환율에 대해서 효과적인 대응을 해야 한다. 이러한 효과적인 대응을 위해서는 환율에 대해 살펴본 후 국제통화시스템의 발전에 대해 탐구하고 주요한 제도 및 글로벌기업에 대한 시사점에 대해서 알아볼 필요가 있다.

1) 환율

물물교환 경제는 경제발전의 원시적 단계이며 오늘날 국내 혹은 국제적인 거래에서 일반적으로 일어날 수 없다. 재화의 거래에는 반드시 화폐의 흐름이 그 반대 방향을 따른다. 재화의 생산자는 재화를 시장에 공급하고 그 대신 화폐를 받으며 재화의 수요자는 재화와 교환될 화폐를 가지고 시장에서 자기에게 필요한 재화를 구입하게 된다. 분업과 교환에 의존하는 시장경제에서도 화폐가 필요하고 각 국민경제는 국가에 의해 통제되는 고유의 화폐 제도를 가지며 모든 경제활동은 이와 같은 화폐 제도를 기초로 이루어진다.

경제적 거래가 국가 간에 일어나는 경우에도 물물교환 방식으로 거래가 이루어지는 경우는 극히 드물다. 일반적으로 국제거래도 화폐를 매개로 혹은 화폐의 결제를 통해 이루어지게 된다. 그러나 국가 간 거래에서는 거래 당사자간에 서로 상이한 화폐제도를 갖고 있기 때문에 국내 간 거래와는 다르게 좀 더 복잡하게 된다. 예컨대, 어떠한 화폐를 사용할 것인가, 교환비율은 어떻게 할 것인가와 같은 문제가 발생하게 된다.

한국의 수입업자가 미국의 콩 수출상으로부터 1,000만 불의 콩을 수입하는 경우를 생각해 보자. 한국의 수입업자는 은행이나 기타 암달러상에 가서 1,000만 불에 해당하는 외화 혹은 외화증서를 구입하여 결제해야 할 것이다. 이 경우에 수입업자가 한국원화로 얼마를 지급해야 할 것인가는 환율의 크기와 관련되어 있다.

환율(exchange rate)이란 1단위의 외국화폐 혹은 지급수단을 얻기 위해 지급해야 하는 국내화폐의 양이라 할 수 있다. 좀 더 쉽게 설명하면 환율이란 외환의 교환비율로 국가별로 상이

한 통화를 바꿀 경우 적용하는 비율을 의미한다. 이러한 교환비율은 어떤 통화 한 단위로 다른 통화를 얼마만큼 교환할 수 있는가를 나타내주는 지표로 통화가치를 결정하는 바로미터이다. 우리나라에서는 환율을 말할 경우 일반적으로 원화와 미국달러의 환율을 의미한다. 왜냐하면 미국달러화가 기축통화로 통용되고 있기 때문이다. 그러므로 미국달러화를 기준으로 1달러당 얼마라는 식으로 표시하는 것이 일반적이다. 현재 환율이 미화 1달러에 1,200원이라고 가정하자. 이 경우에는 환율이란 1달러로 우리나라 원화를 얼마만큼 바꿀 수 있는가를 나타낸다. 만일 1달러가 1,200원이라면 1달러를 사기 위해서는 원화를 1,200원을 지불해야 한다는 것이다.

한편, 기축통화란 국제사회에서 외환을 포함한 상품과 서비스의 국가 간 거래에서 주로 사용하는 기본적인 통화로서 국가 간 통화의 교환비율의 근거로 하는 중심화폐를 말한다. 달러화에 앞서 구축통화국 의지를 가졌던 영국은 아직도 자기나라 통화인 파운드화를 기준으로 해서 1파운드당 몇 달러라는 식으로 환율을 표시하기도 한다.

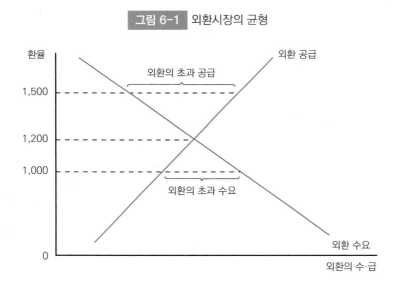

그림 6-1 외환시장의 균형

환율은 외환시장 상황에 따라 수시로 오르거나 내린다. 환율을 외국 통화 1단위당 국내 통화로 표시할 경우 환율이 올라가는 것을 평가하락(depreciation)이라 하고, 환율이 내려가는 것을 평가상승(appreciation)이라 한다. 환율이 상승하는 것은 외국 통화의 가치가 상승하고 국내 통화의 가치가 하락함을 그리고 환율이 하락하는 것은 외국 통화의 가치가 상대적으로 하락하고 국내 통화의 가치가 상승함을 의미한다. 평가상승과 평가하락이란 용어는 자유로운 외환시장에서 한 나라의 화폐가치가 상대적으로 상승하거나 하락을 나타난다. 반면 환율이 정부 통화 당국에 의해 결정되고 변경되는 고정환율제도에서는 평가절상(revaluation)과 평가절하(devaluation)란 용어가 사용된다. 외국 통화의 가치가 국내 통화의 가치보다 더 높게 환율이 변경되고 결정될 때 평가절하라고 하고 외국 통화의 가치가 국내 통화의 가치보다 더 낮게 변경되는 것을 평가절상이라고 한다. 1달러당 1,150원에서 1,200원이 되었다면 환율이 오른 것이지만 원화의 가치는 떨어진 것이며 이를 두고 원화가 평가절하되었다고 표현한다. 반대로 대미달러 환율이 떨어진다는 것은 우리나라 원화가 미달러화에 비해 상대적으로 가치가 치솟는다는 것을 의미하며 이를 원화의 평가절상이라고 한다.

2) 환율의 변동

외국 화폐의 가격인 환율은 재화의 가격과 마찬가지로 기본적으로 외국 화폐의 수요와 공급에 의해 결정된다. 외국 화폐에 대한 수요는 외국으로부터 재화나 서비스를 수입하거나 외국의 금융자산을 취득하고자 하는 경우에 발생하며 공급은 재화 및 서비스 수출이나 이전거래 등에 의해 외환수입이 있거나 우리의 금융자산을 구매하기 위해 외국의 자본이 들어오는 경우 발생한다. 따라서 환율의 움직임은 상품의 수출입뿐만 아니라 서비스거래, 소득의 수입과 지급, 이전거래, 자본의 이동 등과 밀접한 관계를 가지고 있다.

상품의 수출이 수입보다 많고 서비스 거래 결과 수입이 지급보다 많아 경상수지 흑자가 발생하거나 자본수지 흑자가 발생하면 일정기간 동안 우리나라로 들어온 외국 화폐가 나간 외국 화폐보다 많아 외환시장에서 외환 공급이 외환 수요를 초과하게 된다. 이 경우 외환시장에서 사려고 하는 외국 화폐보다 팔려고 하는 외국 화폐가 많아짐에 따라 외국 화폐가 흔해져서 외국화폐의 가치가 떨어지고 우리 화폐의 가치가 오르게 된다. 즉, 우리나라의 원화 환율은 내리게 된다. 반면에 경상수지와 자본수지가 적자이면 외환수요가 외환공급보다 많아져 외국 화폐가 귀해짐에 따라 환율은 올라가게 된다.

이러한 외환의 수요와 공급은 단기적으로는 외환거래자의 예상이나 중앙은행의 외환시장 개입에 의해서도 영향을 받지만 장기적으로는 물가 혹은 금리의 차이 등에 의해 영향을 받는다. 즉, 외환거래자는 우리 경제의 통화량 증가율이 다른 나라 경제보다 높을 경우 물가상승으로 우리 화폐의 가치가 외국 돈보다 떨어져 환율이 높아질 것으로 예상하고, 또 우리나라의 경제성장률이 다른 나라보다 높을 경우에는 생산 물량이 확대되고 우리 경제의 신뢰도가 높아질 것이므로 우리 화폐의 가치가 높아져 환율이 떨어질 것으로 예상한다. 이때 통화량의 증가나 경제성장이 장기에 걸쳐 서서히 나타나는 것이라도 이러한 변화가 상당한 확신을 가지고 예상되는 한 환율은 이러한 예상을 바로 반영한다. 따라서 환율은 장기에 걸쳐 서서히 변화하는 여러 가지 요인들이 구체화되기 전에 외환거래자에 의해 먼저 변동하게 된다.

또한 어느 나라의 중앙은행이 외환시장에서 그 나라 통화를 대가로 하여 다른 나라의 통화를 매집하게 되면 외환시장에서 그 나라의 통화는 공급이 늘어나고 상대국의 통화는 수요가 증대되어 단기적으로 그 나라 통화의 약세를 유도할 수 있게 된다.

한편 우리나라의 물가가 외국보다 많이 오르게 되면 우리나라의 제품가격이 상승하여 수출 경쟁력이 약화되는 반면 수입수요는 증대된다. 따라서 외환의 수요가 많아져 우리나라 화폐의 가치가 떨어지게 된다. 예컨대, 원화 1,000만 원으로 구매할 수 있는 자동차를 엔화 100만 엔으로 구매할 수 있다면 원화의 단위당 구매력은 엔화의 1/10에 해당되고 구매력으로 평가한 환율은 100엔당 1,000원이 된다.

그런데 만일 한국에서만 물가가 상승하여 자동차 가격이 1,200만 원으로 오른다면 원화의 구매력은 엔화의 1/12로 떨어지고 환율은 100엔당 1,200원으로 상승하게 된다. 일반적으로 인플레이션이 지속되는 국가의 통화가치는 하락하는 반면 물가가 안정된 국가의 통화가치는 상승한다.

환율은 이자변동율에도 매우 민감하게 반응한다. 만약 우리나라의 이자율이 상승하면 원화로 표시된 은행예금, 채권 등 금융자산의 예상수익률은 올라가게 된다. 우리나라에서 금융자산에 대한 예상수익률은 높아진 데 반해 외국에서의 금융자산에 대한 예상수익률은 변함이 없다고 하면 우리 화폐로 표시된 금융자산을 더 선호하게 된다. 이에 따라 우리 금융자산을 구매하기 위해 외국 자본이 들어오게 되고 그 결과 많아진 외국 자본에 의해 우리 화폐의 가치가 상대적으로 올라가게 되어 환율은 떨어진다. 그러나 이때 유의할 점은 환율에 영향을 주는 이자율은 실질 수익률이라는 점이다. 즉, 우리나라 명목이자율이 외국에 비해 높더라도 기대되는 인플레이션율이 더 높아 실질 수익률이 낮다면 오히려 우리나라 돈의 가치는 상대적으로 떨어지게 된다는 것이다. 이와 같이 환율은 국제수지, 물가, 금리차, 외환거래자의 예상 및 중앙은행의 외환 시장개입 등 경제적 요인에 의해 수시로 변동될 뿐 아니라 전쟁, 천재지변, 정치적 불안정 등 비경제적 요인에도 영향을 받는다.

3) 대안적 지수

(1) 빅맥지수와 아이폰지수

한 나라의 소비자의 구매력을 평가하는데 있어서 동일한 제품이 어느 나라에서나 동일한 가격으로 매겨져야 한다는 일물일가(一物一價)의 가정에 의한 구매력평가설이 있다. 즉, 국가 간의 화폐의 교환비율은 두 나라의 구매력을 같이 만들어 주는 역할을 한다는 것이다.

예컨대, 몇 년 전 원화 1,000원이 1달러와 교환되고(거래되고) 있었는데 이후 우리나라의 물가지수가 미국에 비해 2배가 올랐다면 환율은 양국의 구매력을 같도록 하기 위해 미국 화폐 1달러와 우리나라 2,000원이 교환되도록 결정된다는 해석이다. 이러한 구매력평가설은 이론적 엄밀성은 떨어져 있지만 매우 현실적으로 체감이 된다.

이러한 구매력 평가설을 유사하게 뒷받침하는 지수가 있는데 빅맥지수(Big Mac Index)가 그것이다. 영국의 경제 주간지 이코노미스트는 1986년 이래 이 지수를 발표하고 있다. 이 빅맥의 가격비교는 다양한 기관에서 발표되기도 한다.

그림 6-2 이코노미스트사의 빅맥지수

The Big Mac index

Country		2000 — 2023	Under/over valued, %
Switzerland	Franc		38.5
Norway	Krone		24.0
Uruguay	Peso		22.9
Argentina	Peso		7.4
Euro area	Euro		4.3
Sweden	Krona		2.8
Denmark	Krone		1.3
United States	US$		BASE CURRENCY
Sri Lanka	Rupee		-0.4
Costa Rica	Colón		-3.0
Britain	Pound		-3.4
Canada	C$		-4.0
Mexico	Peso		-4.5
Saudi Arabia	Riyal		-9.2
New Zealand	NZ$		-9.7
Lebanon	Pound		-9.9
Australia	A$		-10.0
Poland	Zloty		-10.7
UAE	Dirham		-12.2
Colombia	Peso		-12.8

Country		2000 — 2023	Under/over valued, %
Singapore	S$		-12.9
Czech Rep.	Koruna		-13.1
Brazil	Real		-13.7
Chile	Peso		-16.7
Israel	Shekel		-16.8
Kuwait	Dinar		-18.3
Bahrain	Dinar		-19.2
Nicaragua	Córdoba		-22.0
Honduras	Lempira		-25.8
Peru	Sol		-25.9
South Korea	Won		-26.9
Hungary	Forint		-28.5
Qatar	Riyal		-31.1
Thailand	Baht		-33.0
Oman	Rial		-33.9
Guatemala	Quetzal		-34.0
Moldova	Leu		-36.1
Turkey	Lira		-36.8
Jordan	Dinar		-36.8
China	Yuan		-37.3

그림 6-3 2022년 맥도날드 빅맥 국가별 가격

〈자료원〉 CashNetUSA

　　빅맥의 가격이 전 세계 각 지역에서 똑같아야 한다는 전제 아래 각국의 적정환율을 산출한 것이다. 맥도날드는 전 세계적인 체인망을 갖고 있을 뿐만 아니라 표준적인 제품을 생산 판매한다는 점에서 대표적이고 주력 제품인 빅맥을 통해 국가 간의 물가를 비교하는 지표로 활용한 것이다. 또한 각국의 햄버거 구매력을 같도록 만들어 주는 지수라는 점에서 사실상 햄버거로 나타낸 환율이기도 하다.

　　빅맥 지수는 이렇게 각국의 물가를 비교하는 데도 쓰이지만 직접적으로는 환율의 적정수준을 평가하는 척도가 되기도 한다. 예컨대, 미국에서의 빅맥 하나의 가격이 6불, 한국은 6,000원이라고 가정한다면 구매력 비율은 약 1,000원(6,000/6)이 된다. 이때 달러당 환율이 1100원이라면 상대적으로 원화가 낮게 평가된 것으로 볼 수 있다. 이와 반대로 환율이 900원인 경우에는 원화가 과대평가된 것으로 본다.

　　빅맥지수를 이용하면 분명히 국가별 구매력과 물가의 변화를 쉽게 이해할 수 있지만 현재 각 나라에서 팔리는 빅맥이 동일 상품이 아니기에 제대로 된 비교가 불가능하다는 주장도 있다. 예컨대, 인도의 경우, 힌두교도가 많아서 빅맥을 소고기가 아닌 닭고기를, 사우디아라비아에서는 양고기를 주로 사용한다고 한다. 또한 국가별로 고기의 양과 빵의 크기가 달라 엄밀하게 보면 동일 제품을 보기에는 곤란하기도 한다.

(2) 스타벅스 지수와 아이폰지수

커피문화가 발달하면서 스타벅스가 전 세계적으로 새로운 커피 문화를 만들어 스타벅스 지수도 등장했다. 〈그림 6-4〉처럼 전 세계에 있는 스타벅스의 매장 32,392(2021년 기준)개를 대상으로 판매되는 카페라테 가격으로 구매력과 물가를 비교할 수 있다(그림 6-5 참조). 우리나라의 경우 스타벅스 지수가 2019년 기준 한국은 32위이다. 이처럼 시대가 변하면서 물가나 소득을 비교하는 방법도 점점 다양해지고 있다.

그림 6-4 전 세계 스타벅스 매장 수

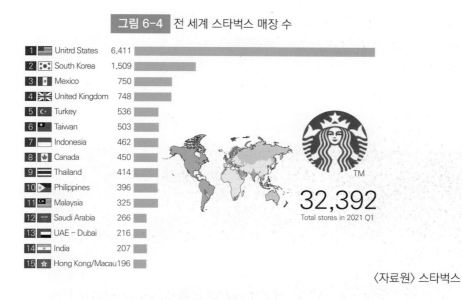

〈자료원〉 스타벅스

그림 6-5 전 세계 스타벅스 카페라테 가격비교

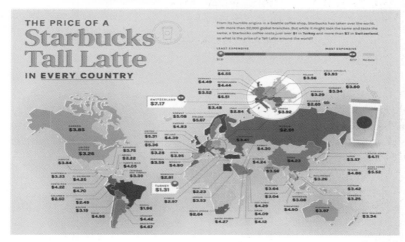

〈자료원〉 SavingSpot

디지털 시대에 필수품을 꼽으라면 단연코 스마트폰이 압도적이다. 아침에 눈을 뜨면서부터 잠자기 전까지 우리에게 가장 가까이 있는 것이 스마트 폰이다. 이런 세태를 반영하여 스위스의 투자은행인 UBS가 아이폰의 가격을 가지고 세계 각국의 주요 도시를 기준으로 임금(소득) 수준을 비교한 아이폰X(10) 지수를 발표하였다.

각 도시의 근로자들의 임금을 평균산출하여 최신 아이폰10 한 대를 사려면 얼마나 오랫동안 일해야 하는가를 조사한다. 즉, 임금이 높을수록 짧은 시간을 일하고 임금이 낮으면 더 오랫동안 일해야 아이폰을 살 수 있다는 것이다. 세계 70여 개 도시를 비교한 결과 가장 오랫동안 일해야 하는 곳은 이집트의 카이로로 나타났다. 이 아이폰 지수는 전 세계 각국 도시 근로자들의 평균 임금을 기준으로 아이폰을 사기 위해 몇 시간을 일해야 하는지 보여 주는 한 단계 심화된 지표라고 볼 수 있다.

그림 6-6 아이폰X을 사기위해 일하는 시간

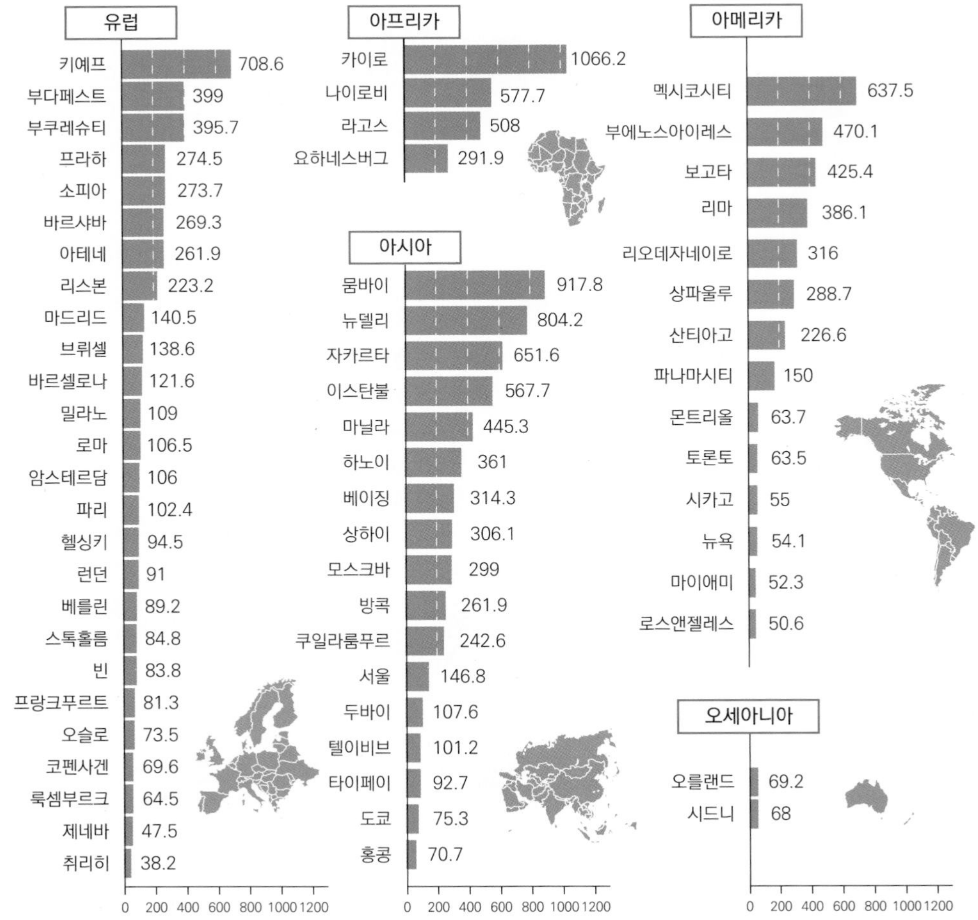

유럽

도시	시간
키예프	708.6
부다페스트	399
부쿠레슈티	395.7
프라하	274.5
소피아	273.7
바르샤바	269.3
아테네	261.9
리스본	223.2
마드리드	140.5
브뤼셀	138.6
바르셀로나	121.6
밀라노	109
로마	106.5
암스테르담	106
파리	102.4
헬싱키	94.5
런던	91
베를린	89.2
스톡홀름	84.8
빈	83.8
프랑크푸르트	81.3
오슬로	73.5
코펜하겐	69.6
룩셈부르크	64.5
제네바	47.5
취리히	38.2

아프리카

도시	시간
카이로	1066.2
나이로비	577.7
라고스	508
요하네스버그	291.9

아시아

도시	시간
뭄바이	917.8
뉴델리	804.2
자카르타	651.6
이스탄불	567.7
마닐라	445.3
하노이	361
베이징	314.3
상하이	306.1
모스크바	299
방콕	261.9
쿠알라룸푸르	242.6
서울	146.8
두바이	107.6
텔아비브	101.2
타이페이	92.7
도쿄	75.3
홍콩	70.7

아메리카

도시	시간
멕시코시티	637.5
부에노스아이레스	470.1
보고타	425.4
리마	386.1
리오데자네이로	316
상파울로	288.7
산티아고	226.6
파나마시티	150
몬트리올	63.7
토론토	63.5
시카고	55
뉴욕	54.1
마이애미	52.3
로스앤젤레스	50.6

오세아니아

도시	시간
오클랜드	69.2
시드니	68

3. 금융과 외환시장

1) 금리

금리란 원금에 지급되는 기간당 이자를 비율로 표시한 것으로, 같은 의미로 이자율이라고도 한다. 금리 부담이 크다는 말에서 금리는 이자와 같은 의미로 사용되고 있고, 금리가 높다고 말할 때는 금리가 이자율과 같은 의미로 사용된다. 이자의 크기는 기간에 따라 달라지기 때문에 이자율을 표시할 때는 기간을 명시하게 되는데, 보통 1년을 기준으로 한다.

금리는 기업의 경영활동에 다양한 영향을 준다. 경제활동과 물가에 영향을 주고 외국과의 금리 차이가 국가 간 자본이동에도 영향을 주기 때문에 환율에도 영향을 준다. 금리도 수요와 공급에 의해서 결정된다. 화폐에 대한 수요는 경기변동이나 사람들의 소비나 투자에 따라 변동하고 화폐의 공급은 정부의 통화정책이나 사람들의 저축성향에 따라서 달라지는데 화폐에 대한 수요나 화폐의 공급이 변하면 금리가 변동한다. 화폐의 수요가 증가하면 금리가 올라가고 반대로 화폐의 공급이 늘어나면 금리가 내려간다.

중앙은행은 통화정책을 통하여 금리가 목표하는 수준에 도달하도록 화폐의 공급을 늘리거나 줄이기도 한다. 금리를 낮추겠다는 목표를 설정하면 중앙은행은 국채를 매입하게 된다. 중앙은행이 국채를 매입하면 본원통화의 공급이 늘어난다. 본원 통화의 증가는 개인 보유 현금의 증가는 물론이고 지급준비금이 늘어나서 통화량이 늘어난다. 그 결과 금융시장에서 자금의 공급이 증가하고 이자율이 하락하게 된다. 한편 경기가 호황이 되면 기업들은 생산과 고용을 늘리고 시설을 확장하기 위하여 자금을 더 많이 필요로 하게 된다. 따라서 경기가 호황이 되면 자금의 수요가 증가하여 금리가 올라간다. 반대로 불경기가 되면 투자기회가 줄어들기 때문에 자금에 대한 수요가 줄어들어 금리가 하락하게 된다.

글로벌 기업에 있어서 금리변동은 매우 중요하다. 왜냐하면 금리 변동은 국가 간 자본이동에도 영향을 준다. 자본이동이 자유롭게 허용되는 경우에 투자자들은 더 높은 수익률이 발생하는 국가에 투자를 하려 할 것이다. 본국과 외국의 금리 차이를 보고 상대적으로 외국의 금리가 높다면 자금은 해외로 이동하고 역의 경우에는 국내로 이동할 것이다.

그러므로 글로벌 경제환경에 금리의 변동과 금리의 결정을 주는 대표적인 기관의 움직임에도 주시해야 한다. 그중에 하나가 바로 미국의 연방공개시장위원회(Federal Open Market Committee)이다. 이 조직은 미국 중앙은행인 미국 연방준비제도이사회(Board of Governors of the Federal Reserve System) 산하에서 공개시장조작의 수립과 집행을 담당한다. 연방공개시장위원회는 매월 공개시장조작에 대하여 정책보고서를 발표한다. 통화량의 추이에 따라 공개시장조작 정책을 정하고, 연방준비제도이사회의 금융정책을 제시한다. 위원회는 총 12명의 위원으로 구성되며, 7명은 연방준비제도위원회 이사이고 5명은 각 지역 연방은행의 총재다. 위원회의 의장은 연방준비제도이사회 의장이 겸임하며, 부의장은 뉴욕연방은행 총재가 맡는다.

　　미 연방공개시장위원회는 우리나라의 금융통화위원회라 할 수 있다. 연방공개시장위원회(FOMC)는 매년 8번의 회의를 통해 미국 금융 상황에 대한 종합적인 분석과 평가를 거쳐, 통화 공급량과 금리 조정 여부를 결정한다. 이들의 결정은 표결권을 갖는 위원들의 성향과도 관련이 있다. 경기전망을 긍정적으로 평가하여 통화긴축을 선호하는 매파와 경기둔화 위험을 경계하여 통화완화를 선호하는 비둘기파가 나누어져 논쟁을 벌이기도 한다.

그림 6-7　미국의 중앙은행 시스템

2) 화폐금융론 관점에서 본 금융의 흐름

　　화폐 경제학에서 경제안정을 달성하는 주된 방법은 화폐 공급을 통제하는 것이다. 통화 이론에 따르면 통화 공급의 변화는 모든 경제활동을 뒷받침하는 주된 힘이므로 정부는 경제 성장을 촉진하는 방법으로 통화 공급에 영향을 미치는 정책을 실행해야 한다. 화폐의 가치를 결정하는 화폐의 양을 강조하기 때문에 화폐의 수량이론은 화폐주의 개념의 중심이라고 할 수 있다. 통화주의자들에 따르면 통화 공급이 급격히 증가하면 인플레이션이 급격히 증가할 수 있다. 인플레이션 수준의 급격한 상승을 억제하기 위해서는 통화 공급의 증가가 경제 생산량의 증가보다 낮아야 한다.

　　통화주의자들이 생산 수준을 높여야 하는 엄청난 경제에 대한 해결책을 고려할 때 일부 통화주의자들은 단기적으로 통화공급을 늘릴 것을 권장한다. 그러나 통화정책의 장기적인 효과는 예측할 수 없기 때문에 많은 통화학자들은 통화공급이 인플레이션 수준을 제어할 수 있도록 허용 가능한 대역폭 내에서 유지되어야 한다고 생각한다.

　　정부가 정부 지출과세 수준을 통해 지속적으로 경제 정책을 조정하는 대신 통화주의자들은 통화 공급의 점진적인 감소와 같은 비인플레이션 정책이 경제를 완전 고용으로 이끌도록 권장한다. 이에 대비한 케인즈 학파는 정부가 총수요에 영향을 미치고 최적의 경제성과를 달성하기 위해 활동, 안정화 및 경제개입 정책을 사용해야 한다는 주장을 한다. 케인즈에 의하면 불황을 벗어나기 위해서는 수요를 자극하고 정부가 지출을 늘리고 세금을 낮추는 것이 필요하다고 하였다.

화폐 경제학은 다양한 화폐이론을 연구하는 분야이다. 화폐수량이론(The Quantity Theory of Money)에 따르면 상품과 서비스의 일반적인 가격수준은 경제의 화폐 공급에 비례한다. 이 이론은 원래 1517년 폴란드의 수학자 니콜라우스 코페르니쿠스에 의해 공식화되었지만, 나중에 밀턴 프리드먼과 안나 슈워츠에 의해 1963년 "미국의 통화 역사, 1867-1960"이라는 저서가 출판된 후 대중화되었다.

화폐수량이론에 의하면 경제의 화폐량이 두배가 되면 물가도 두배가 된다. 이것은 소비자가 같은 양의 상품과 서비스에 대해 두배의 비용을 지불한다는 것을 의미한다. 이러한 가격수준의 상승은 결국 인플레이션 수준을 상승시킨다. 인플레이션은 경제에서 상품과 서비스의 가격 상승률을 측정한 것이다.

모든 상품의 수요와 공급에 영향을 미치는 동일한 힘이 화폐의 수요와 공급에도 영향을 미친다. 화폐공급의 증가는 화폐의 한계 가치를 감소시킨다. 즉, 화폐 공급이 증가하면 화폐의 구매 능력이 감소하고 통화 단위가 감소한다. 화폐의 한계가치 감소를 조정하는 방법으로 상품과 서비스의 가격이 상승한다. 이로 인해 인플레이션 수준이 높아지게 된다.

화폐수량이론은 또한 경제에서 화폐의 양이 경제 활동 수준에 큰 영향을 미친다고 가정한다. 따라서 통화공급이 변경되면 가격 수준이 변경되거나 상품 및 서비스 공급이 변경되거나 둘 다 변경된다. 또한 이 이론은 화폐 공급의 변화가 지출 변화의 주된 이유라고 가정한다. 이러한 가정의 한 가지 의미는 화폐의 가치가 경제에서 사용 가능한 화폐의 양에 의해 결정된다는 것이다. 화폐공급의 증가는 당연히 화폐의 가치를 감소시키는 결과를 가져온다. 화폐공급의 증가는 또한 인플레이션율을 증가시키기 때문이다. 인플레이션이 상승하면 구매력이 감소한다.

구매력은 한 통화 단위가 구매할 수 있는 상품 또는 서비스의 양으로 표현되는 통화의 가치이다. 통화단위의 구매력이 감소하면 동일한 양의 상품이나 서비스를 구매하기 위해 더 많은 통화단위가 필요하다. 화폐수량이론은 위와 같이 통화량의 증가율과 인플레이션율의 관계를 단순하게 나타내는 이론이다. 정리하면 이 이론은 화폐가 장기적으로 경제에 어떤 영향을 미치는지를 설명한다. 그러므로 이를 이용하여 국제 경영자들은 자산의 변화 과정을 예측하여 자산의 증대 혹은 보호를 위한 노력 등의 비즈니스 활동을 반드시 계획해야 한다.

화폐 수량이론은 MV=PV로 설명할 수 있다.

여기에서 M: 통화량, V: 화폐유통속도, P=자산가격 Y= 총생산량을 의미하여 결국 화폐량이 많으면 많을수록 자산의 가격이 상승함을 알 수 있다. 한편 중앙은행이 통화증가율을 상승시키면, 그 결과는 물가상승률과 명목이자율의 같은 폭의 동반상승으로 나타난다. 이런 효과를 피셔효과(Fisher Effect)라고 한다.

Global High Light
통화량 증가 시 자산 상승의 전략(신용을 통한 화폐 증가의 매커니즘)

백양촌에 주택 10채가 있고 시중에 주거의 목적을 위주로 통화량이 1억 원이 존재한다고 가정하자. 그러면 주택 1채의 값은 1천만 원이 된다(1/10). 1억 원을 바탕으로 주택담보로 은행은 시중통화량을 늘여 통화량은 10억 원이 된다. 통화량 10억 원이 되면 집값은 10억 원이 된다. 어떻게 된 것일까?

본원통화와 신용통화에 대해 좀 더 살펴보면 이해할 수 있다. 초기의 중앙은행이 공급한 통화량 1억 원은 본원통화였지만 본원통화를 바탕으로 시중은행이 대출한 10억 원은 신용통화라 한다. 그럼 여기에서 1억 원은 실제 돈이지만 신용으로 만든 10억 원은 가상의 돈이 된다.

신용create이란 일반적으로 부채debt의 다른 말이다. 신용1등급이란 말은 부채를 일으킬 수 있는 능력이 1등급이라는 뜻이다. 신용화폐는 부채로 만들어진 화폐란 뜻이다. 신용화폐는 결국 우리의 스마트폰 등에서 돌아다니는 숫자를 의미한다. 그럼 진짜화폐는 무엇인가? 발권력을 가지고 있는 화폐, 즉 중앙은행이 찍어내는 돈을 의미한다.

중앙은행은 시중은행과 거래하며 시중은행에 본원통화를 공급하며 시중은행은 개인이나 기업과 거래를 하면서 그 화폐가 시중에서 돌도록 유통시킨다. 여기에서 시중은행은 본원통화에 비해 압도적으로 많은 양의 화폐를 신용credit, 즉 대출이란 형태의 부채로 유통시킨다. 따라서 신용화폐란 부채를 통해 만들어진 가상적인 화폐가 되는 것이다. 은행이 신용(부채)을 통해 통화량을 팽창지는 과정은 중앙은행은 그들의 발권력을 통해 진짜화폐인 본원통화 1억 원을 시중은행에 공급한다. 이후 시중은행은 고객들의 입출금에 대비한 금액을 일정부분 남겨두고 나머지 금액을 대출해서 이자를 받아 이윤을 남기게 된다. 은행이 예금주에게 지급할 목적으로 보관하는 돈을 지급준비금이라 하고 은행에 들어온 돈 중 지급준비금이 차지하는 비율을 지급준비율이라고 한다. 지급준비율이 필요한 이유는 지급준비금이 없으면 은행에 인출요구가 몰리는 뱅크런이 발생하게 될 때 지급할 돈이 없어 파산하기 때문이다. 그래서 지급준비금의 비율인 지급준비율을 법으로 강력히 지키도록 하고 있다. 예컨대, 지급준비율이 10%라면 중앙은행이 한 은행에 본원통화를 1억을 공급했다고 하면 은행은 지급준비율인 1억 원의 10%인 1천만 원의 일정금액을 남겨두고 9천만 원을 대출할 수 있다는 것이다.

신용을 통해 증가되는 화폐의 매커니즘을 살펴보자. 중앙은행은 A 시중은행 본원통화 1억 원을 공급하면 A은행은 지급준비율에 의한 지급준비금은 1천만 원을 예치한다. 이후 A은행에 갑돌이가 방문하여 지급준비금 1천만 원을 제외한 9천만 원을 고객에게 대출해 준다. 만일 갑돌이가 대출받은 9천만 원을 시중은행 B은행의 아내 계좌로 송금한다고 가정하자. 이럴 경우 B은행은 송금받은 9천만 원이 입금이 되었을 것이다. B은행은 9천만 원 중 지급준비율 10%에 해당하는 900만 원을 지급준비금으로 남겨놓고 남은 8천 100만 원을 다시 대출할 수 있게 된다.

그때 B은행을 방문한 홍길동에게 8천 100만 원을 대출해 주게 된다. 홍길동도 이 대출금을 자기의 아내가 있는 C은행으로 송금을 한다고 하자. 그럼 C은행은 송금된 8천 100만 원을 갖게 된다. C은행 역시 보유한 8천 100만 원 중 지급준비율 10%인 810만 원을 남기고 나머지 금액인 7천 2백 90만 원을 대출할 수 있게 된다. 이런식으로 다른 D은행으로 송금하고 대출하는 과정이 반복되면 대출을 통해 부채로 만들어지는 신용통화의 양은 끊임없이 늘어나게 된다.

즉, 중앙은행이 본원통화 1억원을 발행했지만 부채로 만들어진 신용통화의 양은 엄청나게 많이 발행하게 된다. 위의 간단한 사례에서 신용통화는 2억 4천 300만 원(9,000만 원+8,100만 원+7,290만 원)이 나오게 된다. 이러한 금융기관의 대출과정을 통해 본원통화보다 훨씬 많은 신용통화가 시중에 돌게 된다.

시중에 얼마나 많은 통화가 유통되는지는 본원통화대비 신용통화량(1÷지급준비율)으로 알 수 있는데 지급준비율이 10%라고 한다면 1÷0.1=10으로 본원통화대비 약 10배의 신용화폐가 만들어진다(부채가 발생하여 시중의 발원통화보다 많아지게 된다). 이렇게 늘어난 통화는 처음에 언급한 백양촌으로 통화량에 비례해 자산의 가격을 상승시키게 된다(주택 1채의 값이 1천만 원에서 10억 원으로 상승).

현재 우리나라의 신용통화가 본원통화는 약 15배 이상으로 되고 있다고 한다. 이런 측면에서 경제학에서 이야기 하는 화폐수량이론(통화량 × 화폐유통속도 = 자산의 가격 × 총생산량)을 상기해 보면 통화량이 늘면 늘수록 자산의 가격이 상승하기 때문에 이에 맞는 경영활동을 해야 할 것이다. 신용화폐의 증가로 인한 유동성이 실물자산 가격을 올렸지만 결국 다른 말로 본원통화의 가치가 그만큼 하락했다는 것이다.

3) 외환시장의 이해

(1) 개념

외환시장(foreign exchange market)이란 좁은 의미에서 외환의 수요와 공급이 연결되는 장소를 말하나 넓은 의미에서는 장소적 개념뿐만 아니라 외환거래의 형성 유통 결제 등 외환거래와 관련된 일련의 메커니즘을 포괄한다.

(2) 기능

외환시장은 통화 간 구매력 이전, 외환거래 청산, 국제수지 조정 등의 기능을 갖는다.

통화 간 구매력 이전이란 한 나라의 통화로부터 다른 나라 통화로의 구매력 이전을 가능케 한다는 것이다. 예컨대, 한 나라의 수출업자가 수출대금으로 받게된 외화를 외환시장을 통하여 자국 내 통화로 환전하면 외화로 가지고 있던 구매력이 국내통화로 바뀌게 된다.

외환거래 청산의 기능도 갖는데, 무역 등 대외거래에서 발생하는 외환의 수요와 공급을 청산하는 역할을 수행한다. 예컨대 외환의 수요자인 수입업자나 외환의 공급자인 수출업자는 환율을 매개로 한 외환시장을 통하여 그들이 필요로 하는 대외거래의 결제를 수행하게 된다. 이러한 외환시장의 대외결제 기능은 국가 간 무역 및 자본거래 등 대외거래를 원활하게 해준다.

또한 변동환율제도하에서 환율은 외환시장의 수요와 공급에 따라 변동하기 때문에 국제수지의 조절기능을 수행하게 된다. 예컨대, 어떤 한 나라의 국제수지가 적자를 보이면 외환의 초과수요가 발생하므로 자국통화의 가치가 하락한다. 이때는 수출상품의 가격경쟁력이 향상되어 국제수지 불균형이 해소될 수 있다.

마지막으로 기업이나 금융기관 등 다양한 경제주체들에게 환율변동에 따른 위험을 회피할 수 있는 수단을 제공 한다. 외환시장에서 거래되는 선물환, 통화선물, 통화옵션 등 다양한 파생금융상품 거래를 통하여 경제주체들은 환위험을 헤지할 수 있다.

4) 환위험 회피거래

(1) 선물환거래

거래쌍방이 미래의 특정시점에 특정외화 가격을 현재 시점에서 미리 계약하고 이 계획을 약속한 미래시점에 이행하는 금융거래를 선물환거래(Forward exchange)라고 한다.

선물환거래에는 외국환은행을 통해 고객간에 이루어지는 대고객선물환거래와 외환시장에서 외국은행 사이에 이뤄지는 시장선물환거래가 있다. 이에 따라 환율도 대고객환율과 시장환율로 나뉜다.

대부분의 주요 통화에 대해 선물환율은 30일, 90일 그리고 180일물을 기준으로 공시된다. 예컨대 우리나라의 기업이 미국에 제품을 수출하여 30일 이후에 수출대금을 달러로 결제를 받아서 원화로 환전한다고 가정해 보자. 30일 이후는 실제 환율이 현재보다 상승할 수도 있고 하락할 수도 있다. 이때 우리나라 기업의 수익은 수출물량과는 관계없이 수익이 달라진다. 기업은 이러한 불확실성을 피하기 위해 30일물 선물환율로 현재 환전계약을 계약한다. 이때 실제 환전은 30일 이후에 일어나기 때문에 30일물 선물환계약을 체결하면 한달 후의 환율의 변동과는 상관없는 일정한 수익을 얻게 된다.

(2) 선물거래

선물(futures)거래란 장래 일정 시점에 미리 정한 가격으로 매매할 것을 현재 시점에서 약정하는 거래로, 미래의 가치를 사고 파는 것이다. 선물의 가치가 현물시장에서 운용되는 기초자산(채권, 외환, 주식 등)의 가격 변동에 의해 파생적으로 결정되는 파생상품(derivatives) 거래의 일종이다. 미리 정한 가격으로 매매를 약속한 것이기 때문에 가격변동 위험의 회피가 가능하다는 특징이 있다. 위험회피를 목적으로 출발하였으나, 고도의 첨단금융기법을 이용, 위험을 능동적으로 받아들임으로써 오히려 고수익·고위험 투자상품이기도 하다.

한편 선물옵션(option)거래가 있는데 이는 미래의 일정시점에 일정량의 외환을 사거나 팔수 있는 권리를 갖도록 하는 것이다.

(3) 스왑거래

스왑(swap)거래는 일정금액의 외화를 두 개의 서로 다른 결제일에 사고 팔도록 동시에 두가지 계약을 체결하는 것을 말한다. 예컨대 미국에서 1만 달러를 빌린 것을 현물거래를 통해우리나라 원화로 바꾸면서 이와 동시에 1년 후 원화를 다시 달러로 매도계약을 맺는 것을 말한다. 즉, 현물거래를 하면서 동시에 반대로 선물화 거래를 맺는 것이다. 이러한 스왑거래를통해서 환위험을 회피할 수 있다.

4. 암호화폐등장으로 인한 국제금융 환경의 기회와 위기

P2P(Peer-to-Peer) 네트워크에서 안전한 거래를 위해 암호화 기술(cryptography)을 사용하는 전자 화폐를 암호화폐(Crypto currency)라고 한다. 또한 블록체인을 기반으로 분산 환경에서 암호화 기술을 사용하여 만든 디지털 화폐(digital currency)이기도 하다.

암호화폐를 전자화폐의 하나로 보기도 하지만 전자금융거래법에 정의된 전자화폐의 특성인 현금 교환성이 보장되지 않으며 정부가 가치나 지급을 보장하지 않는다는 점에서 전자화폐와는 구별된다. 또한 가상화폐로 많이 알려져 있으나 개발자가 발행에 관여하지 않고 가상공간이 아닌 현실에서도 통용된다는 점에서 가상화폐와 차이가 있다.

"지금 팔면 47억 수익"…비트코인 투자로 조롱당한 이 나라의 반전

암호화폐(가상자산) 비트코인을 법정통화로 채택한 엘살바도르가 최근 비트코인 랠리의 승자로 등극했다.

나이브 부켈레 엘살바도르 대통령은 4일(현지시간) 소셜미디어(SNS) 엑스(옛 트위터)에 "엘살바도르의 비트코인 투자가 흑자를 기록했다"며 "현재 시세로 비트코인을 팔면 투자금 100% 회수가 가능하고, 362만 277달러(약 47억 5306만 원)의 수익을 낼 수 있다"고 밝혔다.

다만 그는 비트코인을 매각할 계획이 없다며 "앞으로 (비트코인의) 가격이 계속 변동할 것이라는 점을 충분히 알고 있고, 이는 (우리의) 장기적인 전략에 영향을 미치지 않을 것"이라고 했다. 그러면서 암호화폐 반대론자들의 사과를 촉구했다. 그는 "엘살바도르에서 손실을 봤다고 주장해 온 (암호화폐) 반대론자들은 자신의 발언을 철회하거나 사과하는 등 엘살바도르가 현재 이익을 내는 사실을 인정해야 한다"고 강조했다.

엘살바도르는 막대한 국가 부채에도 지난 2021년 9월 비트코인을 법정통화로 채택해 주목받았다. 부켈레 대통령의 비트코인 구매 관련 발표를 근거로 분석가들은 엘살바도르가 1억 달러 이상을 비트코인에 투자한 것으로 추산했다. 엘살바도르는 비트코인 투자 규모를 공식적으로 발표하지 않았다.

부켈레 대통령은 비트코인 법정통화 채택으로 암호화폐 커뮤니티에서 많은 팬을 확보했다. 하지만 국제통화기금(IMF)과 채권 투자자들은 비트코인의 변동성이 국가의 재정 안정성을 해칠 수 있다고 경고하며 회의적인 시각을 나타냈다.

엘살바도르에서 법정통화로 채택할 당시 4만 4000달러대였던 비트코인 가격은 두 달 뒤 6만 9000달러까지 근접하며 사상 최고치를 기록했다. 그러나 이후 스테이블코인 테라USD·루나 급락 사태, 암호화폐 거래소 FTX 파산 등으로 비트코인 가격이 1만 5000달러까지 추락했다.

롤러코스터처럼 변하는 비트코인 가격에 엘살바도르의 손실도 커지면서 부켈레 대통령을 향한 비판과 조롱이 이어졌다. 그런데도 부켈레 대통령은 "매일 비트코인 1코인씩 구매하겠다"며 비트코인 투자를 멈추지 않았다.

한편 비트코인 가격은 전날 2022년 5월 이후 처음으로 4만 달러를 넘어선 데 이어 4만 2000달러도 돌파했다. 세계 각국 중앙은행의 내년 금리인하 가능성과 미국 최초 비트코인 현물 상장지수펀드(ETF) 승인 가능성이 비트코인 가격을 올리고 있다. 암호화폐 시세 정보제공업체인 코인마켓캡에 따르면 한국시간 기준 5일 오전 2시13분 현재 비트코인은 24시간 거래 대비 1.47% 오른 4만 1825.28달러에서 거래되고 있다.

〈자료원〉 머니투데이, 2023.12.5.

1) 암호화폐의 기술적 내용

암호화폐는 중앙집중이 아니라 분산 환경에서 통화 단위(units of currency)를 생성하고 유지하며 안전한 거래를 위해 암호화 기술을 사용하여 분산 장부에 거래 정보를 기록하는 디지털 자산의 일종이다. 이를 취득하기 위해서는 수학적으로 복잡한 연산을 풀어야 하므로 암호화폐는 거래 정보의 변조가 현실적으로 불가능하다.

거래를 위해 은행과 같은 제3의 신뢰기관을 통한 신분 인증 절차를 거치지 않으며, 거래 당사자의 개인 정보도 이용하지 않으므로 익명성을 보장받는다. 중앙 통제 기관 없이 분산 네트워크 참여자들이 거래 정보를 분산하여 저장·관리한다. 이때 분산 저장·관리를 위해 일반적으로 블록체인과 같은 분산원장기술을 사용한다.

가장 잘 알려진 암호화폐가 2009년에 출현된 비트코인(bitcoin)이다. 비트코인은 암호화 기술로 SHA-256Secure Hash Algorithm 256 기반의 작업증명(PoW: Proof of Work)방식을 사용한다. 이 기술은 1997년 아담 백(Adam Back)이 스팸 메일에 의한 서비스 거부 공격을 방지하기 위해 고안한 해시캐시(hash cash)를 기반으로 개발되었다. 암호화폐는 가치의 변동을 통제하기가 쉽지 않다는 이유 등으로 금융 시장에서 활용하기 어렵다. 이 점을 보완하기 위해 달러와 같은 기축통화나 금과 연결하여 일정한 가치가 유지되게 하기도 한다.

이러한 암호화폐에 대해 글로벌 기업 및 경영자들이 관심을 가져야 하는 이유는 이러한 자산을 인정하는 기업이나 국가가 생겨나기 시작했다는 점이다. 2021년 엘살바도르에서는 비트코인을 제2의 법정화폐(Legal Tender)로 지정하는 법안이 통과되었다.

이에 따라 법안이 시행되는 이후에는 상점에서 비트코인 가격을 표시하게 되며, 상품의 거래와 세금·공과금 등의 납부를 비트코인으로도 할 수 있게 되었다. 아르헨티나에서는 비트코인과 같은 암호화폐로 급여를 지급하는 법안이 발의되었다.

한편 암호화폐를 인정한 두 국가는 통화주권이 위협받고 있다는 공통점이 있다. 엘살바도르는 2001년 자국 화폐인 콜론화를 포기하고 미국 달러화를 제1법정화폐로 사용해 왔고, 아르헨티나에서는 극심한 인플레이션(Inflation)으로 인해 법정화폐인 페소화의 가치가 하락해 왔다. 가격의 변동성이 크다는 비판을 받는 비트코인이지만, 아이러니하게도 두 국가는 경제 안정화 대책으로 비트코인에 주목하고 있다.

2) 암호화폐의 화폐적 가치

이론적으로 암호화폐가 과연 향후 공식적으로 전 세계에 인정을 받을 것인가에 대해 살펴보자. 화폐는 직접적인 물물교환에서 발생하는 불편함을 줄이기 위해 등장했다. 화폐는 일반적으로 세 가지의 기능을 반드시 갖고 있어야 한다. ① 교환의 매개 수단, ② 가치 저장의 수단, ③ 가치 척도 단위의 기능이다. 아주 옛날 화폐로 사용된 조개·곡물·가축·소금 등의 재화는 화폐 외의 용도가 있어 재화 자체로 사용되거나, 사람마다 교환가치를 다르게 인식하거나, 오랜 기간 보존하여 사용하기 어렵거나, 지역별로 생산이나 매장량이 달라 널리 사용되지 못하는 등의 저장수단으로서의 제약이 있었다. 이러한 문제점으로 금속(주화)과 종이(지폐)가 일반적인 화폐로 통용되기 시작하였다. 암호화폐의 대표적인 예인 비트코인이 화폐로서의 기능을 충족하는지 검토해 보자.

(1) 교환의 매개 수단 측면

비트코인은 온라인 거래소나 오프라인에 있는 현금인출기를 통해 원화나 달러화와 같은 법정화폐와 교환할 수 있고, 다른 이용자가 보유한 전자지갑으로 자유롭게 전송할 수 있다. 이러한 점에서 교환의 매개 수단으로써 기본적인 기능을 갖고 있다. 그러나 약간의 한계점이 존재한다. 그러나 전자지갑에서 전자지갑으로 전송하는 속도가 현재로서는 느리고, 전송에 부과되는 수수료가 기존의 결제 수단보다 비싸기 때문에 비트코인을 교환의 매개 수단으로 보기는 한정적이라는 의견도 있다.

그림 6-8 가상화폐 거래소 업비트

비트코인 네트워크에서는 전송량이 많을수록 처리되지 못한 채로 대기하는 전송 건도 많아진다. 그리고 나의 전송 건이 다른 사람들의 전송 건보다 우선적으로 처리되기 위해서는 다른 사람들보다 비싼 전송 수수료를 내야 한다. 최근 비트코인의 전송량이 매우 증가하여 평균 전송 수수료 역시 급격하게 상승하고 있다. 이러한 이유로 인해 사람들은 전송 수수료가 비교적 저렴하고 전송 속도가 빠른 다른 알트코인(Alternative Coin)을 이용하는 경우가 많아지기도 했다. 물론 이러한 알트코인들은 비트코인과 달리 전송 속도에 치중한 나머지 탈중앙화(Decentralization)라는 블록체인 시스템의 고유한 특성이 부족하기는 하다.

(2) 가치 저장의 수단 측면

비트코인이 처음 등장한 2009년 이후 비트코인의 가격은 꾸준히 상승해 오고 있다. 미국 달러화에 대한 교환 비율이 처음으로 발표된 2009년 비트코인 1개의 가격은 0.00076불에 그쳤으나, 최근에는 60,000불 선에서 거래되고 있다. 비트코인은 물리적인 형체가 없는 디지털 데이터임에도 불구하고 증가하는 수요로 인해 금전적인 가치를 인정받고 있다고 볼 수 있다. 뿐만 아니라 전체적으로 비트코인의 경우 채굴량(발행량)이 제한되어 있기 때문에 그 희소성으로 가치는 높아질 것으로도 예견한다. 그러므로 가치가 계속해서 존재할 것이라고 가정할 경우 비트코인은 가치를 저장하는 수단으로 사용될 수 있다.

(3) 가치 척도의 수단 측면

화폐로 이용되기 위해서는 어느 정도의 가치를 갖는 것도 중요하지만, 사람들이 그 가치를 안정적으로 느끼고 거래에 이용할 수 있어야 한다. 오늘의 화폐 가치가 내일과 크게 다르다면 거래 과정에서 사람들이 서로 약속한 가치를 보존하지 못할 수 있으며, 특히 화폐의 가치가 빈번하게 하락한다면 사람들이 화폐보다 현물을 선호하게 되고, 결국 화폐를 시세차익을 얻기 위한 투자 자산으로 여길 가능성이 크다. 향후 이러한 점이 보완되면 가치 척도의 수단으로서의 화폐기능으로도 인정받을 수 있을 것이다.

3) 변화가능성

비트코인이 법정화폐로 완전한 대처는 지금 당장 현실로 일어날 가능성은 적지만, 만약 비트코인이 앞에서 언급된 문제점들을 해결하고 모든 법정화폐를 서서히 대체한다면 어떤 일이 발생할까를 예측하는 것은 글로벌경영활동을 하는 기업가에게는 매우 중요하다.

우선 소수점 이하로 표기하는 암호화폐의 특성상 제품의 가격이 0.000001BTC와 같은 식으로 표기될 수 있을 것이다. 그리고 사람들은 스마트 기기를 이용해 자산에 접근하고, QR코드를 통해 상대방 지갑의 URL을 인식한 뒤 비트코인을 이체하게 될 것이다. 또한 코인 시스템의 특성상 민간에서도 채굴을 통해 코인을 생산할 수 있다. 이 경우 정부는 재정을 마련하기 위해 민간의 비트코인을 사들이거나, 가계 또는 기업에 비트코인에 세금을 부과하거나, 공공사업의 차원에서 직접 채굴에 참여할 것이다. 그리고 비트코인의 발행량은 비트코인의 시세가격과 채굴 비용(임대료, 전기료, 세금 등)을 토대로 정해지게 될 것이다. 한편 정부의 재정 정책과 통화 정책에 제약이 생겨 급격한 경기 변동에 대한 신속한 대응도 어려워질 것이다.

비트코인의 출현 이후 각국 정부는 중앙은행이 직접 발행하는 중앙은행 디지털 화폐(Central Bank Digital Currency; CBDC)를 도입하려 하고 있다. 제도권 금융에서는 미국 통화감독청(Office of the Comptroller of the Currency; OCC)이 연방 은행의 스테이블코인 발행과 사용을 허용하였다. 여기서 스테이블 코인이란 미국 달러나 유로화 등 법정 화폐와 1대 1로 가치가 고정되어 있는데, 보통 1코인이 1달러의 가치를 갖도록 설계된다. 테더(Tether), USDT 코인이 대표적인 스테이블 코인이며 이 외에도 HUSD, PAX, GUSD, USDC 등의 다양한 스테이블 코인이 있다.

이러한 CBDC는 정부가 직접 발행하는 것으로 총 발행 수량이 고정되어 있지 않으며, 기존의 법정화폐와 동일한 교환 비율이 적용되어 가치가 비교적 안정적으로 유지될 수 있다. CBDC가 도입되면 금융 거래가 빠른 속도로 이루어지고, 불법적인 목적으로 사용되는 자금을 추적하기가 용이해질 것으로 예상된다. 그러나 CBDC는 비트코인과 같은 암호화폐와는 달리 중앙은행에 의해 통제되기 때문에 블록체인의 탈중앙화 이념에 맞지 않으며, 정부가 거래 정보를 열람할 수 있다는 점에서 CBDC의 출현을 우려하는 시각도 있다.

4) 암호화폐와 글로벌 기업경영의 변화

스타벅스는 커피와 같은 음료비즈니스와 무관한 것같이 보이는 블록체인과 비트코인 등의 디지털 화폐에 관심을 갖고 있다. 스타벅스는 비트코인 선물거래소 백트(Bakkt)의 주요 투자자이다. 이는 전 세계에 퍼져있는 스타벅스 이용자들이 스타벅스 앱에 보관되고 있는 현금이 환율변동이나 각국의 중앙은행의 시스템을 거치면서 유기적 연결이 곤란한 점을 해결하기 위해 디지털 화폐에 참여하는 것으로 이해할 수 있다. 즉, 전 세계에 커피를 판매하고 있는 글로벌기업인 스타벅스가 여러 통화를 하나의 디지털 자산으로 통합해 관리하려는 의지를 보이고 있다는 것이다. 이미 오프라인을 중심으로 하는 모바일 플랫폼이 존재하고 있으니 스타벅스만의 가상경제를 구축하는 것은 어렵지 않을 것이다.

미국 내 스타벅스 모바일페이 사용자수는 2020년 기준 약 2,800만 명 이상이며 이는 구글페이, 삼성페이의 2배 이상의 규모를 갖고 있다고 한다. 또한 스타벅스 선불카드와 모바일 앱에 예치된 현금 보유량은 1조 원 이상으로 중소지방은행보다 현금을 많이 보유하고 있다. 전 세계에서 사용되는 스타벅스의 앱에서는 세계 75개국의 매장에서 여러 통화의 통합적 관리를 위해 각 지역의 금융과 관련된 법과 규제 그리고 환전비용을 고려해야 하는 상당히 복잡한 내용이다. 예컨대, 우리나라에서 사용되는 스타벅스 선불카드를 다른 나라에서 충전 및 사용하지 못해 불편해진다. 이때 여러 결제의 어려움을 해결할 수 있는 것이 바로 디지털화폐 블록체인 등으로 간소화하면 백트 앱과 백트 정산소를 통해 해결할 수 있다.

미국의 암호화폐 거래소인 코인베이스(coinbase)가 발급한 코인 직불카드인 코인베이스 카드(Coinbase Card)도 향후의 글로벌경영에 주목할 만한 일이다. 가상 카드를 먼저 받고, 2주 이내에 플라스틱으로 된 실물 카드를 받게 된다. 이 카드는 일반적인 신용이나 직불카드 형태의 실물 카드와 안드로이드 또는 iOS 앱을 함께 사용한다. 코인베이스 카드는 비자 카드 가맹점에서 사용할 수 있는 암호화폐 직불카드로, 비자카드 결제 단말기가 있는 오프라인 매장이나 현금인출기 등에서 일반 직불카드처럼 암호화폐를 간편하게 사용할 수 있다. 비자카드를 사용할 수 있는 곳이라면, 어느 곳에서든 암호화폐로 결제가 가능하다는 의미다.

암호화폐를 사용할 수 있는 직불카드 서비스는 이미 여러 가지가 사용되고 있다. 대부분의 서비스는 암호화폐를 실물화폐로 먼저 환전한 후, 거래계좌에 넣어 놓고 거래를 진행하는 과정을 거치는 것이 일반적이다. 최근 이러한 과정을 거칠 필요 없이, 암호화폐가 보관된 자기의 계정에서 직접 필요한 현금을 인출한다. 암호화폐를 실물화폐로 변환해서 예치하는 중간 과정이 필요 없기 때문에, 사용자 입장에서는 더욱 편리하게 암호화폐를 사용할 수 있는 것이 장점이다.

결제 승인이 나면 암호화폐 지갑에서, 달러로 변환된 금액만큼 지급 처리된다. 현금 인출기에서 현금을 찾을 때도 마찬가지다. 이 과정에서 고객은 캐시백과 비슷한 형태의 선택적인 보상 프로그램의 적용을 받는다. 암호화폐 중 하나인 스텔라 루멘(Stellar Lumens)을 사용할 경우 4%, 비트코인이라면 1%의 보상을 받을 수 있다. 암호화폐에서 실물 화폐로 바꾸는 과정에서 전환 수수료가 발생한다.

카드 거래에는 상황에 따라 다양한 수수료가 책정되고 부과된다. 각각의 거래 종류에 따라 일회 또는 일일 거래 한도도 제한되어 있다. 코인베이스 카드 역시 이와 관련해 다양한 수수료와 거래 제한을 두고 있다. 예컨대, 현재 유럽 지역에서 코인베이스 카드를 사용하려면 최소한 4.95유로 상당의 암호화폐 잔고가 있어야 한다. 일일 ATM 인출 한도는 500유로다.

2021년 기준 유럽 지역에서 사용 가능한 암호화폐는 BTC, ETH, LTC, BCH, XRP, BAT,

REP, ZRX, XLM으로 모두 9가지 종류다. 하지만 미국에서는 이보다 많은 암호화폐를 지원하는 것도 가능할 것으로 전망된다. 실물 카드를 수령하면 사용하기 전에 스마트폰 앱에서 활성화 과정을 먼저 거쳐야 한다. 아울러 스마트폰 앱은 결제할 암호 화폐를 선택하고, 암호화폐 잔액 조회와 관리 등을 위해 실물 카드와 함께 사용한다.

2021년의 경우 서비스 가능했던 유럽 지역 국가는 오스트리아, 벨기에, 불가리아, 크로아티아, 키프로스, 덴마크, 에스토니아, 핀란드, 프랑스, 그리스, 헝가리, 아이슬란드, 아일랜드, 이탈리아, 라트비아, 리히텐슈타인, 리투아니아, 룩셈부르크, 네덜란드, 노르웨이, 폴란드, 포르투갈, 루마니아, 슬로바키아, 슬로베니아, 스페인, 스웨덴 및 영국 등 28개국이다. 2020년 미국이 추가되고 서비스 지역이 확장되면, 향후 30개 이상의 나라에서 코인베이스 카드를 사용할 수 있을 것으로 보인다.

그림 6-9 비자사와 코인베이의 카드

더 생각해 볼 문제

○ **FD1** 환율의 국가별 상황을 조사해 보고 그 지역에 진출한 글로벌 기업들의 환율관리에 대해 알아보자.

○ **FD2** 자본시장의 변동성이 글로벌 기업에 영향을 미친 사례를 찾아보고 이를 보호하기 위한 글로벌 기업들의 안전장치 등에 대해 살펴보자.

○ **FD3** 전자화폐의 발전과 메타버스의 발전 등 4차 산업혁명으로 인한 글로벌 기업은 향후 어떤 식으로 변화하고 이러한 변화에서 글로벌 기업이 생존할 수 있을까를 정리해 보자.

7

국제 정치적 환경의 이해

학습목표(Learning Objectives)

○ LO1 글로벌경영에 있어 국제 정치적 환경의 유형을 구별할 수 있다.
○ LO2 국제 정치적 환경에 있어 예측 및 평가방법을 이해할 수 있다.
○ LO3 글로벌경영자가 국제 정치적 위험을 회피하는 전략에 대해 설명할 수 있다.

'우크라 재건비 조달' 놓고 충돌··· EU "러 자산 몰수"- 美 "압류는 불법"

우크라이나 전쟁이 100일을 넘기며 장기화하는 가운데 6000억 달러(약 751조 4500억 원)에 달할 것으로 추산되는 우크라이나 재건비용 조달 문제가 도마 위에 올랐다. 특히 이를 둘러싼 유럽과 미국의 입장이 갈려 향후 논의가 주목된다. 유럽은 서방이 '동결'한 러시아 중앙은행의 해외 예치 외환보유액 3000억 달러를 '몰수'해 재건비용을 충당해야 한다는 입장이다. 반면 미국은 동결과 몰수는 전혀 다른 문제라며 이에 소극적이다. 특히 우크라이나에 인접한 유럽의 경우 전후 재건의 직접 당사자로서 물게 될 재건비용을 부담스러워하고 있다. 그러나 미국은 이보다는 자국에 예치된 외국 자산을 몰수했을 때 발생할 수 있는 '세계의 금고'로서의 위상하락을 우려한다. 뉴욕타임스(NYT)는 "우크라이나를 돕기 위한 러시아 자산 압류가 정치적 논쟁을 촉발하고 있다"고 보도했다.

◇ 막대한 재건비용 부담 우려···유럽, 러시아 동결 자산 몰수 주장 = 파이낸셜타임스(FT)에 따르면 동결된 러시아의 해외자산을 재건비용으로 몰수하자는 주장은 유럽연합(EU)에서 처음 제기됐다. 주제프 보렐 EU 외교·안보정책 고위대표는 최근 FT와의 인터뷰에서 "EU가 전후 우크라이나 재건을 위해 수십억 달러 상당의 러시아 외환보유액을 사용하는 것을 고려해야 한다"고 말했다. 보렐 대표는 '동결한 러시아의 외환보유액을 전쟁이 끝난 뒤 우크라이나 재건비용으로 사용할 수 있느냐'는 질문에 "아주 논리적이므로 매우 찬성한다"며 이같이 밝혔다.

특히 보렐 대표는 아프가니스탄의 예를 들었다. 앞서 탈레반이 아프가니스탄을 재장악하자 미국 정부가 미국에 예치된 아프가니스탄 중앙은행 외환보유액 70억 달러를 몰수해 인도주의 자금으로 사용한 점을 거론한 것이다. 올해 2월 초 바이든 행정부는 70억 달러의 자금을 9·11 테러 희생자 유족 배상금과 아프가니스탄 주민을 위한 인도주의 기금으로 절반씩 배정한 바 있다. 보렐 대표는 "우리 주머니에 돈이 충분한데 왜 아프가니스탄의 돈은 사용해도 되고, 러시아의 돈은 사용하면 안 되는지 의문"이라고 덧붙였다.

보렐 대표의 이 같은 주장은 유럽에 널리 받아들여지고 있다. 특히 리투아니아, 라트비아, 에스토니아 등 발트해 3국과 슬로바키아는 지난 5월 24일 EU 재무장관회의에서 동결된 러시아 중앙은행 해외 예치 외환보유액을 몰수해 우크라이나 재건비용으로 사용하자고 공식 주장했다. 전쟁 피해국인 우크라이나도 러시아 자금 몰수에 적극 찬성하는 입장이다. 볼로디미르 젤렌스키 우크라이나 대통령은 최근 세계경제포럼(WEF) 연차총회(다보스포럼) 연설에서 "세계 각지에 흩어진 러시아 자산을 발견·압류해 전쟁 피해자들을 위한 특별 기금에 할당해야 한다"고 말했다.

◇ '세계의 금고' 위상 하락 우려하는 미국은 "동결과 몰수는 달라" = 하지만 이런 움직임은 미국의 저항에 부딪히고 있다. 미국은 러시아의 해외 예치 외환보유액 몰수에 소극적이다. 재닛 옐런 미국 재무장관은 최근 독일에서 열린 기자회견에서 "우크라이나의 엄청난 피해와 막대한 재건 비용을 고려하면 러시아가 최소한 관련 비용을 지불하도록 하는 것은 아주 당연하다"면서도 "그것(중앙은행 자산 몰수)은 미국에서 법적으로 허용되는 일은 아니다"라고 밝혔다.

특히 미국은 자국에 예치된 외국의 외화보유액을 압류할 경우 '가장 안전한 자산 보관 장소'로서의 미국 지위에 미칠 악영향을 우려하고 있는 것으로 알려졌다. 미국이 타국의 재산을 몰수할 수 있다면 특히 미국과 껄끄러운 관계에 있는 국가의 경우 미국에 자산 예치를 하지 않을 것이기 때문이다. FT는 "러시아의 자산 동결 결정은 이미 미국과 유럽과의 관계가 좋지 않은 국가들에서 우려를 불러일으켰다"면서 "이런 상황에서 모스크바의 부를 완전히 압류하는 것은 정치적 루비콘강을 건너는 것으로 간주될 것"이라고 지적했다.

실제 이미 중국 등에서는 이 같은 우려의 목소리가 커지고 있는 상태다. 홍콩 사우스차이나모닝포스트(SCMP)에 따르면 중국 런민(人民)은행 통화정책위원을 지낸 위융딩(余永定) 중국 사회과학원 명예교수는 최근 블로그를 통해 "중국이 대러시아 제재와 유사한 제재에 직면한다면 해외 자산이 '0'이 돼버리는 위험까지도 직면할 수 있다"고 경고했다. 중국은 일본에 이은 전 세계 두 번째 미 국채 보유국이다. 중국이 자산 안정성에 대한 우려로 미 국채를 사지 않을 경우 미국도 상당한 손실이 불가피하다.

◇ 러시아 동결 자산 몰수 가능?…법적 논란도 증폭 = 법적으로 러시아 자산 몰수가 가능한지를 놓고 학계의 견해는 엇갈린다. NYT에 따르면 로런스 H 트라이브 하버드대 명예 법학교수는 "2001년 9·11 테러 이후 통과된 국제비상경제권법(IEEPA) 개정안은 대통령에게 외국의 위협에 대응해 외국의 자산을 몰수할 수 있는 넓은 재량권을 부여하고 있다"면서 "미국 정부가 러시아의 동결 자산을 몰수할 수 있다"고 강조했다. 트라이브 교수는 최근 미국이 아프가니스탄, 베네수엘라 등의 자산을 몰수하고 재분배한 사례를 전례로 지적하며 "러시아 자산이 특별한 보호조치를 받을 자격이 없다"고 덧붙였다.

반대 주장도 있다. 폴 B 스테판 버지니아대 법학교수는 "아프가니스탄과 베네수엘라는 미국이 합법적으로 인정한 정부가 아니기 때문에 러시아와 비교할 수 없다"면서 "몰수 권한 강화를 위해 법을 개정할 경우, 러시아와 관계 악화는 물론 복잡한 법적 다툼을 벌이게 될 것"이라고 지적했다. 중앙은행 자산 압류는 논쟁거리지만 러시아 신흥재벌(올리가르히) 자산을 압류해 우크라이나를 직접 지원하는 방안은 속도가 붙고 있다. 캐나다는 지난 4월 올리가르히 자산을 압류·매각할 수 있는 권한을 정부에 부여하고 수익금을 우크라이나에 보낼 수 있도록 했고, 미국도 몰수 자산을 우크라이나에 직접 지원할 수 있는 조항 마련에 착수했다. 주요 7개국(G7)도 비슷한 법적 조치를 검토 중이다.

〈자료원〉 문화일보, 2022.6.9.

정치적 환경은 전반적인 글로벌경영활동에 광범위한 영향을 미친다. 예컨대 정치적 환경은 시장선정, 진입방법 등의 주요한 경영의사결정에 영향을 미치게 된다. 정치적 환경은 일반적으로 정치적 위험과 같은 맥락에서 논의된다. 글로벌 비즈니스 경영에서 정치적 환경에 대해 자세히 알아보자.

1. 정치체계의 이해

현대 사회가 글로벌화하고 있더라도 다국적 기업이 진출한 나라의 정치체계는 각국의 역사적 발전과정과 이데올로기 그리고 문화에 따라 많은 차이가 난다.

정치체계(political system)란 한 국가에 있는 정부의 체제를 의미한다. 입법, 사법 및 행정 등의 공식적인 제도를 포괄하며 동시에 정당체계 및 기타 다양한 이해관계자들의 집단 등도 포함된다. 정체체계는 기본적으로 국가를 외부의 위협으로부터 보호하며 동시에 사회의 내부적인 안전을 보장하는 역할을 수행한다.

뿐만 아니라 정치체계는 한 사회의 주요 자본을 결정하기도 한다. 일반적으로 민주주의(democratism), 사회주의(socialism)와 전체주의(totalitarianism)로 구분할 수 있다.

1) 민주주의

민주주의는 국민이 주인이 되는 정치시스템으로서 모든 국가권력은 국민에 의해 나오는 것이다. 민주주의는 기본적으로 개인의 자유가 사회적 평등이나 정의보다는 강조된다.

국민이 직접 권력을 행사하는 형태는 직접민주주의라 한다. 대부분의 국가는 간접민주주의를 채택한다. 간접민주주의에서는 정치주권을 행사할 대표들을 선거를 통해 뽑고 이러한 선출된 대표들이 실제 정치권력을 행사하는 대의민주주의가 널리 행해진다.

민주주의가 경제적 활동과 관련해서는 두 가지 큰 특징을 갖고 있다. 먼저 제한된 정부의 역할이 그것이고 나머지는 철저한 사유재산권의 인정이다. 순수 민주주의 국가에서는 정부가 국방, 외교, 법질서의 유지, 기본적인 인프라의 제공 등을 갖는 작은 정부를 지향한다. 또한 사유재산권이 철저하게 보장되어 재산을 자유롭게 소유하고 개인이 부를 축적하는 것을 완전히 보장한다.

한편 이러한 작은 정부의 문제점을 갖는 순수 민주주의에 대한 비판론자들은 불평 등이 과도할 경우에는 국가가 개입을 해야 한다고 하고 있다. 실제로 요즈음은 민주주의국가에서도 어느 정도 정부의 개입이 광범위하게 이루어진다.

2) 사회주의

사회주의는 기본적으로 자본과 부가 국가에 귀속되고 통제되어야 하며 이윤추구를 위한 것이 아니라 생산수단으로만 활용되어야 한다는 관점이다. 사회주의는 사회 전체의 이익이 개개인의 이익보다 우선해야 한다는 집단주의 이데올로기를 기반으로 하고 있다. 사회주의자들은 노동자들이 노동의 대가를 충분하게 보상을 받지 못하고 자본가들이 사회에서 창출되는 부를 가져간다고 생각한다. 이를 해결하기 위해서는 정부가 나서 생산 등 상업활동의 주요한 수단들을 관리해야 한다는 것이다.

이런 개념을 갖고 있는 사회주의 정치체계는 주로 서유럽국가들이 사회민주주주의(social democracy)정체 체계로 변형되어 발전되어 가고 있다. 뿐만 아니라 중국, 러시아, 인도 등도 사회주의적 특성이 매우 강한 나라이다. 이러한 사회주의 정치체계를 유지하는 국가에서는 민간부문과 기업 활동에 정부가 개입을 하며 법인세가 높으며 각종 규제가 존재한다.

3) 전체주의

전체주의는 독재자 혹은 국가 정당이 사회의 모든 경제 및 정치사안들을 통제하고 관리하는 정치체계이다. 전체주의 정치체계는 종교적 배경에 기반을 하는 경우도 있고 그렇지 않은 경우도 있다. 전체주의 정치체계 국가에서는 일반적으로 일당 독재 체제인 경우가 대부분이다. 권력은 비밀경찰을 통해서 유지되며 국가가 통제하는 각종 미디어를 통해서 정치적 선전과 선동이 이루어진다. 이러한 전체주의에서는 자유로운 정치토론이나 비판은 허용되지 않으며 국가 목표에 어긋나는 어떠한 개인, 종교, 노조 및 정당의 활동은 금지된다.

전체주의의 형태를 보면 우선 공산독재가 있다. 대표적으로 북한이나 쿠바가 있다. 여기에서는 공산당이 유일한 정당으로 절대적인 정치권력을 행사하는 체제이다. 다음으로 신정독재가 있다. 이는 특정 종교적 집단이 정치권력을 독점하는 정치체계를 말한다. 일반적으로 이슬람을 국교로 갖고 있는 국가들은 종교와 정치를 분리하지 않고 종교지도자가 정치적 지도자와 같을 경우가 허다하다.

그 다음으로 볼 수 있는 형태가 종족독재이다. 아프리카의 경우 몇몇의 나라는 한 부족이 정치권력을 독점하여 다른 부족을 탄압하는 것이 있다. 이러한 점은 정치적 위험으로 내전과 갈등이 수없이 나타난다. 마지막으로는 우익독재이다. 2차세계대전 시 독일의 히틀러, 이탈리아의 무솔리니 그리고 일본의 과거 군국주의가 정치권력을 독점하는 정치체계를 말한다.

2. 정치체계와 경제체계의 관계

한 국가의 정치체계는 해당국의 경제체제와 밀접하게 관련되어 있다. 경제체제는 계획경제체제(command economy), 시장경제체제(market economy) 그리고 혼합경제체제(mixed economy) 등 세 가지로 나눌 수 있다(5장 참조).

계획경제체제는 국가가 재화와 서비스의 생산과 유통을 계획하고 관리하는 체제로 주로 전체주의 정치체계와 관련이 있다. 국가가 무엇을 얼마만큼, 어떠한 가격으로 생산 및 유통시킬 것인가를 정책적으로 결정한다.

시장경제체제는 수요와 공급으로 대표되는 시장에서 생산량과 공급량이 만나는 시장 힘에 의해 가격이 결정된다. 이 경제체제는 민주주의의 정치체계와 밀접한 관계를 갖고 있으며 시장에서는 정부의 개입은 제한적이며 시장에 참여하는 개인과 기업들에 의해 자율적으로 행해진다.

혼합경제는 계획경제체제와 시장경제체제가 혼합적으로 하는 경제체제이며 생산과 유통에 있어 시장과 정부개입이 함께 행해진다. 주로 사회주의 정치체계와 관련이 있다. 기본적으로 공급과 수요에 의한 가격결정이라는 시장 매커니즘을 이용하지만 노동규정, 최저임금, 연금, 환경 기타 등등 국영기업운영과 정부의 각종 법적 정치적 제약으로 시장에 개입이 이루어진다.

정치체계는 한 국가의 경제활동의 자유와 대외개방과 많은 관련성이 있다. 일반적으로 자유국가일 경우 경제활동과 대외개방은 높은 편이다. 이러한 나라들은 무역과 국제투자에 개방적이므로 외국제품이나 기업의 진출에 큰 제한을 가하지 않는 편이다.

3. 정치적 위험

　　글로벌경영을 하기 위해서는 많은 위험이 도사리고 있는데 그중 정치적 위험이 대표적인 예이다. 정치적 환경은 대개 정치적 위험(political risk)와 같은 맥락에서 논의된다. 글로벌경 영활동에서 보면 한 국가의 정치체계, 제도 등 일반적 의미의 정치적 환경보다는 경영활동에 부정적 영향을 미칠 수 있는 정치적 위험이 실질적으로 주요하기 때문이다. 정치적 위험이란 정치적인 힘이 그 국가의 경영환경에 큰 변화를 일으켜서 그 나라에 투자한 기업들의 성과에 부정적인 영향을 미치는 위험을 의미한다. 일반적으로 정치적 위험은 사회가 불안정한 나라에 서 훨씬 크다. 사회적으로 불안정한 국가에서는 통상파업, 데모, 테러리즘 그리고 폭력대결과 같은 다양한 형태가 나타난다.

　　이와 같은 사회적 불안정은 흔히 다민족 국가 혹은 한 국가 내에서 여러 이데올로기가 서 로 권력을 잡으려고 경쟁을 할 때 발생한다. 이러한 현상 때문에 정부의 통치에는 급격한 변화 가 있게 되고 심한 경우 내전까지도 일어나게 된다. 사회적 불안정은 그 국가에서 경영활동을 하는 기업들에게 매우 큰 악영향을 미치게 된다. 실제로 이러한 상황은 매우 비일비재 하게 일 어난다. 예컨대, 이란의 회교혁명으로 인한 이란에 있던 많은 서구기업의 자산이 몰수당했으 며 보스니아, 크로아티아, 세르비아 등에 투자를 한 기업 역시 전쟁으로 투자한 기업은 큰 손 해가 발생하였다.

　　그러므로 정치적 위험이 존재하는 나라에 투자하거나 진출을 할 때 기업들은 상당부분 리 스크를 해소할 수 있는 경호 등의 비용이 발생하게 된다. 이러한 사회적 불안정요소 이외에도 정부가 경제정책을 잘못 운영하여 높은 인플레이션이 발생하거나 실업률이 높아지는 것 역시 그 나라에서 사업을 운영하는 기업의 성과를 악화시킨다.

　　베네수엘라의 경우, 2007년 차베스가 사회주의 개혁을 시행해 외국자본이 독점하던 석유 산업의 이익을 국민들에게 되돌리기 시작했고 해외 석유 기업들을 전부 내쫓았다. 그리고 석 유가격의 호조와 맞물리며 베네수엘라 경제는 눈부시게 성장하고 빈곤율도 극적으로 떨어졌 는데 차베스 사망 이후 마두로 정권 들어서는 유가가 하락하면서 오히려 자충수가 되어버린 것이다. 베네수엘라 자체적으로는 유전을 개발할 기술도 부족했고, 미국의 계속되는 경제봉쇄 로 다른 외국의 자본마저 대거 이탈했다. 이러한 경제정책상의 문제점은 기업이 느끼는 위험 을 증가시킬 수도 있다. 또한 외국정부가 합작투자를 강요하거나 해외투자의 과실송금을 억제 할 경우에도 외국투자 기업은 수익성이 악화될 수 있다.

4. 정치적 위험의 원천

정치적 위험의 원천은 일반적으로 정치적 주권과 정치적 갈등으로 나눈다.

먼저 정치적 주권이다. 정치적 주권이란 국가가 다양한 제재조치를 통해 외국기업에 대해 자신의 주권을 내세우려는 욕구이다. 이러한 제재조치는 일반적으로 규칙적이면 점진적인 형태이므로 충분히 예측이 가능하다. 대표적인 예가 세율의 인상이다. 이렇듯 많은 저개발국가들은 자국의 정치적 주권을 보호하기 위해 기업들에게 많은 규제를 한다. 이들 국가에서는 일반적으로 경제적 종속은 정치적 종속을 의미한다고 생각한다. 그러므로 이들 국가들은 외국기업의 도움없이 경제발전속도가 더디어지더라도 그들의 정치적 독립을 보호하고자 한다.

그러나 정치적 주권이 오랫동안 보장되어온 선진국과 같은 개발국가는 개방된 정책을 사용한다. 이들은 정치적 독립보다는 인플레이션 억제, 실업률 감소, 환경보호 및 낙후지역개발 등과 같은 문제를 해결하려고 한다. 이들 국가들은 이를 해결하기 위해 외국의 기술 및 자본의 유입을 원하며 동시에 자국의 기술 및 제품이 해외시장에 진출하기를 원한다. 반면에, 일반적인 개도국들에서 다국적 기업들은 이익극대화, 세금회피, 현지국을 양극화, 현지기업성장방해, 시장독점력을 통한 현지국의 주권침해, 소득분배 불균형심화 등의 주범으로 인식되곤 한다. 이렇게 저개발국가와 선진국가 간에서 외국기업의 존재유무와 활동에 대해서는 입장이 매우 다르게 작용한다.

다음으로 정치적 갈등이다. 거의 모든 나라가 정치적 갈등을 갖고 있으며 각기 다른 형태의 정치적 갈등을 겪고 있다. 정치적 갈등은 불규칙적이고 비연속적이다. 대표적인 것이 정치적 음모, 폭동 그리고 내전 등의 형태로 나타난다.

정치적 음모란 권력자들에 대한 계획된 폭력행위이다. 폭동이란 기존 정부나 정권에 대해 반대하는 대규모의 즉발적인 항의이다. 내전이란 기존의 정부에 대해 일으키는 대규모의 조직적인 무력을 사용하는 것이다. 이러한 정치적 갈등은 경우에 따라 영향력이 다르게 나타난다. 즉, 호의적일 수도 있고 비호의적인 환경을 제공할 수 있다는 것이다. 정치적 갈등의 직접적 영향은 글로벌경영자의 납치, 글로벌 기업의 자산 손상 그리고 이에 대한 폭력형태를 들 수 있다. 반면 간접적 영향은 정부의 정책변화로 나타난다.

5. 정치적 위험의 예측 및 평가방법

정치적 위험의 정도는 한 나라의 경제발전정도와 반비례의 관계를 갖는다. 다른 모든 조건들이 동일하다고 하면 저개발 국가들의 정치적 위험은 더 커지게 된다. 사회적 무질서와 분쟁 또한 정치적 위험의 징조라 할 수 있다. 그러나 선진국의 경우에는 이러한 것이 상대적으로 적게 일어난다.

다양한 국가에 진출하려는 많은 국제 경영자들은 정치적 위험을 예측하고 평가하여 자사에 유리하도록 예의주시하고 있다. 이러한 이유는 여러 가지 필요에 의해 진행되어 왔다. 우선 미래의 위험한 국가들을 미리 찾아내 비즈니스를 회피하려는 필요성에 의해서 예측하고 평가하였다. 그리고 필요 이상으로 정치적 불안정이 과다평가 되었던 나라들이나 정치적 위험이 개선된 국가들을 발굴하여 새롭게 진출 고려를 할 필요성이 대두되었기 때문이다. 뿐만 아니라 정치적으로 위험하나 진출대상에서 완전히 배제할 정도로는 위험하지 않은 국가들을 선별할 기회를 찾아보기 위함이다.

기업들이 정치적 위험을 분석하기 위해서는 몇 가지 직접적인 방법을 사용하기도 한다.

첫째, 현지 직접조사(Grand Tour)방식이다. 이 방법은 진출을 고려하고 있는 국가에 경영자가 직접 방문하여 조사하는 방식이다. 예비적 시장조사가 주로 이루어지는데 현지에 도착 시 해당 국가 혹은 지역의 정부관리와 현지 기업들과의 모임이 이루어진다. 그러나 이러한 형태의 방문 조사는 매우 한계적이다. 오직 선택적 정보들만이 이루어지기 때문에 시장자체의 불리한 측면을 발견하기가 어렵다.

둘째, 고문(Old Hand)을 이용하는 방법으로 기업의 외부에 그 지역의 전문가들에게 자문을 받는 방법이다. 그 지역전문가들은 경험이 많은 교수, 노련한 외교관, 현지를 경험한 기업인 등을 이용하는 방법이다.

셋째, 전문가들에게 특정 문제에 대한 독립적인 의견을 지속적으로 반복하여 의견을 수렴하게 하는 델파이(delphi) 기법을 사용한다. 전문가들의 독립적 의견을 통계적인 분포를 보여주고 초기의 의견을 수정할 기회를 제공한다. 이러한 과정을 반복적으로 몇 차례 계속하게 되면 전문가들의 의견을 수렴할 수 있게 된다. 그러나 이 방법을 사용하기 위해서는 조사능력은 물론이거니와 시간이 상대적으로 많이 걸리는 단점이 있다. 그리고 이 델파이 방법으로 도출된 의견은 어떤 의견보다는 정확할 수 있다. 일반적으로 이 방법을 사용하기 위해서는 선별된 전문가들에게 해당 지역의 다양한 정치적 환경요인들을 평가하게 하고 이후 마지막으로 수렴된 의견에 기초하여 시장에 대한 경영의사결정이 결정된다.

델파이 기법으로 정치적 위험을 측정하는 가장 대표적인 방법이 BERI(Business Environment Risk Index) 시스템으로 사용하는 방식인데 이 방법 사용 시 사용되는 변수들과 과정은 〈표 7-1〉과 같다.

표 7-1	BERI의 변수와 가중치

변수들	가중치
정치적 안정성(political stability)	3
외국인 투자에 대한 태도(foreign investment attitude)	1.5
국유화(nationlization)	1.5
물가상승(monetary inflation)	1.5
국제수지(balance of payment)	1.5
관료적 지연(bureaucratic delays)	1
경제성장(economic growth)	2.5
통화 태환성(currency convertibility)	2.5
계약 이해성(contract enforceability)	1.5
노무비/생산성(labor cost/productivity)	2
전문적 지원(professional support)	1.5
통신, 수송 등 하부구조(communicatons/transportations)	1
내국인 경영(local management)	1
단기신용(short-term credit)	2
장기자본(long-term capital)	2
계	25.0

〈자료원〉 Charles R, Kennedy, Jr.(1987), *Political Risk Management International Lending and Investing Under Environmental Uncertainty*, New York: Quorum Books.

넷째, 정량적인 방법이다. 정치적 위험의 정도는 경영자의 주관적인 판단이나 전문가들의 의견에 근거해 정성적으로도 분석할 수 있지만 이를 계량화하여 분석하는 전문기관을 통해 간접적으로 파악할 수도 있다. 예컨대, EIU(Economist Intelligence Unit), BERI(Business Environment Risk Intelligence), BMI(Business Monitor International), PRS(Political Risk Services) Group 등의 전문기관을 이용하는 방법이 있다.

이러한 기관에서는 정량적인 방법을 개발하거나 기존의 판별분석과 같은 통계학적 방법을 응용해서 사용한다. 즉, 정치적 사건의 발생가능성을 예측하기 위해 계량화할 수 있는 요인들 간의 수학적 관련성의 모델을 개발하는 방법이다.

이러한 정량적 방법의 대표적인 예가 〈표 7-2〉에 제시된 것과 같은 PSSI(Political System Stability Index)이다. 이 기업은 동일한 가중치를 갖는 사회경제적 지수, 사회적 갈등지수, 정치과정지수로 이루어져있으며 각각의 지수에는 하위의 변수가 있어 이를 측정하여 위험정도를 산정한다.

표 7-2 PSSI 지수와 독립변수들

사회 경제적 지수	민족주의적 분파(ethnolinguistic fractionalism) 1인당 국민소득증가율(GNP growth rate per capital) 1인당 에너지소비량(energy consumption per capital)	
사회적 갈등지수	공공불안 (public unrest)	폭동(riots) 시위(demonstrations) 정부위기(government crisis)
	내부적 폭력 (internal violence)	무장공격(armed attacks) 암살(assassinations) 쿠데타(coup d'etat) 게릴라 전(guerrila warfare)
	공안통치 가능성 (coercion potential)	인구 천 명당의 내부안전요원수 (internal security forces per 1.000)
정치과정지수	정치적 경쟁정도(political competition) 입법효율성(legislative effectiveness) 헌정변화(constitutional changes per year) 비정상적인 최고통치자의 교체(irregular chief exective changes)	

〈자료원〉 Charles R, Kennedy, Jr.(1987), *Political Risk Management International Lending and Investing Under Environmental Uncertainty*, New York: Quorum Books.

한편 이러한 정량적 위험의 대표적 기업인 PRS Gruop은 국가의 위험평가에 있어 정치적 위험과 경제적 위험 그리고 재정적 위험으로 국가적 위험 정도를 발표하고 있다.

정량적 분석방법은 몇 가지의 한계점을 내포하고 있다.

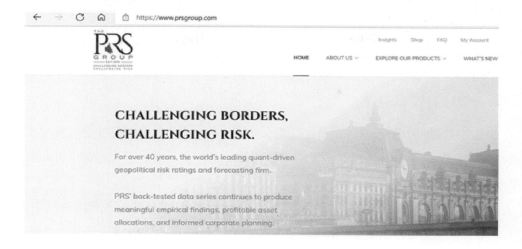

그림 7-1 세계적인 정치위험 평가 기관인 PRS Group의 홈페이지

첫째, 분석에 사용되는 지수 및 변수 그리고 가중치가 자의적일 수 있다는 것이다. 둘째, 이 기법은 지나치게 정량적인 것에만 의존함으로써 특정 국가 내의 국민정서의 변화나 권력 관계의 변화, 문화의 변화 등 계량화 할 수 없는 요인들을 반영 못하기 때문에 정확한 예측에는 한계점이 있다. 셋째, 저개발 국가들의 경우에서 요구되는 과거 자료와 신뢰성을 갖는 통계 수치를 확보하기가 어렵다. 이러한 한계점이 존재하기 때문에 정량적인 방법과 함께 정성적인 방법을 보완적으로 평가하는 것이 바람직하다.

6. 정치적 위험의 형태

정치적 위험은 경영활동에 대한 사소한 간섭부터 투자자산의 몰수라는 과격한 수단까지 다양하다. 불안정한 경제정책, 정치적 갈등, 외국기업에 대한 테러, 현지의 민족주의적 성향 등도 정치적 위험의 예이다.

1) 수용과 몰수

정치적 위험이 극단적으로 표출되는 상황은 현지에 투자한 자산에 대한 현지국(host country) 정부의 수용(exproriation)과 몰수(confiscation)이다. 수용과 몰수의 공통점은 투자 기업의 의사와 관계없이 현지 자산을 정부에 잃는 것이다. 수용은 어떤 형태이든 수용된 자산에 대한 보상이 따르게 되지만 몰수는 아무런 보상절차가 없다는 것이다. 물론 수용도 적절한 보상인가 하는 것은 또 다른 문제이다. 그러나 이러한 수용과 몰수는 국제적으로 매우 큰 문제가 일어날 수 있기 때문에 최근에는 자주 나타나는 현상은 아니다.

수용의 경우, 단계적인 수준을 밟아서 진행되는 경우를 점진적 수용(creeping exproriation)이라고 한다. 점진적 수용은 외국인 투자지분 비율을 점진적으로 낮추어 궁극적으로 현지국 정부나 기업에게 소유 및 통제권을 이양하도록 요구하는 것이다.

2) 경제적 간섭 및 규제

수용이나 몰수와 같은 과격한 행동의 정치적 위험은 극단적이기 때문에 흔하게 발생하는 것은 아니다. 그러나 정치적 배경을 지닌 각종 경제적 간섭 및 규제는 국제기업이 비교적 흔히 겪게 되는 정치적 위험이다.

이러한 경제 간섭 및 규제의 예로는 외환규제, 현지 부품의 의무적 사용, 성과규제 등이 있다. 외환규제는 경영활동의 결과로 나타난 이익을 배당금 형태로 본국에 송금하는 것을 제한하거나 복수 환율제도를 통하여 특정 목적을 지닌 외환거래에 불이익을 주는 것이다. 대부분 외화가 부족한 국가에서 이러한 규제를 사용한다. 현지부품의 의무적 사용은 일정 비율의 원자재 혹은 부품들을 현지국의 것을 사용하도록 하는 것이다. 이는 단순조립과정을 하는 활동을 억제하기 위해 사용된다. 마지막으로 성과규제는 생산량의 일정비율 이상을 수출하거나 내수시장 점유율을 설정하여 이에 맞추도록 하는 것이다.

3) 민족주의성향

민족주의(nationalism)는 국가 혹은 민족에 대해 느끼는 강한 자부심, 긍지, 혹은 일체감으로서 이러한 성향은 종종 외국기업에 대한 편견이나 배타적 태도로 나타날 수 있다. 경제적측면에서 표출되는 민족주의는 국가 경제의 자치 및 독립성, 경제적 주권의 확보 등이 국제적인 고려에 우선한다. 현지 국가의 민족주의적인 성향이 수입에 대한 거부감, 외국인 투자에 대한 거부감 등으로 나타날 때 기업은 경영활동을 자유롭게 수행하기 곤란하며 성과도 부정적으로 나타날 소지가 많다. 공식적으로 진행되든 비공식적으로 이루어지든 자국제품구매운동과 같은 움직임은 민족주의를 배경으로 외국기업에 가해지는 정치적 위험의 한 형태라 할 수 있다.

민족주의 성향이 강한 나라에서 글로벌경영 활동은 매우 신중해야 한다. 특히 자국중심주의적 태도(ethnocentrism)를 드러내는 것은 금물이며 가급적 현지인과 현지문화를 배려하는 입장을 취하는 것이 바람직하다.

4) 뇌물과 부패

전 세계적으로 뇌물에 대한 규정이 다양하고 무엇이 옳은지 그른지에 대한 판단에 있어 국가 간에 많은 차이가 있다. 공무원이나 사회저변의 청렴도 역시 글로벌 기업의 경영활동에 영향을 미친다. 국가에 따라 기업이 외국에서 현지관리에게 뇌물을 제공하는 행위를 규제하지만 아직도 여전히 뇌물이 통용되는 국가가 많은 편이다.

일반적으로 뇌물에 관한 국제적인 관례에서 인정되는 것은 정부관리들에게 자신들이 해야 될 일을 신속하게 처리하도록 지불하는 댓가와 정치인이나 정부의 고위관리자들에게 정당하지 않은 특별한 혜택을 얻어내기 위해서 지불하는 대가는 차이가 난다. 그러므로 해외비즈니스를 수행하는데 있어서 외국 정부 관리들에게 제공되는 대가를 실제적인 측면에서 구분하여 처리하는 것이 필요하다.

Global High Light
이탈리아, 일대일로 탈퇴…떠나는 EU, 못 잡는 중국

진핑 중국 국가주석은 7일 유럽연합(EU)과의 정상회담에서 "중국과 유럽은 서로 이익이 되며 협력하는 파트너가 되어야 하고, 정치적 신뢰를 두텁게 해야 한다"면서 "각종 간섭을 배제하고 대화와 협력을 강화해야 한다"고 했다. EU 지도부를 향해 미국 눈치를 보지 말고 중국에 힘을 실어달라고 요청한 것이다. 그러나 회담이 열리는 시기에 이탈리아는 일대일로(一帶一路·육로와 해상 실크로드) 탈퇴를 공식 통보해 중국이 난감한 상황에 처했다.

중국 관영 신화통신에 따르면 시진핑은 이날 베이징 댜오위타이(釣魚臺) 국빈관에서 샤를 미셸 EU 정상회의 상임의장, 우르줄라 폰데어라이엔 EU 집행위원장을 만난 자리에서 "제도가 다르다고 라이벌로 간주해서는 안 되고 경쟁이 있다고 협력을 축소해서는 안 되며 이견이 있다고 서로 대항하면 안 된다"며 이같이 말했다. 이에 폰데어라이엔은 "중국은 EU의 가장 중요한 무역 동반자지만 우리는 명백한 불균형과 이견을 해결해야 한다"고 했고, 미셸 역시 "EU는 투명성, 예측 가능성, 호혜성 원칙에 기반한 중국과의 관계를 구축하기를 희망한다"고 했다.

중국과 EU 정상이 대면 회담을 가진 건 EU 현 집행부가 출범한 지난 2019년 이후 4년 만이다. 작년 4월 양측이 화상 정상회담을 가진 자리에서는 우크라이나 전쟁 등 민감한 문제가 제대로 논의되지 않아 "귀머거리의 대화"(호세프 보렐 EU 외교·안보 정책 고위대표)라는 뒷말이 나왔다.

그러나 이번에도 유럽은 중국과 거리를 두는 모양새다. 이탈리아 안사통신은 6일 소식통을 인용해 이탈리아 정부가 지난 3일 중국에 일대일로 사업에서 탈퇴한다는 결정을 공식 통보했다고 전했다. 이탈리아가 당초 일대일로 참여 결정을 내린 건 중국과 관계를 중시한 주세페 콘테 총리 재임 시기인 2019년이었다. 그러나 이탈리아는 지난해 10월 조르자 멜로니 총리가 이끄는 우파 정부가 들어선 뒤 "일대일로 참여는 실수, 즉흥적이고 형편없는 행동"이라며 탈퇴 의사를 공개적으로 밝혀왔다.

중국과 EU는 이번 회담을 앞두고 현안들에 대해 견해차를 드러냈다. 중국과 EU는 대중국 무역 적자 및 첨단 기술 수출 통제, 중국산 전기차에 대한 반(反)보조금 조사 등을 놓고 상반된 입장을 보여왔다. EU는 4000억 유로(약 570조 원)에 달하는 대중국 무역 적자 문제도 제기했다. EU의 대중국 적자는 2018년 이후 빠르게 늘어 지난해는 전년 대비 58% 급증했다. EU는 최근 2~3년 새 EU 내 점유율을 2배가량으로 늘린 중국산 전기차에 대해 중국 정부의 불법 보조금 의혹을 제기하며 지난 9월 조사에 들어간 상태다.

반면 중국은 자국 내 유럽 회사들의 수출액이 중국의 대유럽 수출액의 3분의 1을 차지하고 있고, 반보조금 조사와 첨단 기술 수출 통제는 미국의 중국 봉쇄에 영합하는 보호주의 정책이라고 비난하고 있다. 양측은 '두 개의 전쟁'에서도 팽팽하게 맞서고 있다. EU는 중국이 대러시아 수출 규제에 협조하길 바라지만, 시진핑은 블라디미르 푸틴 러시아 대통령과 긴밀한 관계를 유지하고 있다. EU는 북한의 대러 무기 제공에 관한 우려도 중국에 제기할 방침이다. 이스라엘·하마스 전쟁에서도 유럽은 중국에 중동 평화를 위한 적극적인 역할을 촉구하고 있다.

이번 회의는 유럽이 중국에 대한 정책을 올해 대대적으로 재조정한 가운데 이루어졌다는 분석도 나온다. 중국과 가장 가까웠던 독일 정부는 지난 7월 처음으로 '포괄적 대중 전략'을 의결해 중국 의존도를 낮추기 위한 기본 원칙을 세웠다. 특히 첨단 전략 산업에서 중국 의존도를 낮춰갈 것을 분명히 했다. 원자재 자급자족을 위한 노력도 이어지고 있다. 파이낸셜타임스(FT)에 따르면 독일 원자재 기업 '도이체 플루스슈파트'는 올 초 27년간 폐쇄됐던 케퍼슈타이게 광산을 다시 가동해 2029년까지 연간 약 10만t의 형석을 생산하겠다고 밝혔다. 형석은 리튬과 함께 전기차 배터리에 쓰이는 핵심 광물로 대부분 중국으로부터 수입된다. EU는 2030년까지 핵심 원자재의 중국 의존도를 낮추기 위한 '핵심 원자재법' 입법을 추진 중이다.

〈자료원〉 조선일보, 2023.12.7.

7. 정치적 위험과 협상력

정치적 예측 및 평가를 제시하는 기관들의 자료는 대부분 거시 정치적 위험 예측이 주된 내용이다. 이러한 결과는 기업들에게는 시장진출 혹은 프로젝트 진행 등과 같은 미시적 위험 체계에 대해서는 적절한 평가방법을 제시 못하고 있다. 그러므로 미시적 위험을 예측하고 평가하기 위해서는 외국기업과 정부와의 협상력에 의해 정치적 위험이 결정된다는 협상력 모델이 적합할 수도 있다.

포인터(Poynter)에 의하면 협상력 모델(Bargaining Power Model)에서는 외국기업이 현지정부에 대해 가지는 협상력이 클수록 현지국 정부의 간섭, 즉 정치적 위험에의 노출 정도는 줄어든다고 한다. 정치적 위험에의 노출정도는 산업특성과 기업 및 프로젝트에 고유한 변수에 의해 결정된다고 하였다.

1) 산업특성에 있어서 정치적 위험

진출하고자 하는 기업이 속해있는 산업에 따라 정치적 위험은 다음과 같이 달라질 수 있다.

첫째, 공익산업의 경우에는 정치적 위험에의 노출 정도가 매우 크다. 대표적인 예가 자원관련 산업, 전기, 통신 금융업 등이 대표적이다. 이러한 산업은 자국민의 민족주의적 성향이 매우 강하게 나타나며 내국인들에 의한 소유와 통제가 요구되기 때문에 정치적 위험의 가능성이 매우 높다.

둘째, 성숙기의 표준화된 제품의 경우 정치적 노출 정도가 매우 크다. 제품수명주기상 성숙기에 들어서는 제품을 누구나 다 쉽게 생산할 수 있다. 이는 연구개발비가 많이 필요하지 않고 쉽게 학습이 가능하기 때문이다. 대표적인 예가 식품, 시멘트 산업 등 일반적인 산업이다. 즉, 첨단산업에 비해 정치적 위험이 높다.

셋째, 수직적 통합정도가 높을수록 정치적 위험에의 노출정도가 낮다. 예컨대, 석유산업의 경우 화학 및 정유산업은 원료생산에서 판매까지 수직적으로 통합되어 있는 경우가 많다. 따라서 이렇게 통제가 높은 경우에는 정치적 위험이 낮게 된다.

마지막으로 첨단기술을 이용하는 산업은 기술과 노하우가 경쟁우위가 된다. 이러한 경우의 산업은 정치적 위험에의 노출정도가 낮게 된다. 이러한 산업은 소수 기업에 의해 독점되며 기업은 일반적으로 협상력에 의해 기업의 정치적 위험 가능성은 줄어들게 된다.

2) 기업 및 프로젝트 특성에 있어서 정치적 위험

앞서 살펴본 산업에 따라서도 정치적 위험이 달라지기도 하며, 동일한 산업에 속해있더라도 개별기업의 특성이나 프로젝트의 특성에 따라 정치적 위험이 달라지기도 한다.

첫째, 100% 단독투자형태로 진출하는 것보다는 현지인과의 적절한 비율로 합작투자하는 경우 정치적 위험이 줄어들 수 있다. 합작투자 시에는 정부 혹은 공기업과의 합작인 경우가 민간기업과의 합작투자에 비해 정치적 위험이 크게 된다. 이러한 이유는 정부와의 합작인 경우에는 합작을 통하여 정부의 경영능력이 높아지고 이에 따라 합작파트너인 외국기업의 협상력이 낮아지게 되고 따라서 정치적 위험에의 노출정도가 강해지게 된다.

둘째, 진출국의 국제수지에 미치는 영향이 작을수록 정치적 위험에의 노출정도는 높아진다. 총매출액 중 수출비중이 낮을수록 정치적 위험의 가능성이 높다는 것이다. 대부분의 저개발국가에서는 국제수지 개선이 정부의 중요한 정책이 되므로 국제수지에의 기여도가 적을수록 협상력이 낮아지고 이에 따라 정치적 위험은 커지게 된다.

셋째, 기술집약적 기업은 높은 협상력을 갖고 정치적 위험의 노출정도가 낮아지게 된다. 예컨대, 삼성이 베트남에 대한 기술이전 효과가 높으므로 베트남에 대한 높은 협상력을 갖게 된다. 이는 현지국에 대한 기술이전 효과가 높기 때문이다. 따라서 이러한 경우 정치적 위험도 낮게 된다.

넷째, 시장점유율이 높을 경우 정치적 위험이 커진다. 외국기업의 시장점유율이 높을 경우 진출국의 경제에 미치는 영향이 커지기 때문에 정부가 간섭을 많이 하게 되고 이로 말미암아 정치적 위험의 가능성이 높아지게 된다.

다섯째, 기업 및 프로젝트를 통한 차별화는 정치적 위험에의 노출을 낮게 한다. 이러한 차별화가 진출국의 기업은 물론 다른 경쟁자들이 쉽게 모방할 수 없을 때는 현지국 정부에 대한 협상력이 높아져 정치적 위험이 낮아지게 된다.

8. 정치적 위험에 대한 대응

정치적 위험에 가장 소극적으로 대응하는 방법은 위험이 높은 시장에 진입하지 않는 방법이다. 그러나 시장진입을 전제로 할 때에는 위에서 언급한 정치적 위험에 대한 적절한 대응방안을 마련해야 한다. 수출이나 라이센싱(Licensing)을 통해 외국시장에 진입할 때는 비교적 정치적 위험에 대한 노출이 적다. 정치적 위험에 대한 다양한 대응방안을 살펴보자.

1) 합작투자를 통한 대응

일반적으로 현지기업 혹은 제3국 기업과의 합작투자(Joint Venture; JV)는 정치적 위험에 대한 노출을 줄여준다. 최소한 투자자본의 분산으로 위험노출이 줄어들기 때문이다. 또한 현지 기업과의 합작은 외국기업에 대한 반감을 줄이는 데 도움이 되며 제3국 기업과의 합작은 해당기업, 혹은 국가의 협상력이 추가되기 때문에 정치적 위험에 대한 입지를 강화시켜준다. 현지 정부와의 합작도 정치적 위험을 줄일 수 있는 좋은 전략이다.

2) 현지화를 통한 대응

기업의 상호나 상표를 가능한 한 현지화하는 것도 민족주의를 포함한 정치적 위험에 대한 노출을 감소할 수 있는 좋은 방안이다. 또한 채용에 있어서 현지인을 위주로 채용을 하거나 주요한 보직이나 경영층에 현지인을 충원하는 것이나 현지국에 다양한 사회적 공헌을 함으로써 선량한 구성원의 기업이라는 인식을 줌으로써 정치적 위험을 줄이는데 기여할 수 있다.

3) 본국의 의존도 제고

진출국에 대한 본국의 의존도를 높임으로 정치적 위험을 감소시킬 수 있다. 생산활동에 필요한 핵심기술이나 부품을 독점적으로 보유하는 것은 이러한 좋은 예이다. 이러한 경우 현지국 정부는 외국기업을 수용하거나 몰수하더라도 지속적인 생산활동이 불가능하거나 어렵기 때문에 그러한 정치적 위험은 상당부분 피할 수 있게 된다. 해외시장 판매나 유통을 독점적으로 보유하거나 통제하는 것도 좋은 전략이다. 이러한 경우 현지국 정부는 해외시장에 대한 접근이 매우 곤란해지므로 외국기업의 수용이나 몰수를 하기는 어렵다.

4) 보험가입 및 현지금융기관이용

만약 정치적 위험으로 실제 피해를 당했을 경우 이러한 것을 보상해 주는 방안도 중요하다. 많은 국가에서 자국기업의 수출 및 해외투자를 활성화하기 위해 각종 위험을 담보하는 보험을 제공하고 있다. 이러한 보험은 수출뿐만 아니라 해외직접투자의 정치적 위험을 담보할 수 있다는 점에서 유용하게 사용할 수 있다.

우리나라에서는 한국무역보험공사에서 각종 수출, 해외건설 및 해외투자와 같은 우리나라 기업의 해외진출에 있어 일반 상업보험으로는 고지할 수 없는 위험에 대해 기업을 보호해 준다. 미국에는 OPIC(Overseas Private Investment Corporation)에서 해외투자의 정치적 위험에 대한 보험이 있다. 여기에서는 저개발국에 신규 투자하는 금액에 대해서 보험을 제공해 주는데 이와 같은 보험을 가입하면 과실 송금에 대한 제한이나 자산몰수, 국유화와 같은 위험으로부터 어느 정도 투자하는 기업을 보호해 준다.

또한 보험 이외에도 투자기업이 자국이 아니라 투자대상국에 있는 금융기관으로부터 자금을 직접 조달한다면 자사가 직접 부담하는 투자금액을 줄임으로써 정치적인 위험으로부터 발생할 수 있는 손실을 최소화할 수 있다.

5) 지역적 다변화를 통한 투자분산

특정 국가에서의 정치적 위험을 줄이는 방법 이외에 전체적인 위험수준을 낮출 수 있는 방법으로는 지역적 다변화를 추진하는 방법이 있다. 지역적 다변화를 추진함으로써 정치적 위험을 분산시킬 수 있기 때문이다. 이는 한곳에 집중해서 투자하지 않고 분산해서 투자를 한다면 한 지역에서의 정치적 위험 때문에 발생하는 피해가 줄어들 수 있기 때문이다.

6) 회피전략

정치적으로 위험한 시장을 더 이상 진출 대상으로 고려하지 않음으로써 손실발생의 가능성을 처음부터 제거하는 방법이다. 이러한 판단을 하기 위해서는 정치적 위험에 대한 매우 정확한 판단이 중요한 역할을 한다. 위험 관리전략 중에서 가장 단순한 방법이면서 동시에 위험을 가장 확실히 제거할 수 있는 방법이다. 그러나 진출대상국에서 제외시킴으로써 그 시장의 이면에 존재하는 사업기회를 상실할 수 있는 단점이 있다.

7) 협상전략

해당 국가시장에 진출하기 전 현지정부와 양허협정(concession agreement)을 체결하는 것이다. 협정의 내용은 진출하는 현지정부, 외국기업 그리고 현지파트너 사이에 명확하게 규정된 책임과 권리관계를 주로 다룬다.

9. 글로벌경영자의 정치적 위험에 대한 의사결정 시 유의점

글로벌경영자는 앞선 7가지의 다양한 정치적 위험을 대응하기 위한 어떠한 것을 택하기에 앞서 〈그림 7-2〉과 같은 정치적 위험 평가를 위한 의사결정과정을 거쳐야 할 것이다. 이를 위해서 정치적 위험의 측정결과를 바탕으로 〈그림 7-2〉처럼 어떤 시점에 사업이나 투자를 중지나 철수해야 할 것인지 혹은 계속 진행해야 할 것인지를 결정한다.

그러나 의사결정과정에서 해당 국가시장에 대한 진출을 진행하기로 결정했다 손치더라도 정치적 위험의 발생가능성은 기업의 통제범위 밖에 있기 때문에 여전히 배제할 수 없을 것이다. 그러므로 기업들은 정치적 위험의 발생에 대해 항상 예측하고 이에 대한 방안들을 준비해야 할 것이다. 한편 방안에 따라 각각의 장단점과 초래되는 비용은 차이가 있기 때문에 비용과 편익분석을 하여 기업은 최적의 위험관리방안을 채택해야 할 것이다.

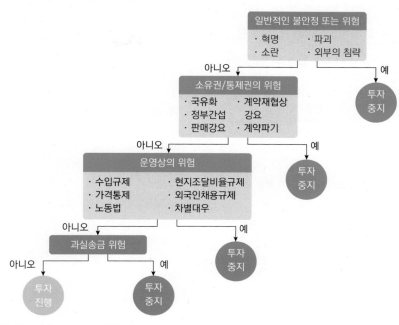

그림 7-2 정치적 위험 평가를 위한 의사결정과정

일반적인 불안정 또는 위험
· 혁명   · 파괴
· 소란   · 외부의 침략

아니오 →   예 → 투자 중지

소유권/통제권의 위험
· 국유화   · 계약재협상
· 정부간섭   강요
· 판매강요   · 계약파기

아니오 →   예 → 투자 중지

운영상의 위험
· 수입규제   · 현지조달비율규제
· 가격통제   · 외국인채용규제
· 노동법   · 차별대우

아니오 →   예 → 투자 중지

과실송금 위험

아니오 → 투자 진행   예 → 투자 중지

〈자료원〉 Franklin R. Root(1994), Entry Strategies for International Markets, Lexington Books.

진출을 진행하고자 하는 기업들이 취할 수 있는 정치적 위험 발생이전의 관리전략은 〈표 7-2〉처럼 정리할 수 있다.

표 7-3 정치적 위험 발생 이전의 관리전략

구분 시점	내부관리방안	외부관리방안
진출(투자) 이전	– 철수 등 포기여부 결정 – 지분 최소화(현지차입, 적은지분 합작투자) – 생산, 마케팅 부품조달을 국제적으로 통합	– 보험 – 현지정부보증 – 투자보장협정
진출(투자) 이후	– 윤리경영, ESG실천 현지와 관계 부각 – 현지화 전략추진 – 적극적 기술이전	– 보험 – 해외투자에 대한 국제협약

그러나 이러한 정치적 위험발생 이전의 관리전략을 수립했음에도 불구하고 정치적 위험이 발생해서 기업에게 위협적인 것이 되면 기업은 당장 철수하는 것보다는 단계적인 전략이 필요할 것이다. 즉시 철수 등을 할 경우에는 무모한 행동이 될 수도 있다. 지금의 불확실한 것

만 넘어가면 오히려 자사에게 우호적인 환경으로 변화할 수도 있을 뿐 아니라 불확실한 환경 자체가 반대로 기업에게는 또 다른 기회를 줄 수 있기 때문이다. 따라서 정치적 위험이 발생했을 때 단편적으로 대처하기 보다는 〈그림 7-3〉처럼 단계적을 시행하는 것이 바람직할 것이다. 이러한 단계는 반드시 다음 단계로 진행되는 것이 아니라 강약의 정도라 할 수 있다.

그림 7-3 정치적 위험의 단계·점진적 대응 방법

1단계
합리적 협상
- 경제적 기여도 부각
- (추가적) 기술 및 자본제공

2단계
반강제적 협상
- 본국 정부에 개입요청
- 다른 외국기업과 연계

3단계
법적 조치 단계
- 법원 제소(현지국/본국)
- 국제사법재판소 등

4단계
철수
- 기업가치 재평가 후 경영권 포기
- 공개 매각
- 잔존 재산 회수

더 생각해 볼 문제

○ **FD1** 각 지역별로 이슈화 되고 있는 정치적 위험을 원천별로 정리해 보자.

○ **FD2** 글로벌경영자들의 정치적 위험을 극복한 예를 조사해 보자.

○ **FD3** 정치적 위험을 효과적으로 관리하기 위해 글로벌경영자들은 선제적으로 어떠한 조치를 취할 수 있는가? 이러한 선제적 조치로 어떠한 결과가 나타날 것인가를 살펴보자.

8 국제법적환경의 이해

학습목표(Learning Objectives)

○ **LO1** 국내법 체계에서의 경영활동과 국제법 체계에서의 경영활동의 차이를 이해할 수 있다.

○ **LO2** 글로벌경영에 있어 국제법 체계에서 발생하는 여러 법률문제의 발생 원인을 잘 설명할 수 있다.

○ **LO3** 글로벌경영에서 발생하는 법적 문제의 해결 방법에 대해 이해할 수 있다.

CASE

구글세 내년 도입 국내 영향은…"소비자 부담으로 전가"

구글 등 글로벌 다국적 기업들에 적용돼 일명 '구글세'로 불리는 디지털세가 내년 도입되면 국내 기업의 세부담 증가와 소비자 부담 전가가 우려된다는 분석이 나왔다.

1일 IBK기업은행 경제연구소가 최근 내놓은 '디지털세 도입논의 현황과 국내영향' 보고서에 따르면 구글세로 불리는 디지털세가 국제기구 및 주요 20개국(G20) 합의를 거쳐 2024년 1월부터 단계적으로 국내에 도입돼 시행될 예정이다.

디지털세는 디지털서비스업을 영위하는 다국적 기업들이 기존 조세제도의 허점을 이용해 법인세가 낮은 국가로 이익을 이전하거나 본사를 옮겨 세금을 회피하는 조세 사각지대가 발생한 데서 비롯됐다.

기존 조세제도는 사업장이 소재한 국가에 법인세를 납부토록 한 반면 디지털서비스 사업자는 물리적 사업장 없이도 사업이 가능하기 때문에 매출 발생국이 아닌 서버나 본사가 소재한 국가에 납세하는 것이다. 이때 법인세율이 낮은 싱가포르(17%), 아일랜드(12.5%), 버뮤다(0%) 등의 나라가 활용된다.

실제 지난해 한국에서 3449억 원의 매출을 기록한 구글이 한국에 낸 법인세는 네이버의 50분의 1 수준인 170억 원에 불과하다.

프랑스, 이탈리아, 터키, 인도, 영국, 스페인, 오스트리아 등 일부 국가는 이미 디지털세를 도입한 상태다. 다만 구글, 애플 등 자국기업에 대한 지나친 차별이라는 미국의 입장 때문에 경제협력개발기구(OECD) 차원의 글로벌 디지털세 도입시까지 기존 세제를 유지키로 한 상태다.

이런 가운데 OECD는 G20과 포괄적 이행체계를 구축하고 국제기준을 마련해 2024년부터 순차 발효할 예정이다.

디지털세는 통합접근법(필라1)과 글로벌 최저한세(필라2)의 두 가지 사항으로 구성돼 있다.

통합접근법은 다국적 기업의 매출이 발생하는 나라에 과세권을 부여하고 대상기업의 초과이익을 매출 발생국에 배분하는 것이다.

이 제도가 도입되면 해당 기업들은 통상 이익률 10%를 넘는 초과이익의 25%에 대한 세금을 본국이 아닌 매출이 발생한 국가에 내야 한다. 대상 기업은 연결매출액 200억 유로 이상이면서 이익률 10% 이상인 기업이다. 시행 후 7년이 경과한 시점부터는 연결매출액 기준 100억 유로 이상 기업이 해당된다.

글로벌 최저한세는 대상기업에 대해 특정 국가에서 최저세율(15%)보다 낮은 세율을 적용할 경우 그 차이에 대해 모기업이 소재한 국가에 추가 과세권을 부여하는 것이다. 연결매출액 기준 7억 5000만 유로 이상 기업이 대상이다.

이같은 내용을 담은 디지털세가 도입되면 외국기업에 대해 매출기반의 과세가 가능해지고 조세주권 영역에 속했던 각 나라의 법인세율에 공통적인 세율을 적용할 수 있게 된다.

다만 이는 우리나라에서 돈을 벌면서도 충분한 세금을 책정하지 못했던 거대 디지털 기업에 대한 과세권을 확보할 수 있게 된다는 뜻이기도 하면서 반대로 국내 기업도 해외에서 발생한 이익에 대한 세금의 일정 부분은 해당 국가에 내야 한다는 뜻이기도 하다.

매출액과 이익률 등을 감안하면 디지털기업 분만 아니라 제조기업인 삼성전자와 SK하이닉스 등도 해당돼 이들 기업의 세부담이 증가할 것으로 예상된다.

IBK경제연구소는 "해당 기업들은 글로벌 생산·판매망 구축을 위한 해외진출 시 법인세율 차이를 활용한 비용감축 효과를 기대하기 어려울 것"이라고 분석했다.

디지털세 부담이 소비자 가격으로 전가돼 결과적으로 국내 소비자들의 부담을 키울 수도 있다. 유튜브, 넷플릭스 등 글로벌 점유율이 높은 서비스의 경우 증가한 세부담을 서비스 가격 인상으로 상쇄할 가능성이 높기 때문이다.

지난 2020년 애플의 경우도 칠레, 멕시코, 터키 등에서 세금인상을 이유로 해당 국가 내 앱 구매가를 인상한 전례가 있다는 게 IBK경제연구소의 설명이다.

IBK경제연구소는 "글로벌 조세정책의 변화는 해외진출과 국제교역 규모가 큰 한국 기업의 의사 결정에 미치는 영향이 큰 만큼, 향후 정책 변화를 면밀히 모니터링할 필요가 있다"고 진단했다.

〈자료원〉 뉴시스, 2023.10.1.

세계의 모든 국가는 나름의 고유한 법률과 관습이 존재한다. 또한 글로벌하게 적용이 되는 법률규정이나 국가 간의 조약 등이 있다. 이렇게 다양한 법률이 존재하는데 법률적 차이로 말미암아 기업의 글로벌 활동에는 많은 제약이 있게 된다. 예컨대, 상품, 사람, 자본, 기술 그리고 서비스 등이 국가 간 이동을 할 때 적용되는 법률, 규제 그리고 기준이 국가별로 상이하다. 그러므로 글로벌경영자들은 이러한 각국의 법률체계 그리고 국제적으로 존재하는 법률적 환경을 잘 이해해야 할 것이다.

1. 국제법의 개념과 특성

글로벌경영에서 경영자들이 법적환경 분석 시 알아야 할 것이 국가 간 법률적 환경은 매우 상이하다는 것이다. 예컨대, 법률에 대한 규정과 절차 등이 각국마다 상이하고 이러한 것이 다른 전통과 관습아래서 제정이 되었다는 것이다. 그러므로 글로벌경영자가 해외에 진출할 때는 상이한 국가간의 법률시스템과 법적환경을 매우 잘 알아야 할 것이다.

일반적으로 국제법의 대상은 재산, 상거래, 이민 및 전통적으로 특정 국가의 법률적 대상이 되는 분야이다. 국제법은 각 국가가 스스로를 구속한다고 생각하는 규정과 원칙이다. 이러한 국제법은 초기에는 전쟁발발, 평화성립 새로운 국가 및 정부의 외교권 인정과 같은 정치권 이슈를 주로 다루었다. 국가 간의 거래를 규제하는 법률은 이후에 등장하게 되었다.

앞서 말한 바와 같이 국제법은 국가들이 스스로를 구속한다고 생각하는 조약, 계약, 법전과 합의의 복합체이다. 그러므로 국제법의 특성은 각각 국가들의 국제법의 권리와 책임을 받아들이는 한도 내에서 국제법이 적용될 수 있다. 즉, 상대방국가가 조정결과를 받아들이기를 거부하거나, 불리한 재판 등을 인정하지 않는다면 강제적인 법집행을 하기가 어렵게 된다. 한편 국가 간 무역규모가 점차 확대되면서 국제상거래의 질서가 매우 중요하게 됨으로써 국제법의 대상도 국가뿐만 아니라 국가 외의 거래 당사자들로 확대되었다.

2. 법체계의 국제적 차이 이해

1) 법체계의 분류

(1) 관습법

관습법(common law)이란 전통, 과거관행, 판례 등이 법체계의 기초가 되는 것을 말한다. 영국과 미국(루이지아나주 제외), 캐나다(퀘벡주 제외) 등이 관습법 체계를 갖고 있다. 관습법 체계에서는 배심원단이라는 제도가 있다. 즉, 일반 평범한 사람들이 법률의 소송절차에 관여하여 내리는 의사결정을 법률판단의 근거로 사용한다.

관습법과 성문법의 가장 큰 차이가 나는 분야는 지적재산권(intellectual property rights)의 보호문제이다. 관습법체계에서는 사용 우선주의를 적용하며 성문법 체계는 등록 우선주의를 따른다. 즉, 관습법 체계하에서는 특허와 상표 등에 대해 공식적인 등록절차를 누가 먼저 하였는가를 기준으로 하는 것이 아니라 누가 먼저 사용하였느냐에 따라 법적인 보호를 부여한다.

(2) 성문법

성문법(written law, statute law)은 로마법에 기초를 두고 발전되어 온 것으로 독일, 프랑스, 일본 등이 이 성문법 체계를 따르고 있으며 문서화된 법 규정에 따라 법이 해석되고 집행된다. 이러한 성문법체계는 민법, 상법 그리고 형법으로 이루어진다. 성문법 체계에서는 법률 전문가인 검사, 변호사, 판사에 의해서 법률적 절차가 진행된다. 지적재산권의 경우도 법적보호를 받기위해서는 공식적인 등록 절차를 받아야 한다.

(3) 회교법

회교법(Islamic law)은 회교도의 경전인 코란(Koran)과 마호메트와 그 교우의 언행록인 하디스(Hadith)에 기초하여 법의 해석과 집행이 이루어진다. 코란은 형법과 유사하며 하디스는 금지된 제품과 악습에 대해 규정하고 있다. 관습법과 유사하다.

즉, 이슬람법은 인간이 만드는 것이 아니라 알라신이 부여했다고 보는 입장이다. 회교법에서는 샤리아(sharia; 인간의 바른 삶을 구체적으로 규정한 것)가 이슬람신자의 비즈니스를 포함한 삶의 모든 것을 다루는 포괄적인 법전이다. 사우디아라비아, 이란, 파키스탄 등 회교권 국가들에게서 볼 수 있다.

회교법의 독특한 특징 중 몇 개를 소개하면 우선 이자의 지급을 금지한다는 점이다. 알콜, 도박 등과 관련된 사업에 대한 투자도 금지된다.

이러한 이자의 지급 금지는 금융은 물론 일반기업의 관행에도 심각한 영향을 미칠 수 있다. 그러나 이자의 지급대신 차입자와 대출자가 수익이든 손실이든 상호 간 공유한다는 원칙에 입각하여 거래하는 것은 허용이 된다.

2) 계약법상의 차이점

관습법과 성문법 체계 사이의 뚜렷한 차이는 계약법에 대한 각각의 접근법으로 설명할 수 있다. 계약(contract)은 교환이 발생하는 조건과 관련된 쌍방 간의 권리와 의무를 상세히 기술한 문서이다. 만약 계약을 체결한 당사자들은 상대방이 계약에 명문화된 내용 또는 계약의 정신을 위반하였다고 의심될 경우 일반적으로 계약법에 호소한다.

관습법은 상대적으로 세부적인 면을 다루지 않기 때문에 관습법 체제하에서 기안된 계약은 발생할 수 있는 모든 불의의 사태까지 자세히 명시하려는 경향이 있다. 이에 비해 성문법 체제에서의 계약은 관련된 많은 논점들이 이미 성문법 자체에서 다뤄지고 있어 관습법에서의 계약보다 훨씬 짧고 덜 상세한 경향이 있다. 따라서 관습법 관할하에서는 계약을 작성하는 것에 더 많은 비용이 들 뿐만 아니라 계약 분쟁을 해결하는 것 또한 매우 자의적일 수 있다. 하지만 관습법 체제는 융통성이라는 장점을 가지므로 판사는 계약 분쟁을 현재 상황에 비추어 해석할 권한이 있다. 그러므로 국제경영에서는 이런 차이에 민감할 것이 요구된다. 성문법 체제의 국가에서 관습법 체제로 계약 분쟁에 접근하는 것은 역효과를 낳을 수 있으며 그 반대의 경우도 마찬가지이다.

3. 글로벌 기업과 관련된 법적 문제들

글로벌경영활동은 최소 2개국 이상에 걸쳐 일어나는 기업의 경영활동이다. 따라서 기존의 국내 간의 법과는 달리 상당히 복잡한 문제를 야기할 수 있다.

1) 법적 관할권

글로벌경영활동에서 법적 다툼이 발생할 경우, 어느 나라의 법을 적용할 것인가 하는 문제는 매우 중요하다. 이러한 것이 법적관할권이다. 법적 관할권(jurisdictions)이란 기업 간 국제적 분쟁이 생겼을 때 어떤 법률적 체계를 적용할 것인지, 그리고 어느 나라의 법원에서 관할할 것인가를 말한다.

기업 간의 국제적 분쟁이 일어날 경우 먼저 어느 나라에서 소송을 진행할 것인지 또한 어느 나라의 법률체계를 적용할 것인지의 문제부터 소송이 벌어지게 된다. 따라서 매우 작은 수출계약을 포함하여 국제적으로 계약을 체결할 때에는 계약당사자들은 상호합의하여 계약서에 분쟁 발생시에 어느 나라의 법률을 적용하고 법적 관할권은 어디라는 것을 명확히 제시해야 할 필요가 있다.

2) 재산권과 부패

법적 관점에서 재산(property)은 개인이나 기업이 법적 권리를 가진, 즉, 소유한 자원을 말하며, 토지, 건물, 설비, 자본금, 채굴권, 사업체, 지적 재산(특허, 저작권, 상표권에 의해 보호받는 지식)을 포함한다. 재산권(property rights)은 자원을 사용할 법적 권리와 해당 자원으로부터 얻은 수입을 사용할 법적 권리이다. 국가들은 각자의 법적 체제에서 재산권을 어느 정도까지 정의하고 보호할 것인지에 대해 다른 입장을 보인다. 대부분의 국가는 재산권을 보호하는 명문의 법을 가지고 있다. 시장 경제의 부흥에도 불구하고 아직 명목상으로 공산 국가인 중국의 경우, 사유 재산 소유자들의 권리를 보호하는 법을 제정하였다(그 법은 정부 소유 재산에 대한 법적 보호를 개인에게도 똑같이 제공한다). 그러나 많은 국가들은 여전히 이런 법률을 시행하지 않고 있으며, 해당 국가에서 재산권은 계속해서 침해되고 있다. 재산권은 두 가지 방식-사적 행위와 공적 행위-에 의해 침해될 수 있다.

(1) 사적행위

사적 행위(private action)는 개인 혹은 사적 단체들에 의한 절도, 도용, 공갈 협박 및 그에 준하는 행위를 말한다. 절도가 모든 국가에서 발생하기는 하지만 약한 법적 체제는 훨씬 높은 수준의 범법행위를 용인한다. 예컨대, 러시아에서는 예전에 공산주의가 붕괴되었던 혼란스러웠던 시절에 빈약한 공권력과 사법 체계 및 시대에 뒤떨어진 법적 체제로 인하여, 국내외 기업들이 러시아 마피아의 협박으로부터 보호받을 수 없었다. 그래서 러시아에서 기업의 소유주들은 마피아에게 보호비용을 지불해야 했으며, 그렇지 않으면 폭탄 테러나 암살과 같은 폭력적 보복을 당해야 했다. 이는 꼭 러시아만의 문제가 아니다. 미국의 마피아, 일본에서는 야쿠자가 그것이다.

(2) 공공행위와 부패

공공 행위와 부패 재산권을 침해하는 공공 행위(public action)는 정치가와 정부 관료와 같은 공무원들이 재산 소유자들로부터 수입, 자원, 재산 등을 갈취할 때 발생한다. 이것은 과도한 세금을 징수, 개별 재산 소유자들에게 비싼 증명이나 허가를 요구, 소유자들에게 보상 없이 자산을 국유화, 또는 이전 소유자들에게 보상 없이 자산을 재분배하는 등의 법적절차들을 통해 이루어진다. 또한 한 국가, 산업, 지역에서 사업체 운영을 허가하는 대가로 기업인에게 뇌물을 요구하는 것과 같은 불법적 수단 혹은 부패를 통하여 이루어질 수도 있다.

어떤 국가에서는 법규가 부패를 최소화한다. 부패가 불법으로 간주되고, 발견되었을 경우 위반자는 엄벌에 처한다. 다른 국가에서는 법의 지배가 약하여 관료와 정치가들에 의한 부패가 만연한다. 어떤 국가는 부패가 너무 만연하여 정치가와 관료가 이를 하나의 정당한 부수입으로 여기고 공개적으로 부패방지법안을 어긴다. 〈그림 8-1〉은 각국의 부패를 밝혀내는 독립적 비영리 기관인 국제투명성기구에서 발표하는 국가별 청렴도이다.

한편 심한 부패는 한 국가 내의 해외직접투자, 국제 무역 수준, 경제성장을 크게 저해한다. 기업의 이윤을 갈취함으로써 부패한 정치가들과 관료들은 기업 투자의 수익을 줄이고, 그 국가에 투자하려는 국내 및 해외 기업들의 인센티브를 감소시킨다. 결국 투자의 감소는 경제성장 저해로 이어진다.

그림 8-1 국가별 청렴도(2022년)

〈자료원〉 https://www.transparency.org/

3) 지적재산권

프랜차이즈와 라이센싱 등으로 지적재산을 양도하거나 사용승인을 하는 등의 문제와 아울러 특정국가에 진출했을 때 디자인, 상표 그리고 여러 특허권에 대한 소송은 글로벌에서 빈번하게 일어나는 법적 다툼이다. 이런 유무형의 지적재산권에 대한 보장문제가 국가 간에 그리고 글로벌 비즈니스를 수행하는 기업들 사이에 매우 중요한 이슈가 된다.

전 세계적으로 인정되는 국제특허는 존재하지 않으므로 한나라에서 보호되는 특허와 상표권 등은 다른 나라에서 반드시 보장되는 것은 아니다. 그러므로 해외진출 기업들은 자사의 특허·상표·저작권 등을 진출하려는 해당 국가에 등록해야 한다.

지적재산권보호에 관한 두 가지의 중요한 협정이 있다. 첫 번째가 산업재산보호에 관한 국제협약(International Convention for the Protection of Industrial Property) 소위 파리조약(Paris Union 또는 Paris Convention)이다. 이는 1883년에 결성되어 현재 100여 개 국가가 가입하고 있고 특허권 보호를 위한 가장 오래된 국제조약이다. 이 조약은 많은 국가에 특허등록을 용이하게 하기 위해서 한 나라에 특허를 신청하면 최초 특허신청일로부터 1년 동안은 다른 나라에서 특허 우선권을 부여한다.

두 번째는 베른조약(Berne Convention: International Union for the Protection of Literary Artistic Property)이다. 이는 저작권 보호에 관한 국제조약으로 이 조약에 의해 저작물에 대한 무단 복제, 배포, 전시 및 이용은 민사상 책임과 형사적 처벌을 받게 되었다.

세계무역기구인 WTO도 지적재산권 보호를 위한 국제적 규정을 제정하여 엄격하게 적용하고 있다. WTO는 회원국 모두 무역관련 지적재산권에 관한 협정(Agrement on Trade-Related Aspects of Intellectual Property Rights: TRIPS)이라는 조약을 체결하도록 하고 있으며 WTO 산하 특별위원회를 설치하여 지적 재산권 보호(산업비밀입수, 누설 및 사용포함)를 위해 보다 강력한 규제를 시행하고 있다.

4) 독과점금지법

독과점금지법은 제한적인 비즈니스 관행들을 없애고 기업 간의 경쟁을 촉진하기 위해 존재한다. 제한적 비즈니스 관행이란 가격 담합, 생산제한, 시장점유율의 인위적 배분, 기술제한 또는 경쟁을 피하기 위해 사용하는 기업간의 모든 형태의 담합을 말한다.

미국의 경우, 독과점금지법은 연방거래위원회(U.S. Federal Trade Commission)에서 집행하고 있다. 안티트러스트(antitrust)법은 경제적 권력집중을 금지하고 자유경쟁을 유지하기 위해 제정되었다. 셔먼법(sherman act)은 가격 담합, 생산제한, 시장배분 등 경쟁을 제한하거나 회피하기 위한 관행들을 금지하고 있다. 이 법은 미국 내 기업과 미국기업이 해외에서 하는 기업 모두에게 적용된다.

유럽의 경우, 유럽통합위원회(European Commission)에서 경쟁을 저해하거나 제한하는 관행이나 협약을 금지하고 있다. 이 위원회는 유럽기업과 비유럽기업으로서 유럽에서 활동하는 기업 등에 대해서도 관할권을 적용한다.

5) 조세문제

기본적으로 글로벌 기업은 소득이 창출된 국가에 세금을 납부하고 본국에서는 해외에서 지불된 세금에 대해서는 감면을 받는다. 이처럼 해외에서 비즈니스를 하는 기업이 자주 마주 치는 문제는 어디에 세금을 납부하는 것이다. 국제기업이 한 장소에 결성이 되어 사업은 다른 장소에서 수행하며 본사는 제3의 장소에 위치하게 하는 경우는 흔한 일이다. 이처럼 지리적 위치가 다른 경우에는 세법에 특히 유의해야 한다. 많은 글로벌 기업들은 이익을 창출하는 국 가를 세율이 낮은 국가로 이동시킴으로써 납부하는 세금을 최소화하려고 노력한다.

글로벌 기업에서는 세금이 높은 나라나 지역의 자회사의 이익을 줄이기 위해 자회사에 필 요한 자금을 대출해 주기도 한다. 이 경우 자회사는 본국에 있는 모회사에 이자를 지불하게되 고 이때 비용이 발생하여 이익이 줄어 세금이 낮아지기도 한다. 이러한 세금회피 방법을 어닝 스트리핑(earning stripping)이라고 한다. 일반적으로 다국적 기업들의 조세회피 규모는 연간 1000억~2400억 달러(약 116조 5000억 원~279조 7000억 원)에 이르는 것으로 추산되고 있으 며 최근 경제협력개발기구(OECD)와 주요 20개국(G20)는 공동으로 대책을 마련하고 있다.

이러한 예가 최근의 디지털세와 밀접한 관련이 있다. 막대한 이익을 올리고도 조세 조약 이나 세법을 앞에서 처럼 악용해 세금을 내지 않았던 글로벌 정보통신기술 업체들에게 부과하 기 위한 세금인 소위 디지털세에 대해 각 국가 간에 논란 중이다. 예컨대, 구글, 애플 등 다국 적 기업이 고세율 국가에서 얻은 수익을 특허 사용료나 이자 등의 명목으로 저세율 국가 계열 사로 넘기는 등의 문제가 발생한 것이다.

구체적으로 구글세(Google Tax)는 포털사이트에 세금 형태로 징수하는 콘텐츠 저작료나 사용료를 일컫는다. 포털사이트가 신문 매체의 뉴스 콘텐츠를 게재해 트래픽을 일으킨 후 광 고 수익을 챙기기 때문이다. 신문 독자들 중 대다수가 포털사이트를 통해 기사를 읽고 있지만 포털사이트가 신문사에 별도 대가를 지불하지 않아 생긴 논쟁에서 출발했다.

구글세는 세율이 낮은 나라로 소득을 이전하면서 회피하는 법인세에 부과하려는 세금까 지 통칭한다. 실례로 구글은 2011년 영국에서 32억 파운드(약 5조 4,000억 원)의 매출을 올렸 다. 하지만 이 기간 동안 구글이 영국 정부에 낸 법인세는 600만 파운드(약 100억 원)가 전부이 다. 영국 법인세율이 20%라는 점을 감안하면 세금을 안 냈다고 봐도 무방하다.

'특허 침해' 애플워치 미국 판매 금지···애플은 반발해 항소

애플은 이날 의료기기 제조사인 마시모와의 특허 분쟁으로 인해 애플워치 9시리즈와 울트라2의 판매를 온라인 매장에서는 21일부터, 오프라인 매장에서는 24일부터는 중단한다고 밝혔다. 미국 정부가 26일(현지시간) 애플워치의 특허권 침해 분쟁과 관련해 일부 기종의 수입을 금지한 국제무역위원회(ITC)의 결정을 그대로 인정했다.

하지만 애플은 ITC의 결정에 불복해 연방항소법원에 항소했다.

미국무역대표부(USTR)는 이날 ITC 결정과 관련해 "신중한 협의 끝에 캐서린 타이 USTR 대표는 ITC의 결정을 뒤집지 않기로 했다"면서 "ITC의 결정이 최종적으로 확정됐다"고 밝혔다.

이에 따라 애플은 앞서 ITC가 결정한 대로 이날부터 특허권 침해 분쟁과 관련된 애플워치 일부 기종을 미국으로 수입하지 못하게 됐다.

애플워치는 중국 등 미국 밖에서 생산되고 있어 이번 수입 금지 결정으로 사실상 미국 내 판매가 중지됐다.

ITC는 지난 10월 애플이 의료기술 업체 마시모의 혈중 산소 측정 기술 특허를 침해했다고 판단하고, 해당 기술이 들어간 애플워치의 미국 수입 금지를 명했다.

ITC의 명령은 미국 백악관에 넘어가 USTR에서 지난 2개월간 검토 기간을 거쳤으며, 조 바이든 대통령은 USTR 검토를 토대로 이 결정에 대해 거부권을 행사하지 않고 이를 최종 확정했다.

지금까지 ITC의 수입 금지 조치에 대해 대통령이 거부권을 행사하는 경우는 아주 드물었다고 미국 언론들은 전했다.

다만 10년 전인 2013년 당시 버락 오바마 대통령은 애플이 삼성전자의 특허를 침해했다는 ITC의 결정에 대해 거부권을 행사해 아이폰4와 아이패드2 등 중국에서 생산되는 제품의 미국 수입을 계속 허용했다.

한편, USTR의 이번 최종 결정이 나오기 전인 지난 18일 애플은 ITC 결정이 유지될 것에 대비해 미국에서 애플워치 시리즈9과 애플워치 울트라2의 판매를 미리 중단한다고 밝혔고, 이에 따라 온라인 판매는 21일, 매장 판매는 25일부터 중단됐다.

또 애플은 USTR에서 ITC의 결정을 그대로 유지할 경우 항소하겠다고 예고한 대로 이날 곧바로 연방순회항소법원에 항소했다.

애플은 성명에서 "수입 금지 결정에 강력히 반대한다"며 "애플워치를 소비자들에게 돌려주기 위한 모든 노력을 이어갈 것"이라고 밝혔다.

그러면서 새롭게 디자인한 애플워치가 마시모의 특허를 침해하는지 여부를 미 관세국경보호청이 결정하고, 애플의 수입 금지 중단 요청을 법원이 심리하는 동안 금지 조치를 일시 중지해 달라고 법원에 긴급 요청했다.

관세국경보호청이 내년 1월 12일 결정을 내릴 예정이라고 애플은 설명했다.

그러나 ITC는 애플워치의 판매 금지 조치를 중단해 달라는 애플의 이 같은 요청에 반대한다고 밝혔다. ITC는 법원에 제출한 문서에서 이같이 언급하고 애플의 신청에 대해 위원회가 답할 수 있는 충분한 시간을 달라고 요청했다.

〈자료원〉 연합뉴스, 2023.12.27.

6) 제품책임과 안전에 관한 법

지역별·국가별 시장의 통합 및 글로벌화, FTA의 확대 등 국제 교역 여건이 개선되면서 저가의 불법·불량 제품과 안전성이 검증되지 않은 신종 제품 등의 유통이 증가하고 있다. 이에 따라 미국, EU 등 선진국에서는 소비자의 안전을 확보하기 위하여 수입 소비제품에 대한 안전관리를 강화하고 있으며, 특히 어린이 및 노약자 등 안전 취약계층이 사용하는 제품에 대해서는 높은 수준의 안전을 요구하고 있다.

우리나라의 경우, 제품시장 출시 전에는 "전기용품 및 생활용품 안전관리법" 및 "어린이제품 안전특별법"에 따른 제품인증제도를 중심으로 사전 안전관리가 요구되는 일부 제품에 대해서는 사업자가 최소한의 안전요구조건을 만족하는 제품을 시장에 출시토록 의무화하고 있으며, 인증을 받은 제품 및 기타 사전관리되고 있지 않은 제품에 대해서도 소비자의 안전에 위협을 가한 제품 또는 가할 여지가 있는 제품에 대해서는 "제품안전기본법"을 근거로 안전성조사를 통해 시장 또는 소비자로부터 회수 될 수 있도록 리콜제도를 운영하고 있다

미국의 경우, 다른 어떤 국가보다도 강력한 민·형사상 제품 책임법을 가지고 있다. 책임법은 일반적으로 저개발국가들에서 발달이 덜 되었다. 미국에서 제품 책임 관련 소송과 보상의 급속한 증가는 책임 관련 보험 비용을 급격히 증가시켰다. 이러한 현상에 대해 미국기업들은 높은 책임 보험 비용이 미국기업의 제품가격을 상승시키는 요인이 되어 경쟁력을 저해하였다고 지적하였다.

한편 제품 안전 및 책임 법률에 대한 국가별 차이는 국제 무대에서 활동하는 기업들에게 중요한 윤리적 문제를 발생시킨다. 만약 본국의 제품 안전법이나 제품 책임법이 해외보다 더 철저하다면, 해외에 진출한 기업은 진출한 해당 지역의 느슨한 기준을 따라야 할까 아니면 본국의 기준에 맞추어야 할까? 윤리적으로 본다면 의심의 여지없이 본국의 기준에 맞추는 것이 당연하지만, 일반적으로 기업들은 자국에서는 허용되지 않지만 진출국에는 느슨한 안전 및 책임법률을 이용하는 것으로 알려져 있다.

7) 산업비밀

산업비밀(trade secret)이란 상업적인 가치를 갖고 있으며 공공소유가 아닌 비밀유지를 위한 조치가 취해지는 기업의 비밀스럽고 중요한 정보나 지식을 의미한다. 산업비밀에는 생산프로세스, 제조방법, 디자인, 고객리스트등이 포함된다. 최근에는 이러한 산업비밀에 관해서는 법률적으로 많은 개선이 이루어지고 있다. 우리나라의 경우 지적재산에 관한 법을 개정하여 산업비밀을 보호하고 있으며 WTO도 무역 관련 지적재산권에 관한 협정에서 회원국이 맺도록 하여 정직한 상업적 관행에 반하는 산업비밀의 입수, 누설 또는 사용을 금지하고 있다. 그런데 이러한 법률적 장치보다 더욱 중요한 것은 집행이다. 그러므로 산업비밀을 외국기업에 넘기려는 기업들은 외국의 법적보호 장치 뿐만 아니라 실제 법 집행여부도 살펴봐야 할 것이다.

Global High Light

[단독] "연봉 2배" 유혹에 한국 팔아넘겨…'산업 스파이' 역대 최다

경찰청 국가수사본부 집계/검거건수 통계작성 후 최다/보안 취약한 中企가 90%

◆ K기술 빼가기 비상 ◆

중견 에너지 기업 연구소장으로 재직한 B씨는 중국 C사로부터 현재 받는 연봉의 2배에 차량과 주택까지 제공해주겠다는 제의를 받고 이직을 결심했다. 그는 퇴사 직전 한주동안 회사의 1만 5000여 개에 이르는 기술자료 파일을 은밀히 빼냈다.

임원 권한을 이용해 보안시스템을 직접 해제하고, 클라우드시스템 등을 통해 기술자료를 유출한 후 퇴직 직후 가족과 함께 미국으로 출국했다. 경찰과 국가정보원은 B씨가 대형병원 건강검진을 받기 위해 잠시 입국한 사실을 확인하고 출국 직전에 검거했다.

첨단 기술과 K브랜드로 전 세계에서 위상이 높아진 한국이 '산업 스파이'들의 각축장이 되고 있다. 전 세계적으로 기술경쟁이 촉발되고 산업주도권을 확보하는 것이 초미의 관심사로 떠오르면서 벌어지고 있는 일이다. 핵심산업 기술은 물론 지적재산권을 빼내려는 시도가 빈번해지면서 이를 지키는 것이 국가적 핵심과제로 떠오르고 있는 것이다.

14일 경찰청 국가수사본부에 따르면 연초 이후 올해 10월까지 산업기술 유출로 인한 검거건수는 146건으로 2004년 관련 통계를 집계한 이후 최대치를 기록한 것으로 나타났다. 앞서 최대를 기록했던 2017년(140건) 수치를 이미 넘어섰다. 올해 산업기술 유출로 검거 인원만 314명에 이른다.

기술유출로 인해 피해를 입은 기업 10곳 중 9곳은 중소기업이다. 특정 분야에서 세계적 기술을 보유한 강소 기업들이지만 보안대책에 투자할 여력이 안돼 그야말로 무방비로 기술유출에 노출돼 있다. 경찰 관계자는 "기술유출의 경우 피해기업에서 기술을 유출했다는 입증자료를 제출해야 사건 수사가 가능하다"며 "대부분 중소기업에서는 직원들이 파일 열람한 파일명, 일시, 장소 등 이력을 기록한 사내 보안시스템이 잘 갖춰져 있지 않기 때문에 신고를 하고 싶어도 못하는 상황이 발생한다"고 설명했다. 처벌 강도에 비해 기술유출로 얻게 되는 경제적 이익이 훨씬 크다는 것도 문제로 꼽힌다. 김명주 서울여대 정보보호학과 교수는 "상당수 대기업이 산업기술 보안 솔루션을 사용하고 있음에도 직원 개인이 갖고 있는 노하우 유출은 막기 어려운 측면이 있다"며 "핵심 기술에 접근 권한을 갖고 있는 직원에 대한 처우 개선과 동시에 기술 유출 범죄 관련 양형 기준을 지금보다 크게 높여야 한다"고 말했다.

〈자료원〉 매일경제, 2023.12.14.

8) 외국인투자법과 이익송금에 대한 제한

기업이 해외직접투자형태로 해외에 진출할 때 우선적으로 해당 현지국가의 외국인 투자법의 적용을 받게 되는데, 이에 따라 투자와 관련된 여러 사항이 제한을 받을 수 있다. 그러므로 해당 국가에 진출하기 위해서는 투자에 관한 법적 내용을 조사해야 할 것이다. 한편 해외 현지에서 본국으로 자유로운 이익송금이 가능하지 않을 경우 해위 진출에 따른 위험이 크게 증가한다. 자유롭게 본국으로 이익송금이 보장되지 않는 경우 외국인 투자를 유치하는데 어려워 지기 때문에 대부분 국가들은 최소한 명시적으로는 이익송금을 보장하는 제도를 갖고 있다. 그럼에도 불구하고 자국의 부족한 외환사정 때문에 이익송금을 위한 환전과정이나 각종 서류를 요구하거나 무리하게 세무조사를 하는 등의 규제를 통해 이익송금을 어렵게 만들기도 한다.

4. 법적 분쟁의 해결

국제 거래에서 분쟁이 발생할 경우 이를 해결하는 가장 좋은 방법은 제3자의 개입없이 당사자간에 대화와 타협에 의해 해결하는 것이다. 그러나 이러한 비공식적 절차에 의해 원만한 해결이 힘들 경우에는 조정, 중재 그리고 소송 등 제3자가 개입하는 절차를 거치게 된다.

1) 조정

조정(conciliation)이란 객관적인 입장이 있고 전문적인 지식을 갖춘 제3자로 하여금 분쟁의 양 당사자 간의 이견을 좁혀 합의점을 찾도록 하는 방법이다. 제3자는 조정인(mediator)이 되는데 당사자들의 의견을 청취하면서 이견을 좁혀나가게 된다.

조정인은 해당 분야의 전문적 지식과 경험을 충분하게 갖춘 사람이나 조직을 양 당사자들이 합의하여 선정하게 된다. 두 기업 간 극단적인 대립보다는 공정하고 객관적인 입장에 있는 전문가를 통해 합의점을 찾을 수 있으며 절차가 간단하다. 하지만 중재나 소송처럼 법적 구속력은 존재하지 않는다.

2) 중재

중재(arbitration)는 분쟁 당사자들의 합의에 의해 법원 이외의 제3자에게 해결을 위임하는 것이다. 중재의 경우는 법적 구속력이 있다는 점에서 조정과는 다르다.

또한 중재는 단심제이며 비공개를 원칙으로 하기 때문에 소송에 비해 신속하게 최종결정이 이루어질 수 있고 기업과 분쟁사안의 대외 비밀을 유지할 수 있다는 장점을 지니고 있다.

순수한 법리적, 법률적 판단보다는 실제 상거래관습과 현실이 더 잘 반영될 수 있다는 점도 중재가 소송에 비해 갖는 장점이다. 일반적으로 중재는 3인의 중재위원 앞에서 청문회를 열어 중재위원이 중재판정을 내린다. 3인의 중재위원은 각 당사자들이 1인씩 선정하고 이렇게 선정된 2인의 중재위원들이 제3의 중재위원을 선정하며 당사자들은 사전에 중재판정에 따르기를 약속한다.

국제상거래 분쟁의 중재를 담당하는 국제기관으로는 국제상업회의소(International Chamber of Commerce; IOC)가 대표적이며 많은 국가에서 별도의 민간 중재기관을 두고 있다. 미국의 중재협회(American Arbitration Assocoation), 서유럽과 동유럽분쟁을 주로 다루는 스웨덴 중재기관(Swedish Arbitration Institute; SAI), 우리나라의 대한상사중재원(Korean Arbitration Board) 등이 그것이다. 특히 미국중재협회는 파리의 국제상공회의소 및 기타 중재기관과 협정을 맺어 국제기업들이 분쟁해결 대안으로 중재를 적극적으로 권고하고 있다.

국제기업 간 분쟁을 해결하는 수단으로 중재가 많이 활용되지만 계약서 작성상 다시 한번 신중하게 관련 법적인 조항을 검토해야 한다. 특히 국제거래의 계약서에 중재조항을 삽입할 때 중재원의 선정, 중재원의 권한, 중재의 장소, 적용되는 중재법, 중재진행기관, 결정까지의 시간, 청문회와 증거사용의 언어 그리고 중재판정의 구속력과 집행 등에 관해서는 반드시 계약서에 명시해야 한다. 그렇지 않을 경우에는 불복하는 경우가 발생하기도 한다. 또한 진출국

이 중재에 관한 국제조약인 뉴욕협약(1958)과 국제상거래 중재에 관한 국제협약(1976)의 협약
국인가를 살펴보는 것이 필요하다.

3) 소송

소송(Litigation)은 분쟁해결의 최종 수단으로써 법원이 개입하는 가장 확실한 공식적 분쟁
해결방법이지만 여러 가지 이유로 인해 이 단계까지 진전되는 것은 피하는 것이 바람직하다.
이 방법은 시간이 오래 걸리고 비용이 많이 소요되며 정보의 공개 대 고객이미지 악화 등의 우
려가 있기 때문이다. 또한 외국 법원에서 소송이 진행될 경우 불리한 판결이 나올 수 있다는
우려와 소송결과의 강제집행에 어려움이 있다는 점도 가급적 소송을 피하려는 이유가 된다.

만일 외국에서 진출한 기업의 분쟁이 본국의 관할권내에서 일어난다면 본국의 시스템속
에서 처리될 수 있다. 그러나 타국에서의 법률소송은 훨씬 복잡하다. 왜냐하면 언어, 법률시스
템, 화폐 및 전통적 비즈니스 관습의 차이 때문이다. 뿐만 아니라 증거를 수집하여 자기주장을
증명하는 과정에서 법원에서 증거를 판단하는 과정의 차이점은 외국에서의 법률소송을 더욱
어렵게 한다. 또한 소송을 진행하면 현지국 정부와 관계가 불편해질 뿐만 아니라 기업이미지
가 나빠져서 향후의 비즈니스는 더욱 어려워질 가능성도 있다.

따라서 소송으로 진전되기 전에 화해나 타협, 조정, 중재 등의 절차에 의해 분쟁을 해결하
는 것이 바람직하다. 다만, 이러한 최종적인 수단이 존재한다는 점은 그 자체로도 의미가 있을
수 있다. 즉, 이러한 문제로 법원으로까지 분쟁을 끌고 갈 수있다는 가능성을 분쟁 상대방에게
시사하여 원만한 해결책을 도모하려는 압력수단으로도 사용할 수 있을 것이다.

더 생각해 볼 문제

○ **FD1** 우리나라의 독과점방지 관련 법들은 어떤 법들이 있는가 살펴보자.

○ **FD2** 국제적인 저작권 보호를 위한 노력을 정리하고 각 국가별 저작권 보호 현황을 정리해 보자.

○ **FD3** 글로벌 기업의 주요한 중재나 소송에 관한 사례를 찾아보고 토의해 보자.

9 글로벌 문화 환경의 이해

학습목표(Learning Objectives)

○ LO1 사회문화적 차이가 글로벌경영에 미치는 영향에 대해 이해할 수 있다.

○ LO2 문화적 상이성에 대해 탐구하고 이러한 상이성을 글로벌경영진출에 적용할 수 있다.

○ LO3 글로벌 사회문화 환경의 이해 폭을 넓혀 글로벌경영자의 자질을 갖춘다.

신라면 끌고 불닭이 밀고··· 말레이시아 강타한 'K-매운맛'

신라면, 로컬마트에서 특별 진열돼/현지 라면 2배 가격에도 불티

불닭볶음면, K-라면 쌍두마차/맵고 자극적인 현지 입맛 사로잡아

진출 초기부터 '할랄인증' 준비/KMF 인증 받아 시장 공략

말레이시아 수도 쿠알라룸푸르의 랜드마크는 페르로나스 트윈타워다. 지하 4층, 지상 88층 규모로 높이가 452m에 달하는 이 건물은 세계에서 가장 높은 쌍둥이 빌딩이란 타이틀을 갖고 있다. 쿠알라룸푸르에 메르데카 118 타워(678m)가 완공되면서 말레이시아에서 가장 높은 빌딩이란 수식어는 사라졌지만, 현지에서 페르로나스 트윈타워가 지닌 상징성은 상당하다. 말레이시아 국가 홍보에 빠지지 않고 등장하는 건물이니 말이다.

페르로나스 트윈타워에는 수리아몰이란 말레이시아 최대 쇼핑몰이 자리한다. 그리고 이 쇼핑몰 지하에는 콜드 스토리지라는 현지인과 외국 관광객이 찾는 대형 마트가 존재한다. 이 마트에서는 일본, 한국 등 아시아 식품을 하나의 진열대에서 판매한다. 이 가운데서도 단연 눈에 띄는 제품은 농심의 신라면이다. 신라면 제품만 모아놓은 별도 진열대가 있을 정도다. 말레이시아 수도의 중심, 또 그 안에서 한국을 대표하는 라면 상품으로 우뚝 서 있는 것이다.

말레이시아 현지에서 신라면 가격은 5개입 한 묶음에 20링깃(한화 약 6000원) 정도다. 개당 1000원 정도 하는 국내와 가격 차이가 별반 없다. 그러나 현지 여타 라면과 비교하면 얘기가 달라진다. 현지 라면 가격은 개당 2~3링깃(한화 600~900원) 정도. 신라면 가격의 2분의 1 수준이다. 그런데도 신라면의 인기는 마트의 특별 진열대가 대변해주듯이 치솟고 있다.

신라면의 특별 진열대는 비단 콜드 스토리지에서만의 얘기가 아니다. 콜드 스토리지가 있는 페르로나스 트윈타워에서 도보로 약 20분 떨어진 NSK 마트에서도 찾아볼 수 있다. NSK 마트는 말레이시아 현지인들이 가장 많이 찾는 이른바 '로컬 마트'다. 이곳에서도 신라면은 특별 진열대에 모셔져 있는 인기 라면으로 꼽힌다.

신라면의 현지 인기는 매출에서도 확인된다. 농심 측에 따르면 말레이시아 진출 첫해(2007년) 70만 달러에 불과했던 신라면 매출은 지난해 450만 달러까지 올랐다. 농심 측은 그 비결로 "K-컬쳐 인기로 한류 콘텐츠 보급이 확대되면서 K-푸드에 대한 관심도 덩달아 증가했다"며 "신라면은 최근 다양한 맛 타입 확대 등을 통해 정체성을 유지하면서 현지에 익숙하고 친숙한 브랜드로 접근하는 노력을 지속 중이다"고 전했다. 농심은 현지에서 신라면 오리지널, 신라면 블랙, 신라면 김치 등 5개 제품을 판매 중이다.

말레이시아 현지에서는 신라면과 더불어 삼양의 불닭볶음면도 큰 인기를 끌고 있다.

삼양의 불닭볶음면도 말레이시아에서 신라면과 더불어 K-라면 인기를 이끌고 있는 쌍두마차 브랜드다. 신라면이 국물 베이스의 라면으로 현지인 입맛을 사로잡았다면, 불닭볶음면은 미고랭(볶음면) 형태의 대표 K-푸드다. 이를 방증하듯 콜드 스토리지, NSK 마트에서는 신라면과 마찬가지로 불닭볶음면 상품을 별도 진열하고 있다.

불닭볶음면은 신라면보다 8년 늦은 2015년부터 말레이시아로 수출이 이뤄졌다. 다소 늦은 진출에도 현지에서는 유튜브 등 사회관계망서비스(SNS)를 통해 '불닭볶음면 챌린지'가 이어질 정도로 인기가 뜨겁다. 현지 유통 관계자는 "말레이시아에서는 예로부터 중국에서 전파된 사천요리와 인도에서 기원한 컬컬한 카레 문화가 유행했다"라며 "그만큼 맵고 자극적인 맛을 선호하는데, 불닭볶음면이 인기인 이유도 같은 맥락"이라고 분석했다.

삼양 측은 불닭볶음면에 인기 비결로 '차별성'을 꼽았다. 삼양 관계자는 "말레이시아를 비롯한 동남아시아 국가의 현지 소비자들은 미고랭 형태의 제품이 익숙한데, 이 중에서도 불닭볶음면처럼 매운맛 라면은 많지 않았다"며 "현지에서 볼 수 없는 색다른 라면이라는 평가와 함께 최근에는 까르보불닭볶음면, 치즈불닭볶음면 등 여러 매운맛을 즐길 수 있는 제품들로 시리즈를 확대해 폭넓은 소비자층을 확보할 수 있었다"고 말했다.

신라면과 불닭볶음면이 흥행하는 데 숨은 비결로 작용한 건 '할랄(halal) 인증'에 있다. 말레이시아는 무슬림(이슬람교도) 국가로, 음식에는 엄격히 종교적 검수를 거친 육류를 사용한다. 이를 제도화한 것이 할랄 인증이다. 이슬람 문화가 금한 돼지고기 등은 일절 사용하지 않는 한편 식용 육류로 허락된 소고기와 닭고기 등은 정해진 기준 아래 신성하게 도축해야만 받을 수 있다.

할랄 인증은 현지에서 제품의 존폐 여부를 가를 정도로 중요하다. 현지에서 만난 국내 한 유통 관계자는 "할랄에 대해서는 말레이시아 진출 전부터 얘기를 들었지만, 이 정도로 중요한 줄은 몰랐었다"며 "할랄 인증이 붙지 않은 제품은 아예 판매가 이뤄지지 않는 정도"라고 했다. 농심과 삼양 측은 말레이시아 진출 초기부터 이 할랄의 중요성을 인지하고, 한국이슬람교(KMF)을 통해 인증받아 시장을 공략 중이다.

말레이시아인들의 소비 특성을 분석한 것도 수익을 극대화하는 데 한몫했다는 얘기도 나온다. 현지에서 만난 또 다른 국내 유통 관계자는 "말레이시아 사람들은 물건을 사는 데 있어 비교적 덜 계산적"이라며 "자신이 사고 싶은 물건이 있다면 다른 유사 제품과 가격 비교 없이, 또 가격이 얼마를 하든 사려고 하는 경향이 강하다"고 전했다. 다소 비싼 가격은 문제가 되지 않는다는 의미다.

〈자료원〉 아시아경제, 2023.12.13.

글로벌경영에 깊고 광범위하게 영향을 미치는 문화는 한 사회의 성격이라고 할 수 있다. 문화는 사회의 구성원들에 의해 생산, 소비되는 자동차, 의복, 음식, 예술, 스포츠와 같은 유무형의 재화와 서비스뿐만 아니라 가치·윤리 등과 같은 추상적인 개념들까지도 포함되는 것이다. 문화란 한 사회의 구성원 간에 공유된 의미, 규범, 전통 등이 축적된 것이다. 문화가 글로벌경영에 미치는 영향은 아주 강력하고 광범위하다.

한 문화와 그 문화의 상징적 의미를 이해할 수 있다면 그 지역에서 비즈니스 활동을 하는 글로벌 기업의 경쟁적 지위는 향상될 수 있을 것이다.

즉, 다양한 국가에서 비즈니스를 성공적으로 수행하기 위해 요구되는 것 중 하나가 비교문화적 지식(cross-cultural literacy)이다. 비교문화적 지식이란 국가 간 또는 국가 내부의 문화적 차이가 비즈니스 수행에 있어 어떠한 영향을 미치는가를 이해하는 것이다. 본 장에서는 문화와 기업활동에 대해 살펴보자.

1. 문화의 개념과 성격

1) 문화의 정의

문화(culture)는 사람들이 여러 세대를 거치는 동안 남겨놓은 사회적 유산이며 한 사회 특유의 라이프스타일, 즉 그 사회가 직면하였던 환경에 적응하며 살아가는 방식을 반영한다. 일반적으로 문화는 개인이 사회구성원으로서 획득하는 지식, 신념, 기술, 도덕, 법, 관습 및 그 밖의 능력과 습관 등이 포함된 복합적인 전체라 할 수 있다. 결국 문화는 사회적으로 학습되고 사회구성원들에 의해 공유되는 모든 것이라 할 수 있고 그 사회의 개성(personality)이라고 할 수 있다.

2) 문화의 성격

문화의 성격을 하나의 정의로 규정하는 것은 매우 어렵고 광범위하다. 그러므로 문화에 대한 이해를 명확히 하기 위해서는 문화의 중요한 성격이나 특징을 검토할 필요가 있다. Schiffman and Kanuk(1991)은 문화의 특성을 크게 4가지로 밝히고 있다.

첫 번째로 문화는 사회구성원들의 욕구충족의 기준이 되며 규범을 제공한다.

문화는 사회구성원의 생리적, 개인적, 사회적 욕구해결의 방향과 지침을 제공한다. 예컨대, 문화란 결혼식때 언제 먹을 것이며, 어디에서 먹을 것이며 어떠한 음식을 준비해야 하는가 등에 대한 표준(standard)과 규칙(rule)을 제공한다. 이와 같은 문화는 이상적인 행동기준이다. 표준이 포함되어 있으므로 사회구성원들은 어떤 상황하에서 정상적이고 적절한 생각이나 느낌 혹은 행동이 무엇인지에 대해 공감한다. 사회구성원에 의해 공유되는 이상적 행동패턴 등을 규범(norms)이라고 부른다.

실제행동이 사회규범으로부터 이탈되면 이러한 이탈 행동에 대해 압력이 가해서 행동을 사회 기대에 순응하게 만든다.

두 번째 문화는 학습된다. 우리는 어릴 때부터 사회적 환경으로부터 문화를 구성하는 신념이나 가치관, 관습 등을 학습하기 시작한다. 인류학자들은 문화학습의 유형을 성인이나 연장자가 어린 가족구성원들에게 어떻게 행동해야 하는지를 가르치는 공식적 학습(formal learning)과 어린이가 가족구성원이나 친구 또는 TV 주인공 등 타인들의 행동을 모방함으로써 이루어지는 비공식적 학습(informal learning), 그리고 교육환경에서 어린이들에게 무엇을 해야 하며, 왜 해야 하는지를 가르치는 기술적 학습(technical learning)의 세 가지 형태로 구분할 수 있다. 남자들은 소꿉놀이를 하지 않는 법이라는 어머니의 이야기를 남자아이가 받아들여지면 이는 어머니의 가치관을 공식적으로 학습을 하게 되는 것이다. 이 아이의 아버지나 형의 수염기르는 것을 모방하여 수염을 기르게 된다면 이 아이는 수염기르는 것을 비공식적으로 학습하게 된다는 것이다. 이 어린이가 학교라는 공식기관에서 컴퓨터 사용법을 교육을 받는다면 이것은 기술적 학습이 된다.

한편 인류학자들은 문화학습을 자기문화의 학습과 타문화 학습으로 구별한다. 자기문화에 대한 학습을 문화화(enculturation)라고 하며 외국문화나 새 문화에 대한 학습을 문화이식(acculturation)이라고 한다. 자기문화에 대한 학습은 지배적인 문화적 가치를 시간의 경과에 따라 달라지기 때문에 글로벌 비즈니스를 시행할 때 그 지역국가의 문화적 특성을 이해하고 이를 받아들여야 한다.

셋째, 문화는 공유된다. 어떤 신념이나 가치 또는 관습이 문화적 특성으로 간주되기 위해서는 이들이 대다수의 사회구성원에 의해서 공유되어야 한다. 한 문화 내에서 사용되는 언어는 사회구성원들 간에 가치나 경험, 관습의 공유를 가능하게 하는 중요한 문화구성요소이다. 또한 여러 형태의 사회적 기관들 역시 문화의 구성요소들을 전파하고 문화의 공유를 가능하게 한다. 문화공유역할을 담당하는 기관들 중 가장 기본적으로 중요한 기관이 가족이다. 가족은 문화화(enculturation)에서 주된 역할을 담당한다. 가족은 구성원들에게 기본적인 문화적 신념, 가치, 관습 등을 제공할 뿐만 아니라 돈의 의미, 가격과 품질의 관계, 선호의 형성 등 소비와 관련된 가치 등을 학습시킨다. 학교와 종교기관 등도 문화전파의 기능 중 상당한 부분을 수행하는 기관이다. 물론 젊은이나 아동들의 소비자 사회화가 대부분 가정에서 이루어지지만 교육기관이나 종교기관에서 제공되는 경제개념이나 윤리개념을 통해서도 소비자학습이 강화된다.

넷째, 문화는 지속적인 동시에 동태적이다. 문화는 다양한 관습들로 구성된다. 사회구성원들은 이러한 관습을 통해 기본적인 생리적 욕구뿐만 아니라 지위나 사회적 인정 등의 학습된 욕구를 충족시킨다. 따라서 사회구성원들이 원하는 욕구가 구성원들에 의하여 공유된 관습을 통해 충족된다면 이러한 관습들은 사회내에서 가능하면 유지하려고 한다.

3) 문화의 결정요인과 계승발전

한 문화의 가치와 규범은 완성된 상태로 나타나지 않는다. 가치와 규범은 우세한 정치사상과 경제사상, 사회구조, 지배적인 종교, 언어, 교육의 요소들이 총체적 결합되어 발전한 산물이다.

이러한 문화의 결정요인은 일반적으로 정치, 경제, 종교, 교육, 언어, 사회구조에 영향을 주고 받는다. 이미 앞장에서 우리는 경제구조(제4장)와 정치(제7장)에 대해서 다루었다. 이와 같은 정치경제(사상)들은 명확히 문화에서도 차이가 나는데 북한 사회에서 발견되는 자유, 정의, 개인의 성취에 관한 가치는 정치와 경제사상의 차이로 인해 미국과는 상당히 차이가 난다.

사회구조인 개인과 집단은 다음 장(제10장)에서 본격적으로 다룰 예정이며 종교와 언어는 다음 절에서 상세히 설명할 것이다.

교육에 대해 간략히 알아보자. 정규교육은 사회에서 중요한 역할을 담당한다. 정규교육은 현대사회의 필수불가결의 관계에 있는 언어, 사상, 수학 등을 개인이 배울 수 있도록 해 준다. 정규교육은 또한 사회의 가치와 규범을 가르치는 가정의 사회화 기능을 보완해 준다. 가치와 규범은 직간접적인 방법으로 교육이 된다. 학교는 사회집단과 정치에 대한 기본적인 사실에 대해 알려준다. 동시에 시민의 의무와 시민의식에 대해 가르친다. 간접적으로는 문화적 규범을 배우게 된다. 교육이 국가경쟁력 형성에 중요한 임무를 수행하고 있다는 사실은 국제경영학에서 중요한 시사점을 갖고 있다. 숙련되고 교육받는 인적자원을 얼마만큼 보유하고 활용할 수 있느냐가 국가의 경제적 성공에 대한 중요한 결정요인이기 때문이다.

한편 각 문화는 고유의 의례를 전승 및 발전시키며 그 구성원들은 일상생활에서 이의 영향을 받는다. 여기에서 의례(ritual)란 정해진 순서에 따라 진행되며 정기적으로 반복되어 발생하는 상징적 행동들의 집합을 말한다. 우리는 의례하면 동물이나 처녀를 제물로 바치는 제천행사를 흔히 마음속에서 떠올리지만 실제로 현대의 많은 소비활동이 의례적 행동을 수반한다. 의례와 관련된 제품의 구입, 소비자들의 몸치장 의례, 선물증정 의례 등은 의례적 소비활동의 대표적인 예라 할 수 있다. 우리나라에서는 개업 등을 할 때 떡을 돌리는 것도 일종의 의례이다. 이러한 점이 결국 우리의 문화로 계승되는 하나의 예라 할 수 있다.

호박 랜턴 들고 "Trick or Treat!"… 할로윈데이의 유래는?

할로윈데이는 매년 10월 말 기괴한 복장과 분장을 하고 즐기는 축제로 그리스도교 축일인 만성절 전날 죽은 사람의 영혼이 돌아온다고 여기는 켈트 문화에서 유래했다.

켈트족 달력에서는 11월 1일이 한 해의 시작인데, 켈트족은 이날을 기점으로 죽은자의 영혼과 악마들이 이승으로 온다고 믿고, 하루 전날인 10월 말에 음식을 마련해 죽음의 신에게 제의를 올림으로써 죽은 이들의 혼을 달래고 악령을 쫓았다고 한다. 또 악령들이 해를 가할까 두려워 해 악령이 자신을 같은 악령으로 착각하도록 유령이나 마녀로 분장을 하게 됐다.

매년 할로윈데이가 오면 어린이들은 괴물이나 마녀, 유령으로 분장한다. 또 잭오랜턴이라는 이름의 호박등을 켜놓은 집에 찾아가 사탕을 받는 풍습이 있다.

우리나라의 경우 미국 할로윈 문화의 영향을 받아 2030세대 축제로 자리잡았다. 미국에서는 아일랜드와 스코틀랜드 출신 이민자들이 벌이는 작은 행사에서 시작해 현재는 전통적인 축제로 자리매김했다.

〈자료원〉 천지일보, 2021.10.31.

2. 문화적 환경과 국가별 인식 차이

글로벌 시장에서 국가 간의 문화차이로 실패하는 사례는 비일비재하다. 미국의 캠벨 (Campbells)사는 영국시장으로 진출했을 때 영국 주부의 행동을 이해하지 않고 미국시장과 동일하게 생각하고 시장에 진출하여 큰 고초를 겪었다.

영국 주부들은 미국과 비교를 해 보았을 때 상대적으로 보수적 가치관을 갖고 있기 때문에 추가적인 요리과정 없이 캔을 따서 즉석에서 먹는 캠벨수프를 게으름을 나타내거나 무능력한 주부로 생각한다는 것이다. 또한 광고에서 자녀가 캠벨수프를 사달라고 졸라대면 어머니가 마켓으로 가서 캠벨수프를 구매하는 것을 제시하였는데 영국에서는 자녀들이 요구하는 대로 들어주는 것은 자녀들을 버릇없게 만드는 것으로 인식하였다.

이처럼 현지시장에 진출하여 글로벌 비즈니스를 할 때는 반드시 현지국의 문화적 환경을 제대로 이해해야 한다. 그렇지 않고 본국이나 자기들에게 익숙한 관리시스템을 제시하면 실패할 경우가 많다.

문화적 환경이 이처럼 각 국가마다 각 지역마다 부분적으로 매우 상이하기 때문에 글로벌경영자는 문화의 주요한 개념인 언어(비언어 포함), 숫자, 종교, 미적 감각과 색상, 그리고 음식차이에 대해 국가별 차이를 살펴보고 이것이 글로벌경영에 어떤 영향을 미치는가 생각해보자.

1) 종교와 윤리시스템

종교(religion)는 신성성에 대해 공유된 믿음과 의식의 체계라 정의할 수 있다. 한편 윤리시스템(ethical system)이란 행동을 규정하고 형성하는데 이용되는 도덕적인 규칙 혹은 가치들의 집합이라고 이야기 할 수 있다. 현재 대부분의 윤리 시스템은 대부분 종교적 산물이라 할 수 있다. 그러나 유교 등과 같이 예외적으로 종교에 기반하지 않은 윤리도 있다.

일반적으로 종교는 사회의 믿음, 태도 및 가치를 결정하는 중요한 원천이다. 각 나라마다 다양한 형태의 종교가 있으며 지배적인 종교가 있다. 기독교, 이슬람, 힌두교 그리고 불교가 갖는 경영학적 시사점에 대해 살펴보자.

전 세계적으로 가장 넓게 퍼진 종교인 기독교는 주요 계파로 카톨릭, 정교회, 개신교로 나뉜다. 개신교는 근대 자본주의 발생과 발달에 크게 기여하였다. 이슬람은 세계에서 2번째로 크다. 이슬람교는 기독교와 유대교에 그 뿌리를 두고 있다 이슬람의 코란은 몇 개의 명확한 경제원칙을 세워 놓고 있으며 그중 상당수가 기업에 대해 우호적이다. 사실 예언자 무하마드(Muhammad) 역시 무역가였고 무역과 상업을 통한 이익획득에 긍정적인 마인드를 갖고 있다. 사유재산권에 대한 보장도 이슬람교에 내재되어 있다. 재산을 갖고 있는 사람은 서구관점의 소유주이기보다는 보관인으로 간주된다. 보관인으로서 그들은 재산으로부터의 이익을 획득할 수는 있으나 대신 이를 올바르고 사회적으로 유의하며 신중하게 소비를 해야 한다고 권고하고 있다.

힌두교는 특정한 인물과 연관되지 않고 경전도 존재하지 않으며 사회의 도덕적인 힘은 달마(dharma)라 불리는 특정 의무의 수용이 필요하다는 것으로 믿고 영혼체인 카르마(karma)를 믿는다. 이 카르마는 다음 생을 결정하고 이후 완전한 정신적 완성인 열반(nirvana)에 도달한다고 믿는 종교이며 물질적 성취보다 정신적 성취를 중요하게 생각하기에 상대적으로 기업의 활동에 대해 적극성이 떨어진다.

불교는 정신적 계발의 상태를 얻어야 한다는 것이다. 힌두교와는 유사하나 금욕적인 생활을 장려하지 않고 계급제도에 대해 회의적이다.

이슬람은 시아파와 수니파로 나눌 수 있다. 일반적으로 시아파(8~9%)는 폭력적이고 수니파(90%)는 온건하다고 하지만 문제가 되는 탈레반이나 IS 모두 수니파이다.

수니는 아랍어 순나(sunnah)에서 파생한 말인데, 순나의 교훈·행위 등의 의미이었으나 이슬람교에 전의(轉意)되어서는 (이슬람교)교법, 교의, 성훈(聖訓, 하디스, 무함마드의 언행)이란 뜻으로 바뀌었다. 파벌로 표현될 때 수니파는 정통파로 해석된다.

시아의 원래 어미는 분파, 종파이나 전의되어서는 수니파(정통파)에 반하는 교파, 즉 시아파로 표현된다. 그러므로 이 두 교파를 정확하게 이해하는 방법은 두 파의 출현과 주장 등을 비교 분석하는 것이다. 두 파의 분립은 다른 종교들의 교파 분립과는 달리, 즉 근본 교리나 교법이 서로 달라서가 아니라, 교권이 누구에 의해 이어져야 하는가라는 문제에서 비롯되었다. 시아파와 수니파의 차이점을 한마디로 요약하면, 교리의 차이가 아니라 계승자, 즉 수니파는 칼리프 제도(계승제)를, 시아파는 모함마드의 순수한 혈통을 중요시하는 이맘 제도를 고수하는 것이다.

한편 각 국가에 존재하는 종교차이로 인해서 다양한 형태의 글로벌경영의 문제가 발생한다. 예컨대, 이슬람에서는 돼지를 먹지않고 할랄과 하람(Islamic Food, Halal and Haram)이라는 것이 존재해서 식품 비즈니스가 타지역보다는 까다롭다.

또한 이러한 종교 차이로 인해 이슬람에서는 이자란 개념이 금기시되고 있으며, 힌두교에서는 소고기 섭취가 금지되기 때문에 식품업체에서는 대체 고기를 사용해야 한다.

이러한 이슬람국가의 종교를 이용하여 성공하는 기업들도 있다. 이슬람 국가는 10월말부터 라마단이라는 금식기간이 있다. 이때는 해가 뜨는 순간부터 해질때까지는 금식을 요구하므로 식품 비즈니스는 매우 까다롭다. 그러나 KFC는 이를 반영하여 인도네시아에서 라마단 기간 동안 금식이 해제되는 저녁에는 할인을 해 주는 마케팅 프로그램을 실시하고 옥외광고를 하여 라마단 기간에 20% 이상의 매출 증가가 발생하였다고 한다.

글로벌 기업 활동과 종교

한국 기업의 런던 지사 박 부장은 고민에 빠졌다. 고객 서비스 담당자로 채용한 현지 직원 아즈미 (Azmi)가 회사 출근 첫 날 이슬람 전통복장을 하고 나타났기 때문이다. 크고 검은 두 눈을 제외하고 는 온몸을 검은색 차도르(chador)로 칭칭 감은 그녀를 보는 순간 박 부장은 말문이 막혔다. 하지만 업무 첫 날부터 복장에 대해 지적할 수 없어 좀 더 두고 보기로 했다. 시간이 흘러가면서 영국인 소비 자들의 항의가 빗발쳤다. 불쾌하다, 여성차별이다, 섬뜩하다 등.

어느 날 박 부장은 아즈미를 조용히 불러 복장에 대해 고려해 달라고 요청했지만 그녀의 태도는 완고 했다. 박 부장은 채용 당시 아즈미의 종교가 이슬람인 것은 알고 있었다. 그녀는 영국에서 태어난 2세 이고, 영국의 대학교까지 나온 인재여서 박 부장은 그녀를 합리적인 영국인으로 봤지 종교에 극히 구 속적인 무슬림인 줄은 꿈에도 몰랐다. 한국에서부터 이슬람에 대해서는 무지했던 박 부장에게 이번 채용·해고 건은 풀 수 없는 과제로 남아있다. 바로 잘라야 하나 아니면 회사의 손해를 감수하고도 근 무하게 해야 하나?

한국 기업의 말레이시아 생산 공장에 사고가 터졌다. 현지 여사원이 생산라인에서 발작을 일으킨 것 이다. 그녀에 이어 옆의 다른 여사원 역시 괴성을 질러대기 시작했다. 생산라인 책임자인 한국인 부장 은 우선 이 둘을 귀가조치하고 인사내용을 살펴봤으나 아무런 특이사항도 발견할 수 없었다.

며칠 후 그중 한 여사원이 다시 문제를 일으켰다. 화장실을 다녀오는데 누군가가 어깨를 눌러 돌아보 니 아무도 없더라는 것이다. 즉, 귀신이라는 것이다. 무서워 벌벌 떨며 이 여사원은 울기 시작했다. 당 일 저녁 다른 4명의 사원이 같은 증세를 보여 인근의 병원에 입원시켜야 했다. 생산부장은 왜 이런 일 이 일어나는지 도무지 알 수가 없었다. 공장 건설 당시 한국식으로 돼지 머리를 놓고 제사를 지낸 것 까지 마음에 걸렸다. 며칠 후 10명의 사원들이 또 집단 히스테리를 일으켰다. 이런 일이 조금 더 확대 되면 생산라인의 가동조차 위협받게 생겼다. 이 전형적인 회교 국가에서 한국의 토종 미신이 싸우고 있는 것은 아닌지? 그렇다면 다시 한번 한국식 푸닥거리를 해야 하는 건지? 아니면 회교 지도자들을 불러 귀신을 쫓기 위한 종교적인 의식을 치러야 하는 건지, 생산부장의 머리는 복잡해지기 시작했다.

사소한 종교문제 간과 못해

돈만 되면 지구 끝까지도 갈 다국적 기업들에게 현지의 종교나 미신적인 행위 등을 어떤 관점으로 보 고 수용할 건가는 기업 활동의 큰 이슈가 될 수 있다. 자칫 사소한 문제로 치부해 간과할 수도 있으나 그 파장은 아무도 장담하지 못한다.

대개의 기업들은 현지의 종교적 관행이나 미신적 영향력을 원하지는 않지만 결국 수용하게 된다. 종 교학의 창시자급인 마르크스 뮐러는 "하나의 종교를 아는 사람은 아무 종교도 모른다"고 말했다. 자기의 종교만 아는 사람은 자기 종교마저도 제대로 알지 못한다는 것이다. 종교는 인간의 문화 활동 중에 가장 광범위하고 심오한 영향력을 가지고 있다. 인간의 가치와 신념을 결정하는 게 종교다. 국경을 초월한 경영 활동이 단순히 표면적 상행위가 아니라 문화적 활동의 연속이라면, 현지의 종교를 알고 모르고는 기업 활동에 직간접적인 영향을 미친다.

종교가 기업이나 국가 활동에 결정적인 혹은 치명적인 영향을 미치게 된 데는 9·11테러를 빼놓을 수 없다. 미국의 9·11테러를 통해 가시화된 기독교와 이슬람 근본주의와의 대립으로 인해 비단 정치뿐만 아니라 경영의 세계에서도 종교의 영향은 무소불위가 됐다. 다국적 기업들이 본격적인 궤도에 올라서기 전인 1980년대만 보더라도 경영의 논리에 종교는 어느 정도 합의나 양해가 될 수 있었다. 국가 경제를 위해 종교가 양보하는 흉내라도 냈다. 일전 타계한 교황 바오로 2세의 종교 간 대화도 이런 화합의 분위기와 무관하지 않다. 하지만 이라크전의 발발과 함께 이제는 종교가 법 이상이 됐다. 미국과 미국식 기독교에 대해 피해의식이 상당한 이슬람은 일촉즉발이다.

미국 동부의 한 스타벅스 체인점은 한 이슬람 여사원의 복장 시비로 법적 소송까지 갔다. 이 여성은 종교의 자유를 내세워 머리부터 발끝까지 눈을 포함해 신체의 모든 부분을 가리는 부르카(burqah)를 착용해 손님들의 발길을 끊게 만들었다.

결과는 종교가 이겼다. 독일 남부 바덴 부에르템베르그 주 대법원은 이슬람 여교사들이 학교에서 이슬람식 스카프를 착용하지 못하게 한 것은 잘못이라고 판결했다. 영국 리즈(Reeds)의 한 학교는 한 이슬람 신도인 조교가 눈을 제외한 얼굴 전체를 가리는 면사포 같은 니캅(niqab)의 착용 시비에 걸려 패소했다.

특히 복장과 외모를 비롯해 각종 의식에 엄격한 근본주의 이슬람은 기업 활동에 이미 커다란 걸림돌이 되고 있다. 이슬람 여성들은, 현재 자신의 국적이 어디건 13세가 되면 기본적으로 베일을 써야 하며 머리부터 발끝까지 겉옷으로 가려야만 한다. 이들의 이러한 특수복장에 대해 합리의 서구는 여성의 자유와 권리를 박탈한 차별이라고 항의하고, 중동을 비롯한 이슬람 근본주의자들은 이렇게 함으로써 여성 자신의 신체를 신성시하고 뭇 남성들에게 성욕을 일으키지 못하도록 한다고 믿는다. 이슬람 옆 동네 종교인 힌두나 시크도 더하면 더했지 덜하지는 않는다.

복합문화 지향의 캐나다 밴쿠버 한 종합병원의 간호사는 치료에 방해가 된다며 환자인 인도 시크교도의 수염을 허락 없이 잘랐다가 소송에 연루됐다. 공사장의 인부 역시 종교적인 이유로 안전모를 거부하고 터번을 쓴다. 경찰도 마찬가지다. 이들은 하다못해 사우나에서도 터번을 고수한다.

초국가적으로 기업 행위를 하는 다국적 기업들은 인종과 종교의 특수성을 이유로 채용 자체를 기피할 수 없다. 하지만 업종과 업태를 불문하고 종교적인 이유를 앞세워 근무의 요강조차 바꾸려는 추세는 기업의 입장에서는 결코 양보할 수 없는 조직운영의 마지노선이다. 종교가 인권과 경영효율마저 능가

하는 이 시대에, 종교적 영향을 염두에 두고 경영 활동을 해 본 적이 없는 한국의 다국적 기업들에게
는 새뮤얼 헌팅톤이 말한 문명 아니 종교의 충돌을 효과적으로 피해가는 지혜가 긴실(緊實)하다.

〈자료원〉 이코노미조선, 2008.7.1.

2) 언어 차이

언어는 문화의 거울이라고 일반적으로 불리어진다. 즉, 언어가 상이하면 문화권도 달라진
다. 그러므로 상이한 문화를 이해하기 위해서는 기본적으로 언어에 대한 이해가 선행되어야
한다. 언어에 대한 이해는 해당 문화의 올바른 상황맥락(context) 안에서 현상들을 이해할 수
있도록 해 준다. 글로벌경영자들은 진출국에 대한 언어 이해는 필수적이다. 이를 통해 고객,
유통업자, 협력업체 등의 현지 파트너와 정확한 의사소통을 할 수 있다.

전 세계에는 현재 7천여 개 넘는 언어가 있으며 아프리카와 아시아에 각각 2천여 개 이상
이 존재하고 있다(http://www.ethnologue.com). 이와 같이 언어가 다양하게 존재하기 때문에
기업이 해외에 진출하는 것은 매우 어려운 일이다. 더구나 한 나라안에서도 다양한 언어를 사
용하는 국가도 존재하기 때문에 언어적 문제는 글로벌경영에 있어서 큰 장벽 중에 하나이다.
예컨대, 인도의 경우는 전체 인구의 약 30% 정도가 힌디어를 사용하지만 이외에 영어와 뱅골
어, 펀잡어, 타밀러 등 모두 15개의 언어가 공식적으로 통용되고 있다. 스위스 역시 독일어, 불
어, 이탈리아어, 로만시어의 4가지 공식언어 이외에도 영어가 통용되고 있다. 한편 〈표 9-1〉
과 같이 전 세계의 언어는 매우 다양하게 사용되고 있다.

글로벌경영에 있어서 언어의 의미에 대해 문화적으로 이해를 못하거나 차이로 인해 혼란
이 일어나기도 한다. 대표적으로 브랜드명이다. 마케팅에서 브랜드명은 글로벌 브랜딩에서 중
요한 요소이다. 아메리칸 모터스는 1970년대 초 중형차인 Matador를 푸에르토리코에서 출
시할 때 잘못된 브랜드 네이밍으로 고생하였다. 이 브랜드명은 용기와 힘의 이미지를 불러일
으키기 위해 만들어졌지만 스페인어로 "Matador(투우사)"는 "Killer(암살자)"로 번역된다. 결
국 그 브랜드명은 도로위의 운전자들이 킬러가 될 수 있는 브랜드명으로 브랜드 본연의 의미
를 전달하지 못했다.

표 9-1 모어 사용자 수에 따른 전 세계 언어 순위

순위	언어	사용인원(단위: 백만 명)	전 세계 비중 %(2019)
1	표준 중국어(Mandarin Chinese)	918	11.922
2	스페인어(Spanish)	480	5.994
3	영어(English)	379	4.922
4	힌디어(Hindi)	341	4.429
5	벵골어(Bengali)	228	2.961
6	포르투칼어(Portuguese)	221	2.870
7	러시아어(Russian)	154	2.000
8	일본어(Japanese)	128	1.662
9	서부 펀자브어(Western Punjabi)	92.7	1.204
10	마라티어(Marathi)	83.1	1.079
11	텔루구어(Telugu)	52.0	1.065
12	우어(Wu Chinese)	81.4	1.057
13	터키어(Turkish)	79.4	1.031
14	한국어(Korean)	77.3	1.004
15	프랑스어(French)	77.2	1.003

(출처: Ethnologue 22nd edition)

1960년대 미국의 치약 회사인 콜게이트는 자사의 치약 브랜드인 큐를 프랑스시장에 출시하려 했다. 하지만 큐는 프랑스에서 유명한 포르노 잡지의 이름이었다. 뿐만 아니라 불어로 큐(Cue)는 엉덩이를 의미하는 비속어이기도 하다. 결국 콜게이트는 프랑스에서 해당 브랜드를 철수시킬 수밖에 없었다.

동양은 같은 한자권이지만 그럼에도 불구하고 네이밍이 어려울 수 있다. 중국 브랜드 네이밍 전략에 실패한 대표적인 사례가 일본의 마쯔다 자동차 Mazda(마즈다)이다. 중국 진출 초기에 일본 한자(Mazda: 松田; Sōngtian, 송티안)으로 표기하였다.

그러나 松田은 送天(Sōng tian, 송티안)과 발음이 같고, 이것은 "하늘로 보내다", 즉 "저세상으로 보내다"라는 의미로 비쳐 사고나면 죽는 차라는 부정적 의미가 있어 많은 고초를 겪었다. 이후 음차식으로 马自达(Mǎzida: 마지다)로 변경했다.

그림 9-1 아메리카모터스의 Matador 자동차

그림 9-2 프랑스의 포르노 잡지 'que'와 콜게이트가 출시한 치약 'que',

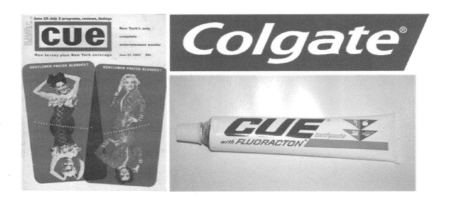

〈자료원〉 Pinterest, Worthpiont.com

    만년필과 잉크로 유명한 파커(paker pen)는 네이밍이 아닌 광고 카피 때문에 큰 실수를 하였다. 그들은 광고 카피를 "Avid embarrassment - use Parker pens"(당황스러운 상황을 회피하기 위해 파커펜을 사용하세요)란 것을 사용하였다. 이는 잉크가 외부로 새어 번지지 않은 신제품 만년필을 개발하여 사용한 광고카피였다. 그러나 라틴아메리카 지역에 진출하면서도 이 광고카피를 스페인어로 그대로 번역해서 사용하였다. 그러나 스페인어에서 동사 embarrass는 다양한 뜻을 가지고 있다. 위의 슬로건을 스페인어로 그대로 번역하면 "주머니에서 새지 않아 임신이 가능합니다"라고 번역이 된다는 것이다. 원치 않게 그들의 제품을 피임제로 광고한 셈이다.

3) 비언어의 차이

네슬레(Nestle)의 거버 베이비 푸드는 전 세계적으로 유명한 아기 이유식 브랜드이다. 과거에 거버는 아프리카 시장에 처음 진출할 때 문화적 차이를 고려하지 못해 곤욕을 치른 적이 있다.

그림 9-3 거버사의 이유식

아프리카에서 판매되는 상품은 항상 포장지에 그 상품이 무엇으로 만들어졌는지 사진이 들어가 있다. 예컨대, 사과잼이면 포장지에 사과가 있어야 한다. 아프리카에서는 문맹률이 높기 때문에 글자로 상품을 설명하는 대신 이해하기 쉽게 그림으로 사용하기 때문이다. 하지만 거버는 미국에서 쓰던 포장 디자인을 그대로 아프리카에서도 사용했었다. 거버의 제품에는 모두 귀여운 백인 아기가 그려진 로고가 붙어 있었다. 아프리카 사람들은 포장지에 아기가 그려져 있는 것을 보고 경악을 금치 못했다. 그들은 순간적으로 이 음식의 원재료가 아기라고 생각했던 것이다.

이로 말미암아 아프리카에서 거버의 매출은 한동안 침체기를 벗어나지 못했다. 이와 같이 글로벌경영에 있어서 비언어적인 사용은 매우 중요한 일이다. 글로벌경영에 있어 비언어적 차이를 추가적으로 살펴보자.

아시아권 그리고 한국에 있어서는 비언어적인 측면에서 중요시 하는 것이 눈(eye)이다. 우리는 눈으로 말해요, 눈인사, 눈도장 등 눈을 통해서 비언어 커뮤니케이션을 상당히 많이 사용한다. 또한 우리가 주로 쓰는 이모티콘도 ^^, TT, ㅠㅠ 등과 같이 눈을 표현하는 이모티콘이 주를 이루게 된다. 이렇게 눈으로 감정을 먼저 파악하기 때문에 실제적으로 헬로키티 같은 캐릭터가 일본 및 동양권에서 성공을 하게 되었다.

반면 서양인은 눈으로 상대를 알기보다는 주로 입을 통해서 상대를 파악한다. 그래서 같이 웃는 표현의 이모티콘도 한국에서는 ^^와 같은 눈의 표현이지만 서양에서는 :)와 같은 입을 중심으로 표현을 한다. 이러한 이유로 일본의 유명한 캐릭터 인 Kitty(키티)는 미국 등의 서양에서는 성공하지 못한 캐릭터이다. 또한 고객만족도를 측정할 때 서양에서 개발된 그림형태의 측정법은 입모양의 변화 정도에 따라 고객만족 단계를 구분하고 있다. 그러나 동양과 서양은 상대에 대한 상태파악이 상이하기 때문에 결과값이 차이가 날 수도 있으므로 조심해서 사용해야 한다.

그림 9-4 고객만족도 얼굴 등간척도법

이렇게 동양은 눈 중심, 서양은 입중심이기 때문에 서양 사람들은 입을 가리게 되면 상대방의 감정을 알아차릴 수 없어서 극도로 불안하게 된다. 그래서 서구권에서는 COVID-19 상황에서도 마스크 착용에 대한 거부감이 매우 심한 이유이다. 반면 우리나라에서는 눈을 가리면 상대방의 감정을 알아차릴 수 없어 색안경, 즉 썬글러스 착용을 좋지 못한 시각을 갖게 된 것도 이러한 연유이다.

우리가 주로 사용하는 OK 사인의 손가락으로 보이는 제스처도 조심해야 한다. 대부분의 나라에서 이 제스처는 승인이나 긍정의 의미를 뜻하며, 한국과 일본의 경우 돈이라는 의미도 추가된다. 그러나 프랑스 남부에서는 아무것도 없음, 가치가 없음을 의미하고, 터키나 중동, 아프리카, 러시아 등에서는 동성애 등 외설적인 표현을 의미한다.

엄지를 추켜세우는 행동도 조심해야 한다. 모두가 알고 있듯이 엄지를 세우는 행동은 최고를 의미한다. 그러나 최근 SNS상의 최고, 추천의 글로벌화로 약간은 희석되었지만 중동지역의 경우 이를 음란한 행위로 이해하기 때문에 사용하지 않도록 주의해야 한다. 또한, 러시아에서는 '나는 동성애자입니다'라는 의미를 지니고 있으며, 오스트레일리아에서는 거절, 무례함을 표현하는 제스처로 사용되기도 한다.

호감을 표현하는 윙크가 인도에서는 모욕적인 행동으로 받아들여질 수 있어 주의해야 한다. 그뿐만 아니라 호주와 대만에서도 함부로 윙크하지 않도록 하며, 과테말라 등 일부 라틴국가에서는 죽음을 의미하므로 주의하는 것이 바람직하다.

4) 숫자 차이

숫자에서 각 나라별로 행운과 불운을 뜻하는 숫자들이 있다. 우리나라에서 행운의 숫자는 일반적으로 3과 7이다. 숫자 3은 환인·환웅·단군, 해·달·별, 상·중·하 등 우주만물의 근원이라는 주역의 천지인(天地人)과 연관된 의미가 있다.

우리나라의 옛 이야기에서 일반적으로 아들 3형제, 셋째 딸, 삼시 세끼, 삼세판 등 숫자 3을 중요시하고 있는 것을 알 수 있다. 숫자 7은 서양 문화 영향을 받아 행운의 숫자로 여겨지지만 옛날부터 선호하는 숫자였다. 예컨대, 견우와 직녀가 만나는 날인 칠월 칠석, 모든 진귀한 보석을 뜻하는 칠진만보(七珍萬寶) 등으로 7은 선호하는 숫자였다. 이렇듯 우리나라에서 3과 7을 행운의 숫자로 여긴 것을 알 수 있다. 이와 같이 숫자를 통해서 제품의 개수나 번호를 이용한 다양한 경영활동을 할 수 있기에 문화권이나 각 지역별 숫자에 대한 이해도 필요하다.

2016년에 홍콩에서 경매시장에서 숫자 28이 포함된 자동차번호판이 사상 최고가인 230만 달러(약 28억 원)에 낙찰되었다. 그냥 번호판에 불과한 이 물건이 고가로 낙찰된 이유는 숫자 2는 쉽다는 뜻의 이(易)와 중국 행운의 숫자 8이 합쳐져 돈을 쉽게 벌 수 있다는 것을 연상시키기 때문이다.

중국은 숫자 8과 9를 행운의 숫자라 여긴다. 8을 좋아하는 이유는 돈을 벌다의 파(發, fa)와 발음이 비슷하고, 무한대(∞)의 의미도 있기 때문이다. 베이징 올림픽 개막을 2008년 8월 8일 8시로 정할 만큼 숫자 8을 매우 좋아한다. 또한 황제만 사용했다는 숫자 9는 최고 높은 숫자로 그 발음이 영원을 의미하는 발음과 같아서 행운이라고 여겼다.

미국뿐 아니라 서양에서 행운의 숫자로 불리는 7은 기독교의 영향 때문이다. 성경에 천지창조 후 7일에 쉬었다는 말에서 비롯되었으며 7은 완전함을 뜻한다. 불행의 숫자로 여기는 13은 예수가 십자가에 매달려 죽은 날이 13일의 금요일이었기 때문이라는 설과 최후의 만찬 참석자가 13명이었다는 설도 있다. 또 짐승이나 사탄을 의미하는 6이라는 숫자도 불행의 숫자로 여긴다.

이탈리아에서는 우리나라의 스포츠 토토와 같은 토토칼쵸에서 1등은 13경기를 모두 맞춰야 해서 13을 행운의 번호로 여긴다. 반면 이탈리아에서 불행의 숫자는 17이다. 이 숫자를 로마식으로 나타내면 XVII이 되는데, 이 조합으로 만든 라틴어 VIXI라는 단어는 '삶을 다하다, 즉 나의 인생은 끝났다'는 의미로 묘비에 쓰이기 때문이다. 또한, 이탈리아는 다른 서구문화와 다르게 17일의 금요일이 불행이 찾아오는 날로 여기고 있다

베트남에서는 9를 행운의 수로 여긴다. 또한 베트남에서 유명한 333 맥주는 숫자를 다 더하면 9가 되기 때문에 행복을 부르는 맥주라 불리기도 한다. 반면 불행의 숫자 3은 하나의 불

로 3명이 담배에 불을 붙이자 그중 한 사람이 불행하게 되었다는 미신으로부터 불행의 숫자가 되었다. 숫자 13 또한 불행을 의미하는 숫자로 고층 건물에는 13층이 없이 12층 다음을 14층으로 하거나 12A로 만들기도 한다.

태국어로 까오나는 발전하다, 나아간다는 뜻으로 비슷한 발음의 숫자 9(까오)는 태국에서 행운, 발전을 의미한다. 그래서 결혼식을 할 때 9명의 승려가 함께하여 신랑, 신부를 축복해주는 의식도 있다. 반면 숫자 6은 불행으로 여긴다. 6은 태국어로 혹이라 불리는데 태국어 중 혹 롬이라는 단어의 의미가 넘어지다, 넘어진다는 뜻을 가지고 있어 발음이 비슷한 숫자 6은 실패, 불행을 의미하게 되었다.

5) 미적 감각과 색상의 차이

일반적으로 미적 감각이란 무엇이 아름답고 무엇이 좋은 향과 맛을 갖는가에 대해 인지하는 종합적인 감각을 의미한다. 글로벌경영자들은 그들의 비즈니스에 있어 이러한 문화권마다 차이나는 미적 감각과 색상을 잘 파악해야 할 것이다. 특히 이러한 미적 감각은 회사의 상호와 상표, 제품, 레이블, 포장 등 모든 분야에서 많은 영향을 미치기 때문이다. 이러한 미적 감각과 색을 통한 미적 감각에 대한 국가별 성향을 반영하려는 의지는 글로벌 시장에서 고객과의 관계를 구축하고 긍정적인 이미지를 형성하는데 도움을 줄 수 있다.

음악도 문화의 미적 감각을 표현하는 수단이다. 리듬과 운율은 지역에 상관없이 공통적인 음악요소이지만 지역과 국가의 특징적인 음악과는 상당한 차이가 있다. 물론 최근 K-pop이 일반적으로 전 세계인들이 선호하는 경향이 있지만 지역에서의 선호차이를 무시하지는 못한다. 예컨대, 랩과 힙합은 미국, 레게는 자메이카, 보사노바는 아르헨티나, 삼바는 브라질, 살사는 쿠바와 관련이 된다. 그러므로 이러한 음악을 바탕으로 광고 혹은 매장분위기에 글로벌경영자는 신경을 써야 할 것이다.

같은 색이라도 지역마다 나라마다 선호하는 색상과 기피하는 색상이 차이가 있다. 모든 문화권에 일관된 의미를 가진 색상은 별로 없지만 파란색은 가장 안전한 색상으로 여겨진다. 그 이유는 파란색은 대다수 국가에서 긍정적이거나 최소한 중립적 의미를 갖기 때문이다.

핑크색은 귀엽다는 이유로 아시아에서 특히 젊은 여성들에게 인기있는 색이다. 하지만 유럽과 미국에서는 핑크색이 가장 싫어하는 색 중의 하나로 꼽힌다. 왜냐하면 서양인들은 핑크색을 보면 나약하면서 경박하다는 느낌을 받기 때문이다.

이처럼 나라마다 문화의 차이에 따라 색에 대한 기준도 달라진다. 프랑스 텔레컴의 모바일과 인터넷 브랜드인 오렌지(orange)는 1990년대에 "밝은 미래-미래의 오렌지(The Future's Bright-the Future's Orange)"라고 하는 슬로건을 이용하여 브랜드 커뮤니케이션을 하여 성공을 하게 되었다. 그러나 이 기업은 북아일랜드 시장에 진출하면서 이 슬로건을 변경해야 했는데 오렌지색이 북아일랜드지역 사람들에게 신교도 집단으로 잘 알려진 오렌지당을 강력하게 연상시키기 때문이었다.

러시아에서는 빨간색, 흰색 그리고 파란색을 선호한다. 러시아어로 빨갛다가 아름답다와 함께 사용되는 등 타 색에 비해 긍정적 의미까지 함축되어 있고, 흰색은 자유와 러시아 황실을 의미하고 파란색은 충성과 고귀한 태생을 상징한다. 반대로 주황색과 노란색은 좋아하지 않는다. 주황색은 우크라이나 혁명의 색으로 오렌지 혁명(Orange Revolution)을 의미하기 때문이다. 한편 노란색을 사용하는 노란집은 정신병원을 가리키고 노란색은 광기, 거짓 등의 부정적인 의미가 있다고 한다.

멕시코에서는 빨간색을 불과 피로 생각하여 부정적인 색채로써 인지하고 있다. 하얀색과 짙은 녹색을 선호하는데 이는 보수적이고 점잖은 색을 의미한다. 하얀색과 녹색은 멕시코인들에게 희망과 평화를 담고 있다고 한다.

중국 사람들이 현재 제일 좋아하는 색은 빨간색이고, 두 번째로 좋아하는 색은 노란색이다. 그 이유는 고대 왕권시대에는 세상의 중심은 왕이었고, 노란색은 왕을 상징하는 색이었기 때문에 아무나 쓸 수가 없었다. 왕족과 왕실, 또는 사찰에서만 쓰였기 때문에 일반 백성은 엄두도 못냈다. 중국 사람들은 청색을 싫어한다. 청색포장 또는 청색 상징에 대해서 불쾌감을 준다고 한다. 하얀색은 상색(喪色)으로 터부시하고, 청색과 흑색은 먼 친척의 상색으로 인식하며 불행의 뜻이 담겨있다고 믿는다.

일본의 국기는 태양의 제국을 표현하고 있다. 일조량도 많고 그 덕택에 농업이 잘되기 때문이다. 세계 각국의 국기 중 빨간색의 비중이 큰 나라들이 대부분 농업의 비중이 큰 나라들이 많다. 그리고 태양을 주신으로 숭배하기도 한다. 일본도 여기에 해당한다고 볼 수 있다.

바다를 주 무대로 세력을 넓혀 온 해양국가 중에 파란색을 상징 색으로 삼은 나라가 많다. 사방이 바다인 섬나라 일본의 환경적 특성상 파란색이 친근할 수밖에 없다. 특히 일본 축구대표팀의 유니폼 색상이 파란색이다. 그리고 우리나라의 영향으로 하얀색도 좋아하고, 화산지질의 영향으로 검은색도 많이 쓰이고 있다.

동남아시아 국가 중에는 중국의 영향을 받은 나라들이 많아서 중국과 비슷한 색채 선호도를 나타낸다. 태국의 경우, 왕의 색은 노란색으로 왕의 생일을 기준으로 무려 8개월 동안이나 즐겨 입고, 나머지 4개월은 왕비의 상징인 청색을 즐겨 입는다. 태국에서는 왕과 왕비의 생일을 잘 따져서 색채마케팅을 하면 효과적이다. 말레이시아의 경우, 노란색은 군주의 색이라 일반 국민은 물론 현지 거주 중국인들도 회피하고 있다. 같은 동남아시아라도 불교 문화권과 이슬람 문화권은 다른 색채 기호를 갖는다. 불교문화권인 태국, 미얀마, 캄보디아, 라오스 등은 노란색을 선호하지만, 이슬람문화권인 말레이시아, 인도네시아 등과 서아시아 대부분의 나라는 이슬람 색인 녹색을 선호한다. 녹색이 이슬람의 색이 된 것은 이슬람 경전에 녹색 옷을 입도록 한 부분이 있으며, 또한 척박한 사막지역에서의 유일한 생존 및 안식처 역할을 하는 오아시스가 녹색지대로 이루어져 있는 것도 이러한 기호를 만든 것으로 생각된다.

따라서 문화권에 따라 색에 대한 감정이 달라진다. 쉽게 받아들일 수 있는 색과 그렇지 않은 색이 있으므로 글로벌 비즈니스를 할 경우 특별한 주의가 필요할 것이다. 왜냐하면 색상은 종종 패키지, 로고 혹은 광고에서 사용되기 때문이다. 그러므로 색상은 반드시 해당지역에 적절한지 확인해야 한다.

6) 음식에 대한 선호 차이 I

우리 한국인들은 김치와 밥이 모든 음식의 기본이다. 우리는 밥 대신 빵으로 끼니를 때웠다는 말을 자주하는데 이런 것은 결국 빵은 주식이 아니라 사이드 메뉴라고 판단하기 때문이다. 동양권에서는 쌀로 만든 밥은 주식이고 밀로 만든 것은(심지어 국수나 면) 간편식 혹은 간식으로 일반적으로 여긴다. 한국의 베이커리 비즈니스가 서구권에서 크게 성공하지 않은 이유는 간식습관에 기초하여 달고 칼로리가 높은 빵에 집중되어 있을 뿐 아니라 떡과 밥처럼 한국인의 식성에 맞춘 질고 눅눅한 빵이 많기 때문이다. 실제 서양에서는 호밀빵이나 바게트 그리고 크루아상 등의 식사용 빵은 한국의 베이커리에서 매출이 집중되지 않는다.

이에 비해 서양에서는 리조토와 빠에야와 같은 쌀로 만든 음식이 있지만 전반적으로 쌀은 주식이라고 보기보다는 우리가 밀가루로 만든 빵을 간식을 먹는 것처럼 후식 혹은 간식으로 여기는 경우가 많다.

그러나 이런 식습관이 서양이라고 해서 모두 같은 것은 아니다. 미국은 실제적으로 음식에 대한 고정관념이 별로 없다. 모든 음식을 가격, 맛, 실용성을 위주로 파악하는데 만일 빵안에 치즈, 소시지, 콘 등이 모두 들어있거나 안에 달콤한 케익이 있다면 한끼의 식사를 충분히 해결할 수 있는 실용적인 빵으로 지각하기 때문에 상대적으로 유럽지역보다는 진출이 쉬울 것이다. 이처럼 실용성을 매우 중요시하는 미국인들은 음식이 저렴하고 편리하게 먹을 수 있는 것을 원한다. 이러한 편리성 위주는 여러 가지 혁신을 야기했는데 걸으면서 식사를 할 수 있는 소위 스트리트 푸드와 자동차를 탄 채로 주문 및 결제를 하고 수령하여 차로 이동하면서 식사를 해결할 수 있는 드라이브 스루가 그것이다.

초기에 미국 개척시대에 처음 신대륙에 도착한 유럽인들은 당연히 신대륙과 이의 환경에 맞추어 식습관도 바뀌어야 생존할 수 있었을 것이다. 미국으로 이주한 사람들은 칠면조, 버팔로, 토마토와 옥수수 같은 원주민들의 농산품을, 호주에 정착한 사람들은 단백질 보충을 위해

캥거루고기나 악어고기를 섭취했어야 했었고 이러한 식재료를 새로운 조리방법으로 만들어서 이전에 먹어보지 않았던 새로운 음식을 먹어야 했을 것이다. 이러한 과정이 결국 신대륙 사람들은 실험적인 식품뿐 아니라 다양한 혁신에 대한 거부감이 상대적으로 적을 수 있게 되었을 것이다.

독일인들은 사우어크라우트(sauerkraut)라고 불리는 양배추로 담근 백김치 형태의 음식을 즐겨 먹는데 냄새가 너무 지독해서 인근 국가 사람들이 독일인을 비하할 때 크라우트(kraut)라고 한다.

스루스트뢰밍이란 스웨덴의 통조림 식품으로, 꽤 오랜 전통을 가지고 있는 요리이자 그와 동시에 세계 최악의 악취 음식이라고 알려진 요리이다. 스웨덴어로 시큼하다를 뜻하는 수르(Sur)와 북유럽 지역에서 청어를 칭하는 표현인 스트뢰밍(Strömming)의 합성어이다. 정확히는 발트해 연안에 사는 더 작은 아종을 가리키는 말이다. 일반적인 대서양 청어는 실(Sill, Sild)이라고 부르며 보통 식초절임으로 먹는다. 직역하면 시큼한 청어 요리이다.

세계의 음식 문화는 해당 지역의 자연환경과 종교에 따라 다르게 나타난다. 이슬람의 경우에는 할랄과 하람(Halal and Haram)이라는 것이 있다. 이슬람은 기본적으로 돼지 고기를 먹지 않는다. 이유는 이슬람교의 경전인 『코란』에서 돼지고기를 먹는 것을 금지하고 있기 때문이다.

"죽은 고기와 피와 돼지고기를 먹지 말라. 또한 하나님의 이름으로 도살되지 아니한 고기도 먹지 말라. 그러나 고의가 아니고 어쩔 수 없이 먹을 경우는 죄악이 아니라 했거늘 하나님은 진실로 관용과 자비로 충만하심이라."(코란 2:173)

무슬림에게 종교란 생활의 일부가 아니라 생활 그 자체이기 때문에 코란을 일상의 계율로 삼는 무슬림은 꼭 지킨다. 코란에서 돼지고기를 못 먹게 한 이유에 대해서는 학자들마다 조금씩 다르며 몇 가지의 주장이 존재한다.

먼저 불결하기 때문이다라는 주장이다. 의학자들은 돼지에 있는 기생충이 인간의 몸에 해롭기 때문이라고 하고, 일부 학자들은 돼지의 습성이 불결하고 더러워 잘 씻지 않는데 이것이 몸가짐이 엄격한 이슬람 사회와 맞지 않기 때문이라고 한다.

두 번째 주장으로는 식품안정성의 이유다. 무더운 사막 기후에 돼지고기가 쉽게 상하여 식중독에 걸릴 위험성이 크고 소나 양은 고기 외에도 우유, 버터, 양모 등의 부산물을 제공해 주지만 돼지는 노동을 돕지도 않고 고기를 제공하는 것 외에는 특별한 이용 가치가 없기 때문이라고도 한다.

세 번째 주장으로는 인간과의 경쟁에서 도태되었다는 설이다.

돼지는 잡식성 동물로 곡물을 주로 먹는다. 돼지에게 풀이나 짚, 나뭇잎처럼 섬유소가 많은 것을 제공한다면 제대로 소화시키지 못할 뿐만 아니라 잘 성장하지 못한다. 밀이나 옥수수, 감자, 콩 등의 곡물을 먹이면 돼지는 가장 효과적으로 성장하지만 결국 인간과 먹을 것에서 경쟁 관계에 놓일 수밖에 없다.

네 번째 주장으로는 지역적 부적합으로 인한 회피설이다. 돼지는 습한 기후에 사는 동물이기 때문에 건조한 중동 지역에는 적합하지 않다. 중동 지역에서 돼지를 기르기 위해서는 시원한 그늘을 만들어 주고, 몸을 식힐 수 있도록 물을 준비해 주어야 한다. 그러나 유목 생활을 하던 무슬림들은 먼 거리를 이동해야 하므로 돼지를 무더위로부터 보호하기가 어렵고, 물이 넉넉하지 않아 돼지를 기르기가 어려웠을 것이다. 그러므로 돼지를 사육하기에는 중동 지역의 환경이 적합하지 않았기 때문에 자연스럽게 돼지고기를 기피하는 전통이 생겨났을 것이라는 주장이다. 고고학자들이 발굴한 신석기 시대 중동 지역 마을들의 유적에서는 놀랍게도 돼지 뼈가 대량으로 발굴되었다고 한다. 이러한 사실로 미루어 보아 중동 지역에서도 오래 전에는 돼지를 길렀지만, 어느 시점부터 돼지 사육이 줄어들었다는 것을 유추할 수 있다. 즉, 중동 지역에서 돼지 사육이 쇠퇴한 이유로 삼림의 황폐화와 인구의 증가가 원인이라는 것이다. 신석기 초기만 해도 돼지에게 그늘과 웅덩이뿐 아니라 도토리, 밤, 기타 여러 가지 먹을거리를 제공하는 숲이 존재했지만 인구가 증가하여 농지면적이 증가하고 숲을 베어내자 돼지에게 알맞은 생태적 서식지가 파괴되었고, 결국 돼지고기를 먹지 못하게 하는 문화를 낳았다고 보는 견해이다.

그러나 모든 이슬람 사회가 돼지고기를 금하는 것은 아니다. 코란은 굶주렸거나 불가항력적인 경우를 인정하여 아무 고기든 먹을 수 있게 하고 있다. 중앙아시아 국가들은 전 국민의 80퍼센트 이상이 이슬람교도인 이슬람 국가이지만 이곳에서는 돼지고기를 즐겨 먹는다. 이들은 민족의 문화나 자연조건에 따라서 금기가 달라지는 것이 이슬람의 정체성을 약화시키는 것이라고는 생각하지 않는다고 한다.

한편 이슬람권에서는 율법에 따라 허용되는 음식과 금지되는 음식이 엄격하게 구분되어 있다. 그러므로 이러한 내용을 잘 알아야만 국제비즈니스를 수행하는데 애로점이 없을 것이다.

아랍어로 할랄(halal)은 허용할 수 있는 이라는 뜻을 가지고 있다. 할랄은 과일·야채·곡류 등 모든 식물성 음식과 어류·어패류 등의 모든 해산물과 같이 이슬람 율법 하에 무슬림이 먹고 쓸 수 있도록 허용된 제품을 의미하는 용어. 이와 반대로 허용되지 않는 음식은 하람(haram)이라고 한다. 좁은 의미에서 할랄은 허용된 음식을 가리키지만, 넓은 의미에서는 음식뿐만 아니라 금융, 화장품 등 허용할 수 있는 모든 것을 뜻한다. 하람 또한 넓은 의미에서 이슬람 율법상 금지된 모든 것을 말한다.

앞서 본바와 같이 하람으로 규정된 대표적 음식은 돼지고기이다. 또한 동물의 피와 그 피로 만든 식품도 하람이다. '알라의 이름으로'라고 기도문을 외우지 않고 도축한 고기도 금기 음식이다. 이밖에도 도축하지 않고 죽은 동물의 고기, 썩은 고기, 육식하는 야생 동물의 고기 등도 먹을 수 없다. 메뚜기를 제외한 모든 곤충도 먹지 못한다.

그림 9-5 각국의 할랄 인증 마크

육류 중에서는 이슬람식 알라의 이름으로 도축된 염소고기, 닭고기, 소고기 등이 할랄에 해당한다. 무슬림은 동물이 신의 창조물이고 영혼을 갖고 있다고 생각하기 때문에 모든 도축 행위는 알라의 이름으로 이루어져야 한다. 게다가 정결한 것과 부정한 것, 먹을 수 있는 것과 먹을 수 없는 것이 엄격하게 규율로 정해져 있기 때문에 식용을 위한 도축 행위는 그런 규율을 따라야 한다. 한편, 모든 해산물은 할랄 음식이다. 다만 무슬림들은 오랜 유목 생활로 바다 음식이 문화적으로 친숙하지 않고, 해산물의 경우 쉽게 상해서 탈이 날 우려가 있기 때문에 비늘 없는 생선, 연체동물, 갑각류는 거의 먹지 않는다.

할랄 산업은 식음료 분야뿐만 아니라 전 산업 분야로 확산되고 있다. 할랄 산업 인증을 받기 위해서는 화학 비료나 유지방을 사용했는지가 중요하고, 금융 분야의 경우 자금의 출처가 중요하다. 그렇기 때문에 마약, 술, 돼지고기 가공 등으로 번 돈은 사용이 금지된다. 깨끗하고 안전한 음식이라는 인식 때문에 무슬림이 아닌 일반인들까지 할랄 식품을 찾게 되면서, 세계 식품 시장의 약 16%를 할랄 식품이 차지하고 있다.

말레이시아, 인도네시아와 같은 이슬람국가에서는 식품의 경우, 할랄 인증을 받은 것만 수입하고 판매하도록 법을 만드는 등 할랄 인증 제도가 점차 강화되고 있다. 할랄 인증 제도는 각 나라별로 종류가 모두 다르고, 나라마다 먹는 식품들이 모두 다르기 때문에 인증을 받는 방법과 소비시장 동향 또한 모두 상이하다. 말레이시아의 경우, 모든 해산물은 할랄이지만 독성이 있거나, 취하게 만들거나, 건강을 해치는 동물은 할랄에서 제외된다. 이외에도 악어, 거북이, 개구리와 같은 양서류 또한 할랄에서 제외된다. 할랄 인증 절차는 다음과 같다.

그림 9-6 할랄 인증단계

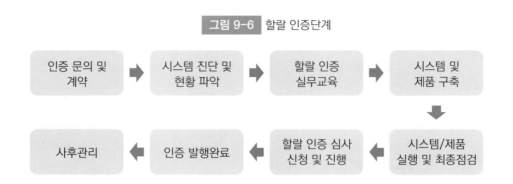

한편 유대인 역시 코셔(Kosher)제도에 근거한 제품만 구매를 한다. 즉, 유대교인들은 정통 유대교 의식에 따라 도살된 동물의 육류만을 섭취할 수 있다. 여기에 더해 우유나 포도주, 심지어 포도주스도 유대교인의 감독(주로 랍비)하에 생산/제조된 것이 아니면 금기시되며, 심지어 이스라엘에서 생산된 식품이라도 십일조를 내지 않는 기업이나 농장 등에서 생산된 것이라면 거부하는 극단적인 경우까지 있다. 조리 기구도 코셔 인증을 받지 않았다면 사용하지 않을 정도이며, 유대교의 전통 음식이라도 코셔 방식으로 조리하지 않으면 코셔 푸드가 아니라고 한다. 예컨대, 유대교인들의 주식인 베이글을 코셔 방식으로 조리하지 않으면 코셔 푸드가 아니다. 코셔 푸드 방식으로 조리하면 대부분의 제품이 코셔 푸드로 인정된다.

그림 9-7 다양한 코셔푸드마크와 적용 예

미국에 부는 냉동김밥 열풍… "매장 진열 1~2시간만에 매진"

지난 18일(현지시간) 미국 버지니아주 폴스처치 리스버그 파이크 거리에 있는 한 대형마트 매장. 이곳에는 한국 냉동김밥을 파는 진열대에 가격표 대신 안내판이 붙었다. 김밥은 이미 한 줄도 남아 있지 않았다. '알림'(Attention)이라는 제목의 안내판에는 "높은 수요와 제한된 재고로 인해 김밥은 고객당 2개로 제한된다"고 적혀 있었다.

한국에서 온 냉동김밥이 미국 현지에서 불티나게 팔리고 있다. 한 줄에 3달러 99센트, 세금까지 합치면 한 줄에 4달러(약 5200원)가 조금 넘는 김밥이 없어서 못 파는 상황이다.

이날 매장에서 한국 식품을 정리하던 직원 카렌은 김밥을 구할 수 있느냐는 질문에 "오늘 아침에 들어왔는데 금방 다 나갔다"면서 "아침 일찍 오거나 저녁 8시쯤 와서 운이 좋으면 살 수 있다"고 말했다. '김밥이 얼마나 인기가 있느냐'는 질문에 카렌은 "재고를 유지하기가 힘들어 밤마다 물건을 받고 있다"고 말했다. 카렌은 "한동안 김밥이 들어오지 않다가 지난 10월 다시 김밥이 들어왔을 때 직원들이 다 같이 김밥을 먹어봤다"면서 "얼마나 맛있길래 이렇게들 사갈까 했는데 다들 고개를 끄덕거렸다"며 웃었다.

김밥에 대해 더 묻자 카렌은 매장에서 15년간 일했다는 매니저 알렉산더를 불렀다. 알렉산더는 "미국 560곳 모든 매장에 하루 두 박스만 김밥이 들어가고 한두 시간 안에 매진된다. 재고가 없어서 못 팔고 있다"고 했다. 그는 "김밥을 납품하는 트럭이 오는 저녁 8시쯤 김밥 진열대에 매일 4~5명이 줄을 선다"고 말했다. 김밥을 사는 사람이 주로 한국인이냐는 질문에 "한국인이든 일본인이든 미국인이든 모두가 좋아한다"고 답했다.

같은 날 페어팩스 메인스트리트에 있는 또 다른 매장에서도 김밥은 구할 수 없었다. 이 매장에는 두꺼운 펜으로 '김밥은 손님당 1개로 제한(우리는 모두가 맛보길 원한다)'이라고 적어뒀다. 김밥 진열대는 텅 비었고, 중국식 쿵파오 치킨과 브로콜리 비프는 가득 차 있었다.

한국식 불고기를 살펴보던 여성 고객 앤디는 "한국 음식을 종종 사 먹는다"고 했다. 김밥도 맛보았느냐고 묻자 "나쁘지 않았다"면서 "스시(초밥)를 별로 좋아하지 않아 기대하지 않았는데 맛있었다"고 했다.

이달 중순 찾아간 경북 구미 '올곧' 공장에서는 미국에서 냉동김밥 열풍을 일으킨 '바바김밥'이 끊임없이 만들어지고 있었다. 김밥이 만들어지는 공장 안에는 100여 명이 쉴 새 없이 움직이고 있었다. 이렇게 매일 4만 개에 가까운 김밥이 만들어지고 있지만, 전 세계에서 밀려드는 주문량을 맞추기에는 턱없이 부족한 상황이다.

올곧은 말 그대로 눈코 뜰 새 없이 바쁜 상태다. 지난 8월 미국 내 SNS(사회관계망서비스)에서 '김밥 먹방'이 소개된 뒤 챌린지까지 등장하며 연일 화제를 끌고 있다.

올곧을 이끌고 있는 이호진 대표는 "잘될 거라는 확신은 있었지만, 이렇게 빨리 반응이 올 줄은 몰랐다"며 "급속냉동 기술을 통해 신선함과 맛을 살린 데다 미국 내에서 판매되는 김밥 가격의 절반 수준이어서 경쟁력이 있다"고 말했다.

한국 김밥이 미국에서 열풍을 일으키고 있다. 마트마다 김밥을 사기 위해 줄을 서고, SNS를 통해 재고 정보가 실시간으로 공유될 정도다. 이 같은 인기는 김밥을 넘어 'K푸드' 전반에 긍정적 영향을 미치고 있다는 평가다. 미국 내 '김밥 열풍'에는 올곧이 있다. 올곧은 '바바김밥'을 앞세워 미국에 진출한 지 4개월여 만에 '초대박'을 터뜨렸다. 우연히 찾아온 행운으로 보이지만 철저한 준비와 현지화 전략이 이뤄진 결과였다.

이호진 대표가 냉동김밥 사업에 뛰어든 것은 '불편함'에서 시작됐다. 건설사업을 하던 그는 늘 바쁜 일정 때문에 김밥을 먹는 일이 많았다. 그는 "김밥을 좋아하기도 했는데, 야근 등 먹다 남은 김밥을 어떻게 하면 오래 보관할 수 있을까 고민하다가 냉동김밥을 생각하게 됐다"고 말했다.

이 대표는 2020년부터 6명의 직원과 냉동기술을 적용한 김밥을 표준화하기 위한 작업에 착수했다. 재료들의 익힘 정도를 달리하고 언제, 어떻게 먹어야 냉동김밥의 맛과 식감이 뛰어난지를 조사했다. 수출을 위해 맛살, 햄 등 '금지 재료'를 제외한 뒤 김밥을 만들고, 최종적으로 현지인의 입맛을 반영해 '바바김밥'을 완성시켰다. 이 대표는 "냉동김밥을 전자레인지에 돌린 후 10분 정도 지나서 먹을 때가 최상의 맛을 낸다"고 설명했다.

이렇게 미국에 첫선을 보인 바바김밥은 SNS에 입소문을 타고 날개 돋친 듯 팔리고 있다. 주문량을 맞추기 위해 올곧은 내년까지 20개 이상 생산라인을 증설한다는 계획이다. 하루에 80만개씩 만들어 낼 수 있는 수준이다.

올곧은 이 같은 '성공'을 지역 사회와 공유하기 위해 노력하고 있다. 일자리 창출은 물론 김밥에 들어가는 재료의 상당 부분을 지역 내에서 공급하고 있다.

냉동김밥 사업이 돈이 되자 대기업까지 진출을 앞두고 있다. 그만큼 경쟁이 치열해지는 셈이다. 하지만 이 같은 경쟁도 이 대표는 '오히려 좋은' 상황으로 분석하고 있다. 그는 "대기업이 들어온다는 것은 사업성이 있다는 반증"이라며 "김밥 제조 설비를 준비하는 데 최소 8개월가량 걸리기 때문에 그 사이 우리 점유율과 인지도를 올릴 수 있다"고 말했다. 미국 내 인기를 바탕으로 유럽 등에 진출을 앞두고 있는 올곧은 내년 1800억 원 매출을 예상하고 있다.

◆ 'K푸드' 약진… 새 수출 동력으로 뜬다

우리나라는 올해 수출 부진에 시달렸지만 농식품 분야에서는 플러스 성장을 기록했다. 올해 11월까지 농식품 수출은 83억 9000만 달러로 전년(81억 3000만 달러) 대비 3.2% 증가했다. 특히 'K푸드+(플러스)'의 수출 실적이 두드러졌다. K푸드+란 농식품과 함께 스마트팜, 농기재, 동물용의약품, 펫

푸드 등 농식품 관련 전후방 산업을 모두 합한 것을 의미한다. 농식품부는 올해 1월 'K푸드+ 수출 확대 추진본부'와 수출정보데스크를 마련해 기업과 소통하고, 지속적인 현장방문과 간담회를 통해 수출 애로사항을 발굴하고 있다.

수출 실적을 품목별로 보면 라면 수출이 8억 7610만 달러로 작년 동기보다 25.9% 증가했다. 품목 중에서 증가율이 가장 높았다. 과자류는 6억 850만 달러로 6.6% 늘었고, 음료는 5억 3040만 달러로 11.1%, 쌀가공식품은 1억 9750만 달러로 20.7% 증가했다. 또 신선식품 중에서 딸기는 5610만 달러로 22.2% 늘었고, 김치는 1억 4240만 달러로 9.9% 증가했다. 배는 6420만 달러로 5.5% 증가했다.

시장별로 보면 중국으로의 수출이 12억 8810만 달러로 11.1% 증가했으며, 미국으로의 수출도 12억 250만 달러로 8.5% 늘었다. 전후방산업은 26억 3890만 달러로 1.1% 증가했다. 면세점 판매는 1억 2120만 달러로 106.1% 증가했다.

권재한 농식품부 농업혁신정책실장은 "어려운 여건에서도 해외 진출을 도전하는 농식품 기업들이 어려움을 겪지 않도록 수출 애로사항을 발굴해 해소하는 데 최선을 다하고 있다"고 밝혔다.

〈자료원〉 세계일보, 2023.12.28.

7) 음식에 대한 선호차이 II

음식에 대한 선호는 세계의 정치, 경제 그리고 비즈니스 판도를 많이 바꾸어 놓았다. 음식에 넣게 되는 향신료가 대표적인데 이러한 향신료는 제국주의의 발전, 중상주의 그리고 국제 비즈니스의 판도를 많이 바꾸었기 때문에 여기에 대한 이해가 필요하다.

향신료(香辛料)의 한자는 향(香)이 나고 매운(辛) 것이다. 영어의 스파이스(spice)는 라틴어로 토산품이란 말에서 나왔다. 정확하게는 남의 나라 토산품이란 뜻이다. 원래 없던 물건이었다. 지금 스파이시(spicy), 스파이시 소스(spicy sauce) 등은 매운맛을 뜻한다. 영어로는 가끔 핫(hot)으로 대체되기도 한다. 그런데 향신료가 많이 나는 지역도 열대, 매운 음식을 찾는 지역도, 계절도 핫(hot)한 곳이 많으니 적절한 뜻이기도 하다.

향신료 원산지로는 보통 인도 남부를 말했었다. 코치, 캘리컷, 코친, 트리반드룸 등 인도 남서부 케랄라 지역은 습하고 더운 날씨 때문에 예전부터 다양한 향신료를 요리에 써왔다. 이 맛과 향 때문에 수많은 침략과 수탈을 당했다. 향신료를 찾아온 유럽인이 인도 남서부 지역과 이은 항로와 육로가 소위 스파이스 로드다. 외진 땅에 처음엔 유대인이 들어와 유럽에 향신료를 팔았고 다음으로 이 상권을 노린 이슬람 상인들이 들어왔다. 이후 포르투갈 등 서양 열강이 직접 인도를 찾으러 다녔다.

유럽인들이 향신료를 본격적으로 사용하기 시작한 것은 로마가 이집트를 정복한 후부터라고 알려지고 있다. 그 당시에는 향신료는 매우 귀중했었고 인도의 후추와 계피가 매우 중요하였다. 중세에 와서는 이슬람교가 팽창한 후부터 유럽이 원하는 향신료는 대부분 아랍상인의 손을 경유하지 않으면 구할 수 없게 될 정도로 귀중한 것으로 여겨졌다. 유럽인이 무리를 해서라도 향신료를 획득한 이유는 유럽에서는 조미료가 발달하지 않아 음식의 맛과 향이 좋은 편이 아니였다. 또한 유럽이 향신료를 찾아서 항해를 계속할 당시 유럽의 의학은 그다지 발달하지 않아 모든 병이 썩은 냄새에 의해 발생한다고 여겼다. 이 냄새를 없애기 위해 향신료를 위주로한 약들을 사용해야 한다고 믿었고 실제로 그 당시 많이 사용한 로즈메리는 살균, 소독, 방충작용이 뛰어난 것으로 알려져 있다.

이렇게 비싸고 귀한 향신료를 얻기 위해 이슬람 문명과 부딪혀서 실패하자 유럽인들은 대항해시대로 바닷길을 개척하면서 제국주의가 시작이 되었다고 한다.

그때 보석보다 비싸게 거래되던 향신료는 신대륙에서 고추, 바닐라, 올스파이스와 같은 새로운 향신료가 발견되면서 가격이 떨어지게 되었다. 즉, 대항해시대(age of discovery)의 시작은 유럽 각국이 향신료를 찾아 나서면서 시작됐다. 이후 이러한 항해로 인한 막대한 자금이 들어왔다. 포르투갈의 성공을 본 다른 서유럽 왕실과 귀족들은 세력을 만들어서 출항을 하였다. 가는 곳마다 전쟁이 일어났다. 이들은 인도와 남아시아에 향신료를 생산 유통하는 식민지를 세웠다.

침략과 전쟁 등으로 사람들은 향신료를 통해 금융 투자 활동을 본격화했다. 향신료를 찾는 탐사 작업에 대해 펀드가 생기고 주식이 발행됐다. 동인도회사는 최초의 주식회사다. 향신료를 찾으러 떠났다가 남미의 옥수수와 감자, 고추를 싣고 돌아왔으며 북미 미국 땅도 발견했다.

향신료는 음식을 보다 맛있게 먹기 위해서이다. 음식을 만들 때 일반적으로 식재료가 갖고 있는 특유한 냄새나 만든 후 느끼함이 있는데 이런 냄새를 제거하면 음식이 매우 맛이 있다. 이렇게 하기 위해서도 필수적이다. 생선에 고추냉이를 얹고 고기에 후추를 뿌리고, 돼지고기를 삶을 때 생강을 넣는 것도 마찬가지 원리다. 축적된 경험에 의해 고기마다 생선마다 어울리는 향신료가 생겨났다. 향이 강한 팔각은 돼지고기에, 소고기에는 커민을, 로즈메리 등 허브는 닭을 구울 때 바르거나 뿌린다. 계피, 민트는 양고기에 많이 사용한다.

가장 많이 향신료를 사용하는 나라는 인도와 남아시아 등 열대 기후대나 중동반도 쪽에 위치한 나라들이다. 인도의 경우, 향신료 가루만 섞어서 마살라를 만들어 난(혹은 밥)과 함께 먹는다. 커리(curry)라는 음식은 다양한 향신료를 끓인 국물이란 뜻이다. 북아프리카나 터키, 이란 등에도 커리와 비슷한 전통 음식이 많다.

우리나라도 향신료를 많이 사용한다. 고춧가루에 찐 마늘, 다진 양념을 기본으로 깻잎과 들깻가루를 넣고 볶아 순대볶음을 만든다. 틀림없는 스파이시 푸드다. 다대기라 부르는 다진 양념은 인도의 마살라와 매우 유사하다. 다대기는 국물에 넣어 맛을 더하고 고기를 찍어 풍미를 강조한다. 김치 역시 카레처럼 스파이시 푸드다. 김치의 구성은 고추와 마늘, 생강 등 김칫소라고 불리우는 향신료를 잔뜩 넣는다. 여름이 습하고 더운 탓에 우리나라 역시 알게 모르게 향신료를 많이 섭취하는 나라 중 하나다.

우리나라 사람들은 고추와 마늘, 이탈리아인은 바질, 일본인은 강황이 중심인 카레, 중국인은 마라(痲辣)에 친숙하다. 일본인에게 시치미(七味)는 식당 테이블에 기본으로 놓인다. 시치미는 진피, 참깨, 파래, 후추, 차조기, 생강, 소금 등 7가지 향신료를 섞은 것이다.

마라는 중국 쓰촨(四川)지방의 향신료 배합이다. 마(痲)는 마비되다라는 뜻이고 라(辣)는 맵다는 뜻이다. 혓바닥이 마비될 정도로 매우 맵고 얼얼해 특유의 음식을 만드는 데 사용된다. 고추기름을 낼 때 초피, 팔각, 화자오, 육두구, 정향, 회향 등 특유의 향신료를 섞은 것이 마라소스이며 여기에 두반장이나 고춧가루를 첨가한 것이 마라탕 양념이다. 쓰촨에선 기본 양념인 까닭에 마라를 붙이지 않는다. 만약 쓰촨에 방문해서 수이주위(水煮魚)등을 주문했다간 엄청난 매운맛을 경험할 수 있다. 여기에 들어가는 게 마라 중 가장 매운 양념 배합이다. 국내에서 인기 높은 마라탕은 쓰촨의 마오차이(冒菜)가 다소 덜 맵게 변형된 것이다.

8) 가치관, 태도 및 생활습관

시간관념, 부와 돈에 대한 가치관, 기타 제반 개념이나 상황, 제품속성 등에 대한 태도 등은 글로벌경영활동에 직접적인 영향을 미칠 수 있는 요소들이다. 시간을 윤회라는 관점의 동양과 흐르는 관점의 서양인과는 이로 인해 많은 차이가 난다.

생활의 편리성을 추구하는 것이 당연하고 자연스럽게 받아들여지는 국가도 있지만, 주부들의 가사노동의 가치에 무게를 두는 국가들도 있다. 이러한 경우, 가사노동을 대체하여 편리성을 제공해주는 제품의 비즈니스 활동은 어려운 점이 있을 수 있다. 예컨대, 스위스 주부들에게는 식기세척기가 주부들의 노동을 해방시켜 준다고 마케팅하는 것보다는 청결을 유지한다고 소구했을 때 성공한 식기세척기 회사가 있다.

미국에서는 제품진열이 매우 깔끔하고 포장된 제품이 반짝거릴 정도여야 잘 팔리지만 그렇지 않은 나라들도 있다. 인도에서는 새롭게 할인점을 개점하여 우리나라나 미국처럼 잘 정돈하여 진열한 결과 사람들이 구경만 하고 갔지만 다음날 깔끔하게 진열하지 않고 그냥 무질서하게 진열하니 매출이 급격히 증가하였다고 한다. 뿐만 아니라 우리나라 마트에서는 신선식자재를 스티로폼에 랩으로 잘 포장하거나 비닐로 포장하는데 중국에서는 이런 것을 선호하지 않는다고 한다.

더 생각해 볼 문제

○ **FD1** 글로벌 시장에서 문화적 차이로 성공하거나 실패한 사례를 정리해 보자.

○ **FD2** 다양한 문화적 차이로 어려움에 부딪혔을 때 어떻게 극복해야 하는가를 토의해 보자.

○ **FD3** 지금보다 더 K-food 비즈니스가 성공하기 위해서는 진출하려는 문화권 내로 어떤 난관을 극복해야 하는가 알아보자.

○ **FD4** 후추의 대체품으로 고추가 발견된 이후 세계의 무역은 어떻게 되었는가를 알아보자.

10

글로벌 소비자 행동의 이해

학습목표(Learning Objectives)

○ **L01** 문화환경을 바탕으로 한 국내 소비자와 국제소비자 행동 차이에 대해 설명할 수 있다.

○ **L02** 글로벌 소비자의 특성에 대해 이해할 수 있다.

○ **L03** 글로벌 소비자를 포함한 고객의 특성을 이해하고 이를 바탕으로 글로벌 비즈니스를 설계할 수 있다.

정말 말 잘 듣는 한국…"백신 꺼져라" 20% 극렬거부 美 왜?

조 바이든 대통령은 6일 "여러분과 가족들을 보호하기 위해 할 수 있는 가장 좋은 일은 백신을 맞는 것"이라며 "우리는 힘들게 싸웠고 진전도 있었지만, 지금에 만족할 수는 없다"며 백신 접종을 호소했다. 바이든 대통령은 접종센터에 오기를 기다리는 대신 일일이 찾아다니며 백신을 맞히기로 했다. 수만 곳의 마을약국·병원·소아과 등에서 접종하고, 의료진이 집이나 직장을 방문해 백신을 맞히기로 했다.

기자가 참여한 단체 카톡방은 11일 밤 11시 30분부터 12일 새벽까지 내내 시끄러웠다. 모더나 백신 예약이 안 돼 몇 시간째 씨름 중, 알람을 맞춰 새벽에 일어나서 예약에 성공, 이런 메시지가 속속 올라왔다. 12일 오후 질병관리청이 백신 부족을 이유로 예약을 중단하자 "장난치는 거냐"는 성토가 이어졌다. 14일 오후 8시 예약이 재개되고 서버가 버벅거릴 때도 험악한 분위기가 연출됐다.

한국은 백신이 넘치는 미국이 마냥 부럽다. 미국은 네트워크나 서버를 마비시킬 만큼 접종에 적극적인 한국이 부러울지 모른다. 극과 극의 상황이 이어진다.

외신과 연합뉴스에 따르면 미국의 18세 이상 성인의 67.9%가 1회 이상 코로나19 백신을 접종했다. 바이든 대통령이 수차례 읍소해도 70%를 넘지 못한다. 도널드 트럼프 전 대통령 지지자를 비롯한 보수 진영의 거부가 완강하다. 미국인의 27%는 접종 가능성이 작다. 완고한 접종 거부자가 20%나 된다. 로런보버트(콜로라도) 공화당 연방 하원의원은 "수당도 복지도 필요 없으니 제발 꺼지라고 정부에 말하기 위해 우리는 오늘 이 자리에 모였다"고 말할 정도다.

미국을 비롯한 서구사회는 백신 불신이 뿌리 깊다. 무려 223년 전 1798년 미국 보스턴의 의사와 성직자들이 백신 접종 반대 소사이어티를 결성했고, 이들은 "백신 접종은 하늘에 대한, 더 나아가 신의 의지에 대한 도전"이라고 선언했다고 한다(『미국에서의 백신 반대 운동』, 이현주). 19세기 후반~20세기 초반 미국·영국 등에서 백신 접종 강제법이 생기자 "개인 건강에 대한 주 정부의 의사결정권 침해"라고 반발했다.

부작용 논란도 뿌리 깊다. 1974년 백일해 백신과 뇌 손상의 연관관계 논문이 영국 의학저널에 실렸고, 1990년대 말 MMR(홍역·볼거리·풍진 혼합백신) 백신과 자폐증의 관련성 논문이 나왔다. MMR 백신 논문은 오류가 드러나 삭제됐다. 오명돈 서울대병원 감염내과 교수는 "미국 등 선진국에서는 백신이나 신약임상시험 과정에서 난리 난 경험이 많다. 한국은 외국에서 임상시험을 통과한 안전한 제품을 가져와 사용해 부작용 경험이 없다"고 분석한다. 1999년 미국 펜실베니아대학 유전자 치료센터가 선천성 유전병 환자 제시 겔싱어(당시 18세)에게 아데노 벡터를 이용한 백신을 투여했지만 극심한 염증 반응이 발생했고 여러 장기 손상으로 4일 만에 숨졌다. 미국 주도로 2004~2007년 에이즈 백신 임상시험을 진행했다. 2009년 중간 분석 결과, 백신 투여 그룹이 에이즈에 더 잘 걸리는 것으로 나와 임상시험을 중단했다.

화이자·모더나 백신이 긴급 사용 허가를 받은 것이지 아직 정식 3상 임상시험을 통과하지 않은 점을 이유로 접종을 꺼리는 미국인도 적지 않다. 한국은 이런걸 따지는 사람이 거의 없다.

한국은 미국이 쳐다보지도 않는 아스트라제네카(AZ) 백신을 주력 제품으로 사용한다. 희귀 혈전증 논란이 일었으나 50대 아재들이 잔여 백신에 대거 몰리면서 논란을 뒤덮었다. AZ백신 1차 접종을 무리하게 늘리다 보니 2차 물량이 부족해 화이자 백신으로 교차 접종해도 50세 이상의 4.5%만 거부했다. 50대 후반 아재들은 14일 질병청의 예약시스템 뒷문을 찾아낼 정도로 적극적이다. 정부가 이달 1일 1차 이상 접종자에게 야외 '노 마스크'를 허용했다가 4일 만에 뒤집어도 묵묵히 따른다. 서유럽·미국에서 흔하디 흔한 마스크 반대 시위 한 번 없다.

김광기 경북대 교수는 "미국과 한국의 문화 차이가 코로나19 백신에 대한 태도에도 나타난다"고 분석한다. 김 교수는 "미국에는 원래부터 백신 불신이 적지 않다. 하물며 코로나19 백신은 개발에 시간이 덜 걸렸고 확실하게 검증된 게 아니라는 불신을 받는다"며 "백신을 맞고 안 맞고는 내 마음인데, 왜 국가가 나서 사생활을 강제하느냐. 의사결정권을 중시하는 역사적 전통이 이번에 표출된 것"이라고 분석한다. 김 교수는 "한국인은 국가에 순응적이다. 개인보다 옆 사람을 더 생각하고, 개인주의보다 집단주의가 우선한다. 전체가 뭔가를 하면 순순히 따른다"고 덧붙였다.

〈자료원〉 중앙일보, 2021.7.17.

한 사회를 지배하는 문화는 그 구성원들이 공유하는 핵심가치들이 결합되어 나타난다. 문화적 가치(cultural value)는 바람직한 사고와 행동에 대해 사회구성원들이 공유하고 있는 신념들을 말하는데 이는 개인의 자아형성과 구매행동에 상당한 영향을 미칠 수 있다.

앞장에서 우리는 문화의 결정요인은 일반적으로 정치, 경제, 종교, 교육, 언어, 사회구조이며 이들 간에는 상호 영향을 주고 받는다고 학습을 하였으며 구체적인 내용에 대해 살펴보았다. 구체적으로 경제구조(제4장), 정치(제7장)와 종교, 교육, 언어(제9장)에 대해서 다루었다.

이번 장에서는 사회구조인 개인과 집단을 중심으로 글로벌 소비자 행동에 대해 자세히 알아보도록 할 것이다.

일반적으로 사람들은 글로벌 소비자를 외국/한국 혹은 서양/동양의 단순한 방법으로 구분한다. 그러나 다양한 분류방법으로 글로벌 소비자를 분류함에 따라 그들의 문화적 특성을 더욱 잘 알 수 있다. 이러한 개인과 집단의 특성에 대한 이해를 통하여 글로벌경영에서의 적합한 대 소비자(고객) 전략수립에 기여할 수 있도록 할 것이다.

1. 문화적 환경에서의 소비자 행동

1) 개인주의와 집단주의

모든 문화 사이에는 많은 차이점이 존재한다. 그러나 문화권에 따른 선택행동이나 실행방식에서의 차이를 이해하는 데 매우 유용한 문화적 특성 중 하나가 개인주의(individualism)와 집단주의(collectivism)다.

개인주의는 집단의 정체성보다 개인의 정체성, 집단의 권리보다 개인의 권리, 집단의 욕구보다 개인 욕구의 중요성을 강조하는 문화의 가치 지향성을 일컫는다. 이와 대조적으로 집단주의는 나라는 정체성보다 우리라는 정체성, 개인의 권리보다 집단의 의무 그리고 개인적 필요와 소망보다 집단 지향적 욕구와 중요성을 강조하는 문화의 가치 지향성을 일컫는다.

미국처럼 개인주의적 사회에서 자란 사람들은 선택행동이나 의사결정을 함에 있어 주로 나에 집중하도록 배운다. 문화심리학자인 해리(Harry Triandis)는 개인주의자들은 주로 자신의 선호나 욕구, 권리, 다른 사람들과 맺은 계약이 동기가 되어 행동하며, 다른 사람들의 목표보다 자신의 목표를 우선시한다라고 하였다. 사람들은 자신의 선호에 따라 선택할 뿐 아니라 개인적인 관심사나 성격특성, 행동 등을 토대로 자신의 정체성을 규정하는 것이다. 예컨대, "나는 메탈광이다", "나는 환경보호를 중요시한다" 등과 같은 표현은 자신의 가치를 잘 보여 주는 것으로 여긴다. 개인주의 사회를 지배하는 개인적 가치는 소비생활에도 영향을 미친다. 가령, 그들은 어려서부터 동네상점에서 제품을 구매할 때 적절한 행동이 어떤가를 학습하게 된다. 부모가 제품에 대해 사용 장단점이나 활용법에 대해 설명해주는 경우도 있지만 대체로 아이에게 선호하는 것이 무엇이지를 표현하게 한다.

이에 반해 한국 등의 집단주의 사회 구성원은 제품을 선택할 때 우리에 우선순위를 두며 가족이나 동료, 커뮤니티, 국가 등 자기가 속한 집단의 관점에서 자신을 보아야 한다고 배운다. 집단의 규범과 집단이 부과한 의무가 그들을 움직이는 주된 동기이며, 그들은 개인적인 목표보다 집단의 목표에 우선 순위를 둔다. 이러한 사회에서는 집단 구성원들 사이의 유대를 제일 강조하게 된다. 1등을 추구하기 보다는 전체로서의 집단욕구가 충족되어야 개인도 행복할 수 있다고 믿는다. 즉, 자기가 원하는 방식대로 하는 것보다는 사회구성원들의 조화를 유지하는 것이 더욱더 바람직하다는 것이다. 집단주의 사회의 구성원들은 자신이 속한 집단과의 관계를 통해 자신의 정체성을 이해하며 자신이 속한 사회집단에 순응하면서 조화를 유지하려고 한다.

Masuda and Nisbett(2001)은 개인주의 문화와 집단주의 문화 간의 이런 차이를 보여 주는 일련의 연구를 실시하였다. 몇 가지의 단순한 과제에 대한 대답에 개인주의와 집단주의 관점에 따라 달라지는 것을 보여 주었다. 5초 동안의 수족관사진을 관찰한 후 사진을 보지 않고 그것을 소리내어 묘사해 보라. 무엇을 보았다고 말을 했는가, 가장 눈에 띄는 큰 물고기 세 마리에 초점을 맞추었는지 아니면 배경에 있는 수초, 물방울, 작은 물고기 혹은 개구리에게도 주의를 기울이며 장면을 보다 넓게 묘사하려고 했는가를 피험자들에게 물어보았다.

그림 10-1 Masuda and Nisbett의 개인주의와 집단주의 연구 자극물

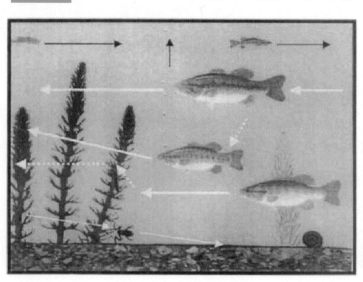

미국과 일본 참가자들이 이 실험에 참여했는데 미국인들은 큰 물고기에 더 많은 주의를 기울인 반면 일본인들은 이 사진의 장면을 보다 전체적으로 묘사하였다. 즉, 문화적 배경에 따라 사람들은 동일한 자극을 서로 다르게 지각하고 이에 따라 묘사를 다르게 하는 것으로 나타난 것이다. 개인주의적 세계관을 가진 미국인의 관점에서 보면 큰 물고기가 그 장면의 중심이며 주위의 다른 모든 것에 영향을 미친다. 반면 집단주의적 세계관을 가진 일본인들은 주변 환경이 큰 물고기(주체)와 상호작용하면서 영향을 미치고 그것들을 지배하는 것으로 인식했다. 이 연구결과는 특정한 상황에서 누가 또는 무엇이 지배하느냐에 대한 견해를 형성하는데 문화적 가치가 주요 요인으로 작용한다는 것을 보여 준다.

문화 비교에서는 개인주의-집단주의를 중심으로 하는 접근이 활성화되었다. 이렇게 된 이유는 개인주의-집단주의라는 틀이 문화를 비교적 선명하게 구분해 주기 때문이다.

개인주의-집단주의를 중심으로 한 비교 문화 심리학 흐름의 선두에는 트라이언디스(Triandis)의 연구가 있다. 그는 개인주의/집단주의 차원에 수직과 수평 차원을 합쳐 정교화한 네 가지 문화 구분 모델을 제시했다.

(1) 수평–개인주의(horizontal individualism)

이 성향의 사람들은 자신을 집단의 성원으로보다는 자율적(self-reliant)인 개인으로 생각하는 경향이 강하며, 다른 사람들과 대등한 관계에서 자율적인 활동을 하는 것을 좋아한다. 그렇지만 자신을 남보다 탁월한 존재로 여기거나 높은 지위를 지향하는 것은 아니다.

(2) 수직–개인주의(vertical individualism)

이 성향의 사람들은 자신의 독특성과 개성을 강조하는 동시에 다른 사람보다 우월하다는 인정을 받는 것에 관심이 크다. 이들은 사회적으로 높은 지위를 얻고 그러한 인정을 받기를 원한다. 따라서 이들은 다른 사람들과의 관계를 본질적으로 경쟁적인 것으로 여긴다.

(3) 수평–집단주의(horizontal collectivism)

이 성향의 사람들은 서로를 비슷하다고 여기며, 공동체적 목표를 강조하고, 대인 관계를 중시한다. 그러나 이들은 사람들 간의 지위 격차나 위계성, 사회적 권위의 획득이 중요하다고 보지 않는다.

(4) 수직–집단주의(vertical collectivism)

이 성향의 사람들은 집단의 일체감을 강조하고, 집단을 위한 개인의 희생을 당연시하며, 서로 간에 위계 질서가 확고하고 이를 존중하는 경향이 강하다.

GDP 높을수록 늦게 자고, 집단주의 지수 높을수록 늦게 잔다

기상 시간은 나라별 비슷하지만 취침 시간은 지리적 문화적 영향을 상당히 받았다. 특히 국민 소득 (GDP)이 높을수록 취침 시간이 늦어졌으며, 문화적으로 개인주의보다는 집단주의 지수가 높을수록 취침 시간이 늦었다.

수면은 건강과 웰빙, 생산성에 큰 영향을 미치지만, 현대인이 얼마나 오래 그리고 잘 수면을 취하는지에 대해 정확히 보고되지 않았다. 수면의 양과 질은 개인의 선택일까, 아니면 문화와 지리와 같은 사회적 요인에 얼마나 영향을 받을까?

KAIST는 전산학부 차미영 교수가 이끄는 IBS 연구팀과 영국의 노키아 벨 연구소(Nokia Bell Labs)는 공동 연구를 통해 현대인의 '수면'이 어떤 사회적 및 개인적 요인에 영향을 받는다고 6일 밝혔다.

연구팀은 스마트 워치가 상용화되며 데이터의 대량 수집이 가능해진 기회에 주목했다. 노키아에서 개발한 스마트 워치를 착용한 미국, 캐나다, 스페인, 영국, 핀란드, 한국, 일본을 포함 11개국의 3만 82명으로부터 4년간 수집한 5200만 건의 데이터를 분석해 나라별 디지털 로그 기반 수면 패턴을 분석했다.

먼저 연구팀은 나라별 취침 시간, 기상 시간, 총 수면시간이 어떤지를 살폈다. 스마트워치 데이터에 기록된 취침 시간은 기존 설문지 기반 조사에 보고된 결과 대비 나라마다 수십 분에서 한 시간까지도 늦었다.

전 세계 평균 취침 시간은 자정(00:01)이고 기상 시간은 오전 7시 42분이었다. 이러한 차이는 설문 조사가 가지는 편향과 함께 스마트 워치의 모션 센서가 뒤척임 없이 수면을 시작하는 순간을 정밀히 기록하는 데서 기인한다.

기상 시간은 나라별 비슷하지만 취침 시간은 지리적 문화적 영향을 상당히 받았다. 특히 국민 소득 (GDP)이 높을수록 취침 시간이 늦어졌으며, 문화적으로 개인주의보다는 집단주의 지수가 높을수록 취침 시간이 늦었다. 조사된 나라 중 일본은 총 수면시간이 평균 7시간 미만으로 가장 적었으며 핀란드는 평균 수면시간이 8시간으로 가장 길었다.

연구팀은 이와 더불어 그동안 임상 연구에서 사용된 다양한 수면의 요소들을 정량화하여 수면 효율성 (설명: 취침 중 깨지 않고 연속으로 자는 시간의 비율)과 같은 질적 요인을 분석했다. 빅데이터를 사용해 성향 점수 매칭 기법(propensity score matching methods, PSM)으로, 개인마다 문화적 요인을 고정한 상태에서 운동량을 늘어나면 수면이 어떻게 변하는지에 대한 가상 테스트를 진행했다.

그 결과 걸음 수가 늘수록 취침 시 더 빨리 잠들고 밤에 덜 깨는 긍정적 효과를 확인했다. 운동량은 수면의 질을 개선하지만, 총수면시간을 늘리지는 않았다. 흥미롭게도 이러한 운동의 긍정적 효과는 국가별로 다르며, 특히 미국과 핀란드에서 효과가 강하게 나타난 반면 일본에서는 운동의 효과가 미미했다.

노키아 연구소 퀘르시아 박사는 "수면의 양과 질에 사회적 영향이 절반이나 차지했다. 고소득 국가에서 업무 스케줄이 과도하고 근무시간이 길어지며 취침 시간이 늦어지고, 집단주의가 강한 스페인과 일본은 사회적 요구에 부응하기 위해 취침 시간이 지연될 수 있다"고 연구 결과를 해석했다.

KAIST 차미영 교수는 "수면은 웰빙, 비만, 치매 등과도 연관이 있다고 알려져 중요하다. 고령화 사회에서 국민의 건강 증진을 위해 적절한 수면의 양을 보장하고 수면의 질을 높이기 위해 개인의 노력은 물론 사회적 지원이 함께해야 한다"고 말했다.

연구팀은 이번 연구에서 개발한 수면의 지표를 쉽게 계산하는 코드를 무료로 공개해 첨단 수면 산업 발달에 기여하며, 다양한 생체 신호를 포함하는 수면에 대한 벤치마크 데이터도 추후 공개할 예정이다.

강원대학교 박성규 교수, KAIST 차미영 교수, 노키아 연구소의 퀘르시아 박사가 주저자로 참여한 이번 연구 결과는 국제 학술지 네이처 출판 그룹의 '사이언티픽 리포트(Scientific Reports)'에 게재됐다(논문명: Social dimensions impact individual sleep quantity and quality, 사회적 차원이 개인의 수면 양과 질에 미치는 영향).

〈자료원〉 메디컬투데이, 2023.7.6.

2) 독립적 자아와 상호의존적 자아

개인주의/집단주의의 차원이 문화 비교로 유행하면서 나타난 새로운 경향은 개인주의/집단주의 차원이 개인 비교의 틀로 더 많이 활용되었다. 즉, 문화비교차원이 아니라 개인의 성격 차원 도구로 활용되었다.

대표적인 연구는 Markus and Kitayama(1991)의 문화적 자기 모델이다. 자아는 문화 속에서 형성되므로 문화의 특성을 반영한 모델로 인정받는다. 구체적으로 개인주의는 독립적인 자아 문화(independent-self culture)로, 집단주의 문화는 상호 의존적인 자아 문화(interdependent-self culture)로 개념화하면서 문화를 개인의 심리 차원으로 전환시켰다.

(1) 독립적인 자아(independent self)

자신을 개별적 존재로서 판단하는 성향을 가지고 있다. 이런 사람은 주변 상황 조건보다는 자기 자신의 내면적 요소인 생각과 감정을 바탕으로 의사 결정을 내린다. 이런 자아는 개인주의 문화가 반영된 결과로 해석된다.

(2) 상호 의존적 자아(interdependent self)

상호 의존적 자아를 가지고 있는 사람은 자아를 개인 차원이 아닌 사회 속에서 비추어지는 자신의 모습에 더 비중을 두고 고려한다. 또한 이런 사람은 자기의 범주가 뚜렷하지 않으며 부모, 친구, 동료들의 존재가 자기의 존재와 어느 한 부분을 공유하고 있다고 여긴다. 그렇기 때문에 어떤 결정을 내릴 때 자기를 우선시하는 것이 아니라 주변인과의 관계를 먼저 고려한다. 이런 상호 의존적 자아는 집단주의 문화가 개인에게 반영된 결과로 해석된다.

3) 고맥락 문화와 저맥락 문화의 소비자

문화인류학자 홀(Edward T. Hall)은 인간 정신에 대한 고찰을 통해 인간의 자연스러운 행위는 문화에 의해 크게 변용된다는 점을 알게 되었다. 그는 문화의 세 가지 특징을 설명했다. 첫째, 문화는 습득되는 것이다. 둘째, 문화의 다양한 측면들은 상호 연관되어 있어 한 군데를 건드리면 문화의 다른 면이 모두 영향을 받는다. 셋째, 한 집단은 문화를 공유함으로써 다른 집단들과의 사이에 경계를 두게 된다.

"당신 자신에 대해 말해보시오"라는 질문은 누구나 이해할 수 있는 상식적인 것으로 보인다. 그러나 자아개념(self-concept)을 묻는 이 질문에 대한 대답은 문화에 따라 매우 다르다. 미국 등 서구권 사람들은 "친절하다", "근면하다"라는 성격 형용사를 사용하는데 반해 한국 등의 아시아 사람들은 "나는 친구들과 어울리는 것을 좋아한다.", "나는 학교 동아리 생활을 매우 열심히 한다"와 같은 주로 자기가 속한 사회적 상황맥락을 근거해서 대답을 하거나 자기의 사회적 역할에 대해 자주 언급한다. 이와 같이 동양인들은 상황맥락을 제시해주지 않고 자신에 대해 설명하라고 하면 어려워하지만 친구들과 같이 있을때나 학교동아리와 같은 특정 상황맥락을 제시하고 그 상황에서의 자신을 기술하도록 하면 능숙하게 묘사해 낸다.

동양문화에서는 개인의 개성이 자유롭게 표시되기보다는 억압되는 경향이 있다. 일반적으로 동양(아시아)권 사람들은 서양사람들과 비교해 보았을 때 개인의 성공을 상대적으로 덜 중요시하며 그보다는 집단의 목표달성이나 원만한 인간관계를 훨씬 더 중요하게 여긴다. 동양인(아시아인)들은 자신이 집단 구성원들의 기대에 부응하여 그 구성원들과 화목하게 관계를 맺고 있다고 지각할 때 개인적으로 만족감을 느낀다고 한다.

또한 두 문화권의 공간적인 차이가 있는데 동양인들은 서로 이야기를 할 때 매우 가깝게 접근하는 것을 선호하는 반면, 미국의 경우에는 상대방과의 지나친 거리는 피하게 된다.

홀(Hall)에 따르면 문화는 인간의 매체이다. 인간의 삶은 어떤 면으로나 문화의 영향을 받고 그로 인해 변용된다라고 하였다. 뿐만 아니라 위와 같은 동양인과 서양인의 사고차이는 저맥락 문화(low-context culture)와 고맥락 문화(high contest culture)의 원리로 설명을 하였다.

저맥락 문화는 상대방과 의사소통에서 직설적이고, 명료하며, 자신의 의사를 말과 문자로 분명히 밝힌다. 그러므로 서양사회에서의 사람들은 상황맥락에 분리해서 이야기 하는 것이 가능하다. 저맥락 문화권의 사람들은 맥락에 구속을 받지않고 독립적이고 자유롭게 옮겨 다닐 수 있기 때문에 이 집단에서 저 집단으로나 여러 상황에서 자유롭게 옮겨 다닐 수 있다. 저맥락 문화에서는 구체적인 대화를 통하여 정보교환이 이루어지고 법적 문서가 보증서역할을 한다.

고맥락 문화는 의사소통이 우회적이고, 애매하며, 언어에 담긴 뜻이 함축적이고 상대방과의 관계를 고려한다. 그리고 명시적인 표현이 적다. 그러므로 동양사회(아시아)에서는 사람들이 서로 매우 긴밀하게 연결되어 있기 때문에 주변의 상황맥락에 구속을 매우 강하게 받는다. 자신들이 속한 내집단에서는 강력한 애정을 갖고 있지만 외집단과 그저 그냥 아는 사이인 사람들과는 적당한 거리를 둔다. 이들은 자신이 내집단의 다른 구성원들과 유사하다고 느끼며, 그들은 외집단 구성원보다 더 신뢰한다. 그러나 서양인들은 자신과 내집단 사이에도 일정한 거리를 두려고 하며 내집단 구성원과 외집단 구성원을 크게 구분하지 않고 인간관계를 형성한다.

고맥락 문화에서는 의사소통에 필요한 정보가 대부분 개인에 내부화되어 있기 때문에 명확하게 메시지로 옮겨지지 않는다. 또한 신뢰가 사회적으로 매우 중요한 가치이기 때문에 법률적 문서보다는 때로는 개인의 말이 보다 확실한 보증서 역할을 한다.

시간의 개념을 한 번에 한 가지씩 하는 방법(monochronic type)의 저맥락 문화와 한 번에 많은 일을 하는 방식(polychronic type)의 고맥락 문화로 설명하였다. 저맥락 문화는 한 번에 한 가지식 하는 타입은 계획된 시간 관리를 중시하고 일상에 질서를 부여한다. 일의 경우 세분하여 한 번에 한 가지 일에 집중하기 때문에 선형적인 일에 적합한 문화이다. 이에 비해 한 번에 많은 일을 하는 방식의 고맥락 문화는 인간관계와 업무의 완성도를 중시한다. 일을 큰 시스템의 일부로 바라보기 때문에 계획은 언제든지 바꿀 수 있다. 이러한 내용을 정리하면 〈표 10-1〉과 같다.

표 10-1 고맥락 문화와 저맥락 문화의 비교

	고맥락 문화	저맥락 문화
법률	덜 중요	매우 중요
보증	본인의 말이 보증	서면
조직실패에 대한 책임	최고위층	담당자
공간인식	어울리는 공간중시	개인적 공간중시
시간인식	명확하지 않음/ 한번에 많은 일을 처리식 (polychronic)의 시간개념	시간은 돈이라는 개념/ 한번에 한가지 처리식 (monochronic)의 시간개념

협상	상세한 협상/오랜시간	신속
경쟁입찰	흔치않음	일반적

4) Hofstede의 모형

문화를 비교하는 틀로써 선도적으로 개발된 도구는 Hofstede(1980)가 제시한 문화적 차원분석이다. Hofstede는 각각의 요소에 대해 0점부터 100점까지의 점수를 할당하여 점수 지표를 만들었고, 개인주의가 강할수록, 권력거리가 멀수록, 불확실성 회피성향이 강할수록, 남성성이 강조되는 사회일수록, 장기적 성향이 높을수록 점수를 높게 책정하였다.

그는 세계 각국에 지사를 둔 다국적 기업인 IBM의 종업원들에게 직업 관련 가치를 조사하고 생태학적 요인 분석을 하여 5가지 차원을 제시하였다. 이후 추가적으로 1개 차원을 추가하여 6개 차원으로 설명되기도 한다.

(1) 5가지 차원

첫째, 권력 격차성(power distance)이다.

권력격차성이란 주어진 사회 내의 권력이 계층간에 불평등하게 편재되어 있는 정도에 대한 성원들의 인식의 정도, 주어진 사회의 권력 불평등관계, 즉 중앙집권적 전제적 권력의 허용 정도를 의미한다. 신분에 따른 사회적 계층관계가 엄격하고 다른 계층으로 이동이 낮을 때 이 지표는 높아진다.

일반적으로 권력격차성이 큰 문화에서는 중앙집권적 통제가 강하게 나타나고 위계구조가 피라미드 형태로 나타난다. 또한 상급자에게 의존적인 성향이 높고 가부장적인 의사결정을 내리는 상급자를 따른다.

권력격차성이 작은 문화에서는 조직의 구조가 위계적이기보다는 평등주의가 보편화되어 있고 하급자는 상급자를 어렵게 생각하지 않기 때문에 쉽게 반대 의사를 표명하기도 하고 상급자에게 쉽게 거절을 하기도 한다. 권위주의적인 상급자보다 하급자와 상의하는 상급자를 더 선호하는 경향이 있다. 사회계층간의 이동도 활발하고 연공서열보다는 능력에 의해 진급하는 경우가 대부분이다.

둘째, 불확실성의 회피(uncertainty avoidance)이다.

구성원들이 불확실한 상황을 허용하는 정도이다. 한 사회가 과거의 전통, 관습, 규칙에 의거하여 미래의 불확실성을 회피하고 안전을 보장받으려고 하는 정도를 나타낸다. 과거지향적인 사회일수록 이 지표는 높게 나타나고 미래지향적인 사회일수록 낮아진다.

또한 불확실성 회피성향이 강한 문화의 구성원은 고용보장과 퇴직금, 경력패턴을 중요한 요소로 생각한다. 또한 이런 문화의 구성원은 규칙과 통제를 강하게 요구한다. 경영자들에게 는 명확한 기준과 지시를 내리고 강력하게 조직을 통제할 것이 요구된다. 반면 불확실 회피 성 향이 낮은 문화에서는 위험을 짊어지는데 부담을 느끼지 않으며 변화에 대한 감정적 저항이 상대적으로 적다.

셋째, 개인주의 대 집단주의(individualism vs. collectivism)이다.

개인과 동료간의 관계에 중심을 둔 요소이다. 즉, 사람들이 주위 사람들과의 관계에서 스 스로를 얼마나 독립적인 존재로 여기는가, 집단적인 존재로 여기는가 하는 경향을 말한다. 개 인주의적 사회는 개인 간의 연대감이 낮으며 개인의 지위와 자유가 최고의 가치로 평가 받는 다. 집단주의가 강조되는 사회에서는 개인 간의 유대가 매우 강하며 대가족과 같은 집단 속에 서 태어나고 모든 구성원이 자신이 속한 집단의 이익을 위해 노력한다.

넷째, 남성성 대 여성성(masculinity vs. feminity)이다.

구성원들이 자기주장, 돈, 물질 등의 남성적 가치를 선호하는 정도이다. 즉, 성별과 직무역 할의 관계에 대한 이론이다. 남성문화에서는 성별의 역할이 명확히 구분되어 있으며 성취, 혹 은 권력의 행사와 같은 전통적인 남성적 가치가 문화적 이상을 결정한다. 여성문화에서는 성 에 따른 역할 구분이 극명하게 구분되지 않으며 같은 직업안에서 성별에 따른 구분이 거의 존 재하지 않는다. 또한 남성성이 높은 문화는 물질적 부를 중요시하고 여성성이 높은 문화에서 는 삶의 질을 우선시하고 사람들 간의 인간관계를 중요하게 생각하며 구성원의 배려, 타협과 협력을 높게 평가한다. 남성성이 높은 문화에서는 트럭운전사라하면 남자를 많이 떠올리는 반 면 여성성이 높은 문화에서는 여성도 자연스럽게 많이 떠올릴 수 있다.

다섯째, 장기 지향성 대 단기지향성(long-term orientation VS. short-term orientation)이다.

문화가 시민들로 하여금 물질적, 사회적 그리고 정서적 욕구의 지연된 만족을 받아들이 게 하는 정도이며 시간, 끈기, 지위, 체면, 전통존중 그리고 호의에 대한 보답의 태도를 말한다. 즉, 단기적 혹은 장기적 지향을 하는 정도에 따라 문화를 구분하는 것으로, 장기 지향적 문화 는 끈기, 절약, 개인적인 꾸준함, 전통에 대한 존중이 높은 것이 특징이다. 대부분의 동아시아 국가들 특히 많은 수의 화교가 있는 국가들은 높은 장기지향성을 보이고 있다.

여섯째, 관대함과 구속(indulgence vs. restraint)이다.

일반적으로 5가지의 차원을 활용하나 2011년 이후 Hofstede는 추가적으로 관대함과 구 속이라는 개념을 추가하였다.

관대함은 삶을 즐기고 즐거움과 관련된 기본적이고 자연적인 인간의 행동을 상대적으로 잘 허락하는 사회를 지칭하였다. 이에 비해 구속은 욕구충족을 억압하고 엄격한 사회적 규범을 통해 욕구를 규제하는 사회를 의미한다.

관대함이 강한 국가들은 기본적으로 타인들에게 피해만 주지 않는다면 자신의 욕구를 만족하기 위해 행하는 것에 대해 개의치 않고 용인한다. 이에 비해 구속이 있는 나라의 문화권에서는 자신의 욕구를 만족시키는 행동에 대해 사회가 전반적으로 절제를 요구하는 성향이 강하다. 이러한 문화적 특성은 교육에 나타나는데 미국에서는 대체로 아이가 하고 싶은 대로 두지만 우리나라에서는 부모가 자녀교육에 깊숙이 개입하여 아이를 통제하려 한다는 것이다.

(2) 시사점 및 문제점

Hofstede의 연구 결과는 막연하게 받아들여지고 있는 문화 간의 차이를 명확하게 밝혀주었다는 점에서 시사점을 찾을 수 있다. 즉, 어떠한 이유에 의해 문화간 차이가 발생하며 이것이 기업 경영에 시사하는 지를 파악하여 경영자에게 많은 시사점을 제시했다.

그럼에도 불구하고 Hofstede의 모형은 몇 가지 문제점을 갖고 있다. 먼저, 이 모형의 내용은 대부분 서구 사회에 존재하는 문화 차이에 대한 고정 관념과 유사하다. 예컨대, 많은 사람이 미국인들이 일본인(그들은 낮은 권력거리를 가지고 있다)에 비해 더 개인주의를 강조하고 평등을 추구한다고 믿는다. 이와 동시에 일본인은 멕시코인보다 더 개인주의적이고 평등을 강조한다고 생각한다. 마찬가지로 많은 사람이 라틴 국가들은 스웨덴과 덴마크와 같은 북유럽 국가들보다 남성성을 더욱 강조한다고 본다. 예상한 바와 같이, 일본과 태국 같은 동아시아 국가들은 장기적 성향에서 높은 점수를 받았고 미국과 캐나다 등의 국가들은 장기지향성에 낮은 점수를 받았다. 이러한 상식적인 내용이 도출된 것은 연구를 실제로 수행한 팀이 유럽인과 미국인들로 구성되어 있어 연구가 제한적일 수 있다. 이는 Hofstede가 IBM 직원들에게 던진 질문과 대답의 결과를 도출한 연구팀원의 문화적 성향과 관점이 연구 결과에 반영되었기 때문이었을 것이다. 즉 유럽과 미국인들로 구성된 연구팀이 이를 수행한 점을 상기해 보면 미국과 유럽인이 갖는 고정 관념이라는 비판을 피할 수는 없다. 뿐만 아니라 Hofstede는 경제 성장률이 높은 국가들(예: 아시아의 개발도상국)은 장기성향 점수가 높고 개인주의 점수가 낮다는 주장을 뒷받침한다고 주장한다. 이는 유교적인 성향이 경제 성장에 긍정적이라는 것을 암시하고 있다. 그러나 코로나와 경기 침체에서 벗어나 경제가 회복되고 있는 최근은 오히려 미국과 같은 개인주의와 단기성향이 강한 나라들은 높은 성장률을 보였으나 일본과 같은 유교 문화권인 나라들은 경제 성장 정체를 보였다.

두 번째로 이 연구는 문화와 국가 간의 일대일 대응 관계를 전제로 하고 있으며, 많은 국가가 하나 이상의 문화를 포함하고 있다는 점을 고려하지 않았다. Hofstede의 결과는 이 차이를 반영하고 있지 않다.

세 번째로 이 연구가 표본이 한 나라도 한 산업군이 아닌 한 개별기업(IBM)의 특별한 문제일 수도 있다. 이 연구가 수행되었던 1960~70년대는 서로 다른 국가에서 채용된 종업원들의 문화적 가치를 존중하여 종업원들간의 가치 차이를 공존할 수 있도록 해주었고 이로 말미암아 그들만의 독특한 문화에 기인했을 수도 있다. 뿐만 아니라 비숙련 노동자와 같은 특정사회계층은 표본에서 제외되었기 때문에 일부 기업 혹은 계층에서의 특징이라는 비판이 있다.

마지막으로 문화가 갖는 동태적인 특성으로 인해 21세기에는 맞지 않다는 비판도 있다. 20세기에는 합리적으로 받아들여졌지만 50년이 지난 지금 많은 문화가 바뀌었다는 점에서 이를 그대로 받아들이기는 무리가 있다.

CASE

한국·일본·중국, 세 나라 여객들의 인천공항 이용 행태, 나라별로 이렇게 다르다!

항공수요 정상화 속도가 가속화 되며 코로나 이전 수준으로의 완전한 수요 회복시기가 2024년으로 앞당겨진 가운데, 인천공항을 가장 많이 이용하는 한·일·중 3개 국가 여객들의 인천공항 이용 행태에도 각 국가별 개성이 여실히 드러나고 있다.

인천공항 이용객 중 한·일·중 국적 여객비중(2023년 기준)은 한국인 68.4%, 일본인 17.4%, 중국인 15.8%다.

인천국제공항공사(사장 이학재) 공항산업기술연구원은 급속히 다변화되는 승객들의 니즈에 선제적으로 대응하기 위해 실시한 '2023 한·중·일 여객 인천공항 여객 이용특성 조사' 결과를 29일 발표했다. 한국과 인천공항을 이용하는 연령대 분석결과, 한국은 51.1%, 중국은 63.3%가 20~30대인 반면, 일본인은 40~50대 여성이 전체의 46.5%를 차지하였다. 이를 볼 때 각국의 평균연령 차이가 해외여행에서도 동일하게 나타나고 있는 것으로 확인되었다.

해외 출국을 위한 첫 번째 단계인 인천공항 접근교통수단에서 각 국적별 흥미로운 결과가 나타났다. 한국인과 중국인은 짐을 들지 않고 편리하게 이동할 수 있는 공항버스(리무진)를 선호하였으나 철도의 나라인 일본은 정시성이 확보되는 공항철도를 선호하였다.

인천공항 내 일반구역에서 이용한 시설을 비교한 결과, 한국인은 체크인 전-후 모두 음식점을 가장 많이 이용한 것으로 확인되었다. 한국인이 인천공항 오기 전 가장 먼저 확인하는 것도 공항 내 맛집 정보였다. 반면 일본인과 중국인은 카페를 가장 많이 이용하였다. 다양한 음료와 세련된 분위기로 한국 여행코스에서 빠질 수 없는 존재가 되어버린 한국 스타일의 카페에서 마지막 귀국 전 간단한 스낵 및 음료를 먹고 면세구역으로 이동하는 것으로 파악되었다.

인천공항 면세점의 큰손은 역시 중국인들이었다. 중국인들의 공항 내 면세점 방문 후 구매비율은 75%로 3국 중 가장 높았으며, 인천공항 도착 전부터 면세매장을 검색하며 관심을 보였다. 중국인은 화장품/향수(56.8%) 품목을 가장 많이 구매하였으며, 쇼핑 지출액도 1인 평균 26만 7822원으로 가장 높아 일본인(16만 1503원)보다 60% 가량 높았다.

한편 일본인 면세품 구매자들의 과반수가 구매한 품목은 식품/과자류인데 항상 여행을 다녀오면 주변에 작은 간식거리를 돌리는 일본인의 문화적 특성이 나타난 것으로 분석된다.

이학재 인천국제공항공사 사장은 "코로나19 이후 인천공항을 찾는 고객의 니즈가 빠르게 다변화되고 있어, 고객 경험 혁신을 위해서는 변화 양상에 대한 깊은 이해가 필요하다"며 "매년 이런 조사를 실시해 글로벌 공항산업 환경에 따른 인천공항 이용여객의 행태 변화를 지속적으로 파악하여 고객 맞춤형 초개인화 마케팅 전략을 제시할 것"이라 말했다.

〈자료원〉 문화일보, 2023.11.29.

5) 구대륙과 신대륙으로 본 소비자 행동

미국, 캐나다, 호주 등 신대륙개척으로 만들어진 나라들은 몇 천년의 역사를 이어온 구대륙과 매우 다른 역사적 경험을 가지고 있다. 이러한 역사적 경험들은 문학, 예술, 영화 등 인문학적 자료로 축적되어 후세들에게 전파된 일종의 후천적 유전이라고 할 수 있는 신대륙과 구대륙 문화차이를 생성시켰다. 문화적 차이를 감수하고 글로벌 규모의 사업을 해야하는 경영자 중에는 구대륙과 신대륙의 문화차이를 간과해 자주 소비자, 고용주, 직원들과 갈등을 일으키는 경우가 있다.

유럽에서 처음으로 신대륙을 이주한 사람들은 대체로 정부의 보호나 관리가 미치지 못하는 먼 땅에서 자력으로 땅을 이루고 마을도 세웠다. 땅은 넓고 노동력은 턱없이 부족해 모든 것을 자급자족해야 했다. 농사짓기, 가축사육, 공구제작, 건축 등을 모든 분야를 스스로 해냈다. 또한 군대나 경찰의 보호가 전무했기 때문에 원주민이나 낯선이들이 집으로 쳐들어오면 스스로 총을 들고 나가 자기 자신과 가족을 보호해야 했다. 그렇기 때문에 신대륙 사람들의 문화에 새겨진 인간의 기본단위는 철저히 개인일 수밖에 없다.

신대륙 사람들이 갖는 극단적 개인주의를 이해하지 못한다면 신대륙지역으로 진출할 때에는 경영에 큰 어려움이 닥칠 수 있다. 2014년 미국의 직장평가웹사이트인 글래스도어가 미국에 진출한 한국기업에 대한 직장만족도가 공개되었다. 이 조사에는 글로벌 기업인 트위터, 베인앤컴퍼니, 구글 등이 4.5이상의 높은 점수를 받았다. 미국의 100대 기업평균은 약 3.6정 도의 점수를 받았다. 그러나 미국에 있는 미주삼성은 2.7을 받아 임직원들의 근무만족도가 평 균이하인 것으로 나타났다. 이처럼 기업문화에 대한 이해 및 만족에도 신대륙과 구대륙의 사 람들의 차이가 있다.

이러한 사실은 햄튼-터너와 토롬포나스(Hampden-Turner and Trompenaars)의 연구에서 더욱 잘 나타난다. 이들은 여러나라 직장인들을 대상으로 좋은 근무환경에 대해 연구해본 결 과 구대륙과 신대륙 사람들의 사고와 문화에 매우 큰 차이가 있다는 것을 발견했다. 이 연구에 서는 개인실적 위주로 상벌이 주어지는 회사를 A라 하고 사원들의 공동체로서 일과 이익을 나 눠 갖는 회사를 B라고 한 후 어떤 기업에서 일하고 싶은가에 대한 질문을 하자 신대륙이라고 할 수 있는 미국, 캐나다, 호주의 사람들은 90%가 A를 골랐으며 일본과 싱가포르 등 아시아국 가에서는 50%만이 A를 선택했다고 한다.

일반적으로 아시아문화권 사람들은 스스로 집단주의가 강하다고 믿는다. 반면 서구인들은 모두 개인주의적 사고가 강할 것으로 가정하였다. 그러나 이 연구를 보면 동양인(50%)들과 유 럽인(70%)들이 개인주의가 강한 A를 고른 비율의 차이 20%와 유럽인(구대륙)들과 신대륙 사람 들(90%)의 답변(의식)차이가 같다. 즉, 동양인과 구대륙 유럽인의 차이만큼 신대륙과 구대륙 사 람들의 성향 차이가 크다는 이야기다.

또 다른 연구결과를 보면 15년동안 한 회사에서 충성스럽게 일한 사람이 회사에 손해를 끼치는 누를 범했을 경우 그 사람을 해고하는 것이 정당한가라는 질문에 미국과 캐나다 사람 중 75%가 해고를 해야 한다고 대답했다. 그에 비해 프랑스, 독일, 이탈리아 사람들은 30% 정 보만 해고를 해야 한다고 대답했고 한국과 싱가포르 사람들은 25%만 해고해야 한다고 대답하 였다.

국가의 면적에 비해 인구규모가 턱없이 적어 모든 사람이 각자 자기일은 자기가 알아서 해결해야 했던 개척지에서는 단체 행동 중 한사람만 자기역할을 제대로 못해 이동 속도가 느 려지거나 식량만 축내면 모든 사람이 위험해 질 수 있다. 신대륙 사람들이 자기 책임을 제대로 하지 못하는 사람에게 잔인할 정도로 매정한 이유다.

이와 같이 신대륙 사람들의 극단적인 개인주의를 이해 못하는 기업은 신대륙 진출 시 경 영에 큰 위험을 겪을 수 있다. 신대륙 사람들은 개인의 아이디어와 성향에 따라 자발적으로 일 할 수 있는 환경, 개인 실적에 대한 정확한 측정과 그에 맞는 보상을 원하기 때문에 같이 일하 고 같이 나누는 구대륙 문화와 다르다는 것을 알 수 있다.

(1) 식습관

구대륙의 경우 식습관도 쉽게 바뀌지 않는 보수성을 갖고 있다. 한국의 베이커리는 주로 간식의 개념이기 때문에 식사용 빵과 달리 단맛을 많이 함유하고 있다. 그리고 쌀에 길들여 있는 식습관으로 우리나라의 빵은 떡처럼 질고 눅눅한 경우가 많다. 이런 베이커리가 신대륙인 미국에 진출하였을 때는 치즈, 소시지 등이 한꺼번에 포함되어 있는 한국 빵이 가격과 맛 실용성으로만 판단하였고 음식에 대한 별 고정관념이 없기 때문에 쉽게 진출할 수 있었을 것이다. 대신 보수적인 구대륙에선 상대적으로 성공하기 힘들었다. 이러한 이유가 미국과 같은 신대륙 사람들은 식습관에 대해 특별한 거부성향이 없는 반면 구대륙은 기존의 식습관을 고수하려는 경향이 많기 때문이다.

커피의 경우 스타벅스가 프랑스 진출에 애로를 먹은 이유는 이러한 구대륙이 갖는 보수성 때문이었다. 프랑스인들은 수다떠는 장소가 카페인데 커피를 들고 다니면서 마시는 테이크 아웃 중심의 스타벅스는 그들과는 결을 달리하였다. 또한 커피는 여러 가지 크림과 시럽을 섞어 만들기 위한 원액이어서 원액인 에스프레소를 마시는 프랑스의 식습관과는 적합하지 않아 성공에 많은 애로가 있었다.

(2) 계급주의 구대륙 vs. 평등주의 신대륙

구대륙은 역사가 매우 깊으며 대부분 왕정국가들이었다. 왕정국가에서는 대부분 뚜렷한 계급사회가 존재한다. 우리나라도 양반과 노비가 있었으며 인도에는 카스트제도가 있다. 유럽에는 3급분리제도(tripartite structure)가 있어서 사제, 기사, 천민으로 계급이 구분되어 있었다. 유럽은 영국, 덴마크를 비롯하여 대부분의 북유럽나라들, 스페인 등은 입헌군주제이며 중동, 일본도 입헌군주제 국가들이다.

구대륙의 사람들은 왕실 및 귀족계급이 갖는 특권은 이미 사라졌어도 사회에서는 직업, 학벌 등으로 암묵적인 계급을 나누며 계급에 맞는 소비를 하는 특징을 갖는다. 이들은 차별이 아니라 차별화 하기 위한 계급의식을 갖고 있다. 자기 계급에서 가져야 하는 물건의 격에 대해서는 매우 예민하다. 영국의 이튼 학교의 영어교육, 프랑스의 복잡한 식사예절과 예술적 감성이 대표적인 예이다.

신대륙인 호주에서는 Mr. Mrs와 같은 칭호보다는 교수와 학생, 사장 직원 간에 그냥 이름을 부르는 것을 좋아하고 권력이나 직업과 관계없이 친구(mate)라고 부르는 평등사상이 강하다. 이는 구대륙의 엄격한 법에서 피해를 받아 쫓겨난 계급사회의 피해이다. 일부 연구에 의하면 기업은 나이와 관계없이 능력으로만 대해야 한다는 주장에 대해 신대륙인 미국과 호주는 60%, 프랑스, 독일, 이탈리아는 50%, 우리나라와 일본, 싱가포르는 40%가 그렇다고 대답하였다.

신대륙 사람들은 평등을 중요하게 생각하기 때문에 주변 사람들 간의 평등관계가 깨지는 것을 싫어하기 때문에 자기보다 높은 학력이나 경제력을 갖는 배우자의 선택을 꺼리고 자기가 감당하기 어려운 비싼 선물을 받는것도 부담스러워 한다.

이러한 현상은 혁신적인 제품에 대해서도 나타난다. 미국과 같은 신대륙의 경우 주위에 혁신적인 제품을 채택하는 혁신자가 생기면 옆집사람들이 구매하면 나도 구매한다(keeping up with joneses)는 경향이 많다. 이에 신제품의 조기수용이 빨리 일어나지만 구대륙인 유럽의 경우 보수적이기 때문에 신제품의 판매가 상대적으로 늦게 일어나기에 혁신제품을 런칭시키기에는 적합하지 않은 시장이다.

6) 농업재배문화로 본 소비자

동·서양 문화권이 나뉘는 이유가 재배작물의 종류에 있다는 쌀 가설(Rice Theory)이 있다. 이 이론에 의하면 동양 문화권의 사람들은 대부분 쌀을 재배하는데, 쌀은 물이 어느정도 고여 있는 곳(논)에서만 자란다. 따라서 농경지에 물을 대는 관개가 필수다.

관개를 하기 위해서는 땅에 물길을 만드는 작업을 해야 하는데 이때 많은 인력이 필요하다. 또 이렇게 만든 물길 주위에 모여 살며 물길을 나눠 써야 한다. 자연스럽게 공동체가 형성되는 것이다. 공동체에서는 협력이 필요하며 집단을 중요하게 여기는 정서가 자연스럽게 생겨난다. 쌀 재배에서는 물이 많이 요구되기 때문에 어류 소비와 밀접한 문화가 형성된다.

하지만 밀은 맨땅에서 자라기 때문에 관개가 필요 없다. 사람들이 같이 해야 할 일이 없고 모여 살지 않아도 되는 것이다. 따라서 개인적인 생활 방식이 자리잡게 된 것이다. 뿐만 아니라 어류에 대해서도 선호도가 쌀문화권과 달리 낮아지게 된다.

Talhelm, Zhang and Oishi(2014)는 중국 남부의 쌀농사 지역 대도시인 홍콩, 상하이, 난징, 광저우와 북부의 밀 농사 문화권인 베이징과 선양의 카페에서 손님이 홀로 앉는지와 의자 뒷을 어떻게 하는지 관찰했다. 쌀 문화권에서는 밀 문화권보다 자리에 함께 앉는 사람이 훨씬 많았고, 의자를 치우기보다 자신이 몸을 조절해 사이로 빠져나가는 이가 많았다.

이들은 이런 결과가 역사적인 쌀과 밀 문화의 차이가 현대 생활에서도 나타나는 것을 보인 증거라고 하였다. 벼를 재배하려면 모내기와 물 대기 등에 밀보다 2배가량 일손이 많이 필요해 공동노동이 불가피하고, 이것이 상호의존적인 문화를 낳았다. 반면, 밀재배 지역에서는 상대적으로 공동노동이 덜 필요해 개인주의적 성향이 강하다.

이 연구는 매장의 의자와 조명 등 환경이 동일해 연구 조건이 유사한 스타벅스 등 체인점을 대상으로 했다. 카페 256곳에서 8,964명을 관찰한 결과 홀로 앉은 손님 비율은 밀재배 문화권인 베이징에서 35%인데 비해 쌀재배 지역인 홍콩에서는 22%에 그쳤다. 이 연구를 위해 연구자들은 의자 덫이라는 실험을 진행하였다. 통로에 한 사람의 엉덩이 폭만큼 가벼운 의자를 벌려놓고 어떻게 지나가는지 보았다.

기존 행동학 연구에서 개인주의적 사람일수록 물건을 적극적으로 옮기는 것으로 나타났다.

연구 결과 의자를 옆으로 옮기고 지나간 사람의 비율은 밀 문화권인 베이징 17%, 선양 15%로 상대적으로 높았고 쌀 문화권인 홍콩 6%, 상하이 2%로 나타났다. 쌀 문화권 사람들은 대부분 의자를 그대로 둔 채 사이를 비집고 지나간 것이다.

연구자들은 의자 사이로 지나가는 것은 환경에 맞춰 적응하려는 태도를, 의자를 치우는 것은 환경을 조절하려는 태도를 가리킨다고 밝혔다. 같은 실험을 미국과 일본에서 했더니 의자를 옮기고 지나간 비율이 중국과 일본은 비슷했고 미국은 그 2배였다.

이 연구는 사람들이 부유해지고 근대화·도시화가 진행되면 문화가 서구적이고 개인적으로 바뀐다는 문화 근대화 이론이 중국에 들어맞지 않는다는 걸 보여 준다고 미국과학진흥협회(American Association for the Advancement of Science: AAAS)가 밝혔다. 특히 홍콩은 베이징보다 소득이 3배 높고 오랜 기간 영국의 식민지였으면서도 쌀 문화의 전통이 계속 살아있는 것으로 나타났다. 이 연구결과는 근대화되었다고 사람들이 꼭 서구인처럼 행동하지는 않는다는 걸 보여 준다.

또한 자신과 동료를 원으로 표시해 연결한 사회관계도를 그리는 실험을 진행하였다. 이러한 실험을 한 이유는 개인주의 의식을 측정하기 위한 것인데, 기존 연구에서 미국인과 유럽인은 자신을 다른 사람보다 각각 6㎜, 3.5㎜ 정도 크게 그렸다. 반면 일본인은 자신을 더 작은 크기로 그렸다. 이 실험에서도 쌀농사 지역에 사는 학생들이 자신을 더 작은 원으로 그렸다. 중국 대학생들을 대상으로 실험한 결과도 이와 일치했다. 한편 중국 대학생의 경우, 남부 지역 학생은 자신을 더 작은 원으로, 북부 지역 학생은 자신을 더 큰 원으로 그렸다. 결국 쌀농사 지역 출신 학생들과 밀농사 지역 출신 학생들의 차이를 발견하였다. 즉, 쌀농사 지역이 더욱 자리를 작은 원으로 표현하므로 집단주의적 성향을 보여주었다.

요약을 하면, Talhelm, Zhang and Oishi(2014)이 제시한 쌀이론은 이러한 농사로 인해서 사람들의 문화가 달라진다. 이에 의하면 쌀문화권은 집단적 노동을 하여 집단주의 성향을 보이며 사고방식 역시 총합적(Holistic)/직관적(Intuitive) 사고를 하는 반면 밀문화권은 집단적 노동이 상대적으로 덜 중요시되며 사고방식도 요약(Abstract)/분석(Analytic)적 사고를 한다는 것이다.

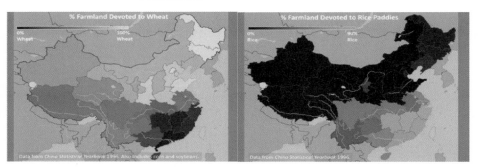

그림 10-2 중국의 쌀재배권과 밀재배권

〈자료원〉 Tomas Talhelm, https://uva.theopenscholar.com/oishi-lab/

2. 문화구분의 모형에 대한 비판

개인주의-집단주의 차원이 교육과 마케팅 등 다양한 영역에서 응용되기 시작한 1990년 말부터 이에 대한 비판이 쏟아져 나왔다.

첫 번째 비판 및 한계점은 문화적 개념이 개인의 심리적 변수로 지수화(index)됨으로써 문화와는 상관없는 탈맥락화를 만들어냈다는 비판이다(Greenfileld, 2000). 즉, 문화와 사람의 상호 작용이 사라지고, 그냥 사람 속에 존재하는 여러 성격적 변수 차원으로 환원되었다는 것이 핵심적인 비판이다.

두 번째 비판은 개인주의-집단주의의 이분법이 심리학적으로 타당한 분류가 아니라 이데올로기적 구분이라는 비판도 제기되고 있다. 개인주의-집단주의라는 이분법에 따르면 개인주의 문화는 발달한 사회에 나타나고, 집단주의 문화는 낙후된 사회에 나타난다는 개념을 암묵적으로 전제한다. 그리고 이런 이데올로기의 심리학적변용이 바로 개인주의-집단주의 척도로 나타났다는 것이 비판이다. 구체적으로 보면, 개인주의적 성향을 나타내는 자아 존중감, 개방성과 같은 서구 문화 중심의 잣대로 비교하는 것이 문화 차이를 빙자한 문화적 우월을 드러내는 시도라는 점이 그것이다.

3. 문화적 가치 변화와 소비자 그리고 글로벌경영 시사점

문화적 가치는 고정되어 있지 않고 시간의 흐름에 따라 변화된다. 문화적 가치의 변화는 마케터에게 새로운 시장기회를 제공한다는 점에서 중요하다. 글로벌경영자는 문화적 가치를 이용하여 전략을 수립할 때는 제품에 따라 문화적 가치의 영향의 정도가 다르다는 것을 고려해야 할 것이다. 가령, 여행이나 의류제품 등이 커피나 세탁세제보다 소비자 가치에 더 많은 영향을 받을 것이다. 따라서 소비자의 문화적 가치를 측정하는 프로그램은 제품에 소비자에게 주요한 관심을 갖고 있거나 중요하다고 생각하거나 제품 및 서비스가 문화와 관련된 상징적 가치를 갖는 경우, 전략수립에 보다 효과적으로 적용될 수 있다.

뿐만 아니라 글로벌경영자는 서로 다른 문화적 환경을 갖는 해외시장에 진출하여 비즈니스를 할 때 자기가 익숙한 문화적 환경에 의거하여 타문화권의 소비자행동을 평가하는 자기준거기준(Self-Reference Criterion)의 잘못을 하기가 쉽다. 성공적인 글로벌 비즈니스를 수행하기 위해서는 글로벌경영자들은 문화적 관점에서 자기준거기준으로 상대국을 평가해서는 안된다. 즉, 자기에게 익숙한 문화적 가치만이 정확하다고 생각하는 편협한 사고를 벗어나 현지의 문화를 이해하고 현지의 관습과 전통의 문화적 배경을 이해하고 타문화적 가치관을 존중하는 다문화적 태도를 가져야 할 것이다.

한편 한 개인의 입장에서 문화가 상이한 외국에서 생활하면서 겪게 되는 것으로 이른바 문화충격(culture shock)이 있다. 문화충격이란 기존의 행동양식이나 기대가 새로운 문화에 적합하지 않아서 다양한 문화적 요소를 새롭게 배우면서 대처하는 데 있어 지각하는 일종의 충격을 말한다. 즉, 새로운 문화에 적응하기 힘들어서 심리적으로 불안해지는 상태를 말한다. 문화충격은 처음에는 문화 간 색다른 차이점으로 인해 들뜨기도 하지만 점차 좌절감, 당혹감, 혼란 등을 느끼는 문화충격을 경험하게 된다. 대부분의 경우 문화충격은 1~2개월 후면 감소하기 시작한다. 반면 외국에서 오랫동안 거주하다 자국으로 귀국하는 경우에도 문화충격을 경험한다.

이를 역문화충격(reverse culture shock)이라고 한다. 외국문화에 적응하여 잘 지내다가 자국에 돌아오면 마치 새로운 외국문화에 처음 적응하듯 문화적응과정을 다시 거친다는 것이다.

더 생각해 볼 문제

○ **FD1** 농업사회의 전통에 의해 집단주의와 개인주의가 나타났는데 4 차산업 이후에는 이러한 측면에서 어떤 문화권으로 나누어 질 수 있을까?

○ **FD2** 기업 내부의 구성원과 기업 외부의 소비자의 문화차이가 글로 벌 성과에 어떠한 영향을 미칠 수 있을까를 조사해 보자.

○ **FD3** 집단주의에서의 소비행복과 개인주의에서의 소비행복은 어떠 한 차이가 있는가를 토의해 보자.

Part 03

글로벌경영의
전략과 관리

Global business strategy and management

CHAPTER

11

기업의 해외시장 진출과 글로벌경영

학습목표(Learning Objectives)

○ LO1 해외시장에 기업들이 진출하는 이유에 대해 설명할 수 있다.
○ LO2 기업의 글로벌 시장 진입 전략 수립 시 주요한 점검사항을 이해할 수 있다.
○ LO3 해외시장진입경로의 발전과정을 이해하고 예측할 수 있다.
○ LO4 해외시장진출방법에 대해 이해하고 국내의 사례에 적용해 볼 수 있다.
○ LO5 해외직접투자에 대한 이론을 이해하고 설명할 수 있다.

무역협회 "韓기업 해외사업, 베트남 등 신흥시장 이동…맞춤형 마케팅 지원 필요"

'해외 비즈니스 수요 실태조사' 결과 보고서 발간

수출 1000만달러 이상 기업, 상관행 어려움 많아

10인 미만 영세기업, 무역보험 등 금융지원 애로

"기업 대상 수출 지원 사업에도 변화 필요"

우리 기업의 해외 비즈니스 중점 수요가 베트남과 인도 등 아시아 신흥시장으로 이동하고 있는 가운데 우리 기업이 해외 투자를 결정한 주된 요인이 우리나라의 해외 대비 높은 국내 인건비와 생산 비용, 조세 부담 등인 것으로 나타났다.

8일 한국무역협회는 지난 8월 10일부터 30일까지 우리 기업의 해외 사업 수요를 파악하고 해외 진출 지원 대책을 수립하고자 설문조사를 실시, 906개사의 응답을 바탕으로 우리 기업의 해외 비즈니스 활성화를 위한 정책 과제를 발굴해 '해외 비즈니스 수요 실태 조사 결과' 보고서를 발간했다.

보고서에 따르면 우리 기업의 해외 비즈니스 중점 수요는 중국·일본에서 베트남·인도 등 아시아 신흥 시장으로 옮겨가는 추세인 것으로 나타났다. 응답 기업은 현재 우리 기업의 주요 해외 비즈니스 대상국을 미국, 중국, 일본, 베트남, 독일 순으로 꼽은 반면 향후에는 미국, 베트남, 인도, 중국, 일본 순으로 변화할 것이라고 답변했다. 특히 주요 비즈니스 대상국으로 여겨지던 홍콩, 브라질 대신 인도네시아, 말레이시아, 사우디아라비아 등이 새로운 중점 비즈니스 대상국으로 지목됐다.

또 수출 실적이 큰 기업은 인도를, 수출 실적이 상대적으로 작은 기업은 베트남과 중국을 향후 중점 비즈니스 파트너로 고려하는 것으로 조사됐다. 수출실적 1000만 달러 이상 기업의 향후 중점 비즈니스 대상국 응답 비중은 미국(27.3%), 인도(8.43%), 베트남(8.2%), 일본(5.1%), 중국(4.5%)이었으며, 수출실적 1000만 달러 미만인 기업은 미국(20.5%), 베트남(9.6%), 중국(9.1%), 인도(7.1%) 순이었다.

수출 기업의 81.2%는 내수 시장 한계 극복을 위해 성장성이 높은 해외 시장을 겨냥하고 있다고 응답하며, 고용이 많고 수출 실적이 큰 기업일수록 현지 투자를 병행하는 경우가 많은 것으로 파악됐다. 특히 해외 대비 높은 국내 인건비, 생산비용 및 법인세 부담 등 비용 요인(49.2%)이 해외 직접 투자를 고려하는 주된 요인인 것으로 나타났다.

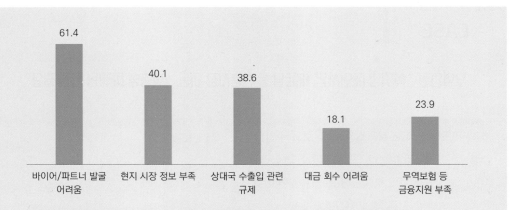

바이어/파트너 발굴 어려움 61.4

현지 시장 정보 부족 40.1

상대국 수출입 관련 규제 38.6

대금 회수 어려움 18.1

무역보험 등 금융지원 부족 23.9

한국무역협회가 발간한 '해외 비즈니스 수요 실태조사' 결과 보고서의 수출기업 애로 사항
(단위: %, 복수응답)./한국무역협회

한편, 수출 기업은 현지 바이어·파트너 발굴의 어려움(61.4%)을 가장 큰 애로로 꼽았으며, 수출 1000만 달러 이상 기업의 경우에는 상대국 수출입 규제 및 상관행에 따른 어려움(46.6%)도 크다고 응답했다. 반면, 고용인원 10인 미만의 영세 기업의 경우에는 무역 보험 등 금융 지원 관련 애로 응답 비중이 34.9%로 높게 나타났다.

해외 투자 기업의 경우에는 △현지 시장 및 세제 관련 정보 부족(59.5%) △현지 협력 파트너 발굴의 어려움(42.1%) 등을 호소했으며, 300인 이상 기업의 경우 △상대국 정부의 차별적 지원정책(46.2%) △정책 투명성 부족(30.8%) 등으로 인한 어려움도 크다고 응답했다.

수출 기업은 향후 수출 확대를 위한 현지 바이어·파트너 연결 지원 사업(63.6%)과 현지 시장 관련 정보 제공(45.9%)이 우선적으로 필요하다고 답했으며, 대기업의 경우에는 통상 교섭 활동 확대 및 정부 간 공식 고위급 협력 채널 구축이 필요하다는 답변이 23.1%로 높게 나타났다. 현지 투자 기업은 현지 외국인 투자 관련 세제, 보조금 등 정보 제공 사업(63.5%)이 시급하다고 응답하였으며, 현지 파트너 발굴을 위한 비즈니스 행사(54.7%) 수요도 높게 나타났다.

보고서는 고용 규모, 수출 실적 등 기업 특성에 따라 해외 비즈니스 관련 애로와 필요한 지원 사항이 상이한 것으로 조사됐다며, 우리 기업의 효과적인 해외 비즈니스 지원을 위해 기업군별 수요를 고려한 맞춤형 지원 사업이 필요하다고 제안했다. 또 기업 직접 투자의 국내 유입보다 해외 유출이 더 큰 투자 역조 현상에 따른 일자리 해외 유출 등을 방지하기 위한 국내 세제 혜택, 보조금 지원 등 기업의 비용 부담을 경감하기 위한 대안 마련이 시급하다고 지적했다.

박선경 무협 국제협력실장은 "우리 기업의 해외 비즈니스 관련 중점 수요가 베트남, 인도 등 신흥 시장으로 옮겨가고 있는 만큼, 기업 대상 수출 지원 사업에도 변화가 필요한 때"라며 "향후 협회는 우리

기업의 해외 비즈니스 활성화를 위해 진출 국가별 맞춤형 정보 제공과 현지 바이어 발굴을 위한 수출 상담회 등 효과적 마케팅 지원 사업을 추진하는 한편, 고위급 협력 채널 구축 및 통상교섭 활동 확대를 위해 정부 부처와 협력을 확대하겠다"고 말했다.

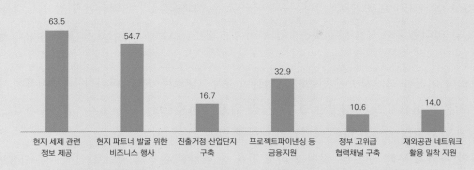

한국무역협회가 발간한 '해외 비즈니스 수요 실태조사' 결과 보고서의 현지투자 원활화 위한 지원사업 수요
(단위: %, 복수응답)./한국무역협회

<자료원> 아시아투데이, 2023.9.8.

　　기업이 점점 성장함에 따라 내수 위주의 시장에서 경영활동을 하던 기업은 수익창출 등을 위해 좀더 큰 시장이 있는 해외진출에 관심을 갖는다. 해외로 비즈니스를 하기로 한 경영자는 해외진출 국가가 결정되면, 해당국가의 시장에 대해 어떤 진입방법을 선택할 것인가에 대해 결정해야 한다. 선정된 해외시장에 진입하는 최적의 방법을 찾는다는 것은 만만치 않다. 수출, 라이센싱 등 다양한 방법이 있지만 모두 장단점이 존재한다. 기업의 국제시장 진출동기와 진입방법 등을 고려한 글로벌경영에 대해 살펴보자.

1. 기업의 국제시장진출 동기

　　치열한 글로벌 경쟁하에서 기업이 생존하기 위해서는 기업의 이익을 창출해야 하고 장기적인 이익성장율을 높일 수 있는 전략을 추구해야 한다. 한편 기업이 좋은 내수시장을 벗어나서 국제적인 시장에 진출하는 가장 큰 이유도 새로운 시장확대를 통한 판매증대와 함께 원가감소 및 제품가치 증대를 통한 이익률을 증대하기 위함이다.

　　즉, 기업은 국제시장 진출을 통해 원가를 감소시키거나 제품가치를 높이는 전략을 추구함으로 기업의 이익률을 높일 수 있다. 이러한 전략을 추구하는 목적은 다음의 새로운 시장확보, 경영 활동의 효율성을 추구하며 그들의 각종자원의 확보와 지식을 통한 생존하고자 하는 목적으로 설정된다.

1) 시장확보

양말을 생산하는 국내 중소기업의 입장에서 보면 좁은 국내 내수시장과는 다르게 약 15억의 인구를 갖고 있는 중국은 1사람이 1켤레만 판매를 할 수 있다면 약 15억 켤레의 판매 잠재력을 갖고 있는 시장으로 볼 수 있다. 물론 이와 같은 성과를 내기 위해서는 엄청난 노력을 해야 하지만 이러한 거대시장에서 생존하기 위해서는 많은 기업들이 최선을 다해 비즈니스 활동을 한다.

그러나 이러한 국제시장에 진출한 기업들이 모두 성장하는 것은 아니다. 국제시장은 내수시장에서는 경험하지 못한 다양한 불확실성과 위험이 존재한다. 특히 해외시장진출기업은 외국기업으로 현지의 기업과 다른 차별적인 대우를 받는다.

뿐만 아니라 문화, 인프라, 정치 그리고 환율 등 다양한 환경의 차이로 인해 내수시장보다는 훨씬 더 많은 어려움을 겪는다. 따라서 기업들이 이러한 어려움을 극복하고 현지의 치열한 경쟁 속에서 성공하기 위해서는 현지기업이 보유하고 있지 못한 경쟁우위를 해외진출 기업들은 확보하고 있어야 한다.

2) 효율성 추구

해외시장 진출은 시장확대와 첨단기술의 학습 등 많은 장점이 있는 반면에 정치적, 경제적, 문화적 차이에 따른 위험요인도 큰게 사실이다. 이와 같은 높은 위험부담에도 국내외 기업들이 국제시장을 적극적으로 추진하는 가장 큰 이유는 해외진출에 따른 위험부담보다 해외진출을 통해 얻는 이점이 더욱더 크기 때문이다.

한편 기업의 경영활동이란 가치를 창출하는 일련의 활동을 의미하며 생산, 마케팅 등의 하나의 영역에만 국한되거나 이루어지지 않는다. 다양한 영역들이 마치 사슬처럼 유기적으로 결합되고 통합되는 것이다. 이와 같은 기업의 가치사슬 활동은 글로벌화의 가속으로 인해 내수시장에서 벗어나서 전 세계적인 관점에서 자원과 역량을 조정하고 배치하여 새로운 가치를 창출해 나가고 있다. 글로벌 가치사슬은 소재 조달과 조립, 유통, 배송 등 제품 생산 전 공정을 세계 각지에서 분담하는 국제 분업 구조를 가리킨다. 미국의 애플 아이폰이 한국 카메라 모듈과 일본 이미지센서, 미국 애플리케이션 프로세서와 디자인으로 만들어져 중국에서 조립되는 구조가 대표적이다. 글로벌 가치사슬은 갈수록 촘촘해져 연구개발(R&D)과 지적재산권, 금융 등 서비스 분야로도 확대되고 있다. 예컨대, 구글이 안드로이드 운영체제를 전 세계 스마트폰과 사물인터넷에 제공하고, 현대자동차가 싱가포르에, 네이버가 유럽에 연구개발을 맡기는 경우이다.

3) 자원 및 지식의 확보

기업의 경쟁력은 과거에는 단순한 자원 등의 하드웨어에만 기초한 경우가 많았지만 최근에는 무형의 소프트웨어뿐 아니라 다양한 지식과 아이디어에 의해서도 창출되고 또한 확대되는 특징을 갖고 있다. 과거에는 베네수엘라, 브라질, 사우디아라비와 같이 부존자원들이 많은 국가들이 강대국이었다. 그러나 최근에는 스웨덴 등과 같이 부존자원이 없지만 지식을 통해 새로운 부가가치를 창출할 수 있는 국가나 기업이 성공하는 지식경쟁사회로 변화되고 있다. 이와 같이 치열한 지식경쟁 속에서 기업 내부에서 필요한 지식을 필요한 시기에 활용할 수 없는 국내외 기업들은 시장개척 목적뿐 아니라 지식확보 차원에서도 해외진출을 적극적으로 추진하고 있다. 특히 국내외 다국적 기업들의 해외 시장진출국이 기존의 후진국 시장에서 선진국시장으로 확대되고 있는데 이러한 이유는 국내 시장에서는 접할 수 없는 새로운 지식을 현지시장에서 학습할 목적이 크기 때문이다. 미국의 실리콘밸리로 IT관련 기업들이 진출하는 것이 대표적인 예이다.

4) 글로벌화에 대한 압력

기업이 국제시장으로 진출하게 되는 마지막 동기는 산업과 경쟁이 글로벌화 되는 추세로 인한 글로벌화에 대한 압력 때문이다. 연구개발이나 생산에 있어서 규모의 경제가 점차 중요해지고 있으며 전 세계적으로 소비자의 수요가 점차 동질화되어 가는 추세에 있고 무역장벽이 무너지고 있기 때문이다.

일반적으로 글로벌화의 필요성이 강조되는 산업은 표준화된 제품을 대량생산하는 산업이다. 예컨대, 메모리반도체는 전 세계에서 동일한 제품을 소비하는 글로벌제품이다. 자동차의 경우에도 과거에는 각 국가별 선호도가 많은 차이가 있었으나 점차 전 세계적으로 소비자의 선호가 동질화됨에 따라 기업들은 표준화된 제품을 대량생산하여 규모의 경제를 활용할 수 있도록 기대하고 있다.

이처럼 표준화된 제품을 중심으로 대량생산체제를 통하여 저가격으로 경쟁하는 산업에서는 기업들이 치열한 경쟁을 벌인 결과 많은 중소기업들이 도산하고 소수의 글로벌 기업들만 살아남기 쉽다. 예컨대, 메모리 반도체의 경우가 전형적인 글로벌 산업으로서 전 세계적으로 소수의 기업들이 치열한 가격경쟁을 벌이고 있다. 우리나라의 삼성전자와 SK하이닉스에 비해 경쟁력이 떨어진 일본의 메모리생산업체들은 대부분 도태되었다.

2. 글로벌시장 진출을 위한 글로벌 전략의 기본과제

기업들이 글로벌 시장 진출을 위한 전략 수립시 주요한 기본과제는 다음과 같다.

1) 경영자원의 국제적 이전 가능정도

자사의 경영자원이 국제적으로 이전 가능한가를 고려해야 한다. 기업이 해외진출을 하기 위해서는 그들에게 경쟁우위를 가져다주는 경영자원을 보유하고 있어야 한다. 삼성전자의 메모리 반도체의 경우 공정 효율화능력, 가격능력, 연구개발 능력, 양산능력 등 자사가 가지고 있는 경영자원을 적극적으로 활용하여 전 세계적인 경쟁우위를 확보할 수 있었던 것이다.

이와 같이 해외에 진출하려는 기업들은 자신이 어떤 경영자원을 갖고 있는지, 자사가 보유한 경영자원을 해외시장에서 활용할 수 있는가에 대해 살펴보아야 할 것이다. 만약 어느 기업이 한국내에서는 품질과 가격 측면의 경쟁우위가 있지만 전 세계적인 경쟁자와 비교하였을 때그 우위가 크지 않다면 해외진출 시 성공가능성이 희박하다. 따라서 기업들은 자신이 갖고 있는 경영자원을 국제적으로 이전하여 경쟁우위를 유지할 수 있는가를 검토해야 한다.

2) 생산시설 배치에 대한 고려

글로벌 전략을 수립할 때는 생산시설 배치에 대한 고려사항이 있어야 한다. 경우에 따라서는 현지에서 완성품을 판매하기도 하지만, 반제품 혹은 단순조립 등의 다양한 생산시설에 대한 역할 배치 등에 대한 고민이 있어야 한다. 또한, 한 국가에 집중시킬 수도 있고 세계 여러 곳에 분산을 시킬 수도 있다. 글로벌 전략을 수립하기 위해서는 각각의 생산활동을 어느 지역, 어느 국가에 배치할 것인가에 대한 고려가 있어야 할 것이다. 예컨대, 햄버거 시장 진출 글로벌 전략을 수립할 때도, 빵의 구입, 육가공, 부식재료 등의 공급 및 생산에 대한 역할 배치 등의 고려사항이 충분히 있어야 한다.

3) 구체적인 진입시장 결정

기업활동에 있어 이전에 언급한 생산 시설배치와 관련하여 구체적인 진입시장 선택이 매우 중요하다. 우리나라 현대자동차의 경우 미주시장 진출초기에 바로 진입을 하기 전 시험마켓으로 캐나다와 호주 등을 선택하였다. 이후 시험마켓의 결과를 반영 즉, 품질과 가격경쟁력 등을 강화한 후에 본격적으로 미주시장에 진출하였다. 이와 같이 기업이 해외시장 진출을 할 때에는 먼저 자신의 핵심역량을 기준으로 진출 후 해외자회사가 경쟁력을 가질 수 있는가 여부를 고려하여 진입시장을 선택해야 한다.

4) 구체적인 집입 방법에 대한 결정

진입국가의 진입시장이 결정되었다면 해당 국가에 어떠한 형태로 진입할 것인가에 대해 결정을 해야 한다. 해외시장에 진출하는 방법에는 여러 가지 방법이 있을 수 있다. 수출이나 라이센스 형태로 진입할 수 있으며 독자적 법인을 설립하거나 합작투자 혹은 인수합병을 통해서도 진출할 수 있다. 이와 같이 각국에 진출할 때에 적절한 진입방법을 결정하는 것은 기업들이 글로벌 전략을 추구하는데 필수적인 중요한 의사결정이다.

일본의 디즈니와 유럽의 디즈니는 그 형태가 다르다. 일본 디즈니는 Oriental Land라는 일본 현지법인이 100% 소유권을 갖고 있는 반면, 유로 디즈니는 49.9%의 소유권을 미국 디즈니사가 갖고 있다. 이는 이전의 일본진출 시 실제적으로는 막대한 수입이 발생하였지만 로얄티 수입정도만 받아가는 형태의 실수를 만회하기 위함이었다.

5) 통제와 조정방법

글로벌 시장진출 이후 전 세계에 있는 자회사들에 대한 효과적이고 효율적 통제와 조정방법이 있어야 한다. 만약 전 세계적으로 분산되어 있는 핵심역량들을 효과적이고 효율적으로 통제를 하지 못한다면 그 기업은 바람직한 경영성과를 도출하기 어려울 것이다.

핵심역량이란 경쟁기업에 비해서 훨씬 우월한 능력. 즉, 경쟁우위를 창출하는 기업의 능력이다. 이와 같은 핵심역량은 기업이 갖고 있는 경영자원 중 경쟁자가 쉽게 모방할 수 없는 기업특유의 능력을 의미한다. 기업들은 저마다 서로 다른 핵심역량을 갖고 있으며 이러한 핵심역량은 기업의 경쟁우위의 원천이다. 그러므로 이러한 핵심역량을 갖추고 진출한 지역과 본사와의 역할 등에 대한 공유와 통제 조정 등은 지속적 경쟁우위가 된다.

3. 기업의 국제화 단계와 진출 경로선택

기업의 국제화 단계는 〈그림 11-1〉과 같이 4단계로 나눌 수 있다.

첫 번째 단계는 국제화 이전 단계로 주로 기업이 내수시장 위주의 경영활동을 하는 단계이다. 두 번째 단계인 국제화 초기 단계는 특정국가 진출에 초점을 맞춘 단계로 진출국가 선정, 진입방식 선정, 진출시기조절 등이 중요한 의사결정이다. 세 번째 국제화 성장단계에서는 기존에 진출한 해외시장에서 쌓은 경험을 토대로 새롭게 현지실정에 맞는 전략을 수정하여 실행하는 단계이다. 마지막 국제화 성숙단계에서는 기존에 국가별, 시장별로 기업의 가치사슬을 유기적으로 통합하고 조정시켜 나가는 단계이다.

이와 같은 국제화 단계 중 국제화 초기 단계에 있는 기업이 직면하는 가장 큰 첫 번째 의사결정 중 하나가 진출시장의 진입경로 선택 문제이다. 해외시장 진출방식은 〈그림 11-2〉에서 볼 수 있듯이 비지분투자 방식과 지분투자방식으로 나눌 수 있다. 비지분투자방식에는 수출과 라이센싱, 프랜차이즈 등과 같은 각종 계약 형태가 포함되며 지분투자방식에는 해외단독투자와 합작투자가 포함된다.

그림 11-1 국제화 단계 및 주요의사결정

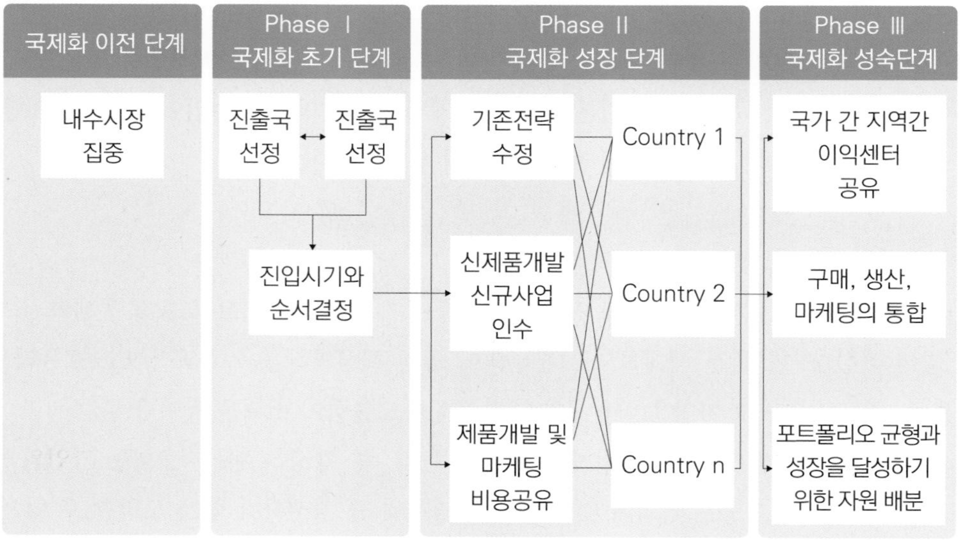

그림 11-2 해외진입경로 선택방법

1) 수출

수출은 해외시장 진출 방식 중에서 가장 기초적인 방법으로 대부분 기업의 가치창출활동은 본국에서 수행되고 생산된 제품을 현지에 판매하는 방식이다. 해외시장에 처음 진출하는 기업은 대부분 수출방법을 우선적으로 고려하는데 이는 다른 해외진입방식에 비해 위험이 비교적 적고 해외 진출시장에 대한 큰 경험이 요구되지 않는 편이기 때문이다.

그림 11-3 KOTRA와 대한상공회의소

한편 수출은 현지에 직접 판매법인을 설립하거나 기업이 현지 고객을 대상으로 직접 판매하는 경우와 현지 대리인(agent)이나 유통자(distributor)와 같은 중간상을 통해 판매하는 경우로 구분할 수 있다. 대기업의 경우라면 초기 단계에서부터 수출을 하면서 현지국에 지사 혹은 현지 판매법인의 설립이 어느 정도 가능할 것이다. 그러나 중소기업의 경우에는 대부분 직접유통방식 보다는 현지 유통대리인을 선정하여 제품 유통업무를 위탁하는 간접유통방식을 채택한다.

이와 같이 현지 유통대리인을 이용하는 방법은 현지 대리인의 해박한 현지 시장 정보 및 이해력 그리고 현지 네트워크를 이용하여 비용이 상대적으로 적게 발생한다는 이점이 있다.

한편 현지 중간상인 유통대리인도 다시 대리점(agent)과 유통점(distributor)으로 구분된다. 대리점은 단순히 수출제조업체의 대리인으로서 자신에게 자금 부담과 법적책임이 전혀 없으며 중개 수수료 획득을 목적으로 한다. 반면 유통점은 수입 및 각종 마케팅 비용에 소요되는 비용을 전적으로 자신이 부담하고 수요예측을 통해 모든 위험을 감수한다. 유통점은 일종의 바이어이다. 즉, 자신이 수입업자가 되어 제품을 자국시장 내 들어와 도소매업자나 최종소비자에게 재판매함으로써 수입원가와 판매가격 간의 이윤을 획득한다. 또한 유통점은 수출제조업체에게 높은 판매마진과 함께 시장 내 독점판매권을 줄 것을 요구한다. 수출제조기업이 수출경로로서 판매점을 선택하는 사례는 보통 수출경험이 없거나 현지시장 개척이 어려울 때로 협상력이 부족하여 상대방에게 독점판매권을 쉽게 부여하는 경우가 많다. 그러나 한번 부여한 독점판매권은 적어도 계약기간 동안 변동이 불가능하다. 책임을 다하지 않거나 무능한 유통점에게 최초거래부터 독점판매권을 부여하는 것은 미래의 수익을 감소시킬 뿐 아니라 시장진출 자체가 실패할 가능성이 높다.

이와 같이 수출의 성패는 얼마나 유능한 수입상과 거래하느냐에 많은 영향을 갖는다. 따라서 적절한 현지 유통업자를 선정하는 것이 매우 중요하다. 잠재력이 높은 현지 유통대리인을 수배하는 방법으로는 KOTRA, 대한상공회의소, 금융회사, 운송회사, 선박회사, 광고대행사 등의 소개를 받거나 상품 관련 전시회의 참석 등을 통해서도 이루어진다.

작성된 후보기업의 명단이 정해지면 이메일 등을 통해 거래를 타진하는데, 이메일에는 수출제조기업의 소개, 신용상태, 제품소개, 현지시장의 판매 잠재력, 기대하는 유통대리인의 역할 등을 주요 내용으로 한다.

만약 상대가 관심을 갖고 응답을 한 경우에는 정보를 분류하고 우선순위를 갖춘 후보자를 선별하여 서신을 재발송한다. 이때는 현지시장에서 판매계획, 예상판매량 그리고 기타 내용이 일반적으로 포함된다. 해외업체의 신용파악은 해당업체에 스스로 신용상태에 대한 내용증명을 보내달라고 하거나 수출기업이 국내외 거래은행이나 신용평가회사 등에 문의해서 복수로 검증해야 한다.

2) 계약방식

계약방식에 의한 진입방식은 기업이 자신의 무형자산인 기술, 상표, 물질특허권, 저작권과 같은 지적소유권, 소프트웨어와 같은 기술노하우, 경영관리와 같은 경영자산을 하나의 상품으로 취급하여 현지기업과 일정한 계약에 의해 현지시장에 진출하는 방법이다. 이러한 해외사업 운영의 특징은 로얄티나 다른 형태의 대가로 기술적인 자산이 외국으로 이동하는 것이다. 이러한 방법에는 라이센싱, 프랜차이즈, 계약생산 등이 있다.

라이센스(license)를 통한 해외사업진출은 다음과 같은 목적으로 이루어진다.

먼저 진출예정국에 수출이나 직접투자에 대한 무역규제 등의 장벽이 존재하는 경우 라이센스는 유일한 진출방법이 된다. 개발도상국일수록 아직 수출이나 100% 소유의 해외직접투자를 규제하고 합작투자나 라이센싱을 요구하는 나라가 많다. 이러한 경제환경에서 라이센싱은 정부의 규제와 무역장벽을 넘는 하나의 대안이 되기도 한다.

둘째 수송비가 비싸거나 국가 간에 상품을 이동하는데 많은 비용이 소요되는 경우 라이센싱은 효율적인 국제사업 운영방법이 된다.

셋째, 기술과 서비스와 같이 이전방법이 복잡하거나 이전비용이 많이 소요되는 무형자산의 경우, 라이센싱은 효과적인 해외진출이 될 수 있다. 그리고 마지막으로 투자국의 정치적 위험이 큰 경우에 기업들은 위험부담을 줄이기 위해 직접투자보다 라이센스를 선호하게 된다.

그러나 라이센스는 몇 가지의 단점이 있다.

첫째, 라이센스는 자사의 브랜드나 기술에 대한 보호와 통제가 힘들다. 포지셔닝이 진출국가에 따라 브랜드의 이미지가 달라질 수 있을 뿐 아니라 기술도 변형 혹은 유출될 가능성이 있다.

둘째 라이센싱은 자신이 직접 현지에서 활동하는 경우에 비해 수익이 작을 수 있다. 셋째 라이센싱은 경쟁자를 만들 위험이 있다. 라이센싱은 기술이나 무형자원을 일정기간 공여하는 것이다. 그러나 이러한 기술들이 공여기간이 끝나더라도 계속해서 사용될 뿐 아니라 공여된 기술을 받는 기업이 자신의 경쟁자가 될 수도 있다. 넷째, 라이센싱 협정은 일정기간 동안 라이센싱 업체에 대해 독립적인 권리를 보장해 준다.

따라서 일단 라이센스를 공여하게 되면 적어도 해당 계약기간이 종료될 때까지는 해당국에서 다른 활동을 하거나 라이센싱 업자를 교체할 수 없게 된다. 프랜차이즈(franchise)는 라이센스의 한 형태이지만 라이센스보다 훨씬 강한 통제가 가능하다. 라이센스 계약이 기술, 브랜드 등을 일정기간 동안 공여하는 것에 비해 프랜차이즈는 품질관리, 경영관리, 사업체의 조직 및 운영지원, 마케팅지원, 각종 생산품 지원 등 프랜차이즈 공여기업이 프랜차이즈 수여기업을 직접적으로 관리하거나 통제한다.

프랜차이즈의 이점으로는 먼저, 적은 자본으로 해외시장확대가 가능하다. 예컨대, 한국에 진출하려는 커피기업은 비싼 임대료 등을 지불하면서 자신이 직접 매장을 운영하는 것보다는 프랜차이징 계약으로 진출하는 것이 비용면에서 훨씬 유리하다. 둘째, 표준화된 마케팅활동이 가능하다는 것이다. 가맹점마다 통합된 품질과 서비스가 동일하기 때문이다. 셋째, 각 가맹점에 동기를 부여할 수 있다. 프랜차이즈 가맹업체는 일정 수수료만 지불하고 나머지 영업수입은 모두 자사의 수익이 되므로 각 매장이 매출을 증대하기 위해 자발적으로 노력하게 된다. 하지만 기술이나 브랜드에 대한 통제를 유지하기 힘들다는 것과 잠재적인 경쟁자를 키운다는 점에서는 라이센스와 같은 단점이 있다.

계약생산의 대표적인 방법으로는 하청생산계약이 있다. 하청생산방식이란 나이키, 혹은 아베크롬비와 같은 회사가 한국의 하청업자에게 일정한 품질과 가격의 브랜드제품을 납품하도록 계약을 체결하고 이러한 계약에 의해 국제경영활동을 수행하는 방식이다. 하청생산방식은 하청업자에게 생산기술과 품질관리기술을 공여한다. 하청생산계약의 장점은 자신이 직접 공장을 운영하지 않으면서도 신속하게 시장진입을 할 수 있고 시장의 환경이 악화되면 신속하게 퇴각할 수 있다는 점이다. 그러나 하청생산의 문제점은 지속적인 품질관리가 어렵고 라이센싱과 프랜차이즈와 마찬가지로 경쟁자를 키울 수 있다는 점이다. 그래서 일반적으로 이러한 기업들은 핵심적인 부품은 독자생산을 하거나 디자인과 마케팅기능은 자체적 수행, 품질의 혁신기법 적용 등으로 하청생산계약의 문제점을 줄인다. 이외에 국제계약방식으로는 위탁경영, 서비스계약, 턴키(tern key)방식 등이 있다.

Global High Light
SK바이오팜, 美 이어 유럽도 직판 검토…이동훈 사장 "시장 조사 中"

美 직판 반대했던 이 사장, 직판 효과에 반색
세노바메이트 총 이익률 90% 달해, 직판 효과 명확
美외 국가 파트너 전략서, 유럽 직판 선회 가능성 열어놔

[이데일리 송영두 기자] 미국 외 지역에서 협력사를 통한 시장 진출 의지를 밝혔던 SK바이오팜이 유럽에서 직접 판매 체계 구축을 검토 중인 것으로 확인됐다. 이를 위해 유럽에서 시장 조사 중인 것으로 알려졌다. 미국 직판 체계 구축 효과가 상당한 것으로 나타나, 장기적으로 유럽 직판 추진을 통해 글로벌 빅 마켓인 유럽에서도 성장 동력을 마련하겠다는 의지로 풀이된다.

7일 국회에서 글로벌 기업경쟁력강화 더불어민주당의원모임 주최로 열린 'SK바이오·배터리 반도체 첨단산업 글로벌 경쟁력과 책임 경영 시사점' 토론회에 주제 발표자로 참여한 이동훈 SK바이오팜 사장은 행사 후 이데일리와 따로 만난 자리에서 유럽 직판 가능성을 시사했다.

이 사장은 "기본적으로 유럽 시장은 안젤리니파마를 통해 세노바메이트 유통·판매를 하고 있다"면서도 유럽 직판 계획이 있느냐는 기자의 질문에 "그게 상황에 따라 달라질 수 있는 부분이다. 장기적으로 직판 등 여러 가지 상황을 위해 현재 (유럽)시장을 계속 조사하고 있다"고 말했다.

그동안 SK바이오팜(326030) 측은 미국 외 지역에서는 전략적으로 파트너사를 통한 판매 마케팅에 주력하겠다는 입장을 줄곧 밝혀왔다. 실제로 SK바이오팜은 미국과 한국을 제외한 유럽(안젤리니파마), 일본(오노제약), 캐나다(엔도 벤처스), 이스라엘(덕셀), 라틴아메리카(유로파마) 지역에서 파트너사와 협업하고 있다.

특히 이 사장은 SK지주사 임원 재직시절 SK바이오팜의 미국 직접 판매 구축을 반대했던 것으로 알려졌던 만큼, 그의 유럽 직판 추진 검토 가능성을 시사한 이런 발언은 상당한 의미가 있다는 게 업계 분석이다. SK바이오팜 내부 사정에 정통한 관계자도 "과거에는 미국 쪽에 초점이 맞춰져 있어 유럽 직판을 위한 현지 시장 조사 등은 없었던 것으로 알고 있다"고 말했다.

이 사장이 유럽 시장 직편 체제 구축 가능성을 열어둔 데에는 직판 체제를 구축한 미국에서 세노바메

이트(미국 제품명 엑스코프리)가 기대를 뛰어넘는 실적을 내고 있기 때문으로 풀이된다. 미국 시장에서의 성과가 자신감으로 이어졌을 것이란 분석도 나온다. SK바이오팜은 미국 자회사 SK라이프사이언스를 설립해 미국 전역에 걸쳐 상업화 인프라를 구축했다. 약 120명의 중추신경계 질환 전문 영업인력을 통해 세노바메이트를 직접 판매하고 있다.

SK바이오팜이 자체 개발해 2019년 국산 신약 최초 미국 식품의약국(FDA) 승인을 받은 세노바메이트는 2020년 출시 이후 매년 40~50% 매출이 성장하고 있다. 올해 상반기 매출이 약 1378억 원으로 국산 신약 중 가장 높다. 회사 측은 2029년 미국에서만 10억 달러(약 1조 3000억 원) 매출이 가능할 것으로 내다보고 있다.

이 사장도 세노바메이트 성공에는 개발 당시부터 준비했던 미국 직판이 주효했다고 강조했다. 미국 직접 판매 결정을 엑스코프리 성공의 중요한 변곡점으로도 꼽았다. 그는 "자체 개발한 뇌전증 신약 세노바메이트는 미국에서 매출 총이익률이 90%다. 굉장히 높은 수익률을 가져가는 것인데, 이는 직접 판매를 하기 때문"이라며 "미국에서 직접 판매 체제를 구축하는데 4-5년의 기간 동안 자본을 투입했다. 그래서 그룹사 내에서도 미국 직판을 할지, 글로벌 제약사에 판매할지를 굉장히 오랫동안 회의를 거듭하고 고민했었다"고 설명했다.

이어 "SK 지주사 재직 시절 SK 바이오팜의 미국 직판에 대해 개인적으로 반대했었다. 일본 빅파마인 오츠카 제약도 미국 직판에 실패했고 리스크가 큰 것으로 판단했기 때문이다. 하지만 결과적으로 그런 판단은 잘못된 것이었다"고 했다.

특히 그는 "제약 영업이란 건 눈에 보이지 않는 무형의 것이 필요하다. 한국에서 개발한 의약품을 데이터에 근거해 미국인이 세일즈해야 한다. 결국 관계 지향적인, 컬쳐 매니지먼트가 매우 중요하다"며 "SK는 이런 준비가 돼 있었다. 그룹 내 다른 계열사가 해외 직판에 나서면서 축적된 시행착오 사례와 관련 데이터가 있었다. 그래서 최태원 회장님을 포함한 그룹 내 최고의사 결정기관에서 미국 직판에 대한 결정을 내린 것이다. 세노바메이트의 성과는 SK그룹의 장기 투자 결정 덕분"이라고 말했다.

SK바이오팜이 향후 유럽 직판 체제를 구축한다면, 셀트리온과 함께 미국과 유럽에서 직판 체제를 구축한 국내 제약바이오 기업이 된다. 물론 유럽 직판 구축에는 상당한 시간과 투자가 필요한 전망이다. 하지만 미국 직판 노하우와 SK그룹이 지원이 있다면 충분히 가능하다는 게 업계 평가다.

업계 관계자는 "SK바이오팜이 이동훈 사장 체제로 바뀌고 나서 전반적인 경영 기조가 전과 확연하게 달라졌다"며 "이 사장은 오랫동안 투자 파트에서 근무한 투자 전문가로서 숫자에 대한 믿음이 강한 편이다. 이런 것을 고려하면 미국 직판으로 매출이 상승하고, 총이익률이 90%에 달하는 것을 직접 확인한 만큼 유럽 직판도 고민할 수밖에 없을 것이다. 유럽 직판의 가능성을 열어 둔 이 사장의 발언은 상당한 의미가 있다"고 귀띔했다.

〈자료원〉 팜이데일리, 2023.11.8.

3) 직접투자

기업이 해외시장에 진출할 때 직접투자를 하는 동기가 있는데 경쟁우위 활용가능, 내부화로 인한 효율성 확보, 환율위험 및 무역장벽의 회피와 마지막으로 제품수명주기 상의 문제와 과점적 경쟁이다.

기업이 해외시장에 진출했을 때 자국에서는 성공했지만 진출국에서는 성공한다는 보장은 없다. 왜냐하면 국제화의 경험이 부족한 기업은 외국의 현지기업에 비해 많은 불리함을 감수해야 하기 때문이다. 외국기업은 언어, 문화, 유통망, 대정부관계 등이 현지기업보다 불리한데 이러한 외국기업이 갖는 불리함을 외국인비용(liabilities of foreignness)이라고 한다. 그러므로 직접투자 시에는 외국인비용보다 자사의 경쟁우위를 활용했을 때 이윤을 더욱 극대화 할 수 있을 때 투자하게 된다.

또 다른 직접투자 이유는 해외에서 경영활동을 하는데 필요한 지적자산과 원자재 등의 거래 시 외부시장을 이용하는 것보다는 기업 내부 거래를 통해 수행하는 것이 더욱 효율적이기 때문이다. 이는 다국적 기업이 경영자원의 국제적 이동을 보다 효율적으로 수행하는 조직체라는 것을 의미한다. 즉, 기술이나 브랜드 같은 경영자원은 시장에서 거래하기 힘든 경영자원이며 원자재의 해외구매 역시 가격, 품질, 납기일 측면에서 큰 불확실성이 존재한다. 해외직접투자는 이와 같은 시장거래를 기업내부의 거래로 내부화함으로써 시장거래비용을 줄이고 효율성을 높인다.

환율위험 및 무역장벽의 회피를 위한 수단으로서도 해외직접투자가 종종 사용된다. 이러한 이유는 수출에 대한 각종 관세 및 비관세장벽이 나라마다 존재하기 때문이다. 제품수명주기 측면에서도 설명할 수 있는데 수명주기가 국가마다 차이가 있기 때문이다. 해외직접투자의 진입방식에 대한 절차는 다음 〈그림 11-4〉와 같다.

해외 직접투자 시 가장 먼저 고려해야 할 점은 파트너를 수반하는 합작투자를 결정할 것인가 아니면 100%의 지분을 자사가 갖는 단독투자를 할 것인가의 선택문제이다. 이에는 현지국 정부규제, 현지국 정보의 필요성, 현지국 유통채널실태, 파트너가 갖고 있는 상호보완적 경영자원 등을 고려해야 한다. 검토 후 현지파트너가 필요하다고 판단되면 합작투자를 결정하고 이외에는 단독투자를 선택한다. 합작투자를 결정했다면 파트너의 기여도, 교섭능력, 파트너가 가진 배타적 경영자원(특허권 등)에 따라 적절한 파트너를 선정하고 지분비율을 결정한다. 한편 단독투자 시에는 빠른 진입의 필요성, 기술획득의 가능성, 인수가격 등을 토대로 신설투자나 인수합병여부를 결정한다.

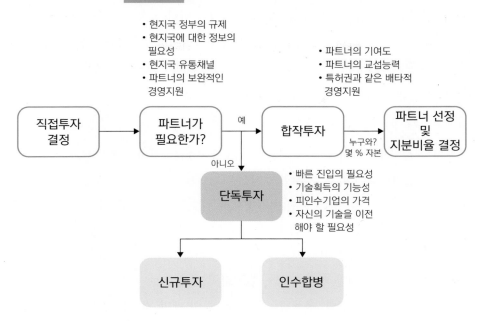

그림 11-4 해외직접투자 진입방식 의사결정 절차

- 현지국 정부의 규제
- 현지국에 대한 정보의
  필요성
- 현지국 유통채널
- 파트너의 보완적인
  경영지원

- 파트너의 기여도
- 파트너의 교섭능력
- 특허권과 같은 배타적
  경영지원

직접투자 결정 → 파트너가 필요한가? → 예 → 합작투자 → 누구와? 몇 % 자본 → 파트너 선정 및 지분비율 결정

아니오

단독투자

- 빠른 진입의 필요성
- 기술획득의 가능성
- 피인수기업의 가격
- 자신의 기술을 이전
  해야 할 필요성

신규투자   인수합병

(1) 단독투자와 합작투자

단독투자는 지분 전체를 보유하고 100%의 통제권을 행사할 수 있기 때문에 경영권을 장악하고 투자 이익도 독점할 수 있는 장점이 있다. 그러나 그런 만큼 위험부담 역시 커지게 되며 업종과 진출국에 따라서는 단독투자를 허용하지 않거나 합작투자에 비해 불이익을 주는 경우도 있다. 이에 비해 투자지분을 다른 기업과 공유하는 합작투자는 과도한 투자비 부담을 줄임과 동시에 적절한 합작파트너의 선정을 통해 자신의 약점과 부족한 부분을 보완해 줄 수 있는 장점을 지니고 있다.

투자기업의 입장에서 볼 때 자신의 약점이란 자본과 경영자원의 상대적 부족, 투자 대상국의 현지사정에 대한 경험과 이해 부족 등을 예로 들 수 있으며 경우에 따라서는 외국기업이라는 사실 자체가 현지인들에게 부정적 이미지를 줄 수 있다.

이 중에서도 현지의 전반적인 환경에 대한 이해부족이나 공급자, 고객, 노조, 금융기관, 정부관리 등과의 인간적 관계를 포함한 현지 경영관행에 대한 경험부족은 외국기업으로서 피하기 힘든 약점이 된다. 이 경우 적절한 현지기업을 파트너로 삼아 합작기업을 운영한다면 많은 부분 해결이 될 수 있다.

그러나 합작투자의 실패율은 매우 높은 편이다. 합작초기에는 양자의 이해가 일치하여 이상적으로 시작했다 손치더라도 시간의 흐름에 따라 각자의 이해가 상충될 가능성이 항상 있기 때문이다. 경영권을 분담함으로써 효율적인 의사결정이 어려울 수 있고 독자적인 기술과 노하우가 합작사를 통해 외부로 유출될 가능성도 있다. 투자이익도 같이 나누어야 하는 점도 단점이다. 이러한 문제로 합작형태로 진출했다가 현지시장에 대한 이해와 경험이 축적되면 단독투자로 전환되는 사례가 많다.

(2) 신규설립과 인수합병

단독투자와 합작투자와의 구분이 지분확보 비율에 따른 것이라면 신설과 인수합병은 투자 대상 기업의 설립형태에 따른 구분이다. 신설은 기업의 설립과 그 후의 경영활동 계획을 새롭게 진행할 수 있는 장점이 있는 반면 시간적으로 비교적 짧은 시간 안에 사업을 전개할 수 있고 인수조건의 협상에 따라서는 자금 부담을 경감할 수 있다는 장점이 있다.

인수합병은 현지의 기업을 인수 혹은 합병하는 것이다. 현지에 매각대상으로 나와 있는 기업은 뭔가 어려운 상황에 처한 경우가 많아 협상력의 열세를 보일 수 있기 때문이다. 또한 기존 기업이 갖고 있는 기술, 인력, 유통망, 거래관계 등의 제반 지원을 활용할 수 있는 장점도 있다. 그러나 인수합병방식은 기존기업의 장점뿐만 아니라 문제점인 결점도 함께 인수할 가능성이 큰 방식이므로 세심한 사전조사가 필요하다. 기존기업이 보유하고 있는 유능한 기술 및 경영인력을 적절한 동기부여와 함께 효과적으로 유지관리해야 한다는 점도 기업인수의 중요한 과제가 된다. 기술확보 차원에서 인수한 기술 집약형 벤처기업의 경우, 핵심 기술 입력이 다른 기업으로 이직한다면 인수 효과는 감소되기 때문이다.

4. 해외진출방식의 선택

해외진출방식을 기업이 선택하는 방법으로는 점진적인 방법과 전략적 방법으로 구분이 된다.

1) 점진적이고 단계적인 해외진출방식선택

기업의 해외진출방식은 각각 서로 다른 위험과 장점을 지니고 있다. 따라서 처음부터 위험부담이 높은 단독투자방식대신에 초기에는 위험부담을 최소화시킬 수 있는 과정을 거치는 등 국제화과정을 단계별로 구분하여 해외시장에의 몰입 정도를 점차적으로 높여가는 진화론적 관점의 접근방식이 제기되고 있다. 〈그림 11-5〉와 같이 일반적으로 기업의 국제화는 간접수출, 직접수출, 라이센싱, 판매자회사, 합작투자순으로 그 규모와 몰입을 점진적으로 확대시켜 나가는 방식이다.

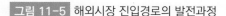

그림 11-5 해외시장 진입경로의 발전과정

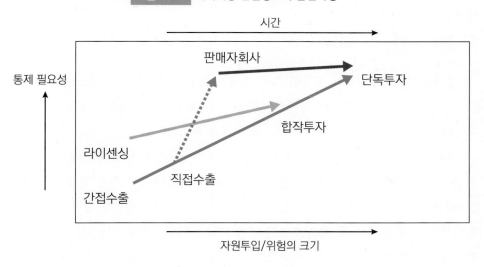

2) 전략적 접근차원의 해외진출방식 선택

점진적이고 단계적인 국제화 단계는 위험을 점진적으로 증대시킬 수 있다는 장점이 있는 반면에 급변하는 국제환경에 신속하게 적응하기가 어렵다는 한계를 지닌다. 즉, 점진적이고 단계적인 해외진출방식만을 고집할 경우, 기업이 갖고 있는 경영자원, 국제화 경험, 산업의 특성, 투자국의 환경 등 외부환경과 내부여건을 충분히 고려하지 못한 경우가 발생하기 쉽다. 현지시장 환경과 자사의 역량에 대한 전략적 판단 없이 이루어진 해외진출 경로선택은 그 이후의 기업의 사업성과에 막대한 영향을 미치게 된다. 따라서 해외시장진출 경로를 선택하는데 있어서 보다 전략적 접근이 필요하다.

(1) 기업내부역량분석

기업의 해외진출 경로선택은 기업의 내부역량과 밀접한 관련이 있다. 해외진출 기업은 현지기업에 비해서 많은 어려움을 안고 있다. 이와 같은 높은 외국인 비용을 지급하면서도 현지시장의 치열한 경쟁에서 살아남기 위해서는 현지기업이나 경쟁기업이 보유하지 못한 핵심역량을 보유하고 있어야만 한다. 따라서 올바른 해외진출경로를 선택하기 위해서는 기업이 보유한 핵심역량이 무엇이며, 이와 같은 핵심역량이 현지에서 발생되는 위험부담을 극복할 수 있는 만큼 독특하고 가치가 있으며 현지 업체들이 단기간 내에 모방할 수 없는지의 여부를 판단해야 한다. 한편 현지기업들과 격차로 인해 기술, 브랜드, 경영노하우 등을 보유한 다국적 기업들은 대부분 합작투자나 라이센스보다 100% 소유의 자회사를 선호하는 경향이 있다. 반면에 해외사업의 경험이 부족하거나 투자재원이 부족한 중소기업들은 수출이나 합작투자와 같은 해외진출방식을 선호하고 있다.

(2) 현지경쟁구조분석

해외진출기업이 직면하는 외부환경 중 가장 중요한 환경으로는 현지소비자 및 경쟁자 환경을 들 수 있다. 해외진출기업입장에서는 이와 같은 시장환경 요인들이 진출기업들에게 얼마나 유리하게 조성되어 있는가를 파악하는 것이 매우 중요하다.

이러한 경쟁구조를 분석하기 위해서는 경쟁구조분석이 필요하다. 일반적으로 포터가 제시한 산업구조분석 5요인으로 분석해 볼 수 있다. 해당 지역 내에서 기존 경쟁 간의 강도, 신규 경쟁자의 위협정도, 대체품 출현가능정도, 구매자와 소비자의 위협정도 등을 분석하여 시장에 대해 분석할 수 있을 것이다. 한편 수출은 현지 시장국내의 경쟁자 수나 이들의 상대적 경쟁력의 강도가 소수의 지배적 경쟁기업이 시장을 장악하고 있는 경우보다는 주도적 경쟁자가 없는 다수 경쟁력이 바람직할 수도 있다. 또한 진출국의 유통경로가 구조적으로 본국과 다르거나 유통관습 등의 경로 형태가 다르다면 직접투자나 판매법인(혹은 지점)을 통한 수출은 쉽게 택할 수 있는 진입방법은 아니다. 반면에 적절한 유통업자가 존재하지 않거나 이미 다른 경쟁기업과 독점적으로 사업을 하고 있다면 법인이나 지점 설치를 고려할 수 밖에 없을 것이다.

(3) 현지거시환경분석

해외진출기업들이 직면하는 기회와 위협요인은 현지 문화, 정치, 경제 등의 거시환경의 변화와 특징에 의해 영향을 받는다. 즉, 진출국가의 문화, 정치, 경제 등의 변동성이 클수록 해외투자에 따른 위험부담은 더욱 커지게 된다. 예컨대, 러시아에 최초로 진출한 한국기업들은 빈번한 도난과 합작파트너의 사기행각, 수출대금의 지급불능, 현금지급 불확실성에 직면하였다. 따라서 이러한 경우에 해외진출기업들은 수익성보다는 위험을 축소하는 방향으로 해외진출 경로를 선택하고 있다. 또한 가치관, 언어, 사회구조, 생활양식 등과 같은 사회문화적 환경이 본국과 매우 상이할 경우 현지에서 경영활동을 직접 운영하는 것은 여러 가지로 난관이 있을 수 있으므로 직접투자보다는 수출이나 라이센싱과 같은 비지분 투자방식에 의한 시장진입이 선호된다.

5. 해외직접투자의 개념과 영향요인

1) 개념

해외직접투자(foreign direct investment; FDI)는 기업이 자본, 기술, 노동력, 지적재산권, 토지, 공장 및 설비 등 생산요소를 복합적으로 해외에 이전하여 현지에서 직접 경영활동을 수행하는 글로벌 전략이다. 해외직접투자에는 두 가지 형태로 이루어지는데 단독으로 투자를 하는 경우와 합작하여 투자하는 경우가 있다.

단독투자는 해외에 투자하는 기업이 100%의 지분을 갖고 있기 때문에 독자적인 경영권을 확보하고 행사를 한다. 합작투자는 서로 다른 국적을 가진 2개 이상의 개인이나 기업 혹은 국가기관이 공동으로 기업을 설립하여 경영활동을 하는 것이다. 합작투자형식에는 다수지분참여(majority participation; 50% 이상 지분참여), 동등지분참여(equal participation; 50% 동일 지분 참여) 그리고 소수 지분참여(minority participation; 50% 미만 지분참여)가 있다.

해외 직접투자는 해외간접투자와는 구분이 되는데 해외간접투자는 외국기업의 주식이나 채권을 사서 자본이익을 얻고자 하는 것으로 직접 경영활동에 참여하고 수행하는 해외직접투자와는 차이가 있다.

또한 이러한 해외직접투자를 가능하게 하는 기업의 동기는 시장지향, 생산효율성지향, 원자재지향, 지식축적지향 등이 있다. 시장지향이란 현지 수요 및 고객욕구 충족목표와 해외시장 개척, 보호무역장벽의 회피목적으로 수출대체형 해외투자이다. 생산효율성지향은 생산요소의 가격이 생산성에 비해 저렴한 지역으로 생산시설의 이동이다. 원자재지향이란 자원 및 원재료를 확보하거나 구매하기 위해 투자하는 것이며 지식지향은 선진 기술이나 각종 지식(경영관리기법 포함)을 배우기 위해 기업이 해외직접투자의 동기를 갖는다.

2) 영향요인

해외직접투자는 다양한 측면에서 영향을 받는데 대표적으로 공급과 수요 그리고 정치적 요인으로 살펴보자.

(1) 공급요인

공급요인은 제조업과 관련된 해외직접투자에 대한 의사결정에 많은 영향을 미친다. 대표적으로는 생산비, 물류, 자원 그리고 기술 등이 있다.

기업은 현지국의 생산비가 본국보다 저렴할 때 해외직접투자를 하는 경향이 있다. 예컨대, 토지 및 임대료 그리고 각종 인건비 등이 본국보다 저렴할 때 이루어진다.

생산에 필요한 원재료 물류와 생산된 제품의 물류의 두 가지 역시 본국과 비교하여 유리하면 해외직접투자가 이루어진다. 자원의 경우는 현지국에서 직접 안정적으로 확보가 가능하면 해외직접투자를 할 가능성이 높아진다. 또한 기술을 습득하거나 취득할 수 있을 가능성이 높을 때 해외직접투자가 일어난다.

(2) 수요요인

수요요인은 대표적으로 고객측면인 고객접근과 고객이동 그리고 기업의 전략적 관점에서 마케팅전략과 경쟁우위인 전략적 측면 두가지로 설명될 수 있다.

먼저 고객측면에 대해 살펴보자. 현지국에서 고객에 대한 접근성이 좋은 경우 해외투자기업의 시장점유율이 증대될 가능성이 높다. 소비재의 해외직접투자에 고객의 접근성은 매우 중요하다. 한편 완성차업체가 해외 생산을 할 경우 원활한 부품공급을 위해 부품업체도 동시에 해외에 진출하는 등 최종 생산업체의 해외직접투자(고객이동)는 관련 공급업체의 해외투자를 촉발시키기도 한다.

전략적인 측면에서는 해외고객 서비스재고를 위해 직접투자하기도 하며 유명상표나 우수한 기술을 통한 글로벌 경쟁우위를 확보하고자 진출하기도 한다.

(3) 정치요인

진출하려는 국가의 관세 및 비관세와 같은 무역규제와 관련된 장벽, 각종 투자에 대한 인센티브와 같은 정치요인은 기업의 해외직접투자에 영향을 미친다. 즉, 진출하려는 국가에 관세 및 비관세 무역장벽(수입제한, 수량규제 등)이 존재하는 경우, 이를 회피하기 위해 해외직접투자를 하게 된다.

진출하려는 국가의 정부에 의해 제공되는 세금 관련, 외국인전용 공단, 각종 지원 및 보조금지급과 같은 금융특혜 등의 경제개발 인센티브가 있게 되면 외국기업의 현지국 투자를 촉진시키는 요인이 된다.

외국 기업 붙잡기?…시진핑 "지재권 보호·외자기업 권익 수호"(종합)

중앙정치국 집단학습서 외국 관련 법률시스템 개선 주문…1~10월 외국인투자 9.4%↓

시진핑 중국 국가주석이 외국 투자기업의 권익 보호와 시장의 법치화 및 국제화를 강조했다.

28일 중국 관영통신 신화사에 따르면 시 주석은 전날 열린 중국공산당 중앙정치국 10차 집단학습에서 "법치는 최고의 비즈니스 환경으로, 개방적이고 투명하게 외국 관련 법률 시스템을 개선해야 한다"며 "지식재산권 보호를 강화하고 외자기업의 합법적 권익을 보호해야 한다"고 강조했다.

시 주석은 이어 "국내외 규칙을 잘 활용해 시장화, 법치화, 국제화의 일류 비즈니스 환경을 조성해야 한다"고 주문했다.

시 주석의 발언은 반(反)간첩법 시행과 경영환경 악화 등 영향으로 중국에서 활동하는 외국 기업들의 탈중국 행렬이 이어지자 외국 자본을 안심시키려는 시도로 읽힌다.

중국 상무부 등에 따르면 올해 1~10월 대(對)중국 외국인직접투자(FDI)는 전년 동기 대비 9.4% 줄었다.

중국 당국은 올해 들어 경제 회복에 사활을 걸면서 각종 외국인 투자 우대 정책을 제시하며 외국 자본 달래기에 나서고 있다.

시 주석은 또 "높은 수준의 해외 무역 규칙을 능동적·적극적으로 수용하고 제도적 개방을 꾸준히 확대하며 무역과 투자 자유화와 편리화의 수준을 개선해 더 높은 수준의 개방형 경제 시스템을 구축해야 한다"고 덧붙였다.

그러면서 자유무역 시험구 등 대외개방 경험을 제때에 법률로 만들고 높은 수준의 개방, 우수한 비즈니스 환경, 영향력이 큰 대외개방 지역을 조성해야 한다고 했다.

시 주석은 아울러 "법률에 따라 안전하게 개방을 유지하는 능력을 향상시켜야 한다"며 "중국 내 외국인의 생활을 편리하게 하기 위한 조치와 법률을 개선해야 한다"고 촉구했다.

국제규칙 제정에 적극적으로 참여해야 한다는 주문도 했다.

시 주석은 "국제법을 기초로 하는 국제질서를 확고히 유지하고 국제규칙 제정에 주도적으로 참여하며 국제관계의 법치화를 추진해야 한다"며 "글로벌 거버넌스 시스템의 개혁과 건설에 적극적으로 참여하고 글로벌 거버넌스의 공정하고 합리적인 발전을 추진해 인류 운명 공동체를 건설하는 데 도움이 되도록 해야 한다"고 말했다.

이밖에 시 주석은 "외국 관련 법치 업무를 추진하는 근본적인 목적은 법치가 국가와 인민의 이익을 더잘 보호하고 국제법의 발전과 인류 운명 공동체 건설을 추진하기 위한 것"이라며 "우리는 중국 특색 사회주의 법치의 길을 확고히 걸어가야 한다"고 강조했다.

〈자료원〉 연합뉴스, 2023.11.28.

6. 해외직접투자의 이론

1) 독점적 우위이론

Hymer는 해외 직접투자의 동기를 설명하기 위해 기업의 독점적 우위 이론(Monopolistic Advantage Theory)을 제시하였다. 이 이론에 의하면 기업이 해외직접투자를 하기 위해서는 현지 기업이 갖고 있지 못한 진출기업만이 갖는 독점적 우위요인 즉 경쟁우위요인을 갖고 있어야 한다는 것이다. 기업은 이와 같은 경쟁우위자산을 최대한 활용하기 위해 국내투자보다도 해외에 투자하며 해외투자로부터 더욱 높은 수익을 창출할 수 있다고 한다. 바꾸어 말하면 해외직접투자에 있어 외국기업은 현지국 기업에 비하여 많은 불리한 입장을 갖기 때문에 현지국에 진출하려는 기업은 현지국 기업이 갖지 못하는 기업특유의 독점적 우위를 보유해야만 한다.

독점적 우위이론은 독점적 우위의 확보에 중요한 영향을 미치는 제품차별화와 규모의 경제 등을 통하여 글로벌 경쟁력있는 기업의 해외진출을 잘 설명해줄 수 있다. 그러나 해외직접투자를 독점적 우위의 하나의 요인으로 설명한 점은 한계점이다.

2) 과점적 경쟁이론

Knickerbocker는 과점적 경쟁이론(Oligopolistic Competition Theory)을 통해 해외투자직접투자를 설명하였다. 이 이론은 동일한 산업 내 기업들이 유사한 시기에 해외직접투자를 실행하고 특정지역에 집중적으로 투자되는 현상을 설명하기 위해 개발되었다.

과점적 경쟁이론은 글로벌 시장에서 기업간의 전략적 경쟁관계에 초점을 두고 해외직접투자 패턴을 설명하였다. 과점(Oligopoly)란 소수의 기업이 산업을 지배하고 있는 상태를 말한다. 이런 산업에서 나타나는 경쟁적 특성은 과점기업간에 상호간의 의존성을 갖고 있다는 것이다. 즉, 특정 기업의 전략적 행동이 즉각적으로 다른 기업에게 영향을 주어 그에 대한 반응을 갖는다. 예컨대, 과점상태에서 한 기업이 가격을 인하하여 경쟁기업들로부터 시장점유율을 가져 가려고 한다면 다른 기업들은 자사의 시장을 방어하기 위해 동일하게 가격을 인하하는 전략을 사용한다. 그러므로 과점상태에서는 기업들간의 의존성은 모방적 행동을 하게 된다. Knickerbocker는 이러한 현상이 글로벌경영에도 나타난다고 하였다. 즉, 해외직접투자에도 이러한 현상이 나타난다고 하였다. 1980년 일본의 자동차 회사인 혼다가 미국과 유럽시장에 해외직접투자를 실시하자 경쟁 기업인 닛산과 도요타가 같이 진출하였다. 그러나 Knickerbocker의 이론은 과점산업구조에서 어떤 기업이 해외직접투자를 가장 먼저 시행하는지 그리고 다양한 해외진출(수출, 라이센싱 등)보다 해외직접투자를 설명을 못하기 때문에 이러한 점은 한계가 있다.

3) 입지이론

입지이론(Location theory)는 현지국이 어떤 입지우위를 갖고 있는가에 대해 초점을 맞춘 이론이다. 해외투자기업은 현지국의 시장규모가 크거나 경쟁의 강도가 약하거나 혹은 정부의 규제가 약하거나 수송비나 물류비용이 많이 필요하지 않은 등의 입지우위가 있을 때 해당국가에 대한 해외직접투자를 선호하게 된다는 것이다.

입지선정에 있어서 거시적 요인과 미시적 요인이 있으며 이러한 요인을 바탕으로 입지가 종합적으로 검토된다는 이론이다. 거시적 요인이란 해당 국가의 산업정책과 특별지역적 활용 가능성의 규제적 요인과 정치적 안정, 문화적 장벽 등과 같은 사회적 요인을 말하며 미시적 요인이란 각종 비용과 기업활동과 관련된 세금 및 송금 관련 요인이 그것이다.

이러한 입지이론은 기업이 해외진출 시 수출보다는 해외직접투자를 선호하는 이유를 잘 설명해주고 있다. 그러나 입지이론에서 제기하는 주요한 요인들은 해외 환경 분석과 중복되기 때문에 특별한 이론이라고 하기에는 한계가 있으며 아울러 해외직접투자의 주체인 기업측면을 고려하지 않았다는 것이 한계점이다.

4) 내부화 이론

내부화 이론(Internalization Teory)은 과점적 경쟁이론이 설명하지 못한 왜 기업이 다양한 해외진출 보다 해외직접투자를 하는지를 잘 설명해주고 있다.

이 이론은 기업이 해외직접투자를 위해서 자기가 갖고 있는 경쟁우위요인인 기술이나 경영 노하우 혹은 라이센싱이나 프랜차이징을 통해 외국기업에 빌려주게 되면 많은 거래비용이 발생한다. 즉 외부시장을 중심으로 거래를 하게 되는 라이센싱이나 프랜차이즈를 현지국가의 기업들에게 빌려주게 되면 기업들은 많은 리스크와 비용이 발생한다. 예컨대, 독점적 기술과 노하우등이 해당국의 기업들에게 전수가 되면 해외시장에서 경쟁자가 되므로 기업을 이러한 점을 우려해서 시장을 조직내부에서 거래하는 내부화를 한다는 것이고 이러한 내부화의 대표적인 예가 직접투자이다.

내부화 이론은 시장의 불완전성을 염두에 두고 현실적인 상황을 반영한 이론이지만 기업의 해외직접투자의 동기를 시장의 불안전성이라는 단일요인으로만 보고 있고 해외진출대상국의 구체적인 진출국 선정에 대한 설명을 할 수 없고 시장 혹은 내부의 거래비용을 정확히 측정하기 어렵다는 측면에서 한계점을 갖는다.

5) 절충이론

절충이론(eclectic theory)는 해외직접투자에 대한 기존의 다양한 이론들을 결합시킨 이론이다. 이 이론에 의하면 기업이 해외시장의 진입방법을 결정하는 주요요인은 기업특유의 우위요인(Ownership-specific advantage), 내부화 우위요인(Internationalization advantage), 입지우위(Location-specific advantage)요인 세 가지라고 하고 있다.

이 절충이론은 지금까지 개발된 이론 중에서 가장 일반적이고 포괄적인 이론이다. 그러나 기존의 이론들을 종합하였기 때문에 독창적인 면이 결여되었다는 비판이 있으며 입지이론과 내부화 이론에서 설명하고 있는 변수들을 중복적으로 사용했다는 점도 단점으로 지적되고 있다.

6) 행동과학적 측면

이제까지 대부분의 해외직접투자이론은 주로 경제학 내의 산업조직적 관점에서 설명하고 있지만 이 이론은 행동과학적 측면에서 설명하고 있다. 이 이론의 핵심은 기업의 해외직접투자가 반드시 해외에서 더 많은 수익 창출이 아니라는 것을 지적한다. 실제적으로 기업의 많은 해외직접투자에 대한 의사결정에 관한 연구를 보면 이익창출과 이익의 극대화라는 합리적인 동기보다는 오히려 비합리적 동기에 의해 해외직접투자가 이루어진다는 것이다. 예컨대 해외직접투자가 촉발되면 대부분의 기업에서는 해외직접투자에 대한 타당성 검토를 하게 되는데 여기서 타당성 검토의 결과는 대부분 직접투자를 하는 방향으로 결정한다. 행동과학적 이론으로 설명하면 기업의 이윤창출과 이익의 극대화보다는 직접투자에 대한 타당성의 개인이나 조직의 승진이나 다양한 인센티브 등의 이해관계에 의해서 해외직접투자가 결정이 되는 경우가 많다고 할 수 있다. 결국 경제학적 이론보다는 사람들의 행동적 혹은 심리적 측면에서 해외직접투자를 설명하는 이론이다.

더 생각해 볼 문제

○ **FD1** 한국기업 중 성공적인 글로벌 기업에는 어떠한 기업이 있는가 살펴보고 이 기업이 글로벌 기업으로 성장한 이유에 대해 정리해 보자.

○ **FD2** 자기 주위에 일어나고 있는 글로벌화에 대해 살펴보고 이전에 비해 고도화 되고 있는 분야에 대해 살펴보자.

○ **FD3** 합작투자 이후에 일어나는 자본철수 혹은 지분분할 등 일어나고 있는 사례를 조사하여 합작투자이후의 예상되는 문제점을 조사해 보자.

12

글로벌경영에 있어서 글로벌 마케팅

학습목표(Learning Objectives)

○ LO1 글로벌경영에 있어 마케팅의 중요성을 이해하고 국내 마케팅과 국제 마케팅의 차이점을 말할 수 있다.
○ LO2 고객가치기반의 글로벌 마케팅 프로세스를 기술할 수 있다.
○ LO3 표준화와 현지화의 글로벌 마케팅 관리에 있어서의 중요성을 이해할 수 있다.

떠오르는 수출 에이스

제과 · 제빵 · 주류까지 해외시장 '호실적'

냉동김밥 · 초콜릿 · 차 등도 수출 늘어

공장 설립 · 생산라인 증설 등 투자 확대 중

2023년 미국을 가장 뜨겁게 달군 음식은 다름 아닌 한국의 '냉동김밥'

지난해 8월 한 한국계 크리에이터가 현지 식료품점에서 산 냉동김밥을 숏폼(짧은 동영상) 플랫폼 '틱톡'에 공개하자 난리가 났다. 한국의 중소 제조사 (주)올곧이 만든 이 김밥은 큰 인기를 얻어 이 제품을 팔던 미국 유통 체인 '트레이더조' 매장에서 한때 품절대란이 일어났다. 미국에서 대박이 나자 한국에서도 화제의 중심에 서며 구매 열기가 이어지는 특이한 일도 일어났다.

최근 한국식 베이커리에서 파는 생크림 케이크도 미국인의 입맛을 사로잡고 있다.

미국에서 파는 케이크는 대체로 모양이 투박하고 묵직한데 한국식 케이크는 폭신하고 부드러운 맛에 디자인도 다채로워 이색 케이크로 인기를 끌고 있는 것.

해외 시장에서 내실을 다져온 국내 식품회사들이 K푸드 열풍을 타고 호황을 누리고 있다. 교민이 아닌 현지인 중심의 주류 시장에서 매출 비중이 커지고 있다. 기존에 잘 알려지지 않던 제품까지 한류 열풍을 타고 재평가를 받으며 업체들은 그 어느 때보다 바쁘게 해외 영토를 넓히고 있다.

빵이 주식인 미국, 한국식 베이커리 통한 비결은

가장 바삐 움직이는 건 한국식 베이커리 회사들이다. 미국에서만 파리바게뜨는 150여 개, 뚜레쥬르는 100여 개 점포를 운영하며 출점 경쟁을 벌이고 있다. 매출도 크게 뛰어 뚜레쥬르는 2018년 북미 시장에서 흑자 전환에 성공한 뒤 2022년까지 5년 연속 흑자를 기록 중이다. 지난해 상반기 매출액과 영업이익도 1년 전과 비교해 각각 50%, 250% 뛰어올랐다.

빵을 주식으로 하는 미국에서 한국식 베이커리가 통할 수 있었던 가장 중요한 이유는 다양한 선택지였다. 미국 현지 베이커리는 주로 한두 가지 먹을거리를 다루는 반면 한국식 베이커리는 식사 대용 빵부터 디저트, 케이크까지 많게는 수백 가지 빵을 살 수 있다. 자유롭게 빵을 골라 갈 수 있게 매장 가운데 진열대를 놓은 것도 효과를 봤다.

뚜레쥬르를 운영하는 CJ푸드빌 관계자는 "400가지 넘는 빵을 제공하는 다(多)제품 전략이 미국 소비자들의 다양한 취향을 만족시켰다"며 "이에 힘입어 최근 2년 동안 새로 문을 연 매장의 현지인 고객 비중은 70%까지 올랐다"고 강조했다.

제과 '초코파이'·주류 '소주'도 수출 호황

일찌감치 해외에서 존재감을 키워 온 국내 제과업계에선 올해 인도에서 벌어질 오리온과 롯데웰푸드의 초코파이 전쟁이 큰 관심거리다. 인도 초코파이시장은 롯데웰푸드가 점유율 80%로 먼저 시장을 선점한 분위기다. 회사는 최근 첸나이 공장에 약 300억 원을 투자해 초코파이 생산 라인을 추가로 깔았다. 롯데웰푸드는 애초 현지 2개 공장에서 초코파이를 만들었는데 평균 가동률이 2022년 기준 약 104%를 넘기자 제3라인 증설 투자를 결정했다. 초코파이 생산량이 늘면서 롯데웰푸드는 지난해 현지 매출 목표를 전년보다 20% 증가한 800억 원으로 잡았다.

오리온은 인도 라자스탄주에 설립한 공장에서 2021년부터 초코파이를 생산하고 있다. 오리온은 꾸준히 딸기 맛, 망고 맛 초코파이 등을 출시해 새로운 맛이 시장에 자리 잡자 지난해 신규 생산 라인을 구축했다. 올 1분기 내 본격적으로 추가 생산을 시작할 예정이다.

소주도 달달한 과일소주를 즐기는 미국, 동남아시아를 중심으로 매년 수출이 확대되고 있다. 하이트진로의 2022년 연간 소주 수출액은 1억 2,000만 달러로 전년보다 16.4% 늘었다. 특히 미국에서는 전년 대비 82.4%로 가장 높은 성장률을 보였다. 전체 수출국에서 현지인의 음용 비율도 2016년 30.6%에서 2020년 68.8%로 올라 주류 시장에서 존재감을 키우고 있다.

하이트진로는 미 프로야구 메이저리그(MLB) LA다저스, 프로축구 메이저리그사커(MLS) 뉴욕 레드불스와 손잡고 경기장에 광고를 띄우는 등 스포츠 마케팅을 강화하고 있다. 상대적으로 수출에 소극적이었던 롯데칠성음료도 최근 조직 개편에서 글로벌신사업 담당을 새로 만들고 해외 사업 확장을 본격화한다.

냉동김밥에 차·만두까지…지구촌 입맛 사로잡아

그동안 두각을 드러내지 않다가 주목을 받는 K푸드들도 있다. 올곧은 냉동김밥의 수출 물량을 꾸준히 늘리고 있다. 대한무역투자진흥공사(KOTRA·코트라)에 따르면 지난해 5~10월 올곧의 수출 실적은 약 9만 달러로 전체 생산량의 95% 이상이 수출되고 있다.

러시아에서는 수출이 어려웠던 2022, 2023년 초콜릿 및 초콜릿 과자 수출액이 45만 8,964달러에서 101만 2,026달러로 120% 가까이 뛰었다. 김유정 한국농수산식품유통공사(aT) 모스크바지사 대리는 "전쟁 발발 후 많은 서방 식품 기업이 러시아 시장에서 철수했다"며 "러시아는 아시아 등 제3국과 교역을 늘리기 시작했는데 가격, 품질, 물류 이점 등 모든 면에서 한국 제품이 많은 사랑을 받고 있다"고 전했다.

베트남에서는 만두, 호주에선 빵이 뜨고 있다. aT에 따르면 만두 수출액은 지난해 11월 전년 동기 대비 70%, 빵류는 20% 넘게 뛰었다. 같은 기간 전통차 문화를 즐기는 일본에서는 한국의 차류 수출액이 42.3% 증가하기도 했다. '겨울 왕국' 캐나다인들은 아이스크림을 즐겨 찾아 같은 기간 아이스크림 수출액이 30% 올랐다.

현지인 중심으로 재구매 늘어…공장 증설 움직임도

식품업계 관계자들은 "호기심에 한 번 사보는 게 아니라 현지인을 중심으로 꾸준히 재구매가 이뤄지고 있다는 게 과거 한류열풍과 다른 점"이라고 입을 모았다. 큰돈을 들여 해외에 공장을 짓거나 현지 생산 라인을 늘려도 될 만큼 현지인들로부터 선택을 많이 받고 있다는 것이다. 더구나 많은 식품회사들이 내수 시장의 한계를 느끼고 있어 해외 투자 움직임이 활발하다.

오리온 베트남 법인은 판매량이 늘어남에 따라 약 1,000억 원을 투입해 제3공장 건립을 추진한다. 현재 운영 중인 호찌민 미푹 공장은 기존 생산동을 증축해 쌀과자 등 5개 생산 라인을 증설한다. 하이트진로도 싱가포르 법인을 통해 베트남에 해외 첫 소주 공장 건립을 추진 중이다. 뚜레쥬르는 2025년 완공을 목표로 연간 1억 개 이상 생산 능력을 갖춘 미국 공장 설립을 추진 중이며 오뚜기, 농심 등도 미국 공장 설립을 검토 중인 것으로 알려졌다.

〈자료원〉 한국일보, 2024.1.1.

글로벌 비즈니스를 수행하기 위해서는 경영 각각의 기능분야를 반드시 알아야 하지만 가장 중요한 기능 분야가 마케팅이다. 이러한 이유는 국내 경영과 가장 차이가 나는 경영이 바로 문화로 인한 소비자들의 행동에 대한 차이로 기업경영활동이 쉽지 않다는 점이다. 그러므로 글로벌경영자들은 지역의 문화를 이해하고 이를 바탕으로 글로벌 마케팅 전략을 수립해야 한다.

본서는 다양한 관점의 글로벌경영의 제 분야(글로벌인적자원, 글로벌재무, 글로벌생산)을 설명하기 보다는 글로벌경영의 핵심이라 할 수 있는 글로벌 마케팅만을 핵심소개하고 이를 실제 글로벌경영전선에 적용할 수 있도록 방안을 학습할 것이다.

1. 마케팅의 이해

마케팅이란 단어는 우리에게 매우 익숙한 단어이다. 이익을 추구하는 기업뿐만 아니라 비영리단체에서 종사하는 많은 사람들이 마케팅이라는 단어를 매우 친숙하게 사용하고 있다. 하지만 학교강의나 기업 강의에서 학생들에게 마케팅이란 무엇인가를 질문하면 그에 대해 자신 있고 명료하게 답을 하는 사람들은 많이 없다.

심지어 기업에 재직하고 있는 사람조차도 제품, 영업, 그리고 광고라고 대답한다. 이는 아직도 마케팅의 개념이 정확하게 인식되지 않고 있고 마케팅은 곧 판매를 잘 하기 위한 것이라는 잘못된 개념이 팽배해 있기 때문이다. 즉, 마케팅의 의미에 대해서는 생각하지 않고 단순하게 판매를 촉진하거나 영업을 잘하기 위한 수단으로만 인식하기 때문이다. 또한 마케팅이란 용어 자체가 다른 경영학의 전공들과는 달리 영어 그 자체를 사용하기 때문이다.

미국 마케팅 학회(American Marketing Association)에서는 마케팅이란 고객을 위해 가치를 창출하고 그 가치를 효과적인 의사소통을 통해 전달함으로써 조직과 주주에게 이익을 주는 조직적 기능이자 일련의 과정(Marketing is an organizational function and a set of processes for creating, communicating, and delivering value to customers and for managing customer relationships in ways that benefit the organization and its stockholders)이라고 정의하였다. 이후 고객, 거래처 그리고 사회전체에 가치를 제공하는 것들을 창조하고, 커뮤니케이션하고, 전달하고, 교환하기 위한 활동, 기관 및 과정(Marketing is the activity, set of institutions, and process for creating, communication, delivering, and exchanging offering that have value for customers, clients, patners, and society at large)이라고 정의하였다.

두 가지 정의 모두 가치의 창조, 커뮤니케이션, 전달, 교환활동, 기관 및 프로세스를 명시하고 있다. 이는 마케팅을 광고, 영업 혹은 유통관리 등을 담당하는 기능으로 간주하였던 과거의 정의와는 달리 고객, 거래처, 파트너 나아가 사회 전체가 가치를 얻을 수 있는 비즈니스의 본질을 구성하는 개념으로 마케팅의 전사적인 비즈니스 프로세스를 강조하는 것이다.

1) 고객가치기반 마케팅의 이해와 글로벌에 적용

고객가치기반 마케팅(Customer Value Based Marketing)은 이전의 마케팅 개념들과 전혀 다른 새로운 개념이 아니다. 비즈니스와 마케팅 프로세스에서 가장 기본이 되는 고객가치에 중점을 두고, 그러한 가치를 확인, 창출, 전달, 평가하는 과정이다.

"마케팅은 고객으로부터 출발한다"의 개념은 정확히 서술하자면 "마케팅은 고객가치로부터 출발한다"이다. 즉, 마케팅의 핵심이란 고객가치의 이해라는 의미인데 이는 마케팅 활동을 통해 고객들이 현재 원하는 가치와 고객들이 앞으로 원하게될 가치를 예측함으로써 그들의 잠재되어 있는 니즈를 창출하는 동시에 충족시키는 것이다.

마케팅이란 다양한 기업의 이해관계자 집단을 위해 가치를 창출하고 그 가치를 효과적인 의사소통을 통해 전달됨으로써 이익을 제공해 주어야 하는 기관, 활동 및 프로세스라는 AMA의 정의를 소개한 바 있다. 이는 마케팅이 단순히 기업 내 기능적 역할뿐 아니라 기업과 환경, 시장 그리고 고객 및 이해관계자들 간의 모든 관계에 있어서 전사자 역할을 수행한다는 의미이다. 더불어 최근에는 기업 또한 사회구성원의 일원으로 봄으로써 고객뿐 아니라 사회 전체를 위한 가치를 실현하고자하는 CSR이 기업의 이미지 형성 및 유지를 가능하게 함으로써 기업의 장기적인 존속과 경쟁우위 창출이라는 결과를 가져다 준다.

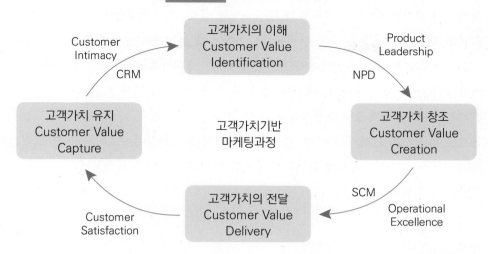

그림 12-1 고객가치기반 마케팅과정

고객가치의 이해
Customer Value
Identification

Customer
Intimacy

CRM

Product
Leadership

NPD

고객가치 유지
Customer Value
Capture

고객가치기반
마케팅과정

고객가치 창조
Customer Value
Creation

SCM

Operational
Excellence

고객가치의 전달
Customer Value
Delivery

Customer
Satisfaction

비즈니스 활동의 시작은 자원의 투입으로부터 시작된다. 즉, 기업이 경영활동을 위해 보유한 자원(물적 자원, 재무적 자원, 인적 자원과 더불어 고객가치)을 투입하는 단계이다. 자원의 투입과 더불어 많은 프로세스를 거치면서 고객의 가치가 창출되는 것이 기업활동의 핵심이다.

대부분의 기업들은(글로벌 기업포함) 그들의 물적자원, 재무적 자원, 그리고 인적 자원의 투입과 관리에만 초점을 맞추고 있으나 이들이 간과하고 있는 점은 고객의 가치가 실질적으로 기업의 핵심자산이라는 사실이다. 이러한 고객가치라는 부분이 무시되기 때문에 기업은 결국 제품이 최종 산출물이라는 생각을 갖는 것이다.

고객가치에 초점을 맞추어서 투입과 산출을 고려하고 정립해 나가는 것이 고객가치기반 마케팅이다. 이러한 고객가치의 투입 및 산출을 위한 고객기반 마케팅 프로세스는 가치확인(value identification), 가치창조(value creation), 가치전달(value delivery), 가치유지(value capture)에 이르는 4단계로 구성되어 있다.

먼저 고객가치 확인단계는 고객이 주요하게 생각하는 가치는 무엇인가를 이해하고 파악하여 이와 같은 가치를 창출하여 전달하기 위한 준비단계라 할 수 있다. 고객가치 창조단계는 고객가치 확인단계에서 도출한 고객가치를 제품 또는 서비스로 구체화시켜 고객의 욕구를 경쟁사의 그것과는 차별화된 방식으로 충족시키고자 하는 단계이다. 고객가치 확인단계에서 창조단계사이에서는 제품이나 서비스를 새롭게 개발하는 신제품마케팅이 중요한 일이 된다.

고객가치 전달단계에서는 기업이 고객가치를 반영한 제품 또는 서비스를 전달하는 과정에서 부가적인 가치를 더하는 단계이다. 고객가치 창조단계와 고객가치 전달단계에서는 개발된 신제품이나 서비스를 소비자에게 제대로 전달되는 시스템, 대표적으로 SCM(Supply Chain

Management)이 중요한 경영활동이 된다.

고객가치 유지단계에서는 고객만족과 투자수익률 등과 같은 지표를 이용하여 마케팅 성과를 평가 및 확인하는 단계이다. 이 단계에서는 친밀함을 유지하는 충성도 프로그램 등을 개발하는 것이 중요하다. 한편 전달단계와 유지단계에서는 고객만족도가 주요한 경영활동이 된다. 이러한 고객가치기반의 마케팅 과정이 결국 국가 간으로 확장되며 2개국 이상 이루어질 때 고객가치기반 글로벌 마케팅 과정이라고 할 수 있다.

그러므로 다국가의 고객가치 이해, 다국가에 있어서 고객가치 창조, 이를 통한 고객가치 전달(글로벌 SCM 등) 그리고 글로벌 고객가치 유지를 관리하는 것이 고객가치기반 글로벌 마케팅 과정이라 할 수 있다.

2. 글로벌 마케팅의 이해와 해외시장진입전략

글로벌 마케팅을 간단히 말하면 국경을 초월해서 2개국 이상에서 일어나는 마케팅활동이다. 따라서 서로 다른 환경을 가진 다수의 국가시장을 대상으로 한다는 점에서 국내 마케팅과 구별되는 가장 큰 특징이지만 마케팅의 기념개념이나 이론을 확장할 수 있다.

이러한 글로벌 마케팅은 그 주된 활동이나 강조점, 해외시장의 개입 정도, 혹은 학자에 따라 다양한 용어로 사용된다. 그러나 모두 환경이 다른 세계의 국가를 대상으로 한다는 점에서 글로벌 마케팅으로서의 공통점을 지니고 있다.

현지에 공장 짓고 마케팅 강화…식품·주류, 해외공략 가속화

전 세계에서 K-푸드에 대한 수요가 증가추세를 보이면서 식품·주류업계가 새해에도 해외시장 공략에 속도를 내기로 했다.

해외에 생산공장을 짓고 현지 소비자 입맛에 특화된 제품을 선보이는 한편 현지 유통채널과 협업을 강화해 판매를 늘릴 계획이다.

K-라면은 지난해 수출액이 역대 최대 기록이 유력한 만큼 해외사업에 더욱 힘을 쏟고 있다.

1일 식품업계에 따르면 지난해 농림축산식품부에서 4억 달러(약 5천 200억 원) 농식품 수출탑을 수상한 삼양식품[003230]은 해외법인을 기반으로 수출 규모 확대에 나선다.

미국법인 삼양아메리카는 월마트·코스트코 등 주요 유통망을 넓히고 중국법인 삼양차이나와 일본법인 삼양재팬은 각각 온라인 채널과 편의점을 중심으로 경쟁력을 강화할 계획이다.

지난해 4월 설립된 인도네시아법인도 올해 초부터 영업을 본격화한다.

삼양식품은 불닭볶음면 등 주요 제품의 수출 증가에 대응해 내년 밀양 2공장을 추가로 짓는다.

해외에서도 제품을 직접 생산하는 농심[004370]은 올해 하반기 미국 2공장 생산라인을 증설한다.

농심은 지난 2005년 미국에 공장을 설립해 서부와 교포 시장을 중심으로 제품을 판매해 왔다. 코로나19 시기에 제품 수요가 급증하자 2022년 미국에 2공장을 지어 공급량을 늘렸다.

미국 사업이 성장세를 보이면서 농심은 2공장 설비를 증설하고 미국에 제3공장 착공도 나선다. 동시에 베트남과 태국 등 동남아시아 시장과 호주, 일본 등에서도 제품 판매를 늘려나갈 예정이다. 특히 짜파게티, 너구리 등에 대한 해외 마케팅을 강화해 글로벌 시장에서 신라면에 이은 '제2의 파워브랜드'를 육성할 방침이다.

주요국 유통 채널과 협업해 현지 소비자 요구에 적합한 신제품 출시를 이어가고 이를 통해 내년 해외매출 비중을 50%까지 끌어올리는 게 목표다.

'종가' 김치를 생산하는 대상[001680]은 올해 하반기 폴란드에 김치공장을 준공하고 유럽 시장 공략을 본격화한다. 대상은 유럽 국가의 포장김치 수요가 늘자 접근성과 재료 수급 용이성 등을 고려해 폴란드 크라쿠프에 6천 613㎡(2천평) 규모로 김치 공장을 짓기로 결정했다. 이후 현지업체 ChPN과 합작법인 '대상 ChPN 유럽'을 설립하고 공장 준공에 약 150억 원을 투입하기로 했다. 또 공장 준공 뒤 김치 생산량을 늘려 오는 2030년에 연간 3천t(톤) 이상 생산할 계획이다.

롯데웰푸드 관계자는 "인구 대국인 인도에 앞으로도 투자를 이어가며 매출을 확대할 계획"이라고 말했다. 롯데웰푸드는 또 빼빼로 브랜드 마케팅도 강화한다. 작년 빼빼로데이(11월 11일)에 미국, 베트남, 필리핀 등 세계 각지에서 마케팅을 진행한 데 이어 올해 역시 관련 행사를 이어가기로 했다. 음료와 주류 수출로 지난해 1억 달러(약 1천 300억 원) 농식품 수출탑을 수상한 롯데칠성음료[005300]와

하이트진로[000080]도 해외사업 강화 전략을 계속 펼칠 계획이다. 지평막걸리를 생산하는 지평주조는 미국, 중국, 일본을 중심으로 수출에 나선다.

〈자료원〉 연합뉴스, 2024.1.1.

1) 수출마케팅

수출마케팅(export marketing)이란 해외의 다수 시장을 대상으로 하는 수출활동을 중심으로 하는 마케팅을 말한다. 이는 학문적인 용어라기 보다는 일반 기업에서 사용하는 실무적 용어이다. 이 수출마케팅의 컨셉은 마케팅의 기초적이고 초보적인 단계로 주로 해외 바이어의 요구조건에 대해 수동적으로 대응하는 입장이다. 즉, 기업의 주된 관심사는 외국의 최종소비자의 욕구에 근거한 것이 아니라 외국 바이어 혹은 국내 수출업자를 통해 이들의 요구조건에 맞게 제품을 생산하여 인도하는 것이다.

수출마케팅 활동에 있어 다양한 방법으로 대금결제가 이루어지고 있다. 주요한 몇 가지 실무적 개념을 중심으로 각종 개념, 대금결제 방식 그리고 각종 프로세스를 살펴보자.

(1) 수출에 있어 실무적 주요 개념

① 신용장(Letter of Credit: L/C)

신용장은 국제 거래에서 중요한 역할을 한다. 수입업체의 요청에 따라 은행이 발행하는 신용장은 은행이 수출업자인 수혜인에게 일정금액을 지급한다는 내용을 명시한 것이다.

신용장 거래의 가장 큰 장점은 수입업자와 수출업자가 서로 믿지 않는다하더라도 은행을 통해 거래를 할 수 있다. 일단 수출업체가 신용장을 받고 대금회수의 불확실이 사라지면 제품을 수출할 것이다. 또한 수출업체는 신용장을 통해 수출전의 재무상태를 호전시킬 수 있다.

② 환어음(draft/Bill of excange)

환어음은 국제 거래에서 대금지불이 보다 효과적으로 이루어질 수 있도록 도움을 주는 것으로 수입업자나 수입업자의 대리자가 일정금액을 일정기일에 지불할 것을 나타내는 수출업자가 발행하는 환이다. 환어음에는 발행자가 어음수취인에게 대음을 청구하면 지급해야 하는 환어음인 일람불어음(sight draft)와 미래 시점을 정해서 대금지급을 연기 가능하는 정기 불어음(time draft)가 있다.

③ 선하증권(Bill of Landing: B/L)

선하증권은 상품을 운송하는 운송업체가 수출업체에 대해 발행하는 것으로 영수증, 계약서, 권리증서의 세 가지 역할을 담당한다. 영수증으로서 선하증권은 운송업자가 문서에 기재된 상품을 받았음을 나타낸다. 계약서로서 선하증권은 운송업체가 일정 금액에 대한 대가로 운송 서비스를 제공해야 한다는 것을 의미한다. 권리증서로 선하증권은 대금을 지급하기 위해 사용되거나 제품이 수입업자에게로 보내지기 전에 대금지급을 서면으로 약속받기 위해 쓰인다. 또한 선하증권은 담보로 활용될 수도 있다. 운송 전 혹은 도중이나 수입업자로부터 완전한 대금을 지급받기 전에 현지 은행으로부터 수출자가 자금을 조달하고자 할 때 담보로 사용되기도 한다.

(2) 수출프로세스

다음 〈그림 12-2〉는 수출에 있어서 신용장(L/C)을 중심으로 거래과정을 도식화 한 것이다.

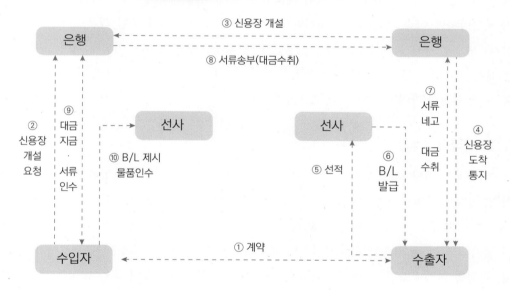

그림 12-2 국제무역의 일반적 거래프로세스

거래과정을 순서적으로 살펴보면 다음과 같다.

① 수입업자가 수출업자에게 주문을 하고 신용장하에 운송을 해줄 수 있는지 묻고 이후 수출업자가 신용장하에 운송하는 것을 동의하고 가격과 운반조건과 같은 관련된 내용들을 명확히 한다(계약).

② 수입업자가 거래은행(개설은행)에 수출업자에 대해 신용장을 개설해 줄 것을 요청한다.

③ 개설은행은 수입업자의 요청을 받아들여 신용장을 발행하고 매입은행(수출업체 담당은행)에 보낸다.

④ 수출업체 담당은행(매입은행)은 수출자에게 신용장이 도착하였다는 것을 통지한다.

⑤ 수출업자는 제품을 선적한다.

⑥ 운송업자는 선하증권(B/L)을 발행하여 수출자에게 준다.

⑦ 수출자는 각종 서류를 신용장 매입은행에게 제시하여 대금을 받는다.

⑧ 매입은행(수출자 거래은행)은 개설은행(수입자 거래은행)에게 각종 서류를 제시하여 대금을 받는다.

⑨ 은행은 각종서류를 수입업자에게 제시하고 대금을 받는다.

⑩ 수입업자는 서류를 인수받아 운송회사에 제시하여 상품을 인수한다.

2) 국제 마케팅

국제 마케팅(International Marketing)은 해외 마케팅(foreign marketing)이라고도 일부에서 이야기한다. 이는 국내에서 생산된 제품을 수출에 의해 해외시장에 공급을 하되 현지시장의 시장상황에 적극 개입하는 형태이다. 그러므로 현지 바이어에 대한 의존보다는 독자적인 현지판매업인 등을 통해 통제권이나 운영권에 적극 개입하는 것이다. 이렇게 하여 브랜드관리는 물론 마케팅 커뮤니케이션, 유통정책 등에도 개입하게 된다. 이때 현지의 미시적 거시적 상황, 마켓 센싱과 마케팅 조사 등의 중요성이 더해진다.

3) 다국적 마케팅

다국적 마케팅(multinational marketing)은 다수의 해외시장에 자체 생산시설을 갖추고 생산 및 마케팅 활동을 하는 것이다. 그러므로 해외 마케팅 단계에 현지 생산기능이 추가된 형태라 할 수 있다. 그러므로 해외시장조사는 마케팅 측면만이 아니라 해외직접투자와 관련된 현지 국가의 제반 여건에 대한 조사활동이 포함된 적극적인 마켓센싱과 마케팅 조사가 강조된다. 다국적 마케팅의 경우 마케팅의 주된 관심사는 특정 현지시장에 대한 적절한 대응, 혹은 현지적응화(local adaptation)이며 복수시장 간의 유기적 연결이나 표준화(standardization)에 대한 고려는 부족하다. 즉, 여기서 다국적이란 독립적인 다수의 국내시장을 뜻한다.

4) 글로벌 마케팅

글로벌 마케팅(globla marketing)은 복수의 해외생산입지와 복수시장 간의 유기적 연결을 통해 세계적 최적화(global optimization)를 추구하는 것이다. 다국적 마케팅이 개별 해외시장에의 접근과 해당 시장에서의 마케팅 활동을 주요 과제로 삼는데 비해 글로벌 마케팅은 개별 국가를 하나의 세분시장으로 보지는 않고 여러 국가에 걸친 동질적 세분시장을 강조한다. 따라서 표준화된 마케팅 전략의 중요성이 강조되며 이를 위해 국가시장 간의 시장특성이나 소비자행동 등의 비교분석 혹은 부분적으로 지역 중심주의에 해당한다고 할 수 있으며 이때 전 세계 마케팅활동의 조정과 통합이 글로벌 마케터의 주요한 업무가 된다.

3. 글로벌 마케팅의 특성과 주요 의사결정

1) 글로벌 마케팅 특성

글로벌 마케팅은 일반적인 마케팅, 즉 전통적인 마케팅의 이론, 개념 그리고 방법 등이 동일하게 적용되지만 몇 가지 측면에서 국내에서의 상황에서 이루어지는 마케팅 활동과는 차이가 난다.

(1) 상이한 국가별 환경

국내시장으로만 하는 마케팅과는 달리 상이한 환경을 가진 복수국가시장을 대상으로 하는 글로벌 마케팅은 제반 환경요소는 국제적인 요소를 고려해야 한다. 단순한 국제적인 환경은 물론이거니와 각 국가시장의 정치, 경제, 사회문화, 기술적환경 등을 분석하고 이해해야 하며, 이를 바탕으로 적절한 마케팅 전략과 계획을 수립해야 한다.

(2) 국가 간 이전활동

국경을 넘는 활동을 전제로 한다는 점이다. 즉, 국가 간의 이전이 국내에서 시행하는 마케팅과는 상이하다. 국제이전의 대상은 개별 혹은 복합적인 생산요소는 물론 부품, 반제품, 완제품 등의 재화와 서비스 모두를 포함한다. 어떠한 형태로 국가 간 이전활동이 일어나느냐 하는 것은 결국 시장진입방법 결정과 관련되며 글로벌 마케팅 담당자는 해당 국가시장의 제반 여건을 고려하여 적절한 국제 간 이전활동의 형태를 결정해야 한다. 이러한 형태를 결정해야 할 때 다양한 분야에서 문제가 될 수 있는데 경제적, 문화적, 정치적, 사회적 모든 요소 등을 고려해야 할 것이다.

(3) 다수 국가시장

글로벌 마케팅의 특징은 2개국 이상에서 동시에 수행된다. 다수의 국가시장을 대상으로 마케팅을 한다는 것은 통제와 조정에 대한 주체 등의 관리에 대한 문제를 야기한다. 이것은 본사와 자회사간의 마케팅 의사결정 권한의 배분 문제, 즉 의사결정의 집중화 정도와 특정 국가

시장의 마케팅 프로그램이나 경험의 타국 이전가능성 그리고 전체 마케팅 활동의 조정과 통합이라는 중요한 문제들을 의미한다.

4. 글로벌 마케팅 전략 수립

1) 글로벌 STP 전략

글로벌 마케팅 담당자는 먼저 세계시장 환경을 분석하여야 한다. 현재의 세계시장은 200여 개국 이상의 국가들로 이루어져 있으며 각 국가는 저마다 다른 특성을 지니고 있으며 한편으로 서로 유사한 면도 갖고 있다.

글로벌 마케팅전략수립은 우선 마케팅리서치 이후 시장세분화(Segmentation), 표적시장(Targeting) 선정 그리고 포지셔닝(Positioning) 순으로 시행하게 된다. 먼저 시장세분화는 마케팅 믹스에 유사하게 반응하는 고객의 집단을 국가별 차원 혹은 지역 차원에서 발굴하여 분류하는 방법이다. 이렇게 하여 찾아낸 세분시장은 몇 가지 기준을 충족해야 한다.

세분시장은 욕구가 다른 세분시장과는 이질적이어야 하고 세분시장 내에서는 유사해야 한다. 뿐만 아니라 마케팅 믹스에 비슷하게 반응을 해야 한다.

글로벌 마케터들은 세계시장을 세분시장으로 나눈 후에 다음 단계는 표적시장 선정이다. 이것은 세분시장을 평가하여 시장 잠재력이 큰 국가나 고객집단을 선정하여 여기에 맞추어 마케팅 노력을 집중하는 것을 말한다. 그렇기 때문에 시장세분화할 때 글로벌 마케터들은 가장 효율적일 수 있는 세분시장을 찾는 노력이 중요하다.

이후 글로벌 마케터들은 선정된 표적시장에 맞는 고객들에게 최적의 포지셔닝을 찾아내야 한다. 포지셔닝이란 표적 시장의 고객의 마음속에 자사의 제품 혹은 서비스의 브랜드 위치, 즉 이미지를 심어주는 활동을 말한다. 이러한 이미지를 실행하기 위해서는 마케팅믹스 전략이 필요하다.

2) 글로벌 마케팅 믹스 전략

글로벌 마케팅 믹스전략은 글로벌 기업이 표적시장에서 마케팅 목표를 달성하기 위해 그들이 보유하고 있는 통제가능한 마케팅 자원을 결합하여 전략적 대안을 개발하는 것이다. 여기서 통제가능한 기업의 자원인 제품(product), 가격(price), 유통(place) 및 촉진(promotion) 활동이며 이것을 4P라고 한다.

글로벌 마케팅 환경은 기업에서 통제가 불가능하기 때문에 글로벌 기업은 그들이 보유한 자원들을 적절히 이용하여 표적시장의 환경에 적합한 마케팅 믹스 전략을 개발하고 실시해야 한다. 그러므로 글로벌 마케팅 믹스 전략은 글로벌 마케팅 환경에 적절히 대응하는 반응전략이다.

5. 표준화와 현지화 전략의 이해

글로벌 마케팅에서 주요한 의사결정은 마케팅 믹스 프로그램을 표준화할 것인가 아니면 차별화할 것인가에 대한 결정이 매우 중요하다. 다음의 〈표 12-1〉처럼 제품에 대한 욕구와 제품의 사용여건에 의해 전략을 구분할 수 있다. 소비자의 욕구와 사용여건으로 제품 및 커뮤니케이션 전략으로 각각의 실행전략을 사용할 수 있다.

표 12-1 글로벌 마케팅에서의 표준화와 현지화 유형

제품에 대한 욕구	상이	제품 표준화/커뮤니케이션 현지화	제품 현지화/커뮤니케이션 현지화
	동일	제품 표준화/커뮤니케이션 표준화	제품 현지화/커뮤니케이션 표준화
		동일	상이
		제품의 사용여건	

1) 글로벌화(표준화)

글로벌 마케팅에서 표준화란 일종의 표준화된 제품으로 글로벌 시장에 서버하는 마케팅이다. 즉, 전 세계적으로 동일한 마케팅 프로그램을 사용하여 고객들에게 접근하는 것을 의미한다. 표준화는 전 세계시장에 걸쳐 동일한 마케팅 4P Mix 전략을 사용하는 것이다. 글로벌 마케팅 믹스전략의 표준화는 전 세계시장의 수요가 동질적이라는 가정에 기초하고 있다. 서로 다른 국가 또는 지역 등을 포괄하는 글로벌 시장이 동질적인 이유는 다음과 같아서 기업들은 표준화를 통한 마케팅 믹스전략을 수립한다.

첫째, 글로벌 커뮤니케이션의 증대이다. 이는 IT기술의 발전으로 인해 글로벌하게 단일의 커뮤니케이션이 가능하게 되었다는 점이다. 전 세계에서 누구나 동시에 넷플릭스를 보고 인스타그램, 페이스북과 트위트를 하고 유튜브를 즐긴다.

둘째, 소비자의 이동성이 증대이다. 이전에 비해 운송수단의 발달로 인해 지역간 국가 간에 이동이 훨씬 편해졌다. 뿐만 아니라 유럽의 경우도 지역의 통합 등으로 지역간의 장벽이 없어지기도 하였다. 이로 말미암아 해외여행, 출장 등과 같은 소비자의 국제적 이동을 통한 이문화에 대한 학습 및 체험기회가 증대되었다. 이러한 표준화된 제품과 서비스를 개발함으로써

얻을 수 있는 장점은 비용절감, 품질향상, 고객만족도 증가, 경쟁수단강화, 마케팅커뮤니케이션의 효율성 증가 등이 대표적이다. 그러나 이러한 점보다 더 큰 장점은 비용을 절감할 수 있다는 것이다.

2) 현지화

글로벌 마케팅에서 현지화는 차별화 혹은 적응화 등의 용어로 사용된다. 이는 국가 혹은 지역에 따라 마케팅 프로그램을 상이하게 적용하는 것을 의미한다.

강제적으로 현지화하는 방법, 임의적으로 현지화 하는 방법이 있다. 강제적 현지화는 현지 정부의 규제 혹은 법률규정 및 환경적 요인으로 말미암아 진출한 기업이 의무적으로 실행해야만 하는 마케팅프로그램이다. 예컨대, 전자제품의 볼트, 이전에 살펴본 할랄제도, 환경제품의 규제, 정부의 가격통제, 유통 및 촉진에 있어서 정부의 각종 규제가 그것이다.

이에 비해 임의적 현지화는 기업의 전략, 즉 진출하는 기업이 임의적으로 판단하여 해당진출국가 혹은 시장에 맞는 마케팅프로그램을 개발하여 실행하는 방법이다.

이렇게 시장의 차이가 발생하는 몇 가지 이유는 다음과 같다.

첫째, 경제력의 차이이다. GNP 혹은 1인당 국민소득, 가처분 소득 등에서 선진국, 개발도상국 및 후진국에서 차이가 난다.

둘째, 경쟁환경 및 상황차이인데 경쟁기업의 마케팅 믹스 및 경쟁상황 등에 의한 차이이다. 경쟁업체의 수, 경쟁업체의 경영능력 등에 의해서도 차이가 발생한다.

셋째, 사회문화적 전통·관습·가치관·종교 같은 문제로 차이가 난다.

넷째, 법적 환경차이다. 제품이나 사업에 있어서 국가별 정부의 규제와 법적규정이 상이한 차이가 나타난다. 예컨대, 특정 국가에서는 플라스틱봉지 생산 및 유통을 전면 금지시키는 경우도 있다.

다섯째, 소비자행동의 차이이다. 개인주의, 집단주의 그리고 표적시장별로 소비자의 니즈가 상이하다.

이러한 이유로 글로벌 기업이 그들의 제품을 포함한 경영의 현지화를 촉진시키는 요인이 된다.

더 생각해 볼 문제

○ **FD1** 한국기업 중 국제마케팅 성공사례를 국가별, 산업별로 정리해 보자. 정리한 후 경쟁력의 변화가 어떻게 변화하고 있는가를 밝혀보자.

○ **FD2** 글로벌 시장의 진출에 검토해야 할 때 필요한 주요한 정보는 어떠한 것이 있는가를 정리해 보자.

○ **FD3** 글로벌 마케팅에서 포지셔닝을 실현하기 위해서는 어떠한 방법이 있는가를 설명해 보자.

13 초국적 기업

학습목표(Learning Objectives)

○ LO1   초국적 기업의 개념과 전략적 중요도를 잘 이해할 수 있다.

○ LO2   글로벌기업과 초국적 기업의 차이에 대해 설명할 수 있다.

○ LO3   초국적 경영인으로 갖추어야 할 마인드 능력을 배양할 수 있다.

폭스바겐, 中안후이 공장서 전기차 생산 시작…유럽 수출한다

폭스바겐이 중국 안후이 공장에서 유럽 수출용 전기차 생산을 시작했다. 유럽 현지와 비교해 낮은 생산 원가를 활용해 가격 경쟁력을 확보하려는 전략이다.

1일 중국 상관신문 등 현지 언론에 따르면 폭스바겐의 중국 세 번째 합작사인 폭스바겐 안후이는 안후이성에 설립한 공장에서 전기차 타바스칸 생산을 시작했다. 안후이성 허페이시 공식 온라인 계정도 전날 이 같은 내용을 공개한 바 있다.

2017년 설립된 폭스바겐 안후이는 중국의 자동차 회사의 외국 지분율 완화 정책 이후 2020년 지분을 75%까지 늘리며 통제권을 확대했다. 나머지 지분 25는 쟝화이 자동차그룹이 보유하고 있다.

타바스칸은 폭스바겐의 독자적인 전기차 플랫폼인 MEB(Modular Electric Platform)를 기반으로 한다. 지난 2021년 폭스바겐 안후이는 세 번째 전기차 공장 건설을 발표할 당시, MEB 기반의 차량이 될 것이라고 미리 밝힌 바 있다. 다른 두 개의 폭스바겐 공장은 각각 다른 두 개의 전기 자동차 공장은 각각 이치자동차(FAW), 상하이자동차(SAIC)와 합작해 설립했다.

중국 경제전문매체 차이신은 "최근 몇 년간의 행보로 볼 때, 폭스바겐 그룹은 원래 계획을 조정해 폭스바겐 안후이를 합작 투자 시험대로 조성할 것"이라면서 "여러 혁신적인 비즈니스 모델이 폭스바겐 안후이를 중심으로 이뤄지고 있다"고 설명했다.

폭스바겐은 중국 내 다국적 자동차 기업 가운데 가장 적극적으로 시장 변화를 수용하는 기업으로 꼽힌다. 순수 전기차 플랫폼 구축에도 막대한 투자를 해 테슬라와 같은 전자 아키텍처 달성을 시도했고, 소프트웨어도 실시간 업데이트하고 있다. 다만 구현 측면에서는 유의미한 성공을 거두지 못한 채 문제에 직면한 상태라고 차이신은 평가했다.

또한 "독일의 차량 가격이 중국의 두 배 이상인 상황에서, 폭스바겐은 공격적인 가격 전략을 채택해야 한다"면서 "중국은 제조 원가 자체도 낮을 뿐 아니라, 배터리 등의 현지 공급망 내의 원가도 낮다는 점을 독일 소비자들에게 강조했다"고 전했다. 이어 "중국의 현지 연구·개발(R&D) 역량을 강화하고 있으며, 중국 전기차 시장의 장점을 활용해 시장을 선도하길 희망하는 것"이라면서 폭스바겐의 기술, 부품, 서비스 투자회사 등을 언급했다.

⟨자료원⟩ 아시아경제, 2024.1.2.

IT의 발전, 모바일성의 강화, 모빌리티 산업의 급격한 발전 등으로 글로벌화가 매우 급속도로 이루어지고 있어 기업이 국내에서만 비즈니스를 한다는 것은 이제 근시안적인 사고이다. 그러나 최근 기업이 단순 글로벌화 개념의 적용으로만은 해석하기 어려운 새로운 개념, 즉 글로벌화를 뛰어 넘는 새로운 초국적 기업이 등장하고 있다. 이에 초국적 기업에 대해 살펴보자.

1. 등장배경

20세기 전반에 벌어진 두 차례 세계대전이 국가의 부를 둘러싼 각 국가의 첨예한 이해관계에서 비롯되었다는 것을 각 국가들은 알게 되었다. 1776년 자유무역의 필요성을 제기한 아담 스미스의 국부론이 출간된 이후 비교우위에 기반을 둔 자유무역이 경제이론에 있어서 중요한 축이었다. 하지만 현실에서는 수출은 선이지만 수입은 악이라는 식의 중상주의의 물결이 휘몰아쳤다. 이러한 중상주의식 사고는 결국 선진국을 중심으로 한 제국주의와 식민지 개척으로 이어졌고 국가 간 빈부 격차가 더욱 뚜렷해지면서 세계대전이라는 비극을 낳았다. 이에 따라 세계대전 이후 세계의 질서를 다시 재편하려던 선진국들은 후진국에 대한 원조를 강화했고 관세인하를 통하여 자유무역을 증진하려는 노력을 기울였다. 이후 GATT체제가 수립된 이후에 관세를 인하하고 무역을 증진시키는 각 국가의 노력이 있었고, 다시 WTO체제로 개편되어 시장개방과 규제완화에 대해 보다 더 완화되고 이러한 노력에 기인하여 기업들은 이전보다 더 나은 조건에서 글로벌경영활동을 할 수 있었다.

이와 더불어 기업의 주된 활동이 무역에서 해외직접투자로 바뀌고 있다. 완제품이 국경을 넘는 무역과는 달리 해외직접투자를 통해서 생산요소와 노하우가 국경을 넘어 현지에서 생산과 판매가 이루어진다. 해외직접투자의 활성화는 기업들의 글로벌경영에 대해 근본을 바꾸어 놓아서 다국적 기업이라 일컬어지는 새로운 형태의 기업들이 등장하게 되었다. 이에 기업 활동이 현지에서 이루어지는 만큼 현지화가 글로벌경영에서 중요부분이 되었다. 특히 해외직접투자의 역할이 중요한 이슈로 부각되었다. 해외직접투자가 개도국이나 후진국의 경제발전에 기여한다는 긍정적인 시각과 함께 해외직접투자를 제국주의와 식민지 개척의 새로운 형태로 폄하하는 시각이 공존했다. 하지만 이런 비판에도 불구하고 기업들의 해외직접투자는 꾸준히 늘었고 이와 더불어 다국적 기업도 계속 생겨났다. 또 다국적 기업의 등장은 글로벌경영의 초점을 해외직접투자에서 다국적 기업의 경영으로 판도가 바뀌게 되었다.

이에 글로벌 기업은 그들의 핵심자산을 어디에 배치하는가, 해외 자회사의 역할은 무엇인가? 그리고 글로벌경영에서 얻게 된 지식을 어떻게 전파하는가를 기준으로 세 가지 유형으로 구분할 수 있다.

1) 다국적(multinational) 기업

각각의 국가에서 독립적으로 운영되는 다국적 기업이다. 경우에 따라서 다지역국가 (multidomestic) 기업이라고도 한다. 필립스와 같이 유럽의 다국적 기업에서 쉽게 볼 수 있는 유형이다. 다국가 기업들은 자신들의 핵심자산을 여러 나라에 분산배치한다. 필립스의 경우는 네덜란드, 영국, 독일, 프랑스 미국 등에 자산의 연구개발센터를 분산 배치하고 있다. 그리고 각 국가에 배치되어 있는 해외 자회사도 본사와 상당히 독립적으로 운영된다. 또한 해외 자회사들에게 권한을 상당히 부여하여 주도적으로 현지 시장을 공략하는 방법이 주로 사용되었다. 더불어 현지에서 습득한 지식은 주로 현지 시장에 적용했다.

2) 글로벌 기업

핵심자산은 주로 본국에서 갖고 있다. 이는 다지역국가와는 정반대이다. 도요타, NEC 같은 일본의 다국적 기업이 전형적인 예이다. 도요타는 초기에는 상당기간 동안 자국에서 생산한 자동차를 주로 수출하는 전략을 사용했으며 해외 자회사의 권한도 상당히 제한적이었다. 해외자회사들은 주로 주어진 범위에서 본사의 지침을 충실히 실행하는 역할만 하며 핵심지식도 대부분 본사에서 개발되고 사용도 본사에서만 된다.

3) 다국적 기업과 글로벌 기업의 복합형태인 국제적(international) 기업

미국의 다국적 기업의 형태로 P&G와 나이키와 같은 기업형태다. 국제적 기업은 핵심자산은 본사에 집중하지만 그렇지 않은 자산은 해외에 분산한다. 이들 기업의 연구개발부서나 마케팅부서는 본국에 위치한 본사에 집중하지만 생산설비와 영업은 전 세계에 분산시켰다. 본사와 해외 자회사의 관계는 다지역 국가와 글로벌 기업의 중간형태이다. 즉, 해외 자회사는 어느 정도 권한은 갖고 있지만 주로 본사에서 제공되는 핵심역량을 잘 활용해서 사업을 한다. 핵심지식은 주로 본사가 개발하여 해외 자회사로 이전하는 형태를 보인다.

4) 새로운 대안

Bartlett and Ghoshal(1998)은 세 가지 유형의 다국적 기업들이 그동안 성장하여 왔지만 새로운 환경에서는 위와 같은 유형이 모두 약점이 있기 때문에 바람직한 형태의 다국적 기업은 아니라고 지적하였다.

필립스의 경우 지나친 현지화로 현지 적응을 하는 데는 큰 무리가 없지만, 범세계적 효율성을 달성하는 데에는 실패했다. 소니와 같은 일본의 가전업체들이 대규모 생산설비에 기반을 둔 규모의 경제로 유럽시장을 공략했을 때 필립스는 유럽전역에 분산 배치된 소규모 생산설비의 비효율성 때문에 고전하였다.

반면 일본의 NEC는 규모의 경제는 성공했지만 현지 적응에는 실패했다. 정보통신 산업은 범세계적 효율성도 중요하지만 각 국가마다 통신에 대한 규제나 기준이 다르기 때문이다. NEC는 각국 사정에 맞게 경영하는 현지화에 약점이 있었기 때문에 유럽지역의 경쟁회사인 에릭슨에 뒤처지는 낭패를 봤다. 이와 같이 기존의 다국적 기업들은 국제 경영에서 가장 중요하다고 판단되는 글로벌 효율성이나 현지화, 범세계적인 학습 능력을 모두 갖추기 힘들었다.

2. 초국적 기업의 개념

이러한 문제점을 해결하고자 초국적 기업(transnational corporation)이라는 개념이 나타났다. 초국적 기업은 핵심자신이 중앙에 집중되지도 않고 다국가 기업처럼 각 지역에 분산돼 있지 않고 다지역 국가 기업처럼 각 지역에 분산돼 있지 않다. 본사와 해외 자회사들이 전문화된 핵심 자산을 각자 보유하고 있다. 하나의 비전을 공유한 거대한 글로벌 네트워크 하에서 본사와 해외 자회사가 같은 지위에서 각각의 전문성을 바탕으로 기업의 성장에 기여한다.

표 13-1 Perlmuter의 다국적 기업 분류

	본국 중심주의	현지 중심주의	세계 중심주의
조직구조	본국 조직은 복잡하게 분화된 반면 자회사는 단순한 구조	다양하고 서로 독립적인 조직	상호연관성이 높고 복잡하게 연결됨
의사결정권	본국 본사 집중	본사 권한이 적음	본사와 자회사 간의 긴밀한 협력체제
경영성과의 평가와 통제	본국의 평가기준을 외국인과 자회사에 적용	현지 기준을 적용	전 세계적으로 적용가능하고 현지사정에도 맞는 기준을 적용
인센티브 제도(포상이나 징계 등)	본사에 집중되며 자회사에는 없음	자회사에 따라 상이	다국적 기업의 전사적 성과와 개별 자회사의 목표에 맞는 인센티브를 개발하고 적용
정보전달과 의사소통	본사에서 자회사로의 일방적인 명령과 지시	본사와 자회사 간 또는 자회사끼리의 정보전달이 적음	쌍방향으로 활발한 정보전달이 이루어짐
국가 개념	본국과 동일 시	개별 자회사는 현지국과 동일시	국경 초월
인사관리	본국출신의 직원을 주로 승진시킴	현지인이 각 자회사를 운영	국적을 초월하여 개별업무의 최적임자를 선발하여 직책을 부여하고 승진시킴

초국적 기업으로 간다!

우리도 이젠 초국적 기업이다! 1998년 경북 안동의 400년 된 한 무덤에서 나온 미투리가 잔잔한 심금을 울리며 보도된 것을 기억한다. 미투리는 삼이나 모시 등을 엮어 만든 것이니 짚신보다는 훨씬 고급 신발이다. 주목 받은 점은 그 미투리가 여인의 머리카락을 섞어 만든 것이었다. 남편이 젊은 나이에 병에 걸리자 아내 원이 엄마는 자신의 머리카락을 잘라 미투리를 만들었다. 그러나 끝내 남편은 신어 보지도 못하고 저 세상으로 가자, 원이 엄마는 관에 편지와 미투리를 함께 넣었다. "이 글 보시고 내 꿈에 몰래 와 당신 모습 보여주세요"라 쓴 원이 엄마의 절절한 사랑 편지가 애틋하다.

머리카락은 서정주(徐廷柱)의 시 '귀촉도(歸蜀途)'에서 나타나듯이 진정 사랑하는 사람에게만 잘라 줄 수 있는 우리나라 여인의 전통적 자존심이었다. 그런 머리카락을 1960년대에서 70년대 초까지 크게 한숨 내쉬고 선뜻 다시 잘라야만 했다. '수출만이 살길이다'라는 혹독한 경제현실에서 수출용 가발의 원료였기 때문이었다. 그때나 지금이나 미국 흑인들은 최대의 가발 소비자이다. 1960년대 월남전 중에 공산주의 월맹(북 베트남)을 도운 중국을 제재하기 위하여 미국은 중국산 가발의 수입을 금지하였고 그것은 우리나라에 절호의 수출 기회를 주었다. 1970년 가발은 총 수출액의 약 12%를 차지하며 상위 3번째의 주요 수출품이었다.

당시의 수출은 주로 종합상사를 통한 간접 수출이었다. 더 발전되면 현지에 대리점을 지정하거나 또는 우리 기업이 판매지사를 열어 직접 수출하는 단계로 진입한다. 그보다 더 진보하여 세계화 물결을 탄 우리 기업들은 해외시장 유지와 확대의 방법으로 현지법에 따라 생산, 판매법인을 세우는 등의 해외직접투자(FDI: Foreign Direct Investment) 단계로 순차적인 발전을 했다. 해외법인 지분의 20% 이상 확보를 해외직접투자라 보고, 그 미만의 지분 소유는 의사결정권이 약해지니 간접투자로 보는 것이 경영학상 일반적 구분이다.

해외직접투자의 동기와 이점은 여러가지가 있지만, 본국의 모회사는 해외사업에 대해 더 강력하고 신속한 통제와 전략을 구사할 수 있다. 더 중요한 이점은 핵심기술과 핵심자재 그리고 브랜드 등 주요 경영자산의 거래를 리스크 있는 제3자가 아닌 모회사와 자회사 간 '내부거래화(Internalization)' 할 수 있다는 것이다. 이런 과정을 거치면서 역량과 경험을 내부에 축적하여 성장한 삼성, 현대차, LG, SK, POSCO 등과 그들의 자매회사들이 이른바 다국적 기업(MNC; Multi-National Corporation)이 되어 지금 우리나라 경제를 떠받치고 있다.

일반적으로 다국적 기업이란 본국(Home Country)의 모회사가 현지국가(Host Country)에 자회사를 해외직접투자(FDI) 방식으로 설립하고, 그 두 회사 간 자금, 기술, 정보, 브랜드, 전략 등 경영자원을 공동으로 사용하는 기업집단을 말한다. 국제경영학 연구로 유명한 펄머터(Howard Perlmutter; 1925~2011)는 1969년의 논문에서 다국적 기업을 다음의 세 가지 유형으로 분류했다. 의사결정 및 정보전달 등에서 모회사가 있는 본국에 집중된 본국중심주의(Ethnocentrism), 반대로 현지의 자회사에 집중된 현지중심주의(Polycentrism) 그리고 어느 한 쪽으로 치우치지 않고 국경을 초월한 쌍방의 긴밀한 협조로 전 세계적으로 적용 가능한 기준을 가진 세계중심주의(Geocentrism) 기업이다. 그가 생각한 이상적이고 진정한 다국적 기업은 본사(모회사)와 자회사라는 개념도 없이 원활한 정보교환과 상호협력으로 합리적인 의사결정이 이루어지는 세계중심주의 기업이다.

역사상 네덜란드는 1602년 최초로 주식회사 형태의 다국적 기업인 동인도회사를 세운 본국이며 그때부터 현지인들에게 많은 자율성을 주었다. 이러한 역사적 배경인지는 몰라도, 현지중심주의를 잘 실현한 다국적 기업의 예로서는 1891년에 창립되어 암스테르담에 본사를 둔 필립스(Philips)사가 경영학 교과서에서 많이 거론된다. 이 회사의 글로벌 총매출에서 본국 네덜란드의 비중은 6~8%에 불과하고, 나머지는 해외 자회사들의 몫이다. 필립스의 현지중심주의는 의사결정 권한의 분권화와 각국에 파견된 우수 주재원들이 자율성을 가지고 현지의 인력을 활용하여 혁신적 기업문화를 이뤘기 때문에 가능하였다고 분석된다.

한편, 우리나라나 일본의 다국적 기업들은 직접투자를 통한 해외시장 진출 초기에 본국중심주의를 선택했다. 본사 오너 중심의 일방적 의사결정 그리고 그 결정의 적극적이고 신속한 추진력을 발휘하기 위해서는 어쩔 수 없는 선택이었을 것이다. 그러나 현지의 생산, 판매법인이 다 구축되고 안정적인 영업과 생산을 하는 시점에서는 본국중심주의는 여러가지 문제를 일으킬 수 있어 바람직하지는 않다. 우리나라 다국적 기업의 프랑스 지사장을 지낸 한 외국인 CEO는 〈한국인은 미쳤다〉라는 자신의 경험담에서 과도한 본국중심주의를 꼬집었다. 약 20년 전, 우리나라의 대표적 다국적 회사는 미국 남부에 공장을 완공했다. 준공식 전날, 주지사 등 유력 인사들과 비즈니스 파트너들을 대거 초청한 만찬이 열릴 예정이었다. 행사준비 점검을 위해 본사 중역들과 현지 중역 및 실무자들이 전화회의(Conference Call)를 가졌다. 현지 실무자는 만찬에서 메인 메뉴인 스테이크가 나오기 전에 수프 대신 샐러드를 건의했다. 한국 본사 중역들은 강하게 반대했다. '양식(洋食)'에는 당연히 수프'라는 한국적 고정관념에 근거한 주장이었다. 현지 중역과 주재원은 더운 지방의 특성상 그 지역 사람들이 스프보다는 샐러드를 선호하며 참석 인원이 수백 명 대규모이므로 따뜻한 수프를 일시에 서빙하기가 곤란하다는 점을 들어 반대했지만, 결론은 본국중심주의 기업문화상 수프였다.

세계중심주의의 기업문화를 가진 이상적인 다국적 기업을 요즘은 '초국적 기업(Transnational Corporation)'이라고도 부른다. 여러 학자의 책에서 약간씩 다르게 설명되는 단어이지만, 일반적으로 '초국적 기업'이란 글로벌 경쟁력을 확보하기 위해 본국이나 현지중심주의의 획일적 효율성에서 벗어나, 본사와 자회사가 비전(Vision)과 지식은 공유하되 의사결정에서는 분산된 유연성을 가진 상호 의존적인 조직 모델이라고 정의할 수 있다. 쉽게 말한다면 핵심과 주변이라는 구별이 없이 다국적 기업이 궁극적으로 나아가야 할 방향이라고 이해하면 된다. 당연히 너무 이상적이라는 반론도 제기된다.

초국적 기업에서 자회사는 현지에 맞게 차별성을 추구하여 글로벌 경쟁력을 유지하고, 경영자 및 핵심 관리자는 국적 불문하고 능력에 따라 채용되어 보직이 주어진다. 거의 모든 다국적 기업이 초국적 기업을 지향하고 있으므로 일각에서는 포천(Fortune)지가 선정하는 500대 기업 대부분이 초국적 기업이라 말할 수 있다하며, 대략 세계 생산의 30% 이상과 글로벌 무역의 50% 정도를 이들이 차지하고 있다고 추산한다.

이제 우리 경제의 견인차 다국적 기업들은 완전한 초국적 기업으로 성숙하는 전략과 기업문화를 서둘러 정착시켜야 한다. 비록 그들이 해외에 자회사를 설치, 운영하더라도 본국인 우리나라 경제에 공헌하는 바는 여전히 크다. 즉, 자회사가 본국에서 구매해 가는 핵심자재, 기술제공 대가로 받는 로열티 그리고 이익배당과 이자 등 모회사로의 과실송금이 그것을 말해준다. 현지 자회사에 자율성과 권한을 더 부여하고, 현지 실정에 맞게 의사 결정하여 궁극적으로는 초국적 기업의 이익을 최대화하는 전략적 혁신이 필요하다. 또 자회사는 현지에서 선량한 기업시민으로서 사회공헌활동에 적극 참여하여 좋은 이미지를 유지하는 것도 초국적 기업의 기본자세이다. 여인들의 머리카락을 싹둑 잘라 수출하던 한국이 다국적 기업의 원조 네덜란드를 추월하여 초국적 기업의 본국으로 비약했다는 점이 자랑스럽다.

〈자료원〉 매일경제, 2022.10.5.

Perlmuter는 다국적 기업을 그 기업의 지배적인 사고방식에 따라 유형을 본국 중심기업, 현지 중심기업, 세계 중심기업으로 나누었다. 본국 중심기업은 우리나라 혹은 일본의 다국적 기업에서 흔히 볼 수 있는 것처럼 본국에 있는 본사에 모든 권한이 집중되어 있고 자회사는 일방적으로 지시와 명령에 따르게 되는 유형이다.

현지 중심주의는 예전 유럽 혹은 미국의 다국적 기업과 같이 본사의 권한은 줄이고 해외 자회사가 현지에 최대한 적응하는 유형이다. 세계 중심주의는 다국적 기업 본사와 해외 자회사 상호 간의 정보교환과 협력적인 의사결정이 빈번히 나타나는 상호 의존적인 체계를 갖는다. 이러한 기업분류는 다국적기업의 본사와 자회사 간의 관계 더 나아가 다국적 기업구성원들의 마음가짐에 따라 구분한 것이다.

초국적 기업이란 Perlmuter가 주장한 세계 중심기업의 개념과도 유사하지만 하나의 비전을 공유하되 수평적 네트워크를 통해 범세계적인 학습을 갖는다는 점에서 차이가 있다. 그러므로 초국적 기업은 전 세계 광범위한 지역에 분포되어 있지만 하나의 통일된 비전을 공유하면서 수평적 네트워크를 통해 범세계적 학습이 이루어지는 다국적 기업을 의미한다. 이런 의미에서 초국적 기업은 전문화되면서도 동시에 차별화된 네트워크라 할 수 있다.

초국적 기업에서는 핵심과 주변부라는 구분이 의미 없다. 핵심자산은 글로벌 기업처럼 중앙에 집중되지도 않고 다국가 기업처럼 각 지역에 분산되어 있지도 않다. 본사와 해외 자회사들이 전문화된 핵심자산을 각자 보유하고 있을 뿐이다.

네슬레의 경우, 본사는 스위스에 있지만 캔디사업의 핵심자산은 영국에 위치하고 있다. 그러므로 본사와 해외 자회사의 관계 역시 종속적이거나 독립적이지 않고 오히려 상호의존적이라고 할 수 있다. 즉, 하나의 비전을 공유한 거대한 글로벌 네트워크에서 본사와 해외 자회사들이 대등한 위치에서 각각의 전문성을 통해 전체에 기여하는 것이다.

초국적 기업에서는 범세계적인 지식개발과 공유가 이루어진다. 어느 지역의 누구나 지식개발의 주체가 될 수 있을 뿐 아니라 개발된 기술이나 노하우는 전체 네트워크로 확산된다.

이러한 초국가적 기업은 초국가적 전략을 실행한다. 초국가적 전략(transnational strategy)은 글로벌경영에 있어 원가우위와 차별화를 동시에 추구하는 전략이다. 앞서 설명한 바를 다시 서술하면 기업의 가치사슬활동 중에서 연구개발이나 생산 등의 기능은 글로벌화 전략을 추진하고 마케팅과 같은 기능은 현지화에 무게를 두는 것이다. 고객으로부터 먼 거리에 있는 것은 비용 측면을 고려하여 집중하는 것이 좋고 시장마다 취향이 다른 고객의 욕구를 충족하기 위해서는 가까운 거리에 있는 마케팅은 현지화 하는 것이 바람직하기 때문이다.

생산활동과 같은 특정 가치 창출활동 영역에 있어서도 글로벌화와 현지화를 절충시켜나 갈 수 있다. 자동차 산업의 경우, 기본구조(platform)는 규모의 경제를 창출하기 위해서 동일하게 생산을 하고 문화적 요소가 강한 외부의 디자인은 현지화 하는 것이다. 실제로 대다수의 자동차가 이런 방법을 많이 활용하고 있다. 독일의 폭스바겐(Volks Wagen)은 기본구조 공유방식을 통한 비용절감으로 뛰어난 경영성과를 올리기도 하였다.

이러한 기본구조를 통합하는 것은 서비스 산업에서도 찾아볼 수 있다. 서비스를 제공하는 기본절차는 동일하게 하되 서비스의 내용을 현지에 맞추어 조정하는 것이다. 예컨대, 맥도날드나 스타벅스와 같은 세계적 프랜차이즈 기업은 상점의 외양이나 내부구조 및 서비스 절차는 어느 나라에서나 같지만 제공하는 음식은 국가별로 기호에 따라 상이하다.

그러나 표준화와 현지화를 동시에 추진하는 초국가적 전략을 실제로 실행하는데 있어서 많은 어려움이 발생한다. 초국가적 전략을 성공적으로 수행하기 위해서는 무엇보다 각 조직이 현지에서의 최적치를 찾아 활동하되 본사 및 다른 조직단위와 수시로 정보교환을 하면서 업무를 조정할 수 있어야 한다. 즉, 범세계 및 국지적 관점에서 종합적으로 분석하여 전략을 수립하고 실행과정에서 상황의 변화에 맞추어 신축적으로 수정 및 조정이 효과적으로 수행될 수 있어야 한다. 사실 초국가적 기업의 승패는 기업문화에 달려있다. 실제로 세계적인 기업 중 맥킨지를 비롯하여 전형적인 네트워크 조직과 기업문화를 만들어 새로운 아이디어와 기업혁신을 이룬 초국가 기업의 사례는 많이 있다.

특히 이런 초국가 기업은 현지화된 조직단위로 구성되어 네트워크를 공유하고 있다. 상호학습이 끊임없이 이루어지면서 혁신이 촉진되고 동일한 가치관을 공유하여 발전할 수 있다.

3. 초국가 기업을 위한 글로벌 네트워크 경영

초국적 기업의 조직은 과거 본사에 모든 권한이 집중되어 있던 체제에서 각각의 자회사가 독립적인 경영활동을 하는 체제로 변화해가고 있다. 또한 전 세계 여러국가에서 현지법인을 설립하고, 합작투자나 전략적 제휴를 통해 본사와 자회사의 관계가 점진적으로 수평적이고 다양한 관계로 전개됨에 따라 초국적 기업의 조직구조는 네트워크형 조직구조로 변화해 나가고 있다. 즉, 초국가 기업이 되기 위해서는 글로벌 네트워크 조직구조를 갖는다는 것이다.

그러므로 네트워크형 조직구조는 이전의 글로벌 조직과는 다소 차이가 있다. 왜냐하면 네트워크형 조직구조는 자회사와 모회사 간의 역할을 언급하는 것이다. 일반적으로 글로벌 조직은 기업 내의 조직을 의미하지만 네트워크형 조직구조는 기업 간(모회사와 자회사)의 조직을 의미한다. 우선 기업 내 글로벌 조직에 대해 살펴보고 자회사와 모회사 간의 조직관계를 알아보자.

1) 기업 내 글로벌 조직

일반적으로 글로벌화하는 기업에서는 다양한 조직구조를 갖고 있다. 일반적으로 모회사를 기준으로 본 기업 내 글로벌 조직은 글로벌 제품조직, 글로벌 지역조직, 글로벌 기능조직, 글로벌 매트릭스 조직이 있다. 자회사 외 본국의 모기업과의 관계에서는 똑같을 수도 있고 현지기업(자회사)에서는 조직이 상이할 수 있다. 이하에서는 일단 다국적 기업 본사의 글로벌 조직에 대해 살펴보자.

글로벌 제품조직(global product structure)은 글로벌 기업이 어떤 특정제품 혹은 제품집단에 따라 조직이 구성되어 있는 것을 말한다. 이 조직에서 어떤 하나의 국제 제품부는 이질적인 국가별 및 지역별 시장을 포괄적으로 담당한다.

글로벌 지역조직(global regional structure)은 어떤 특정의 지리적 영역에 대해 책임있는 관리자에게 글로벌경영활동을 전적으로 맡기는 형태로 조직이 구성된다. 이 조직에서는 지역 중심적 관리개념에 기초하여 조직이 운영된다.

글로벌 기능조직(global functional structure)은 마케팅, 생산, 재무 등과 같은 각 기능영역에 따라 조직을 구성하는 것을 말한다. 이 조직에서는 기능 관리자가 국내 및 해외에서의 특정 기능영역 활동에 대해 책임을 지는 것이다. 각 기능은 본국과 지역으로 구성된다.

글로벌 매트릭스 조직(global Matrix structure)은 둘 또는 그 이상의 조직화 기준이 하나의 매트릭스에서 동일한 순위로 고려되어 구성되는 조직이다. 즉, 글로벌 매트릭스 조직은 가격, 지역, 제품, 서비스 등 다양한 조직화기준에 의해 결합되어 구성된다.

이러한 본사의 조직이 어느 정도 포화상태가 되거나 비효율성이 제기되면 현지의 회사를 단독투자, 합작투자 그리고 인수 및 합병과 같은 직접투자형태로 자회사를 설립하게 된다. 일반적으로는 본사에서 중요한 의사결정을 갖고 이러한 전략을 해외 자회사에 전달되어 운영되는 형식으로 존재해 왔었다. 그러나 초국적 기업은 많은 변화를 요구한다. 이러한 시점에서 그렇다면 초국적 기업으로 성장하기 위해서는 본국의 본사와 해외 자회사 간에는 어떠한 결합과 조직역할이 필요할까?

2) 초국가 기업의 글로벌 네트워크형 조직

앞에 언급한 글로벌 조직은 한 회사 안에서의 내부적 관점에서 보는 글로벌경영조직이라고 한다면 네트워크형 조직구조의 핵심은 법인과 법인, 즉 자회사와 모회사 간의 쌍방향적 관계조직을 의미한다. 즉, 본사와 해외 자회사 간의 관계 설정이 바로 글로벌 네트워크형 조직구조이다. 쉽게 설명하자면 현지에 투자되어 있는 자회사와 본사와 관계를 의미한다.

글로벌 네트워크형 조직구조란 글로벌하에서 경쟁기업, 공급기업, 협력기업, 고객들이 상호 간 긴밀하게 연결되어 있어 마치 복잡한 형태의 전략적 제휴를 하는 기업인 것처럼 보이는 조직을 일컫는다.

글로벌 네트워크형 기업조직에 참가하는 전 세계의 자회사들은 자기의 핵심 역량을 가진 활동에만 주력하고 타국가의 자회사와는 수평적인 형태로 연결되어 있다. 이러한 글로벌 네트워크 형태의 조직에서는 수평적인 의사전달이 중요하며 이런 네트워크형 조직을 효과적으로 운영하기 위해서는 각국에 있는 자회사들의 능력을 파악하고 핵심역량에 따라 적합한 권한을 부여하는 것이 매우 중요하다.

그러나 분권화에만 의존성을 갖지 않고 전체적으로 하나의 기업으로 활동하기 위해서는 기업전체를 총괄하는 조직문화, 비공식적 커뮤니케이션 경로, 그리고 해외자회사에 대한 효과적인 조정기능이 필요하다. 왜냐하면 다국적 기업 네트워크에 대한 효과적인 조정 및 통제기능이 부족하거나 결여되면 오히려 방만한 자회사 운영이 되거나 자회사와 자회사, 자회사와 모회사간의 시너지 창출이 어려워지는 부작용이 발생한다.

Hedlund는 이와 같은 초국적 기업을 이질적 위계조직으로 설명을 하였다. 이러한 다국적 글로벌 네트워크에는 여러 개의 본부가 존재한다. 이질적 위계 조직질서는 기존 본사위주의 위계조직질서와 반대되는 의미로 단 한 개의 위계질서가 존재하는 것이 아니라 여러 개의 위계질서가 존재한다는 뜻이다.

이질적 위계조직질서에서는 해외에 위치한 자회사들이 각각의 사업부에서 주도적인 역할을 할 수 있다. 예전에는 모든 사업부의 총괄본부는 그 다국적기업의 본국에 위치하였던 것에 비해 이질적 위계질서조직의 특징은 여러 지역 본사로 분산될 수 있다는 점이다.

또한 이질적 위계조직에서는 개별자회사의 특징에 따라 한 자회사 특정 기능분야에서 총괄본부의 역할을 하기도 한다. 예컨대, 서울의 자회사는 아시아 지역을 중심으로 한 생산부문에서의 전 세계적인 총괄본부의 역할을 담당하고 연구개발조직은 미국에 있는 연구소가 연구개발의 총괄본부의 역할을 담당하고 금융부분은 런던 현지법인이 주요한 국제금융센터의 역할을 맡을 수 있다. 개별기능분야에서 각국의 특성에 맞게끔 기능별 본사를 배치하는 것도 글로벌 네트워크의 특성 중 하나라 할 수 있다.

4. 초국적 기업의 경영자

글로벌 네트워크형 조직을 운영하게 될 관리자나 경영자는 어떠한 자격을 갖추어야 하는가? 이 조직에서의 관리자나 경영자는 과거의 관료주의적인 조직에서의 인재상과는 다른 자격을 갖추어야 할 것이다.

글로벌 네트워크형 다국적 기업인 초국적 기업은 본사와 해외자회사가 수평적으로 연결된 조직이며 각 자회사들은 자신의 능력을 가장 잘 발휘할 수 있는 분야, 즉 핵심분야에 집중하게 되고 본사는 더 이상 모든 의사결정을 독점하지 못하게 된다.

또한 초국적 기업은 해외에 있는 자회사와 전략적 제후관계에 있는 기업 간 네트워크를 효과적으로 관리하는 것이 주요한 업무이다. 이와 같은 미래의 다국적 기업조직에서 성공할 수 있기 위해서는 몇 가지의 자격이 필요하다.

우선 전략적 사고를 가지고 있어야 한다. 전략적 제휴와 합작투자를 통한 다국적 기업들 간의 다양한 협력관계가 늘어나고 빠른 속도로 시장진출이 요구되는 동시에 해외기업의 인수합병이 빈번해지고 있다. 이러한 시기에 제휴를 하는 이유는 무엇이고 어떠한 목적을 달성하기 위한 것인가에 대한 전략적 목표를 명확히 파악해야 한다.

둘째, 국제적인 사고방식을 갖추어야 한다. 적정한 규모의 기업들이 생존하기 위해서는 내수시장에만 의존할 수 없고 또한 산업자체가 세계적으로 연결되어 있어 외국기업들과의 경쟁 뿐 만 아니라 국제합작투자, 해외인수합병이 이제는 피할 수 없는 경영활동이 되었다. 이러한 글로벌한 경영환경에서 효과적으로 기업을 운영하려면 경영자는 무엇보다도 국제적인 사고를 갖는 것이 매우 중요하다. 더욱이 자신이 제휴하는 외국기업들과 자신의 기업을 위해 일하는 외국인 종업원들의 사고체계 및 가치체계를 충분하게 이해를 하지 못한다면 복잡한 다국적 기업조직을 효과적으로 이끌기는 어렵다.

셋째, 교섭능력을 배양해야 한다. 네트워크형 기업조직에서는 기업의 내부적 혹은 외부적으로 끊임없는 교섭과 협상을 해야 할 일이 발생한다. 이러한 이유는 본국의 본사가 일방적으로 자회사에게 의사결정을 강요할 수 없고 외국기업과의 합작투자와 전략적 제휴가 활발히 일어나게됨에 따라 예전의 수직적인 의사결정이 아니라 수평적인 관계에서의 의사결정이 이루어지기 때문이다. 그리고 네트워크에서 보다 더 유리해지기 위해서는 고도의 교섭과 협상능력을 갖추는 능력이 있어야 할 것이다.

넷째, 종합적 사고, 적절한 행동(think globally and locally, act appropriately)에 대한 능력이 있어야 한다. 현지에서 각 조직의 최적치를 찾아 활동하되 본사 및 다른 조직단위와 수시로 정보교환을 하면서 업무를 조정할 수 있어야 한다. 즉, 범세계적 및 국지적 관점에서 종합적으로 분석하여 전략을 수립하고 실행과정에서 상황의 변화에 맞추어 신축적으로 수정 및 조정이 효과적으로 수행될 수 있어야 한다.

이러한 네 가지의 자질과 아울러 경영학의 기본적인 지식과 마케팅, 재무관리, 생산관리, 회계, 인사관리 등의 기능별 분야도 매우 정통해야 할 것이다. 이러한 제반지식을 토대로 전략적인 사고, 국제적인 마인드와 협상능력을 갖춘다면 초국적 기업의 경영자로서의 자격이 충분하다고 할 것이다.

더 생각해 볼 문제

○ **FD1** 한국기업 중 초국적 기업에는 어떠한 기업이 있는가 살펴보고 이 기업이 초국적 기업으로 성장한 이유에 대해 정리해 보자.

○ **FD2** 자기 주위에 일어나고 있는 글로벌화에 대해 살펴보고 그 분야에 초국적 기업의 사례를 살펴보자.

○ **FD3** 초국적 기업으로 성장하기 위한 각각의 단계를 만들어 보고 단계별 상승에 대한 요건을 생각해 보자.

참고문헌

김경민·박정은·김태완(2019), 고객가치기반 신제품마케팅전략, 서울: 박영사.

김경민 외(2013), 글로벌비즈니스의 이해, 신라대학교 출판부.

박정은·김경민·김태완(2023), 고객가치기반 마케팅, 제2판, 서울: 박영사.

장세진(2021), 글로벌경영, 서울: 박영사.

Bartlett, Christopher A. and Sumantra Ghoshal(1998), "Managing Across Borders: The Transnational Solution," *The Academy of Management Review*, Jan. 16(1), 225-228.

Chi, Tailan and Donald J. McGuire(1996), "Collaborative Ventures and Value of Learning: Integrating the Trasaction Cost and Strategic Opinion Perspectives on Choice of Market Entry Models," *Journal of International Business Studies*, 27(2), 285-307.

Daniels, J. D. et al(2007), International Business, Environments and Operations, 11th edthion, Upper Saddle River, New Jersey.

Dennis W. Rook(1985), "The Ritual Dimension of Consumer Behavior," *Journal of Consumer Research*, 12, 251-264.DOI:10.2307/258620

Edward B. Tylor(1871), Primitive Culture: researches into the development of mythology, philosophy, religion, art, and custom, 2, Murray: London.

Ferdows, K.(1997), "Making the Most of Foreign Factors," 75, *Harvard business Review*, 73-88.

Forsgren, M.(2008), Theories of the Multinational Firm, Edward Elgar.

Fugre, N and Wells jr., L. T.(1982), "Bargaining Power of Mulinationals and host government," *Journal of International Business Studies*, 13(2), 9-23.

Gannon, M. and Pillai, R.(2015), Understanding Global Cultures: Metaphorical Journeys Throug 34 Nations, 6th eds. Sage.

Greenfield, Patricia M.(2000), "Three approaches to the pyschology of culture: Where do they come from? Where can they go?," *Asian Journal of Social Psychology*, 3(3), 223-240.

Gunnar Hedlund(1994), "A Model of Knowledge Management and the N-Form Corporation," *Strategic Management Journal*, 15(Special Issue), 73-90.

Hall, T.(1976), Beyond Culture, NJ: Anchor Press/Doubleday.

Hampden-Turner, Charles M. and Fons Trompenaars(2000), Building Cross-Cultural

Competence: How to Create Wealth from Conflicting Values, Yale Univ. Press.

Hazel R. Markus and S. Kitayama(1991), "Culture and Self: Implications for Cognition, Emotion, and Motivation," *Psychological Review*, 98, 224-253.

Hedlund, Gunnar(1994), "International Economic Governance and the Multinational Corporation: Reflections on Analysis by Hirst and Thompson," Organization, 1(2), 345-352.

Helpman, E. and P.Krugman(1985), Market Structure and Foreign Trade: Increasing Returns, Imperfect Competition, and International Economy, Boston: MIT Press.

Hill, Charles and Hult, G. Tomas M.(2019), Global Business Today, 11th eds. McGraw Hill.

Hofsted, H. and G. Hofstede(2001), "Culture's consequences: comparing alues, behaviors, institutional and organizational across nations, Thousands Oaks., CA: Sage.

Hofstede, G. (1998), "Attitudes, Values and Organizational Culture: Disentangling the Concepts," *Organizational Stuies*, 19(3), 477-493.

Keegan, Warren J. and Mark C. Green(2016), Global Marketing, 9th ed., Perso

Kogut, Bruce(1985), "Designing Global Strategies: Profiting from Operational Flexibility," *Sloan Management Review*, 27(1), 27-38.

Kotabe, Masaaki and Kristiaan Helsen(2020), *Global Marketing Management*, 8th ed., John Wiley abd Sons.

Kotler, Philp(2004), Global CSR Conference, Global Network Korea.

Krugman P.(1992), "Does the New Trade Theory Require a New Trade Policy?" *World Economy*, 15(4), 423-441.

Levitt, Theodore(1983), "The Globalization of Markets," *Harvard Business Review*, (Jan./Jun.), 92-102.

Madurapperuma, M.A.Y.D, Kyung-min Kim and Pradeep Dharmadasa(2016), "Competition or Cooperation: Cultural Perspectives on N-Effect and Proximity-to-a-Standard," *SAM Advanced Management Journal*, 81(4), 47-68.

Markus, Hazel Rose and Shinobu Kitayama(1991), "Culture and the Self: Implications for Cognition, Emotion for Cognition, Emotion, and Motivation," *Psychological Review*, 98(2), 224-253.

Masuda, T. and R. E. Nisbett(2001), "Attending Holistically versus. Analytically: Comparing the Context Sensivity of Japanese and Americans," *Journal of Persosonality and Social Psychology*, 81(5), 922-923.

Pan, Yigand and David Tse(2000), "The Hierarchical Model of Market Entry Models,"

Journal of International and Business Studies, 31(4), 535-554.

Perlmutter, H. V. and D. A. Heenan(1986), "Cooperate to compete globally," *Harvard Business Review*, 64(March), 136-152.

Perlmutter, Howard V.(1969), "The Tortuous Evolution of the Multinational Corporation," *Columbia Journal of World Business*, (Jan./Feb.), 9-18.

Porter, M.E. (1990), The Competitive Advantage of Nations, Free Press, New York.

Poynter, T. A.(1982), "Goverment intervention in less developed countries: The experience of multinational companies," *Journal of International Business Studies*, 13(1), 9-25.

Root, Franklin R.(1994), Entry Strategies for International Markets, Lexington Books.

Russell W. Belk, Melanie Wallendorf and John F. Sherry Jr.(1989), "The Sacred and the Profane in Consumer Behavior: Theodicy on the Odyssey," *Journal of Consumer Research*, 16, 1-38.

Schiffman, Leon G. and Leslie L. Kanuk(1991), Consumer Behavior, 4th ed. Englewood Cliffs. N.J.:Prentice-Hall.

Shapiro, A. C.(1981), "Managing Political Risk: A Policy Approach," *Columbia Journal of Word Business*, 16(Fall), 63-39.

Talhelm, T., X. Zhang, S. Oishi, C. Shimin(, D. Duan X. Lan and S. Kitayama(2014), "Large-Scale Psychological Differences Within China Explained by Rice Versus Wheat Agriculture," *Science*, 9(May),l 344(6184), 603-608·DOI: 10.1126/science.1246850

Triandis, HC, Carnevale P, Gelfand M, Robert C, Wasti SA, Probst T, Kashima ES, Dragonas T, Chan D, Chen XP, Kim U, De Dreu C, Van De Vliert E, Iwao S, Ohbuchi KI, et al.(2001), "Culture and deception in business negotiations: A multilevel Analysis," *International Journal of Cross Cultural Management*, 1, 73-90. DOI:10.1177/147059580111008

Triandis, HC, Chen XP, Chan DKS.(1998), "Scenarios for the measurement of collectivism and individualism," *Journal of Cross-Cultural Psychology*, 29, 275-289.

Triandis, HC.(2011), "Culture and Self-deception: A theoretical perspective," *Social Behavior and Personality*, 39, 3-13. DOI: 10.2224/sbp.

Tsiligiris, Vangelis(2018), "An adapted Porter Diamond Model for the evaluation of transnational education host countries," *International Journal of Educational Management*, 32(2): 210-226. DOI: 10.1108/IJEM-03-2017-0076

Vernon, Raymond(1966), "International Investment and International Trade in the Product Life Cycle," *Quarterly Journal of Economics*, 80(May.), 190-207.

Vernon, Raymond and I. T. Wells(1986), "The Economic Environment of International Business, 4th edition, NJ: Pearson Education, INC.

Vernon, R. and I.T. Wells(1986), The Economic Environment of International Business, 4th ed. NJ: Pearson Education. Pe(2013)

색인

저자소개

김경민

부산 신라대학교 경영학과 교수로 재직하고 있다. 서강대학교에서 경영학박사(Ph. D.)를 취득하였다. 그의 연구관심분야는 소비자의 정보처리와 행동과학을 이용한 브랜드 전략 수립 및 국제마케팅분야이며 이 분야에서 활발한 연구활동을 하고 있다. 그는 Journal of Business Research, Asia Pacific Journal of Marketing and Logistics, Journal of Asia Business Studies, 마케팅연구, 마케팅관리연구, 소비자학연구, 광고학연구, 유통연구 등 국내외 유명 학술저널에 80여편의 논문과 7권의 저서를 출간하였다. 대한경영학회에서 우수논문상, 한국마케팅관리학회에서 우수심사자상 등을 수상하였으며 기업과 정부기관의 마케팅관련 연구를 다수 진행하였다.

한국마케팅관리학회장 역임, 한국마케팅학회 부회장, 한국전략마케팅학회 부회장 역임 등 주요한 국내외 마케팅관련 학회주요임원을 그리고 경영컨설팅연구, American Journal of Business, Asia Pacific Journal of Marketing and Logistics 등 국내외 다수의 학회의 편집위원 및 Ad hoc Reviewer로 학술활동을 하고 있다.

서강대학교, 단국대학교, 한국외국어대학교, 경기대학교의 경영학과 및 대학원에서 강사를 역임하였고 부산 신라대학교에서 경영학과장, 경영학부장, 경영대학장, 경영학교육인증센터장, 경제경영연구소장, 교수평의원회 의장, 대학평의원회 의장 등을 역임하였다.

서울시, 부산시, 경기도, 농림부, 국회등 국가기관과 지방자치단체의 심의위원, 평가위원, 출제위원 등을 역임하였으며 쌍용정보통신(주), BrandAcumen Inc.등에서 풍부한 실무경험을 쌓았다.

그는 평소에 다양한 e게임과 러닝을 좋아하며 Air Supply의 The One That You Love를 즐겨부르며 새로운 것이 대한 호기심으로 항상 새로운 문화를 적극적으로 수용하는 여행가이기도 하다.

박정은

University of Alabama에서 경영학 박사학위(Ph. D.)를 받았다. 이후 University of New Hampshire에서 교수로서 재직하였고, 현재 이화여자대학교 경영대학 교수로 재직 중이다.

그의 연구 관심분야는 마케팅전략, 영업전략, B2B 마케팅, 시장중심 학습, 혁신 등이고 이러한 관심분야에서 활발한 연구 활동을 하고 있다. 그는 Journal of Marketing Research, Industrial Marketing Management, Journal of Business Research, Journal of Business to Business, Journal of Business and Industrial Marketing, Journal of Personal Selling and Sales Management, Journal of Strategic Marketing, Journal of Service Marketing, 마케팅연구, Asia Marketing Journal, 마케팅관리연구, 유통연구, 상품학연구 등 국내외 주요 학술지에 관련 많은 연구를 게재하였다.

Asia Marketing Journal의 편집장을 역임하였고, 현재 한국마케팅관리학회 고문, 한국마케팅학회 부회장,

한국유통학회 부회장으로 다양한 학회활동을 하고 있다. 정부 및 공공기관의 각종평가위원, 심사위원 및 정책연구를 하였으며 삼성, LG, 현대자동차, 두산, SK, 농심, 한국 야쿠르트, 현대백화점, 롯데, 아모레퍼시픽, 신세계 등의 다양한 대기업 및 중소기업들을 대상으로 강연, 컨설팅 및 자문활동을 하였다.

American Marketing Association의 박사논문상, Researcher of the Year, 최우수 논문상 등을 수상하였고, 한국에서는 한국경영관련 학회 통합학술대회 매경우수논문상을 수상하였다.

그는 평소에 신제품에 관한 관심이 많아 신제품이 나오면 가장 먼저 사용해보는 Early adopter이다. 또한 BTS를 좋아하고 마블영화를 즐겨본다. 국제교류에도 관심이 많아 다양한 국가를 여행하는 것을 좋아한다.

제2판
고객가치기반 글로벌경영

초판발행   2022년 3월 2일
제2판 발행   2024년 3월 2일

지은이   김경민·박정은
펴낸이   안종만·안상준

편 집   탁종민
기획/마케팅   박부하
표지디자인   이은지
제 작   고철민·조영환

펴낸곳   ㈜ 박영사
             서울특별시 금천구 가산디지털2로 53, 210호(가산동, 한라시그마밸리)
             등록 1959.3.11. 제300-1959-1호(倫)
전 화   02)733-6771
f a x   02)736-4818
e-mail   pys@pybook.co.kr
homepage   www.pybook.co.kr
ISBN   979-11-303-1943-8 93320

정 가   24,000원